Fred Stein

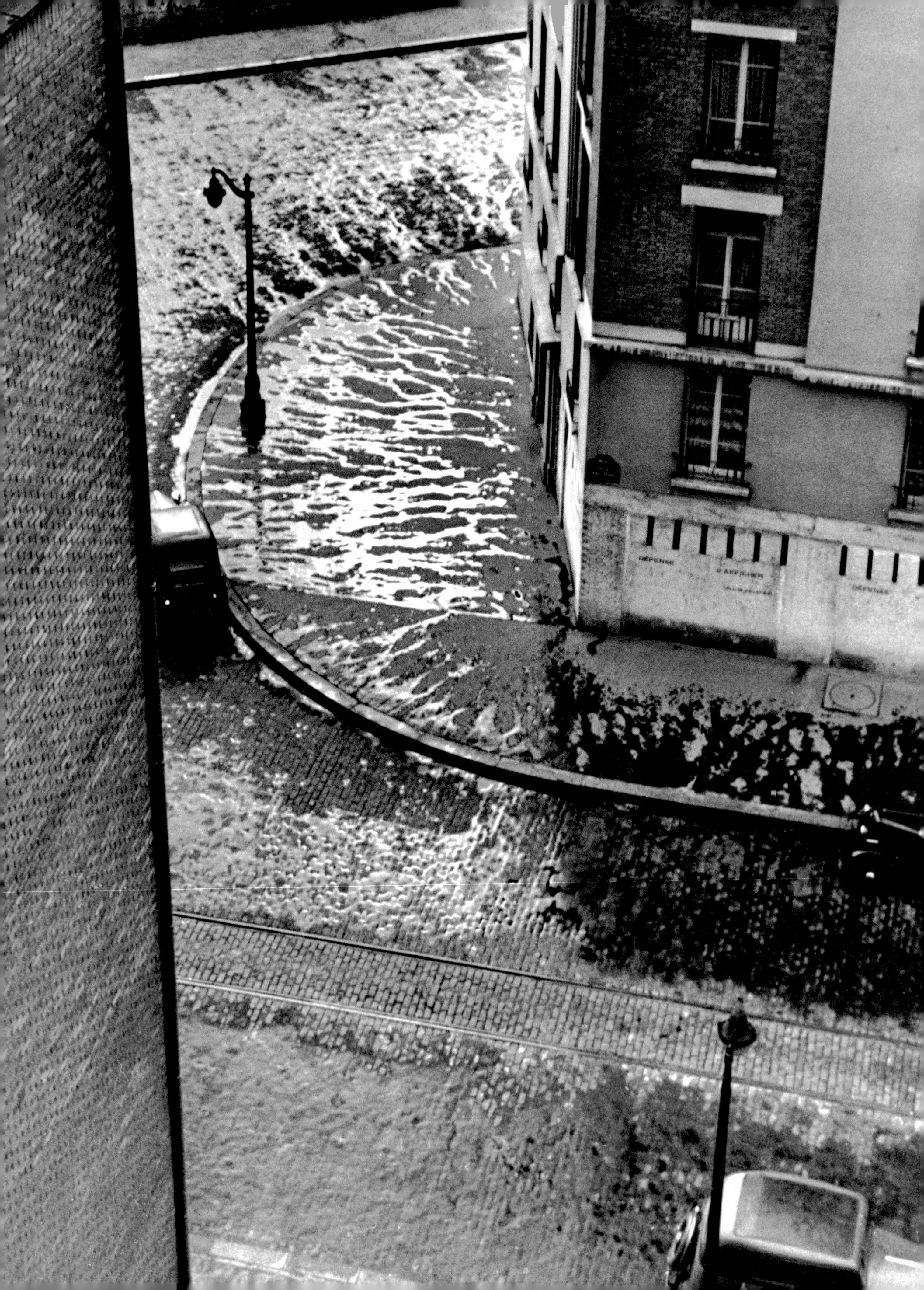
DEFENSE
D'AFFICHER
DEFENSE

FRED STEIN

DRESDEN PARIS NEW YORK

HERAUSGEGEBEN VON | EDITED BY
ERIKA ESCHEBACH, HELENA WEBER

STADTMUSEUM DRESDEN

INHALT

CONTENTS

Vorwort

„Dresden vertrieb mich; so wurde ich Fotograf. Ich freue mich, meine neuen Heimaten, Paris und nun New York, auch anderen vermitteln zu können; die alte Heimat aber hatte den Kern zu ihrer Zerstörung selbst gelegt. Schade! Nur in Gedanken kann ich jetzt durch Dresden streifen, auch zum KGG [König-Georg-Gymnasium in der Fiedlerstraße, heute Teil des Uni-Klinikums], am Birkenwäldchen. Dem Lehrer und Kunsterzieher Will Grohmann, in dankbarer Erinnerung. Fred Stein“[1]

Das Stadtmuseum Dresden verfügt über eine umfangreiche Sammlung von Fotografien, die einen stadthistorischen Bezug haben. Es verwendet sie vornehmlich für Veröffentlichungen und für Ausstellungen. Vielfach können sie stadthistorische Vorgänge, Gebäude und Stadtansichten oder auch Dresdner Persönlichkeiten präsentieren und dokumentieren. Thematische Ausstellungen wie beispielsweise zur Arbeiterfotografie oder monografische Ausstellungen zu Dresdner Fotografen veranstaltet das Stadtmuseum ebenfalls; ich erinnere an die Exposition zu August Kotzsch (1836–1910) *Von Loschwitz nach Amerika*; seine Fotos des alten Loschwitz wie auch der Wandlung des Ortes in der Moderne fanden ihren Weg bis in die USA, selbst wenn der Fotograf seine engere Heimat nie verlassen hat. Als weiteren Dresdner Fotografen zeigte das Stadtmuseum, gemeinsam mit der in Dresden beheimateten Deutschen Fotothek und dem Rheinischen Landesmuseum Bonn, Richard Petersen (1895–1977) in der Ausstellung *1945 – Köln und Dresden*. Viele seiner Fotos des zerstörten Dresdens sind zu Ikonen der Fotografiegeschichte geworden.

Jetzt präsentiert das Stadtmuseum erneut eine Ausstellung mit Fotografien eines aus Dresden stammenden Fotografen, dessen Fotos Weltberühmtheit erlangt haben, von dem das Museum bisher aber kein einziges Exemplar in der Sammlung hatte. Seine Werke zeigen vor allem Straßenfotografie und Porträts; die Straßen allerdings befinden sich in Paris und New York, denn in Dresden hatte er noch nicht als Fotograf gearbeitet. Alfred bzw. Fred Stein (1909–1967) ist in Dresden geboren und hat bis 1933 in der Elbestadt gelebt, ein angehender Jurist, politisch links eingestellt (Mitglied der SPD/SAP) und jüdischer Herkunft (Sohn eines Rabbis). Er war seit Juli 1933 verheiratet mit Liselotte (Lilo) Salzburg aus Dresden, der Tochter des Sanitätsrates Dr. Siegmund Salzburg, Arzt des letzten sächsischen Königs Friedrich August III. Liselotte Salzburg entstammte einer wohlhabenden Dresdner Familie und war ebenfalls jüdischer Herkunft. Im Oktober 1933 floh das junge Ehepaar aufgrund akuter politischer Bedrohung durch die Nationalsozialisten nach Paris; es kam nie wieder nach Dresden zurück. Da eine juristische Tätigkeit im Ausland nicht möglich war, arbeitete Stein als Fotograf, wobei er sich zunehmend professionalisierte. In Paris fotografierte er Straßenszenen, machte aber auch Porträtfotos der aus Deutschland geflohenen Exilanten – quasi die ganze Exilszene hielt er fotografisch fest. 1941 gelang die Flucht in die USA – auch dort führte er den Beruf des Fotografen weiter fort. Straßenszenen New Yorks wie Porträtaufnah-

Foreword

"Dresden cast me out; so I became a photographer. I am happy to be able to share my impressions of my new homes, Paris and, now, New York, with others; my old home, though, had sown the seeds of its own destruction. A pity! Now I can only stroll through Dresden in my memory, including to the KGG [König-Georg-Gymnasium in Fiedlerstrasse, now part of the university clinic], by the birch grove. To my teacher and art master Will Grohmann, in grateful memory. Fred Stein"[1]

The Stadtmuseum Dresden has an extensive collection of photographs relating to the city's history. It uses them mainly for publications and exhibitions. They can portray and document historical events, buildings, and townscapes, and even notable Dresden personalities in a multitude of ways. The museum also stages exhibitions on specific themes—for example, the photography of the labor movement—and monographic exhibitions of the work of Dresden photographers. What springs to mind here is the exhibition about August Kotzsch (1836 – 1910), *Von Loschwitz nach Amerika*. Kotzsch's photos, documenting old Loschwitz and the way it was transformed in the modern era, even appeared in the USA—although the photographer himself never left his local neighborhood. Richard Petersen (1895 – 1977) is another Dresden-born photographer whose work the Stadtmuseum has shown, this time in a collaborative exhibition, *1945 – Köln und Dresden*, jointly staged by the Stadtmuseum, the Dresden-based Deutsche Fotothek, and the Rheinisches Landesmuseum Bonn. Many of Peter's photos of the ruins of Dresden have become iconic works in the history of photography.

Now the Stadtmuseum is presenting yet another exhibition of images by a photographer from Dresden whose work has achieved international fame. Up to now, however, it has not had a single print of his in its collection. His photographs are mainly street scenes and portraits, but the streets are streets in Paris and New York, because he left Dresden as a student of law, not a photographer. An aspiring lawyer, politically left-leaning (a member of the Social Democratic and Socialist Workers' Parties), and of Jewish descent (the son of a rabbi), Alfred or 'Fred' Stein for short (1909 – 1967) was born in Dresden and lived in the city on the Elbe until 1933. In July of that year he married Liselotte (Lilo) Salzburg, from a respected Dresden family and also of Jewish descent, whose father, Dr. Siegmund Salzburg, was an eminent doctor and physician to the last Saxon king, Friedrich August III. In October 1933, to escape the acute political threat of the recently elected National Socialists, the newly weds fled to Paris. They never returned to Dresden. Since it was not possible for him to practice as a lawyer abroad, Stein worked as a photographer, learning his trade as he went along. In Paris he photographed street scenes, but he also made portraits of exiles who had fled from Germany, seemingly capturing on film the entire exile community. In 1941, the couple managed to flee to the USA, where Stein continued to pursue his photographic career, with New York street scenes and portraits as his stock in trade. When the war ended,

men blieben sein Betätigungsfeld. Nach Kriegsende wählte die Familie Amerika als ihre neue Heimat. Seit 1958 reiste Fred Stein auch wieder nach Deutschland, allerdings nicht in die DDR und damit auch nicht nach Dresden. In Westdeutschland fotografierte er Politiker, Industrielle, Wissenschaftler, Dichter, Journalisten, Künstler, Musiker und andere als Repräsentanten eines neuen Deutschland, traf dabei auch alte politische Freunde aus der Exilzeit wieder – wie Willy Brandt, inzwischen Regierender Bürgermeister von West-Berlin. 1961 gab Stein zusammen mit dem Kunsthistoriker Will Grohmann, der sein Lehrer am König-Georg-Gymnasium in Dresden-Johannstadt gewesen war, ein Buch mit deutschen Porträts – fotografiert von Stein – heraus. Inmitten der westdeutschen Prominenz finden sich dort auch Fotos ehemaliger Dresdner wieder, beispielsweise von Mary Wigman (S. 227), der berühmten Tanzpädagogin, die seit 1920 in Dresden-Hellerau gewirkt hatte, oder von Erich Kästner (S. 211), dem aus Dresden stammenden Schriftsteller. Auch den Maler Otto Dix (S. 233), Mitbegründer der Dresdner Sezession und Professor an der hiesigen Kunsthochschule, hat er porträtiert. Stein selbst bezeichnete sich in einem Brief als „Kopfjäger“; sein Interesse sei, „wahre“ Porträts zu machen, bei denen künstlerische Gesichtspunkte zurückträten.[2]

Fred Steins Fotos sind bisher in Dresden und auch in Deutschland mehr oder minder unbekannt geblieben, obwohl viele sicher die berühmten Porträts von Albert Einstein oder Hannah Arendt kennen; wer aber wusste schon, dass sie von Fred Stein, dem aus Dresden stammenden Fotografen aufgenommen worden waren.

Dass Steins Fotografien nun hier im Stadtmuseum Dresden präsentiert werden können, ist vor allem seinem Sohn, nämlich Peter Stein zu danken – und dem Dresdner Fotografen und Filmemacher Ernst Hirsch, der den Kontakt zum Stadtmuseum vermittelt hat. Es ist für die Stadt Dresden von herausragender Bedeutung, dass Fred Stein erstmals mit einer großen Ausstellung in seiner Heimatstadt präsentiert wird. Er selbst ist ja nie wieder nach Dresden zurückgekehrt, aber nun endlich, nach 85 Jahren, sind seine Fotografien hier zu sehen und die Dresdner können sie sich anschauen – eine späte Genugtuung, wenn auch nicht für ihn, so doch für seine Familie.

In der Privatkorrespondenz Fred Steins findet man auch einen Bezug zum Stadtmuseum; er erinnert in einem Brief an Gottfried Sello (DIE ZEIT) von 1965 indirekt an die damalige großartige Kunstsammlung des Stadtmuseums, die in der NS-Zeit als „entartete Kunst“ konfisziert worden ist. Das Stadtmuseum befand sich damals im Neuen Rathaus. Es heißt bei Stein: „[...] fand im Lichthof des Dresdner Rathauses eine große Ausstellung statt [...], die aber wahrscheinlich so ähnlich wie dekadente oder entartete Kunst geheißen haben muss. Diese, von den Nazis arrangierte Ausstellung brachte viele meiner Lieblinge noch einmal ans Licht. Sie war als Schauerausstellung gedacht, den Spiessern, pardon den wohlgesinnten Bürgern, zu zeigen, was für einen Schund Staat und Gemeinde, mit öffentlichen Mitteln also, angekauft haben. Die Bilder waren sämtlich ohne Rahmen gezeigt, damit sie besonders schäbig wirken, wenn sie von Juden oder Kommunisten etc. stammten, war das ausdrücklich vermerkt, das Wesentliche aber war, dass der Ankaufspreis ganz riesig vermerkt wurde (teilweise wohl noch Inflationspreise!), also an das Portemonnaie des Spiessers besonders appelliert wurde, um ihn gegen die moderne Kunst aufzubringen. Ich ging mit meiner Frau dorthin und weiss, dass viele meiner Freunde ebenfalls die Gelegenheit benutzten, hier Abschied zu feiern von Werken, die geächtet wurden.“[3] Stein erwähnte als seine Lieblingswerke vor allem die Gemälde *Alles um den Fisch* von Paul Klee und *Einige Kreise* von Wassily Kandinsky: Werke, die – ehemals in Dresdens städtischer bzw. staatlicher Gemälde-

the family chose to make America their home. After 1958, Fred Stein traveled to Germany, but not to the GDR and therefore not to Dresden. In West Germany, he photographed politicians, industrialists, scientists, poets, journalists, artists, musicians, and other representatives of a new Germany, in the process meeting old political friends from his period of exile—including Willy Brandt, who had since become mayor of West Berlin. In 1961 Stein collaborated with the art historian, Will Grohmann, his one-time teacher at the König-Georg-Gymnasium in Dresden-Johannstadt, on the publication of a book of portraits, photographed by Stein. Most are of West Germans, but there are also some of former Dresden residents, including Mary Wigman (p. 227), the famous dance teacher, who had worked in Dresden-Hellerau from 1920 onwards, and the writer Erich Kästner (p. 211), also from Dresden. Another portrait is of Otto Dix (p. 233), co-founder of the Dresden Secession and professor at the Dresden Academy of Fine Arts. In a letter, Stein went so far as to describe himself as a "head-hunter"; he was interested, he said, in making "true" portraits that placed the sitter above any self-conscious artistry on the photographer's part.[2]

Until now, Fred Stein's photos have remained more-or-less unknown, both in Dresden and in Germany as a whole. Although many people are certainly familiar with his famous portraits of Albert Einstein and Hannah Arendt, how many know that they were taken by Fred Stein, the photographer from Dresden?

We owe the fact that Stein's photographs can now be presented here in the Stadtmuseum Dresden mainly to his son, Peter Stein, and the Dresden photographer and filmmaker Ernst Hirsch, who acted as intermediary. For the city of Dresden, it is extremely significant that Fred Stein is now being presented with a major exhibition in his home city for the first time. He may never have returned to Dresden in person, but now, at last, 85 years after fleeing from the Nazis, his photographs are on display here for the people of Dresden to see—providing a belated sense of redress, if not for him, then at least for his family.

Fred Stein's private correspondence even contains a reference to the Stadtmuseum; in a letter to Gottfried Sello (of *Die Zeit*), written in 1965, he indirectly recalls the magnificent art collection which the Stadtmuseum once had and which was confiscated during the Nazi period as 'degenerate art'. At the time, the Stadtmuseum was housed in the Neues Rathaus. Stein wrote: "[...] in the atrium of Dresden's town hall there was a major exhibition [...] of what must have been called decadent or degenerate art, or some such thing. In this exhibition, organized by the Nazis, many of my favorites saw the light of day for one last time. The exhibition was intended to shock, to show the priggish philistines—pardon me, the well-meaning citizens—the sort of trash that the state and the local authorities had been purchasing, i. e., with public money. It was particularly noticeable that all the pictures by Jews or communists were shown without frames to give them an especially disreputable appearance, but the most striking thing was that the purchase prices were prominently displayed (many probably still from the time of the Great Inflation!), whereby the organizers tugged at the philistines' pockets to stir up their ire against modern art. I went along with my wife, and I know that many of my friends also took this opportunity of saying farewell to works which were being outlawed."[3] Among his favorites, Stein mentioned, in particular, Paul Klee's painting *Around the Fish* and Vasily Kandinsky's *Several Circles*: works which both once belonged in Dresden's state and town galleries, and which now hang in New York museums. Dresden's Stadtmuseum alone lost around 500 artworks to the "degenerate art" purge.

galerie beheimatet – heute in New Yorker Museen hängen. Allein das Stadtmuseum Dresden hat durch die Aktion „Entartete Kunst“ ca. 500 Kunstwerke eingebüßt.
Stein hatte in einem früheren Brief seinem Lehrer Will Grohmann insbesondere dafür gedankt, dass er ihm die moderne Kunst nahegebracht habe, und dabei explizit diese beiden Gemälde von Klee und Kandinsky erwähnt: „Und so bin ich durch Sie in engere Berührung mit moderner Kunst gekommen, zu der ich auch Vorbehalte habe, speziell wenn sie mit der Tendenz des Allein Seligmachens auftritt (das ist schon in Religion und Politik so zum Kotzen).“[4] Dieses Zitat vermittelt eindrücklich, dass Fred Stein immer ein Mann mit politischem Anspruch blieb: Zum einen bekämpfte er weiterhin den Faschismus – so plante er einen Sammelband *Deutsche gegen das Dritte Reich*[5] – zum anderen hatte er eine tiefe Abneigung gegen Alleinvertretungsansprüche, seien es die des Kommunismus oder aber die eines jüdischen Nationalismus, wie sie ihm in Israel begegnet waren.[6] Zu dem Buchprojekt ist es nicht mehr gekommen; Fred Stein starb mit nur 58 Jahren am 27. September 1967.
Für diese Ausstellung gilt es vielen zu danken: allen voran Peter Stein sowie seiner Ehefrau Dawn Freer, die beide das Projekt tatkräftig unterstützt haben. In enger Zusammenarbeit mit der Familie und mit großem Engagement hat Helena Weber, Stipendiatin der Alfried Krupp von Bohlen und Halbach-Stiftung im Stadtmuseum Dresden, die Ausstellung kuratiert und das Katalogprojekt betreut. Zu danken ist weiterhin unserem Kooperationspartner, dem Jüdischen Museum in Berlin, und dort vor allem Theresia Ziehe; aus Berlin haben wir viele Fotos zur Verfügung gestellt bekommen. Eine gute Zusammenarbeit ergab sich auch mit dem Kupferstich-Kabinett der Staatlichen Kunstsammlungen Dresden, das ebenfalls eine kleinere Auswahl von Steins Fotografien präsentiert. Weiterhin möchte ich den Katalogautoren meinen Dank aussprechen, die sich trotz kurzer Zeitvorgaben alle bereiterklärt haben, zu Stein und seinen Fotografien zu schreiben. Und nicht zu allerletzt möchte ich dem Sandstein Verlag in Dresden und insbesondere Frau Christine Jäger-Ulbricht danken, die sich in herausragender Weise für diesen Katalog eingesetzt hat.

Erika Eschebach
Direktorin des
Stadtmuseums Dresden

Anmerkungen

1 Widmung Fred Steins für Will Grohmann vom 23.6.1954 in Steins Buch „5th Ave“, 1947, Fred Stein Archive. **2** Fred Stein an Alfred Schüler (United Restitution Organization), 21.2.1963, Fred Stein Archive. **3** Fred Stein an Gottfried Sello, 10.8.1965, Fred Stein Archive. Die Ausstellung „Entartete Kunst“ mit Kunstwerken, welche die Stadt seit 1914 für das Museum angekauft hatte, fand vom 23. September bis 18. Oktober 1933 im Lichthof des Dresdner Rathauses statt. **4** Fred Stein an Will Grohmann, 23.6.1954, Fred Stein Archive **5** Vgl. Fred Stein an Hannah Arendt, 1.3.1964, Fred Stein Archive. **6** Vgl. Fred Stein an Wladimir Sagal, 5.2.1959, Fred Stein Archive.

In an earlier letter to his teacher Will Grohmann, Stein had thanked him, in particular, for introducing him to modern art, and had explicitly mentioned these two paintings by Klee and Kandinsky: "And so it was through you that I came into close contact with modern art, about which I have some reservations, especially when it claims to be the one and only true art (we get enough of that sort of thing stuffed down our throats in religion and politics)."[4] This quotation is a clear indication that Fred Stein was still a man who cared about politics: on the one hand he continued to fight fascism—for example, he planned an anthology entitled *Germans against the Third Reich*[5]—but on the other hand he had a deep aversion to all claims to sole legitimacy, whether they were made by communism or by the sort of Jewish nationalism he encountered in Israel.[6] The planned book never came to fruition; Fred Stein died on 27 September 1967, aged only 58.

There are many people to thank for this exhibition: first and foremost, Peter Stein and his wife, Dawn Freer, who have both energetically supported the project. Working closely with the family and displaying huge commitment, Helena Weber, holder of a fellowship from the Alfried Krupp von Bohlen und Halbach Foundation at the Stadtmuseum Dresden, has both curated the exhibition and supervised production of the catalogue. I also wish to thank our project partners, the *Jüdisches Museum in Berlin*, and, in particular, Theresia Ziehe (curator of photography there); many of the photos on display have come from Berlin. The show is also in part the product of a fruitful collaboration with the *Kupferstich-Kabinett at the Staatliche Kunstsammlungen Dresden*, which is complementing our exhibition with its own small display of Stein's photographs. I would also like to express my thanks to all the authors of the catalogue for agreeing, despite the tight time constraints, to write about Stein and his photographs. And last, but not least, my thanks go to *Sandstein Verlag* in Dresden, and in particular to Frau Christine Jäger-Ulbricht for her tremendous efforts on behalf of this catalogue.

Erika Eschebach
Director of the
Stadtmuseum Dresden

Notes

1 The dedication Fred Stein wrote for Will Grohmann on June 23, 1954 in Stein's book *5th Ave*, 1947, Fred Stein Archive. **2** Fred Stein to Alfred Schüler (United Restitution Organization) of February 21, 1963, Fred Stein Archive. **3** Fred Stein to Gottfried Sello, August 10, 1965, Fred Stein Archive. The exhibition "Degenerate Art," showing artworks purchased by the city for the museum since 1914, took place between September 23 and October 18, 1933 in the atrium of Dresden's Rathaus. **4** Fred Stein to Will Grohmann, June 23, 1954, Fred Stein Archive. **5** See Fred Stein to Hannah Arendt, March 1, 1964, Fred Stein Archive. **6** See Fred Stein to Vladimir Sagal, February 5, 1959, Fred Stein Archive.

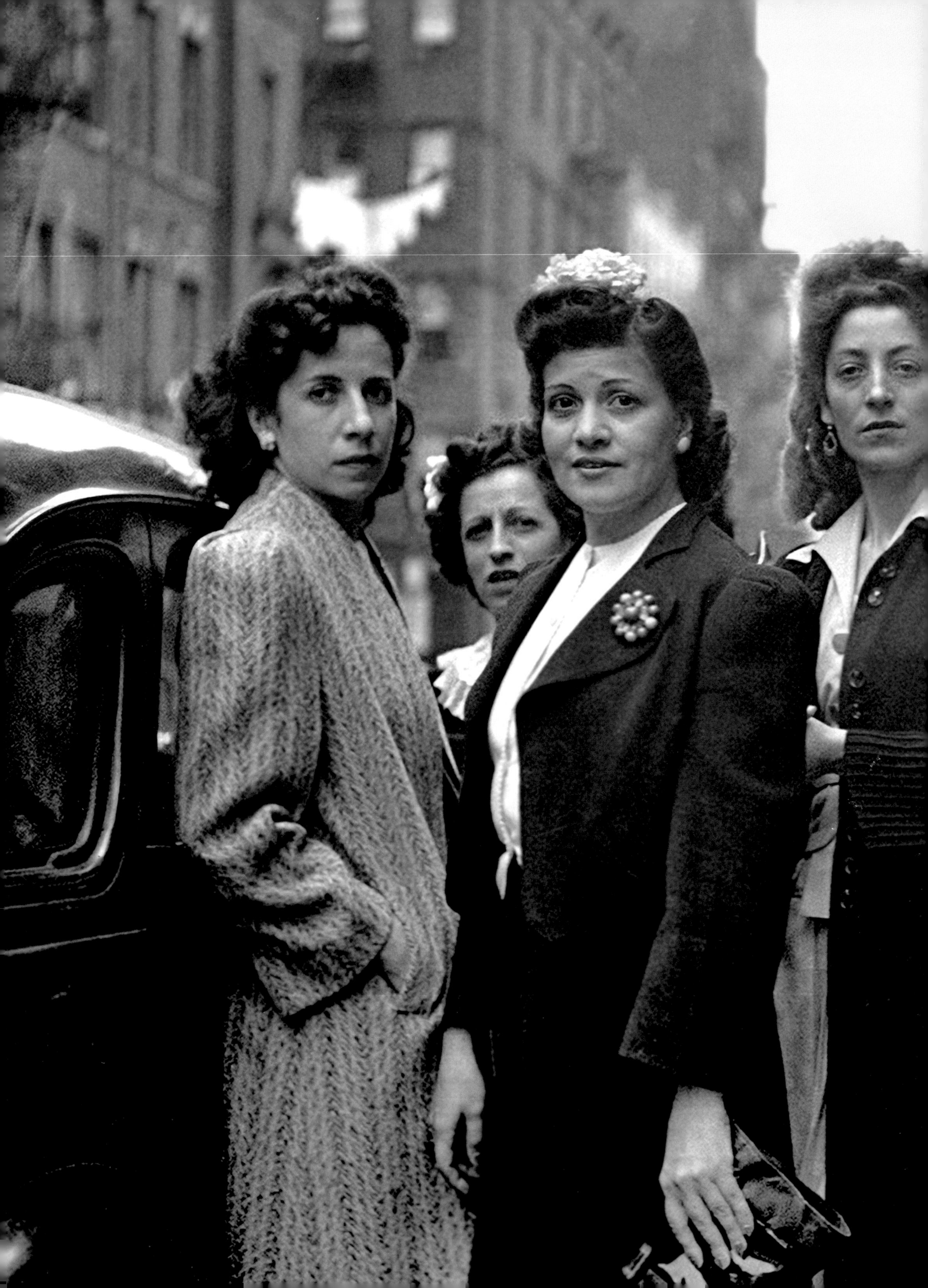

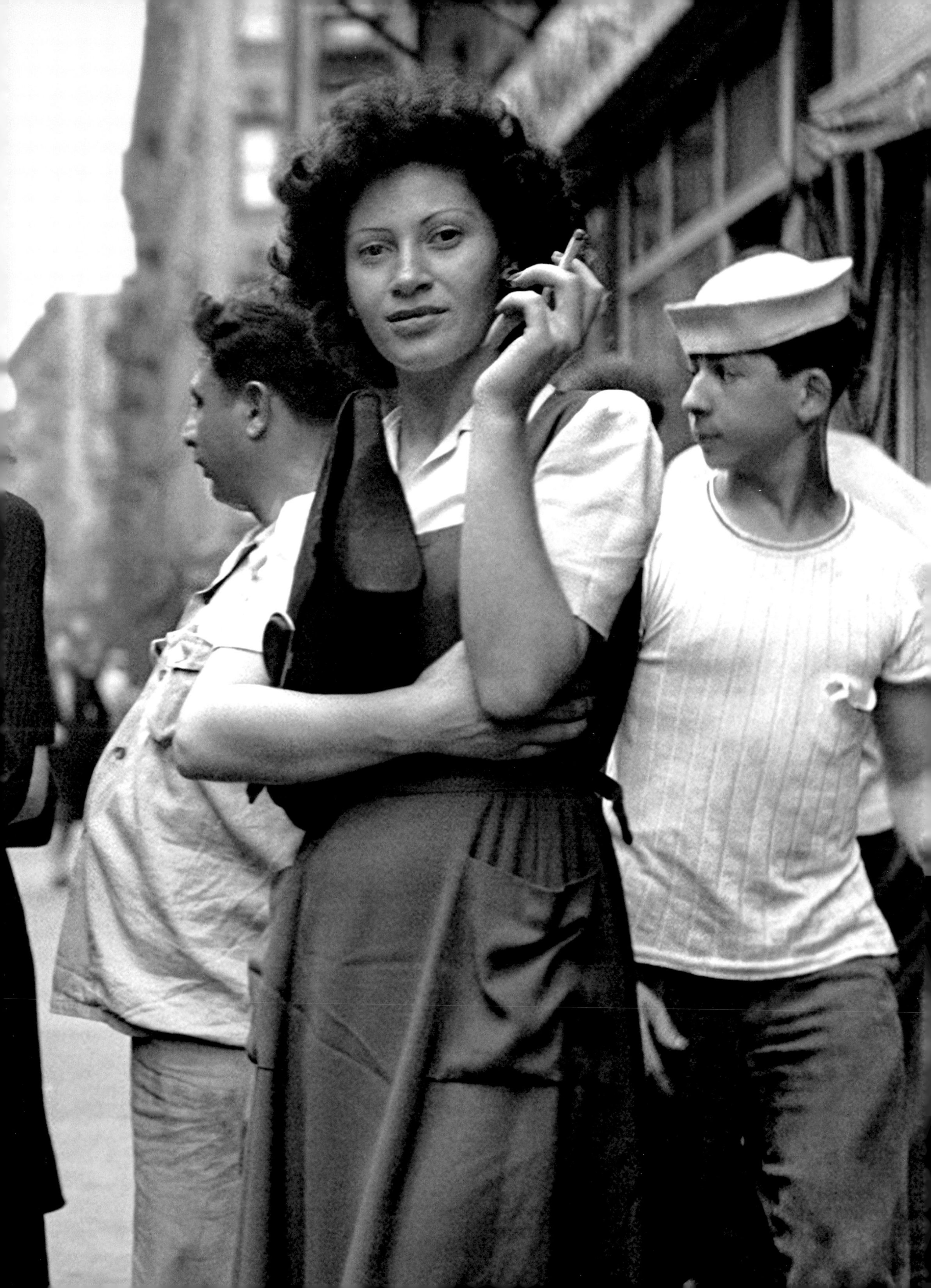

Ein persönlicher Blick auf meinen Vater

PETER STEIN

Jeder Mensch hat eine einzigartige Lebensgeschichte. Sie bestimmt für jeden von uns in großem Maße, wer wir sind. Sie formt unsere Entscheidungen, unsere Glaubensvorstellungen und unsere Beziehungen zu unseren Mitmenschen. Unsere Vergangenheit wirkt bis in unseren Alltag hinein – und für einen Künstler hat sie gewiss großen Einfluss auf seine Kunst. Mein Vater Fred Stein musste in seinem Leben vieles durchmachen: Durch das Übel des Faschismus verlor er sein Zuhause; er lebte jahrelang im Pariser Exil, musste eine Gefangenschaft erdulden; als die Faschisten auch Frankreich besetzten, war er am Ende gezwungen, aus seiner neu gewonnenen Heimat Frankreich zu fliehen, und konnte nur mit knapper Not in die USA entkommen.

Bemerkenswert ist, dass trotz all dieser erzwungenen Ortswechsel und entbehrungsreichen Zeiten die Kunst, welche sich in seinen Fotografien entfaltet, dennoch unbeirrbar auch von den Freuden des Lebens, von der Erhabenheit des Menschseins spricht und auf eine bessere Welt verweist. Die Bilder sind bewegend – sie führen dem Betrachter vor Augen, dass die abgebildete Person, unabhängig von ihrer jeweiligen aktuellen Lebenssituation, ein Mensch von Tiefe, Schönheit und Rätselhaftigkeit ist. Diese Eindrücklichkeit, die besser als jegliche moralisierende Lehrstunde ist, speist sich aus seinem tiefen Gleichheitsempfinden – er schaute nie auf die zu porträtierende Person herab oder fühlte sich ihr überlegen und trat nie mit etwas anderem als Respekt und Achtung an sie heran.

Seine gesellige Art war der Grund dafür, dass er in der Lage war, in all den verschiedenen Vierteln von Paris und New York Straßenszenen aufzunehmen, die einen Eindruck von Wertschätzung und Begeisterung vermitteln. Er war ein Fremder, der eine neue Welt entdeckte, die für ihn ein großes Abenteuer war. Sein Sinn für Humor machte einen Teil dieses Enthusiasmus aus. Die ironische Geisteshaltung färbt viele seiner Bilder.

Ich erinnere mich, wie ich als Kind immer dachte, dass mein Vater jemand Besonderes ist. Die Eltern anderer Kinder waren keine Künstler. Fred stand wochentags nicht früh auf, um zur Arbeit zu gehen, nach Hause zu kommen und mit der Familie zu Abend zu essen, wie die Väter anderer.

Unsere Wohnung war die Wohnung eines Fotografen: Ein Zimmer war das Studio, es gab eine Dunkelkammer, an die ein kleines Badezimmer anschloss. Dort roch es nach Chemikalien, und immer schwammen Fotos in der Badewanne. Manchmal ließ er mich rein und ich konnte ihm bei der Arbeit zuschauen.

Vor meinem Zimmer lag der lange Flur. Dort hingen die Fotos meines Vaters wie in einer Galerie und er und meine Mutter wechselten sie immer wieder aus. So hatte ich sie ständig vor Augen und mit der Zeit waren sie mir sehr ans Herz gewachsen.

Oft war er tagsüber unterwegs, um zu fotografieren. Er wanderte durch ganz New York und suchte all die unterschiedlichen Stadtviertel auf. Ich erinnere mich, wie er, stets die Kamera bei sich tragend, aus der Tür ging.

A Personal Perspective on My Father

PETER STEIN

Every person I have ever met has a remarkable life story. Our history, for each of us, determines in great part who we are; it shapes our choices, our beliefs, and our relationships with our fellow human beings. Our past informs our daily lives–and, for an artist, it most certainly affects his art. My father Fred Stein went through a lot in life: he lost his home in his beloved Germany due to the evil of fascism; he lived for years in exile in Paris; he endured incarceration; then he had to flee his adopted country of France as the fascists invaded the country, making a narrow escape to the United States. What is remarkable is that throughout all of this dislocation and hardship, his art, as revealed in his photography, invariably speaks of the joy of life, the dignity of humanity, and the possibility of a better world.

The pictures are moving; they convince the viewer that the subject before them, no matter what their station in life, is indeed a person of depth and beauty, and human mystery. This ability to convince, better than any moral lesson, derives from his deep egalitarianism–he never looked down on his subjects, felt superior, or approached them with anything other than respect and dignity.

His gregariousness is the reason he was able to photograph street scenes in Paris and New York, in all the many different neighborhoods, with a sense of awe, appreciation, and excitement: an outsider discovering a new world. For him it was a great adventure. Part of his enthusiasm was his sense of humor. His ironic turn of mind lifts many of his pictures.

I remember as a child thinking that my father was someone special. Nobody else's parents were artists. Fred did not get up early every weekday and go to work, then come home for dinner with the family, like all the other fathers.

Our apartment was a photographer's apartment: one room was a studio and there was a darkroom with a small bathroom attached to it. It smelled of chemicals and there were always pictures floating in the bathtub. He sometimes let me come in and watch him as he worked in there.

Right outside my room was a long hallway. My father's photographs were displayed in it like a gallery, which he and my mother would change from time to time, so I saw his pictures all the time and grew to love them.

He was very often gone during the day, out taking photographs. He walked all around New York, going to all the different neighborhoods. I remember him going out the door–he always had his camera with him.

When he was home, he read constantly: the complete *New York Times* every day, *Time* magazine every week, and about two books a week. And he remembered what he read. At night at the dinner table, he would talk to my mother, my sister, and me about the world and about his thoughts and opinions, which we all took very seriously. He was strict as a parent and a little distant with the children, being, as he was, very involved in his life, but he was always fair.

Wenn er zu Hause war, las er die ganze Zeit: Jeden Tag die gesamte Ausgabe der New York Times und jede Woche das komplette Time Magazine und zusätzlich etwa zwei Bücher. Und er merkte sich all das Gelesene. Beim Abendessen sprach er mit meiner Mutter, meiner Schwester und mir über die Welt, über seine Gedanken und Meinungen, die wir alle sehr ernst nahmen.

Er war ein strenger Vater, etwas distanziert den Kindern gegenüber, da er in seinem Leben immer sehr beschäftigt war, doch von großer Fairness.

Wir, seine Familie, brachten ihm immer den größten Respekt entgegen und betrachteten ihn als einen brillanten Kopf und großartigen Künstler. Als Erwachsener kann ich heute sagen, dass er in der Tat einer der klügsten Menschen war, die ich je kennengelernt habe. Er hatte feste Überzeugungen, aber auch immer Argumente, um sie zu stützen. Er war ein Experte auf vielen Gebieten, wie beispielsweise in der Literatur, Theologie, Philosophie, Naturwissenschaft, Architektur und Kunst. Er liebte es, wichtige und einflussreiche Menschen kennenzulernen und mit ihnen tiefgründige Gespräche zu führen. Wenn dabei ihre Mimik die Tragweite ihres Denkens offenlegte, drückte er auf den Auslöser. Wenn ich darüber nachdenke, wie er in der Lage war, mit all diesen Intellektuellen auf Augenhöhe ein Gespräch zu führen, bin ich immer wieder erstaunt.

Als ich jung war, gingen wir immer gemeinsam raus, machten Fotos und verglichen die Ergebnisse später zu Hause. Er erklärte mir, wie ein Bild zu verbessern sei, wenn man einen höheren oder tieferen Bildausschnitt wähle oder Objekte im Vordergrund postiere, eine Rahmung des Motivs oder eine andere Distanz vornehme.

Er brachte mir den Umgang mit Komposition und Licht bei und lehrte mich, dass die Positionierung der Kamera genauso wichtig ist wie das Motiv selbst. Im Grunde brachte er mir bei, wie man die Welt durch einen Rahmen betrachtet. Er formte mein ästhetisches Empfinden, indem er mit mir über Kunst diskutierte, mir Kunstbücher kaufte und mich in Museen mitnahm.

Wir gingen gemeinsam nach Chinatown und Little Italy, zum Washington Square und in andere Stadtteile. Einmal besuchten wir eine kleine chassidische Synagoge in Brooklyn, die in den oberen Etagen eines Wohnhauses untergebracht war. Er war begeistert. Mit Sicherheit fielen wir dort aus dem Rahmen! Als zehn- oder elfjähriges Kind, das noch nie zuvor mit einer solchen Lebensweise konfrontiert gewesen war, fühlte ich mich sehr unwohl. Aber Fred konnte es kaum erwarten, mit jedermann zu sprechen, der auf ihn zukam. Mehr als das, ich erinnere mich, wie er zu Hause immer wieder religiöse Missionare, die von Tür zu Tür gingen, hineinbat, um mit ihnen über Theologie zu diskutieren.

Wenn wir unterwegs waren, blieb er ständig stehen, um eine Pfütze anzublicken, „Hm, das ist interessant“ oder „Das ist schön“ zu verkünden und ein Foto aufzunehmen. Oder er bemerkte eine Lichtreflexion auf einem Auto oder eine Schaufensterpuppe in einem Fensterladen. Er hielt immer nach Dingen Ausschau. Und heute, da sehe ich die gleichen Dinge. Ich bin Filmemacher, und es ist ihm zu verdanken, dass ich einer geworden bin.

Meine Mutter Lilo war eine starke Frau. Sie glaubte an meinen Vater und sein künstlerisches Talent. Sie unterstützte die Familie, da er keinen Sinn für das Geschäft mit der Kunst hatte und nie viel verdiente. Dank meiner Mutter konnte er fotografieren, wann immer und was auch immer er wollte.

Mein Vater erzählte mir die Geschichte, wie er als Student eine Rede von Hitler in einer Bierhalle hörte, noch bevor dieser an die Macht gekommen war. Fred wollte mit eigenen

We, his family, gave him the greatest respect and regarded him as a brilliant mind and a great artist. Now that I'm an adult, I recognize that he was indeed one of the smartest people I have ever met. He had strong opinions, but always had facts to back them up; he was an expert in many areas such as literature, theology, philosophy, science, architecture, and art. He loved to meet important and influential people in various fields and have deep discussions with them, taking a photograph when their expression revealed the depth of their thinking. When I think about how he was able to converse as an equal with all these intellectuals, it constantly amazes me.

When I was young we would go out together taking pictures and then come home and compare the results. He would point out how a picture might be improved if I raised or lowered the camera, or added some foreground objects, or used something to frame the picture, or got closer, or more distant. He taught me composition and light, and that where you place the camera is as important as the subject matter–basically, how to see the world through a frame. He also developed my visual aesthetic by discussing art with me, buying me books of paintings and taking me to museums.

We would go around to Chinatown, Little Italy, Washington Square, and other areas of the city. One time we went to a small Hasidic synagogue located upstairs in a tenement in Brooklyn. He was thrilled. We certainly stood out! I as a ten or eleven-year-old child was very awkward, never having seen this way of life before, but Fred couldn't wait to speak to anyone who approached him. In fact, I remember that at home, he would welcome door-to-door religious proselytizers, being eager to argue theology with them.

Typically, we would be out, and he would stop and look at a puddle and say "Hmm, that's interesting," or "That's beautiful," and he would take a picture, or he'd look at a reflection in a car, or he'd see a store window with a mannequin ... he was always looking at things. It's funny because I see the same things now–I'm a cinematographer, and it's because of him that I became a cinematographer.

My mother, Lilo Stein (née Salzburg), was a strong woman. She believed in my father, and in his greatness as an artist, and she supported the family, as he did not understand the business of art, and never made very much money. Because of her, he was free to photograph when and wherever he wanted.

My father told me the story that when he was in college, he went to hear Hitler speak in a beer hall. This was before Hitler came to power. Fred wanted to see for himself what Hitler was all about, as his intellectual curiosity was always strong and he had to make up his own mind about the man he had heard so much about. Fred had read *Mein Kampf* and other of Hitler's writings, but who knew if the man really meant what he said?

Fred told me that as Hitler strode down the aisle he was only a few feet away from him. Looking in his eyes, he realized that Hitler was completely possessed, and that he would be a terrible tyrant if he ever achieved real power.

After this, Fred warned everyone he could about Hitler. Most people thought he was exaggerating. But Fred continued his anti-fascist activities up until the time he was forced to flee Germany.

Fred was very astute politically; not only did he see the threat Hitler posed, but he also warned his socialist compatriots about Stalin and the communists. After Hitler came to power, many socialists became communists, seeing them as the only real impediment to Hitler and the Nazi Party. But Fred was always against communism and advocated for a democratic socialism.

Augen sehen, was es mit diesem Hitler auf sich hatte. Das lag an seiner ausgeprägten intellektuellen Neugier, er wollte sich eine eigene Meinung über den Mann bilden, über den er bereits so viel gehört hatte. Er hatte *Mein Kampf* und andere Schriften von Hitler gelesen, aber wer wusste schon, ob dieser auch wirklich alles meinte, was er von sich gab. Fred berichtete, wie Hitler nur wenige Schritte von ihm entfernt den Gang entlangschritt. Beim Blick in dessen Augen wurde ihm klar, dass Hitler vollkommen besessen war und ein schrecklicher Tyrann werden würde, sollte er jemals an die Macht kommen. Nach diesem Erlebnis wollte Fred so viele wie möglich vor Hitler warnen. Die meisten dachten, er übertreibe. Aber er machte mit seiner antifaschistischen Agitation so lange weiter, bis er selbst gezwungen war, aus Deutschland zu fliehen.

Fred besaß großen politischen Scharfsinn. Er sah nicht nur die Gefahr, die von Hitler ausging, sondern warnte auch seine sozialistischen Mitstreiter vor Stalin und den Kommunisten. Nachdem Hitler an die Macht gekommen war, wandten sich viele Sozialisten dem Kommunismus zu, da sie nur in diesem eine wirksame politische Kraft gegen Hitler und die Nationalsozialisten sahen. Doch Fred war immer gegen den Kommunismus und plädierte für einen demokratischen Sozialismus.

1934 fotografierte er in Paris den berühmten Fotografen André Malraux (der später Kulturminister werden sollte) und hatte die Kühnheit, ihn davon überzeugen zu wollen, sich nicht mehr als Kommunist, sondern als Sozialist zu bezeichnen. Sie unterhielten sich lange und wurden Freunde. Im Laufe der Jahre fotografierte Fred ihn mehrere Male.

Mein Vater knüpfte oft einen direkten Kontakt zu den Personen, die er porträtierte: 1946 wurde ihm in Princeton, New Jersey, ein zehnminütiger Termin mit Albert Einstein gewährt. Einsteins Kamerascheu war berühmt, doch sein Assistent, der mit Fred in Dresden zur Schule gegangen war, konnte ihn davon überzeugen, auch mit dem Argument, dass es der Karriere des „Flüchtlingsfotografen" helfen würde.

Als am verabredeten Tag die zugestandenen zehn Minuten verstrichen waren und die Sekretärin Fred hinauskomplementieren wollte, schickte Einstein sie weg, weil er sich gerade so angeregt unterhielt. So ging das weiter und er vertröstete sie immer wieder, bis Fred am Ende ganze zwei Stunden blieb. In diesen zwei Stunden nahm er gerade einmal 24 Fotos auf, von denen fast alle außergewöhnlich sind und eines zu dem ikonischen Bild wurde, das heute zu den bekanntesten Bildern von Einstein zählt.

Fred hatte drei Methoden, um Porträts aufzunehmen. Die erste bestand darin, die Personen, die um ein Porträt baten, zu Hause aufzusuchen. So konnte er sie in ihrer gewohnten Umgebung aufnehmen, wo sie sich am wohlsten fühlten. Wenn dies nicht möglich war, kamen sie in sein Studio, also zu uns nach Hause. Die dritte Methode war eine rein dokumentarische, bei der er zu öffentlichen Veranstaltungen wie Versammlungen, Konferenzen oder Festen ging und dort fotografierte.

Er zielte beim Porträt darauf ab, die Wahrheit über den Menschen, den er fotografierte, einzufangen. Einmal hatte er den Auftrag, eine ältere Dame zu porträtieren. Als sie sich darüber beschwerte, wie sie auf den Bildern aussah, sagte Fred: „Haben Sie je in einen Spiegel geschaut?" Meine Mutter war entsetzt. Die beiden stritten sich oft darüber, ob die Falten im Gesicht einer Frau retuschiert werden sollten. Denn Fred erlaubte grundsätzlich keine kosmetische Retusche.

Er liebte es, Porträts aufzunehmen, und nannte sich selbst einen „Kopfjäger". In einem Artikel über ihn in der *New York Times* von 1954 fasste er seine Philosophie folgendermaßen zusammen: „Du hast nur diesen einen Moment. Wie ein Jäger, der sein Ziel

In Paris, in 1934, when he photographed the famous French writer André Malraux (who would later become the Minister of Culture), Fred had the audacity to try to convince Malraux not to call himself a communist, but a socialist. They spent a long time in conversation and became friends. Fred photographed Malraux over the years.

My father often was able to make connections with the people he photographed: in 1946 he was granted a ten-minute appointment to photograph Albert Einstein in Princeton, New Jersey. Einstein famously detested having his picture taken, but his assistant, who had gone to high school with Fred in Dresden, prevailed upon the great man because it would be very helpful to the "refugee photographer's" career.

On the day of the appointment, after his allotted ten minutes were up, Einstein's secretary came in to usher Fred out. But Einstein was having such an interesting time that he dismissed her. This went on, Einstein kept dismissing her, and Fred ended up staying for two hours.

In those two hours Fred took only twenty-four pictures—almost all of which are exceptional and one of which is the iconic picture that might well be one of the best-known pictures of Einstein.

He had really three different methods for making his portraits. One way he worked was to go to people's homes when they called him to have their picture taken. This way he could photograph them in their natural surroundings where they were most at ease. When this method was not available, people would come to his studio, in our apartment. His third method was a purely documentary style, where he would go to public events like meetings, conferences, or parties, and take pictures there.

His aim in portraiture was to capture the truth about the people he photographed. Once he had a commission to photograph an older woman; when she complained about the way she looked in the picture, he said, "Have you ever looked in a mirror?" My mother was mortified. The two of them often argued about retouching lines on a woman's face, but Fred would never allow any cosmetic retouching.

He loved taking portraits; he called himself a "head hunter." In an article about him in *The New York Times* in 1954 he summed up his philosophy:

"One moment is all you have. Like a hunter in search of his prey, you look for the one sign that is more characteristic than all the others. The job is to sum up what a man is according to your understanding of him. The painter has the advantage here since he can work toward this objective through several leisurely sessions; the photographer has only one, and that one as brief as a split second."[1]

My father gave lectures on photography—there were many locations, but I remember especially those at the main branches of the New York Public Library because I often accompanied him there as his assistant when I was a young boy. One of his lectures was entitled "Is Photography Art?" which was a real question at the time when he was working.

Today photography is certainly considered an art—it is displayed in art museums and galleries and sold for high prices to institutions and collectors. However, Fred Stein died very young in 1967 at the age of 58, before this acceptance of photography began, so he wasn't there in the late 1970s and early 1980s, at a time when photo galleries were becoming important and promoting a number of his contemporaries. This made many of them successful and often famous.

But I never felt that he minded that he wasn't very well-known, as it seemed that he was quite fulfilled in his life. He was able to meet and have intellectual conversations

anvisiert, wartest du auf den Augenblick, der aussagekräftiger ist als alle anderen. Die Aufgabe ist es, all das zusammenzufassen, das deinem Verständnis nach einen Menschen ausmacht. Der Maler hat hier einen Vorteil, da er sich ohne Eile in mehreren Sitzungen seinem Motiv nähern kann. Der Fotograf hat nur eine einzige Gelegenheit, und diese ist so kurz wie ein Sekundenbruchteil."[1]

Mein Vater hielt auch an verschiedensten Orten Vorträge über die Fotografie. Besonders sind mir die Vorträge in der Hauptfiliale der New Yorker Stadtbibliothek in Erinnerung geblieben, weil ich ihn als Junge oft als sein Assistent dorthin begleitete. Einer seiner Vorträge trug den Titel „Ist Fotografie Kunst?", was seinerzeit noch eine wichtige Frage war.

Heute ist die Fotografie zweifelsfrei als Kunst anerkannt – sie wird in Museen und in Galerien gezeigt und wird für hohe Preise an Institutionen und Sammler verkauft. Doch leider starb Fred bereits 1967, im Alter von gerade mal 58 Jahren, und damit vor der Etablierung der Fotografie im Kunstmarkt. Als in den späten 1970er und frühen 1980er Jahren Fotogalerien an Bedeutung gewannen und anfingen, zahlreiche seiner Zeitgenossen zu fördern, die dadurch oftmals erfolgreich und berühmt wurden, war er nicht mehr da.

Dennoch hatte ich nie das Gefühl, dass er sich daran störte, nur wenig berühmt zu sein. Er schien ein sehr erfüllendes Leben zu haben. Er war in der Lage, die kulturell, politisch, wissenschaftlich und künstlerisch führenden Köpfe der Welt zu treffen und sich mit ihnen intellektuell austauschen. Und er konnte seiner Leidenschaft – dem Fotografieren – nachgehen.

Er wollte stets seinen Horizont erweitern. Überhaupt war das sein Hauptinteresse im Leben: seine geistigen und künstlerischen Fähigkeiten zu nutzen, um etwas Neues zu erschaffen. Oft kam er nach Hause und berichtete meiner Mutter begeistert von den Gesprächsthemen der vorangegangenen Fotositzung. Normalerweise hatte ich keine Ahnung, wer diese Menschen waren von denen er sprach, aber ich wusste, dass sie wichtig sein mussten. Dies machte einen Teil seiner Rätselhaftigkeit für mich aus.

Zu Lebzeiten hatte er einige Einzelausstellungen und veröffentlichte fünf Bücher. Aber seine Arbeit erreichte nie ein größeres Publikum. Und obwohl ihn solche Dinge nie besonders gekümmert haben mögen, sehe ich es heute als meine Aufgabe, ihm und der Bedeutung seiner Vision nun die gebührende Aufmerksamkeit zu verschaffen: seinem tieferen Verständnis vom menschlichen Ausdruck ebenso wie der Unmittelbarkeit des Lebens auf den Straßen von Paris und New York in den 1930er und 1940er Jahren, mit all den Momenten, die von ihrer eigenen Zeit erzählen und doch zeitlos bleiben.

Es ist unbedingt notwendig, dieses Werk als künstlerisches und historisches Zeugnis zu bewahren. Und es ist sehr spannend, dass seine Arbeit weltweit immer mehr Beachtung erhält. Die schöne Ausstellung im Stadtmuseum Dresden, in der Stadt, in der das Leben meines Vaters begann, ist nach langer Reise eine wunderbare Heimkehr für sein Werk.

Anmerkungen

1 Stein in einem Interview mit Jacob Dreschin: Pictures of People. Fred Stein explains his goals in Portraiture, in: New York Times, 26.9.1954.

with the cultural, political, scientific, and artistic leaders of the world, and to pursue his interest in the art of taking pictures. He continued to engage and stretch his mind. That was his true interest in life, the combining of his intellectual and artistic sensibilities to create something new. He would come home and excitedly tell my mother at the dinner table what he had discussed in his photo session of the day—I usually had no idea who these people were, but I knew they were important. This was part of his myth for me.

He did have a number of solo exhibitions during his life and had five books published, but his work never reached a larger audience. And although he may not have cared much about such things, I feel like it is my responsibility now to gain recognition for the importance of his vision: his understanding of the contours of the human face and the immediacy of life on the streets in Paris and New York in the 1930s and 1940s, those moments which are of their time, and yet timeless.

It is essential to preserve this work as an artistic and historical record, and it is very exciting that his work is gaining more and more recognition around the world. The beautiful exhibition at the Stadtmuseum in Dresden—where my father began his life—is a wonderful homecoming for my father's journey, and his art.

Notes

1 Interview of Fred Stein with Jacob Dreschin, "Pictures of People: Fred Stein Explains His Goals in Portraiture," *The New York Times*, 26.9.1954.

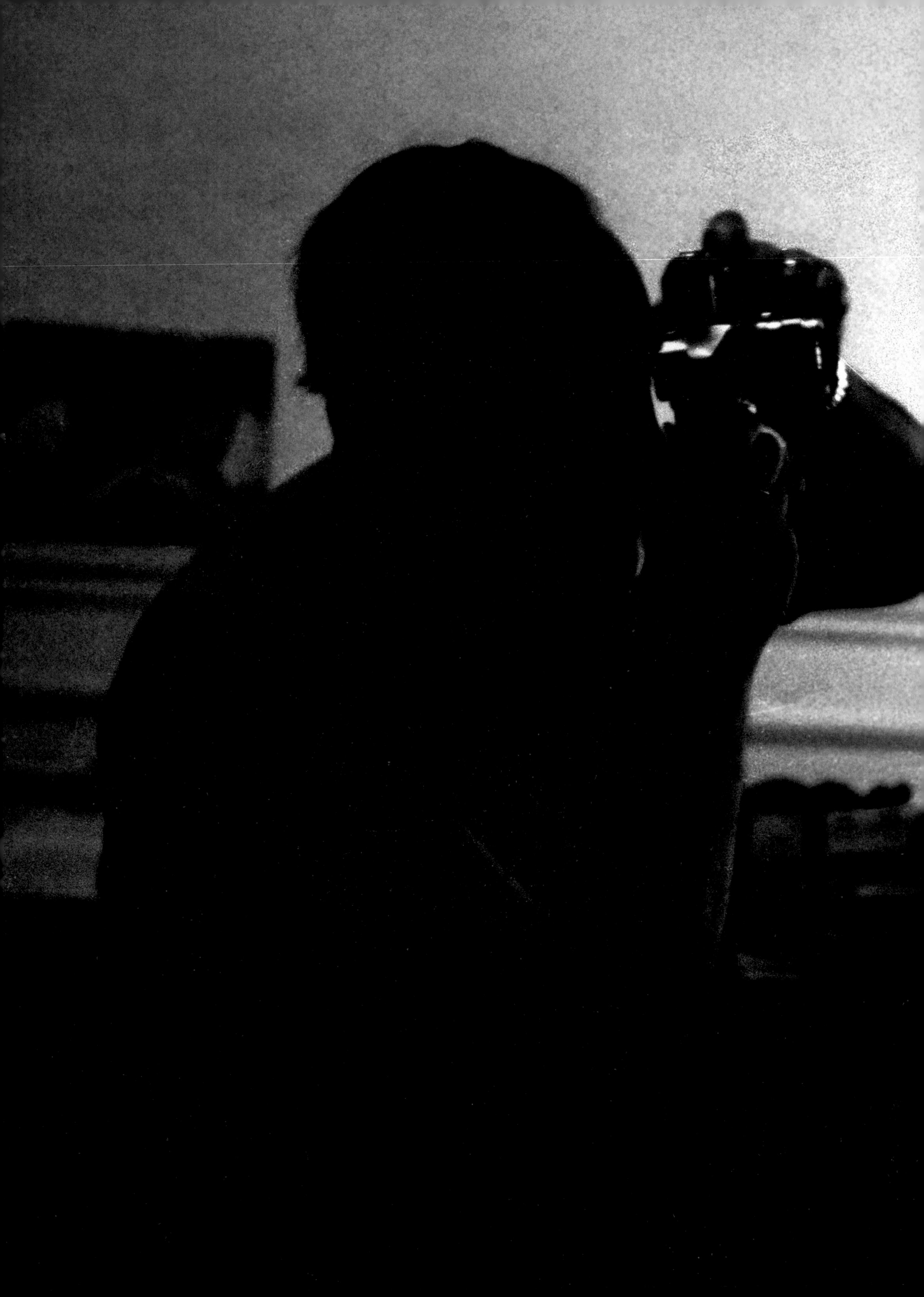

LEBEN LIFE

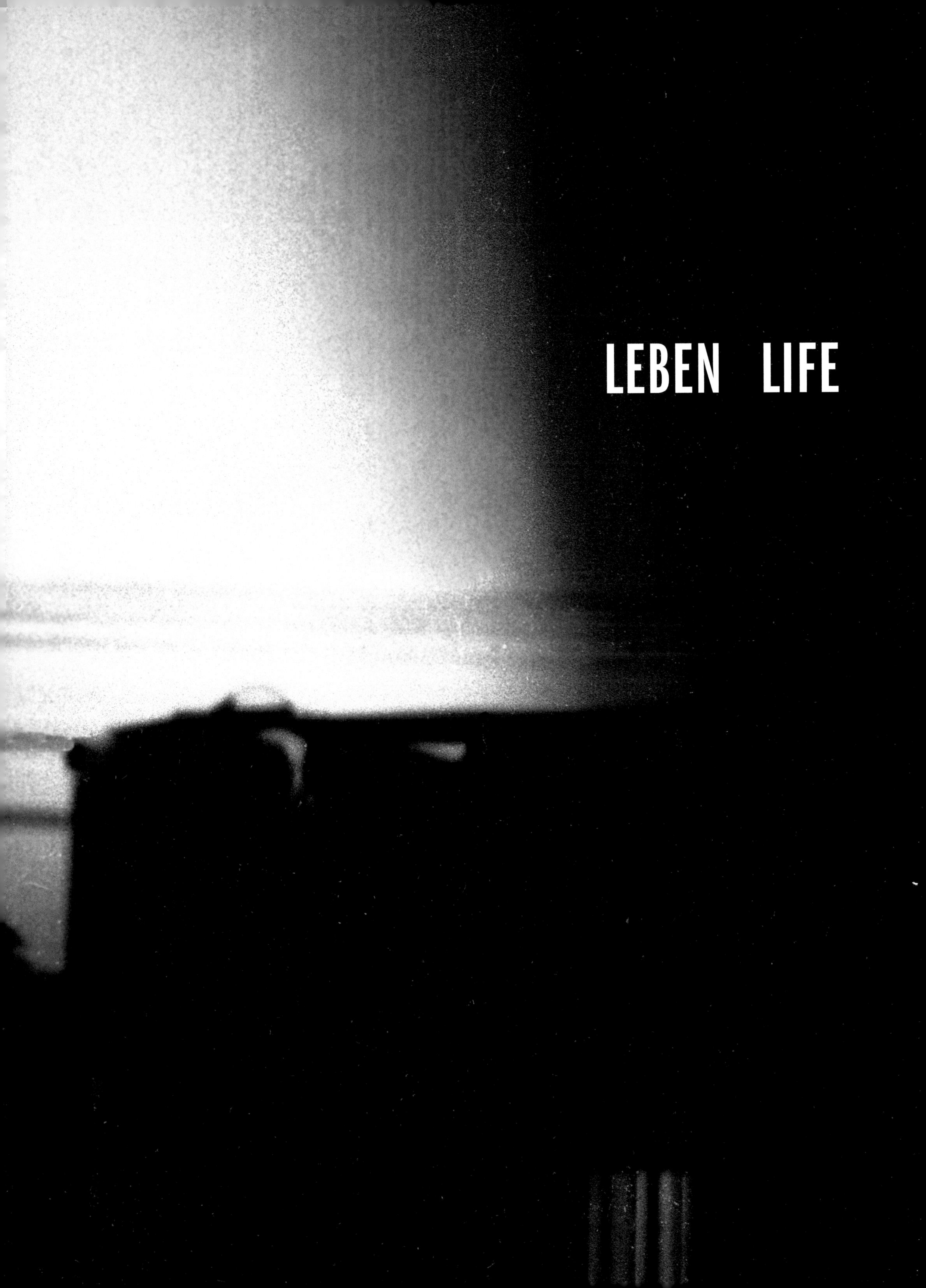

Fred Steins Weg aus dem Exil.
Fred Stein's Path Out of Exile.

Dresden

HELENA WEBER

Alfred „Fred“ Stein wurde am **3. Juli 1909** als ältestes Kind des Rabbiners Leopold Stein (1874–1916) und seiner Ehefrau Eva Stein (geb. Wollheim, 1883–1958) in Dresden geboren. Nachdem Leopold Stein 1916 starb, zog seine Frau mit dem sechsjährigen Alfred und seiner ein Jahr jüngeren Schwester Rosi in eine Wohnung in der Elsasser Straße 5 in der Dresdner Johannstadt und absolvierte das Lehrexamen, um als Religionslehrerin arbeiten zu können. Wie schon ihr Ehemann unterrichtete sie an der jüdischen Religionsschule und zusätzlich als Privatlehrerin, so auch im Hause der wohlhabenden Familie Salzburg, wo sie die spätere Ehefrau Steins, Liselotte Salzburg, und ihre beiden älteren Schwestern Thekla und Erika unter anderem im Althebräischen unterrichtete.

Alfred (Fred) Stein was born in Dresden on **July 3, 1909**, the eldest child of Rabbi Leopold Stein (1874–1916) and his wife Eva Stein (née Wollheim, 1883–1958). After her husband's untimely death in 1916, Eva Wollheim Stein, her six-year-old son Fred and his five-year-old sister Rosi moved into an apart-

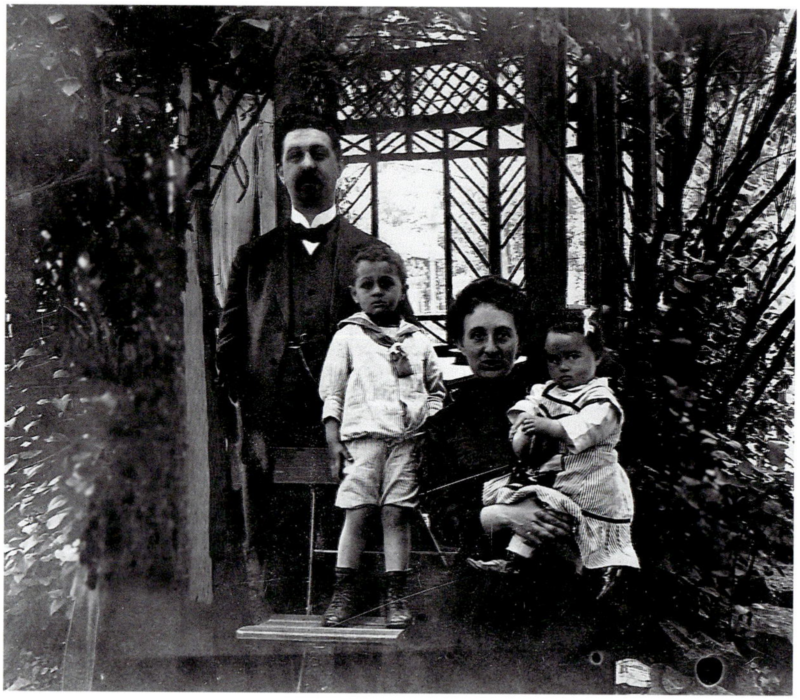

1
Die Familie Stein, Dresden ca. 1911

The Stein family, Dresden c. 1911

Fred Stein Archive

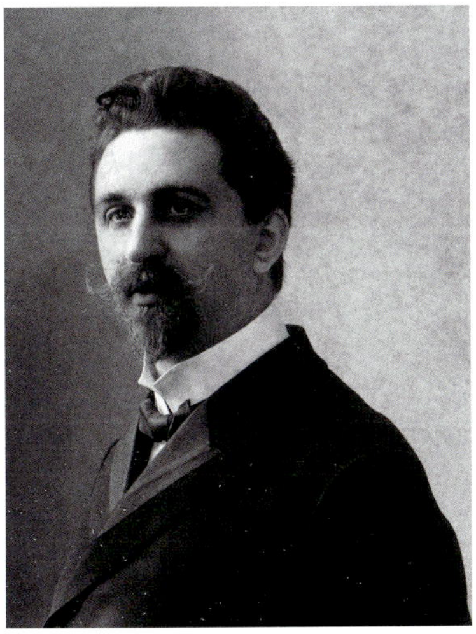

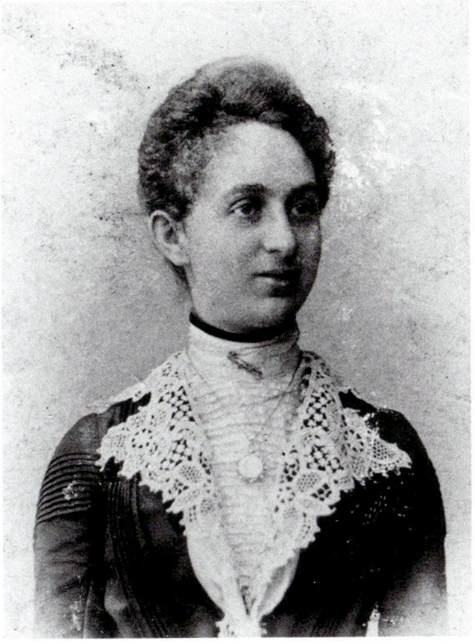

2
Leopold Stein, o. J.

Leopold Stein, no date

Fred Stein Archive

3
Eva Stein (geb. Wollheim), o. J.

Eva Stein (née Wollheim), no date

Fred Stein Archive

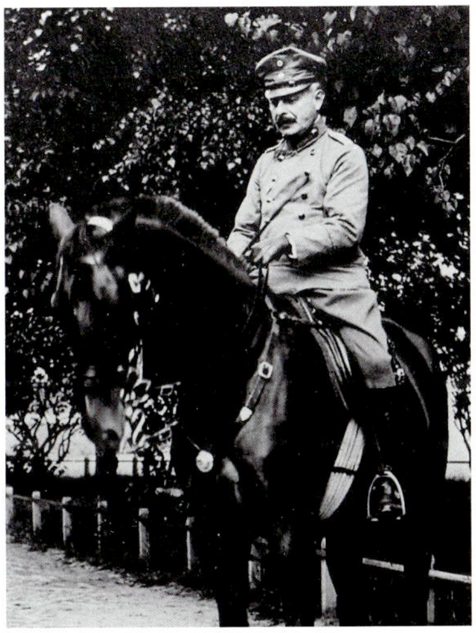

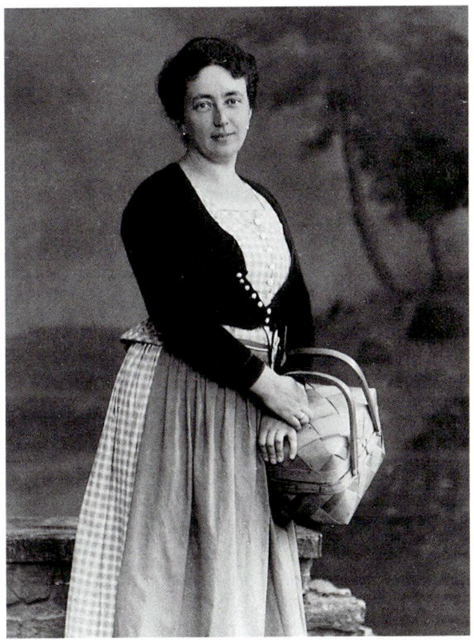

4
Siegmund Salzburg zu Pferd als Major der Sanitätstruppe, 1915

Siegmund Salzburg on horseback as major of the Army Medical Corps, 1915

Fred Stein Archive

5
Elsa Salzburg (geb. Glückmann), o. J.

Elsa Salzburg (neé Glückmann), no date

Fred Stein Archive

ment at Elsasser Straße 5 in Dresden Johannstadt. The young widow qualified as a teacher and taught religious studies at the Jewish School, supplementing the family income by tutoring in Biblical Hebrew and other subjects. Among her students were Thekla, Erika and Liselotte Salzburg, the daughters of Siegmund Salzburg, a wealthy Jewish physician, and his wife Elsa (née Glückmann). Liselotte was later to marry Fred Stein.

Auch wenn Leopold Stein zu seinen Lebzeiten als Rabbiner und Eva Stein nach dessen Tod durch den Unterricht der Salzburg-Töchter mit dem Arzt Siegmund Salzburg und dessen Ehefrau Elsa (geb. Glückmann) bekannt waren, verkehrten die beiden Familien nicht miteinander.

Although the Steins were acquainted with the Salzburgs—Leopold in his role as a rabbi and, after his death, his widow as tutor to the Salzburg daughters—the two families did not mix socially.

Alfred (Fred) Stein war ein sehr guter Schüler, der eine Schulklasse übersprang und **1927** das König-Georg-Gymnasium in Dresden-Johannstadt als einer der Jüngsten mit der Hochschulreife abschloss.
An exceptionally bright student, Alfred (Fred) Stein skipped a school year and completed his studies at the König Georg Gymnasium in Dresden Johannstadt in 1927 as one of the school's youngest graduates.

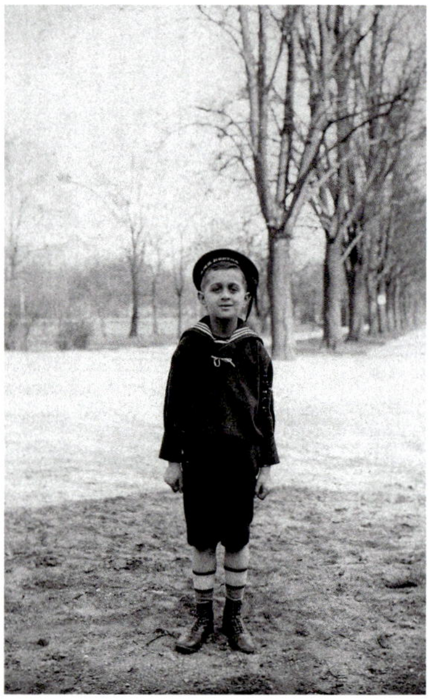

6
Fred Stein im Alter von acht Jahren, Dresden 1917

Fred Stein aged 8, Dresden 1917

Fred Stein Archive

Schon als Jugendlicher interessierte er sich für Themen sozialer Gerechtigkeit und war politisch aktiv. Er schloss sich mehreren sozialistischen Organisationen wie dem Reichsbanner[1] an, ging zu Versammlungen und knüpfte bereits hier Kontakte zu später ebenfalls im Exil lebenden Intellektuellen, Politikern und Aktivisten. Späteren Aussagen seiner Ehefrau zufolge könnte er auch Mitglied der Sozialistischen Arbeiterjugend (SAJ) und des deutsch-jüdischen Wanderbundes Kameraden gewesen sein.[2] 1927 trat er in die Sozialdemokratische Partei Deutschland (SPD) ein. Mit ihrer Gründung im Oktober 1931 wurde er zum Mitglied der Sozialistischen Arbeiterpartei Deutschlands (SAP).[3]

From an early age, he took an interest in social justice and was politically active. He joined several Socialist organizations, among them the Reichsbanner[1], attended meetings and rallies and forged links with intellectuals, politicians and activists who were later to share his fate as fellow exiles. According to later statements by his wife, he was also a member of the Socialist youth organization Sozialistische Arbeiterjugend (SAJ) and the German Jewish back-to-nature youth organization Kameraden ("Comrades").[2] In 1927 he joined the Social Democratic Party of Germany (SPD). In October 1931, he became a member of the newly founded Sozialistische Arbeiterpartei Deutschlands (SAP, "Socialist Workers' Party of Germany").[3]

Früh wusste Stein, dass er Jurist werden und die Rechte der Armen und Unterprivilegierten verteidigen wollte. **1927** begann er das Studium der Rechtswissenschaften an der Universität Heidelberg. Nach Stationen in München und Berlin legte er im **Mai 1930** an der Universität Leipzig sein erstes Staatsexamen ab und arbeitete anschließend drei Jahre als Rechtsreferendar in der Strafverteidigung und als Rechtsbeistand, zunächst am Landgericht Dresden und später am Landgericht Bautzen. Zum Ende seines Rechtsreferendariats nahm er eine Stelle bei einem renommierten Dresdner Unternehmensanwalt in der Viktoriastraße an, wo auch ein Onkel seiner späteren Ehefrau, Fred Salzburg, beschäftigt war.

From an early age, Stein knew that he wanted to join the legal profession to defend the rights of the poor and the underprivileged. He enrolled at the law faculty of the University of Heidelberg in **1927**, followed by the Universities of München and Berlin. After passing his First State Examination at the University of Leipzig in **May 1930**, he began his mandatory three-year legal clerkship (focusing on criminal defense and acting as counsel) at the Landgericht Dresden and later at the Bezirksgericht Bautzen. Towards the end of his clerkship, he accepted a position in the firm of a renowned corporate lawyer in Dresden. Among his colleagues was Fred Salzburg, an uncle of his future wife.

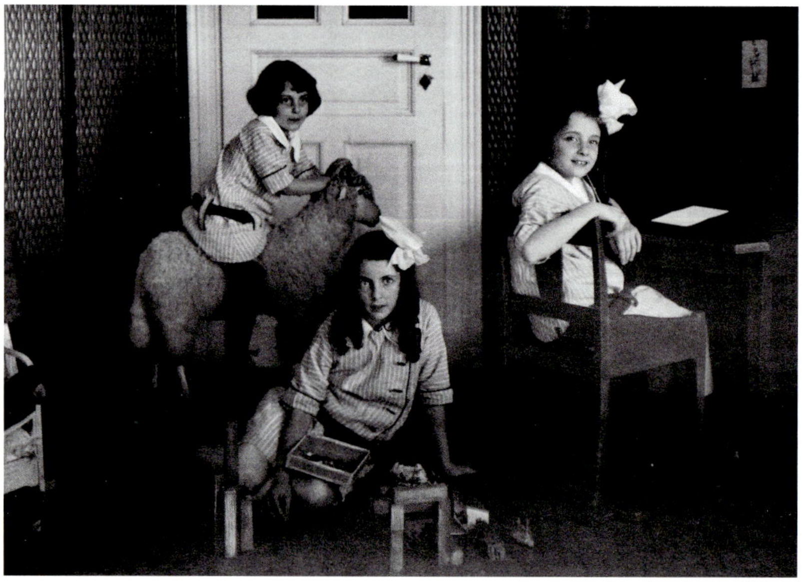

7
Die drei Schwestern Liselotte „Lilo", Thekla und Erika „Eri" Salzburg, ca. 1915

The three sisters Liselotte (Lilo), Thekla and Erika (Eri) Salzburg, c. 1915

Fred Stein Archive

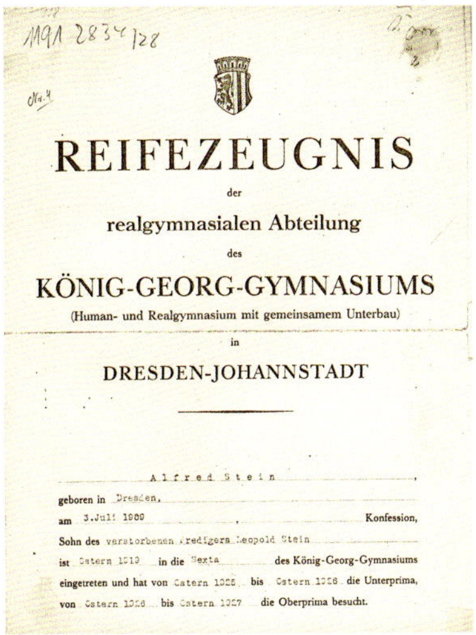

1191 2834/28

No. 4

REIFEZEUGNIS

der

realgymnasialen Abteilung

des

KÖNIG-GEORG-GYMNASIUMS

(Human- und Realgymnasium mit gemeinsamem Unterbau)

in

DRESDEN-JOHANNSTADT

Alfred Stein,

geboren in Dresden,

am 3.Juli 1909, Konfession,

Sohn des verstorbenen Predigers Leopold Stein

ist Ostern 1919 in die Sexta des König-Georg-Gymnasiums eingetreten und hat von Ostern 1925 bis Ostern 1926 die Unterprima, von Ostern 1926 bis Ostern 1927 die Oberprima besucht.

8

Reifezeugnis des König-Georg-Gymnasiums vom 17. März 1927

School certificate of the König Georg Gymnasium, March 17, 1927

Fred Stein Archive

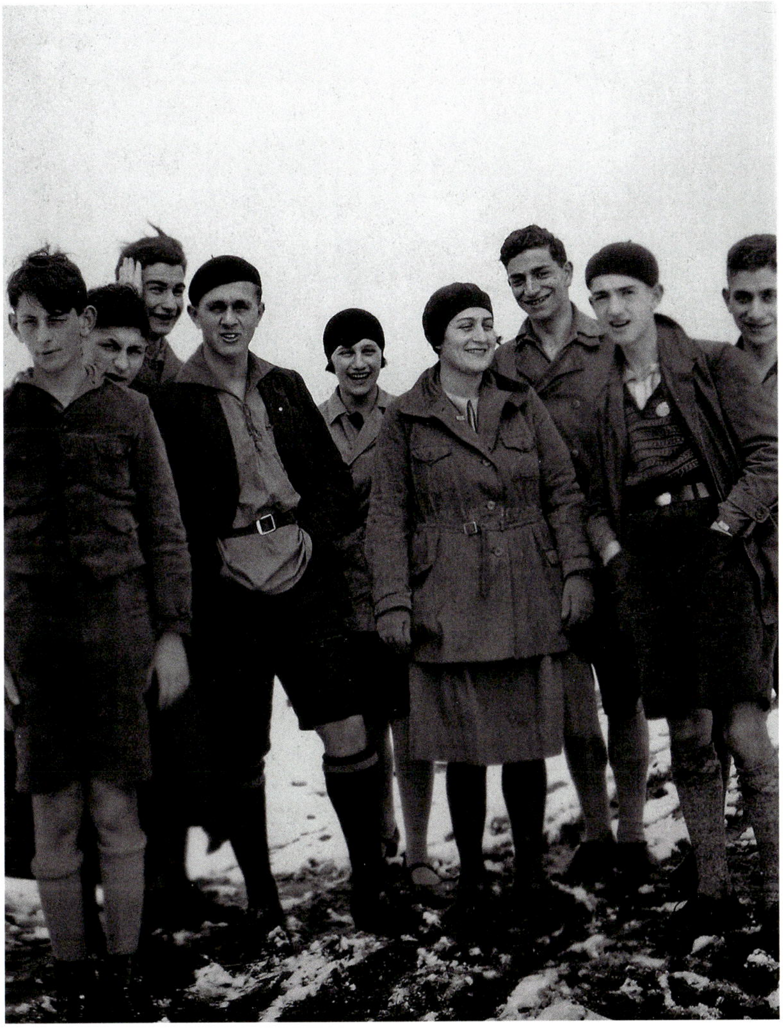

9

Fred Stein mit Jugendlichen, o. J. (4. von links)

Fred Stein (4th from the left) and companions, no date

Fred Stein Archive

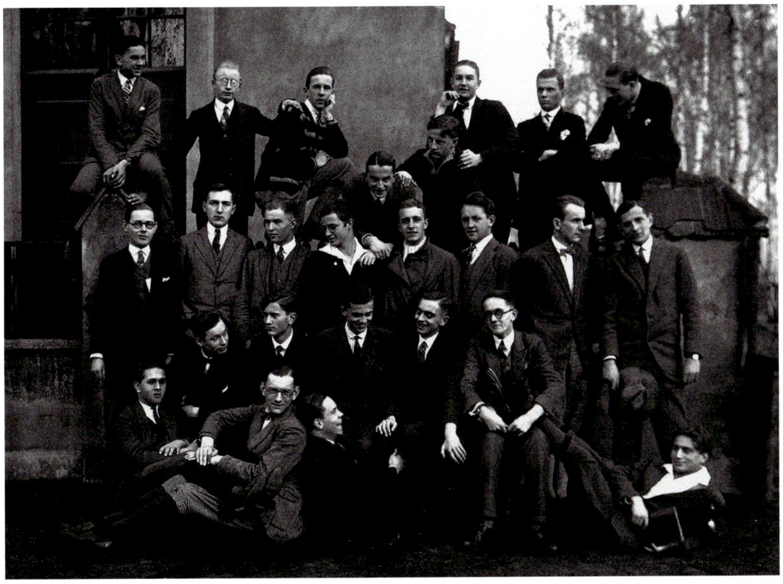

10

Fred Stein mit Kommilitonen, 1927 (1. von links, untere Reihe)

Fred Stein (front row, 1st from the left) with fellow students, 1927

Fred Stein Archive

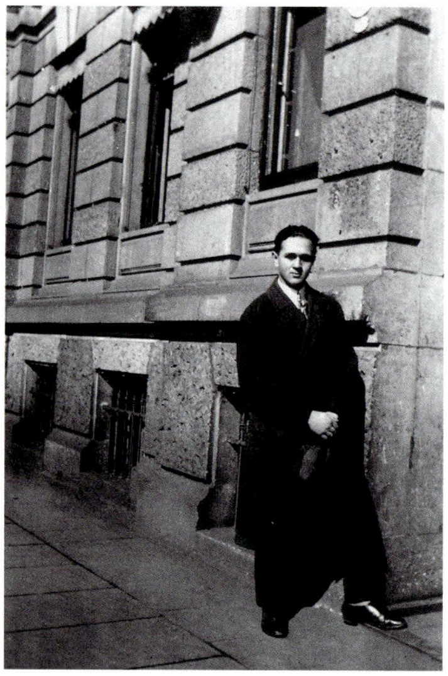

11
Fred Stein im Alter von 20 Jahren, Dresden 1929

Fred Stein aged 20, Dresden 1929

Fred Stein Archive

1931 lernte Stein die am 22. Juni 1910 geborene Liselotte „Lilo“ Salzburg auf einer Feier ihrer Cousine kennen. Der vielseitig gebildete und interessierte Stein zog das Interesse der jungen Frau auf sich. Sie begeisterten sich gemeinsam für viele kulturelle und künstlerische Themen und verstanden sich auf Anhieb.[4] Im August 1933 heirateten die beiden und wohnten fortan gemeinsam in der Villa der Familie Salzburg in der Mozartstraße, unweit des Großen Gartens.

In **1931**, Stein met Liselotte (Lilo) Salzburg at a party given by one of her cousins. Well-educated and intellectually curious, the aspiring young lawyer caught Lilo's eye. They quickly found that they had much in common and shared an enthusiasm for matters of culture and art.[4] The couple married in August 1933 and lived in the Salzburg family home on Mozartstrasse not far from the Grosser Garten park in central Dresden.

Am **30. Juni 1933** und nur einen Monat vor Abschluss des Referendariats wurde Stein fristlos gekündigt.[5] Grundlage dafür war die Einführung des Gesetzes zur Wiederherstellung des Berufsbeamtentums vom 7. April 1933, das es den neuen nationalsozialistischen Machthabern erlaubte, politisch und rassisch unerwünschte Personen aus dem Beamtendienst zu entfernen bzw. gar nicht erst zuzulassen. Mehrere lokale Tageszeitungen berichteten am **2. Juli 1933** von den Sammelentlassungen aus dem Justiz- bzw. Vorbereitungsdienst und erwähnten Alfred Stein namentlich (Abb. 14).[6] Daraufhin wurde ihm zusätzlich der Zutritt zu den Archiven der Ortskrankenkasse verwehrt, deren Bestände die Recherchegrundlage seiner Dissertation bildeten. Somit konnte er sein zweites Staatsexamen nicht ablegen und nicht die Befähigung zur Rechtsanwaltschaft erlangen.

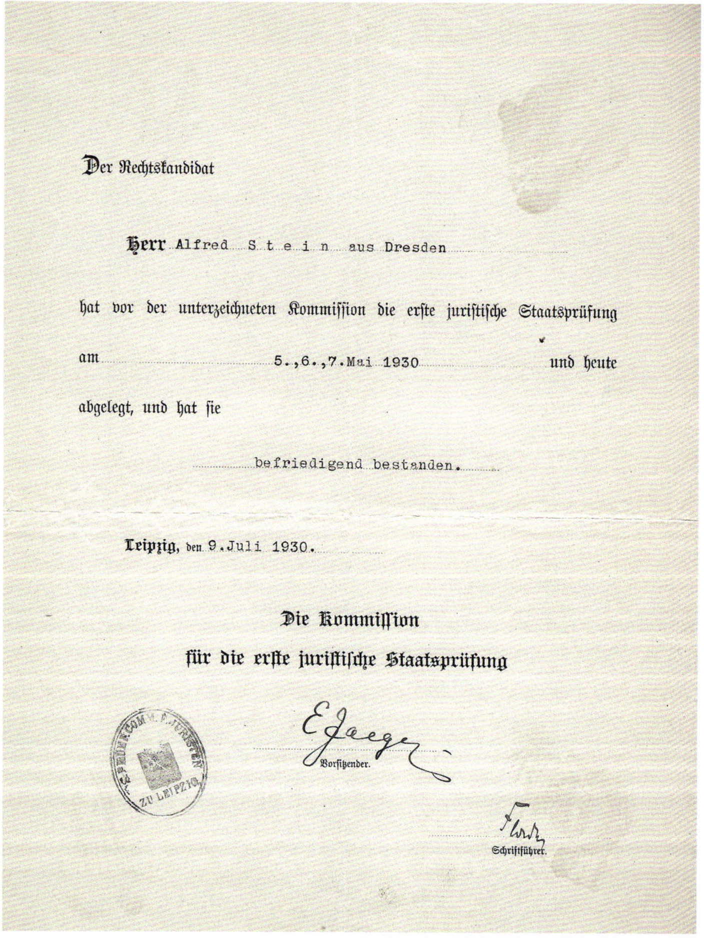

Der Rechtskandidat

Herr Alfred Stein aus Dresden

hat vor der unterzeichneten Kommission die erste juristische Staatsprüfung

am 5.,6.,7.Mai 1930 und heute

abgelegt, und hat sie

befriedigend bestanden.

Leipzig, den 9.Juli 1930.

Die Kommission
für die erste juristische Staatsprüfung

Jaeger
Vorsitzender.

Schriftführer.

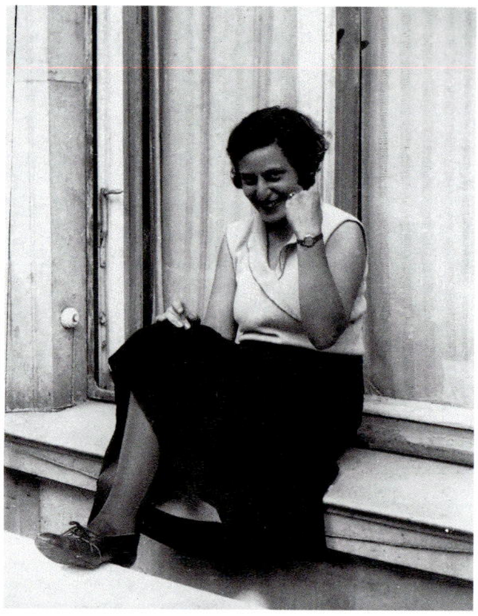

12
Liselotte (Lilo) Salzburg, Dresden 1932

Liselotte (Lilo) Salzburg, Dresden 1932

Fred Stein Archive

13
Zeugnis der ersten juristischen Staatsprüfung vom 9. Juli 1930

Certificate of the first legal state examination, July 9, 1930

Fred Stein Archive

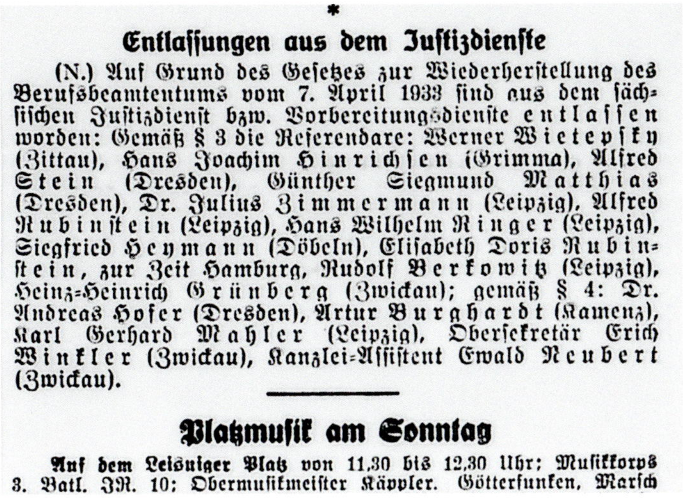

*

Entlassungen aus dem Justizdienste

(N.) Auf Grund des Gesetzes zur Wiederherstellung des Berufsbeamtentums vom 7. April 1933 sind aus dem sächsischen Justizdienst bzw. Vorbereitungsdienste entlassen worden: Gemäß § 3 die Referendare: Werner Wietepsky (Zittau), Hans Joachim Hinrichsen (Grimma), Alfred Stein (Dresden), Günther Siegmund Matthias (Dresden), Dr. Julius Zimmermann (Leipzig), Alfred Rubinstein (Leipzig), Hans Wilhelm Ringer (Leipzig), Siegfried Heymann (Döbeln), Elisabeth Doris Rubinstein, zur Zeit Hamburg, Rudolf Berkowitz (Leipzig), Heinz-Heinrich Grünberg (Zwickau); gemäß § 4: Dr. Andreas Hofer (Dresden), Artur Burghardt (Kamenz), Karl Gerhard Mahler (Leipzig), Obersekretär Erich Winkler (Zwickau), Kanzlei-Assistent Ewald Neubert (Zwickau).

Platzmusik am Sonntag

Auf dem Leisniger Platz von 11.30 bis 12.30 Uhr: Musikkorps 3. Batl. IR. 10: Obermusikmeister Käppler. Götterfunken, Marsch

14
Entlassungsanzeige aus den Dresdner Nachrichten, vom 2. Juli 1933

Dismissal announcement in the Dresdner Nachrichten, July 2, 1933

Stadtarchiv Dresden

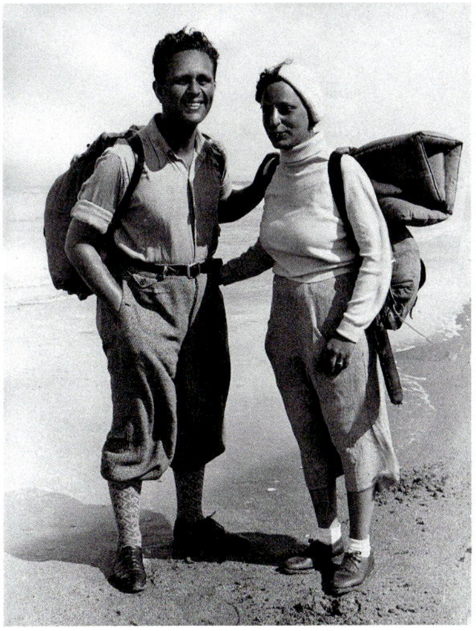

15
Fred und Lilo, o. J.

Fred and Lilo, no date

Fred Stein Archive

On **June 30, 1933**, just a month before the end of his mandatory clerkship, Stein was dismissed without notice.[5] The dismissal followed the Law for the Restoration of the Professional Civil Service passed on April 7, 1933, which allowed the recently installed National Socialist regime to remove anyone deemed politically or racially undesirable from the civil service or to bar their admission. On July 2, 1933, several local newspapers named Stein in their reports about the mass dismissals from the legal profession and from training for the bar (ill. 14).[6] As a consequence, he was also barred from accessing the archives of the Dresden statutory health insurance fund, the holdings of which were crucial to the research for his doctoral thesis. Moreover, he was not allowed to take his Second State Examination and thus was unable to establish himself as a fully qualified lawyer.

Für die nächsten drei Monate arbeitete Stein als Rechtsbeistand der Tabak- und Zigarettenfabrik Yramos, die von der jüdischen Familie Lewin geführt wurde.[7] Eines Tages wurde Stein vom Sohn des Fabrikinhabers Alfred Lewin Copley gewarnt, dass ein Freund, der ebenfalls in der Fabrik arbeitete, bereits von der Gestapo verhaftet worden war. Da außerdem ein Massenprozess gegen Mitglieder der SAP kurz bevorstand, wurde die Notwendigkeit, Dresden und Deutschland zu verlassen, akut.[8]
For the next three months, Stein worked as a law consultant for the Yramos tobacco and cigarette factory owned by the Jewish Lewin family.[7] One day, the son of the owner, Alfred Lewin, came to warn him that a friend who also worked at the plant had been arrested by the Gestapo. This, combined with the impending mass trial against members of the SAP, brought home with pressing urgency the need to leave Dresden and Germany.[8]

Unter dem Vorwand einer Hochzeitsreise brach das junge Ehepaar eilig nach Frankreich auf. Das Meer von Hakenkreuzen am letzten Tag erleichterte die ansonsten schwere Abreise aus der Heimatstadt, schrieb Stein 1946 rückblickend in einem Brief an Freunde und Verwandte.[9] Nach einem Zwischenstopp im Saarland bei Verwandten von Stein erreichten sie am **7. Oktober 1933** Paris.
Under the pretext of going on their honeymoon trip, the young couple hastily left for France. As Stein later wrote in a letter to friends and relatives, the sea of swastikas they saw on their last day in Germany eased the pain of having to leave home.[9] After a stopover in the Saarland, where they were put up by relatives of Stein, they reached Paris on **October 7, 1933**.

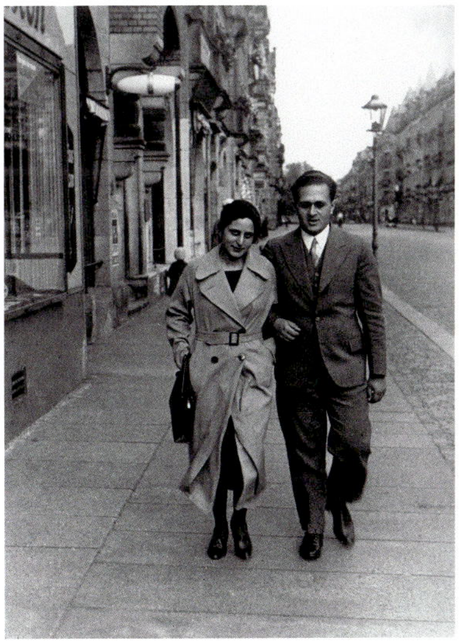

16
Fred und Lilo in Dresden, o. J.

Fred and Lilo in Dresden, no date

Fred Stein Archive

Paris

17
Lilo beim Retuschieren
von Freds Fotografien, Paris 1935

Lilo retouching Fred's
photographs, Paris 1935

Fred Stein Archive

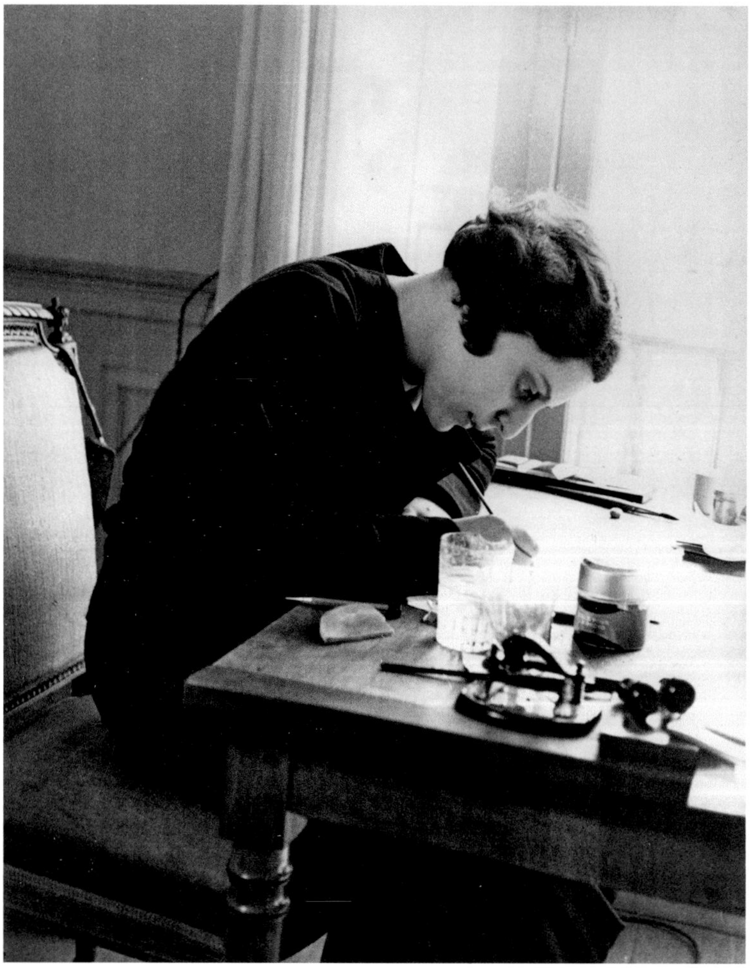

In Paris, das sie zunächst nur als temporäre Station betrachteten, wurde die berufliche Frage für die Steins sofort zu einer existenziellen. Die erste Zeit kamen sie mit ihrem Hochzeitsgeld und kleinen Finanzhilfen der Familie aus Deutschland über die Runden. Während Fred sich anfangs als Versicherungsvertreter durchzuschlagen versuchte, fand seine Frau eine Arbeit in einer Produktionsstätte für Spielwaren in einem Pariser Vorort. Sie wurde als Köchin für die etwa 35 Mitarbeiter angestellt und musste fortan einen Arbeitstag absolvieren, der um 6 Uhr früh begann und manchmal bis in die Nacht dauerte.

In Paris, where they thought they would not have to stay for very long, the question of how to make a living very quickly became one of existential urgency. In the beginning, they got by on the money they had received as a wedding present and what little financial support they got from the family in Germany. While Fred sought to make ends meet as an insurance salesman, his wife found work in a toy factory in a Parisian suburb. Hired as a cook for a workforce of some 35 employees, she found herself having to shoulder a workday that started at six o'clock in the morning and occasionally required her to stay late into the night.

Da ausländische Juristen erst nach zehnjähriger Residenz in Frankreich arbeiten durften, musste Stein seinen ursprünglichen Berufswunsch, Anwalt zu werden, aufgeben und eine möglichst international taugliche Profession finden. Das gemeinsame Hochzeitsgeschenk sollte zum Wendepunkt in seinem Berufsleben werden: eine Leica-Kleinbildkamera. Es ist nicht die erste Kamera, die Fred besaß, denn schon bevor er Lilo kennenlernte, knipste er in seiner Freizeit Fotos mit einer billigen Fotokamera für drei Reichsmark. Um professionell als Fotograf arbeiten zu können, musste er das fotografische Handwerk jedoch erst erlernen.
As foreign jurists were not allowed to practice in France for the first ten years of their residence, Stein had to abandon his dream of becoming a lawyer and find a profession that would allow him to work anywhere in the world. At this turning point in his life, the 35 mm Leica camera he and his wife had bought each other as a wedding gift became the tool that allowed him to embark on a new career. It wasn't the first camera Fred had ever owned. Even before he met Lilo, he had taken pictures with a cheap camera that had cost a mere three Reichsmark. But to work as a professional photographer and to master the art of photography, he had much to learn.

Nach einer unglücklichen Vermittlung als Gehilfe an einen Fotografen, der Stein nur retuschieren ließ und das erwirtschaftete Geld

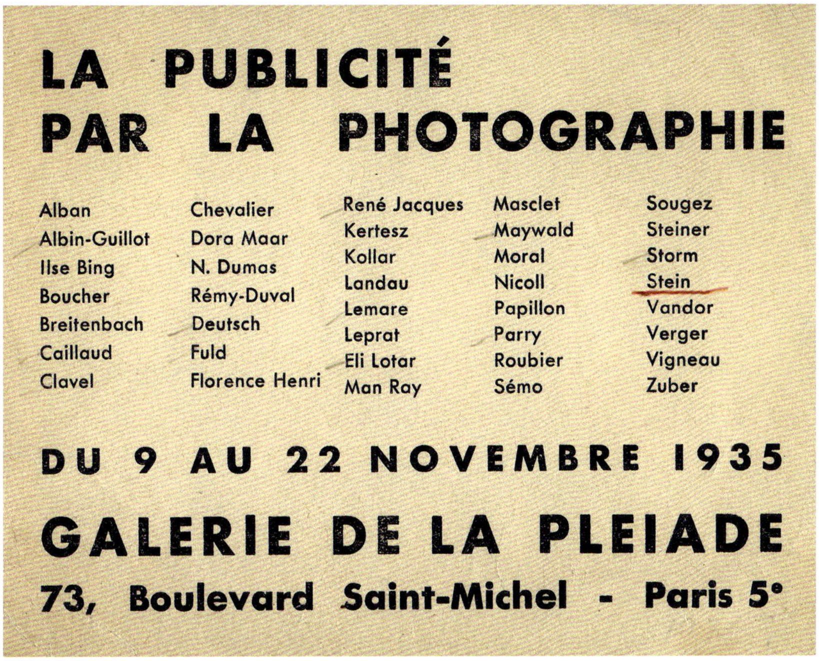

18
Ausstellungsankündigung der Galerie de la Pléiade in Paris, 1935

Exhibition notice, Galerie de la Pléiade, Paris, 1935

Fred Stein Archive

für sich einbehielt, wies ein Bekannter aus Deutschland, ebenfalls Jurist, Stein in die technischen Feinheiten der Fotografie ein.[10] Zusätzlich las sich Stein einen großen Teil seines fotografischen Wissens an, das meiste aber brachte ihm die Leica selbst bei.[11]
After an unfortunate spell as an assistant to a photographer who would not let him do anything other than retouch photographs and pocketed the proceeds of his work, he was introduced to the finer technical points of photography by an acquaintance who also happened to be a fellow jurist from Germany.[10] Eager to advance, Stein studied whatever photo books he could find, but felt it was the Leica itself that taught him most of what he knew about his subject.[11]

Mit einer gehörigen Portion Chuzpe eröffnete das junge Ehepaar das „Studio Stein" in ihrer Wohnung in Montmartre, funktionierte das Badezimmer zur Dunkelkammer um und brachte vor dem Haus ein Werbeschild an. Das gewählte Motiv dafür war die erste Fotografie, die Stein in Paris aufnahm. Lilo wurde zur Assistentin und übernahm die von ihrem Ehemann so ungeliebte Retuschearbeit, während er draußen mit der Leica durch die Straßen der Metropole zog.

Armed with not much more than chutzpah, the young couple opened the Studio Stein in their apartment in Montmartre, converted the bathroom into a darkroom and placed a sign advertising their services outside the building. The image they chose for the sign was the first photograph Fred Stein had taken in Paris. Lilo became her husband's assistant and took on the retouching jobs which he so despised, while Fred roamed the streets of Paris with his Leica at the ready.

Der wirtschaftliche Erfolg war anfangs mäßig, dennoch bereitete ihnen die gemeinsame Arbeit im Fotostudio große Freude. Sie verkauften Fotopostkarten auf den Straßen und bei festlichen Anlässen, verteilten zu Werbezwecken auch Gratisproben, zusätzlich begann Stein die ersten Persönlichkeiten auf Veranstaltungen, meist von ihnen unbemerkt, aufzunehmen. Erste Porträts, die er noch als „Schnappschüsse" bezeichnete.[12] Er dokumentierte Massen- und politische Veranstaltungen, bot diese Bilder Zeitungen an und lernte dadurch deren Redakteure kennen, die ihn mit der Zeit immer öfter mit Fotoreportagen und -serien beauftragten (Abb. 22).[13] Die Arbeit für Zeitungen brachte ihn in Kontakt mit dem Berufsverband der ausländischen Presse

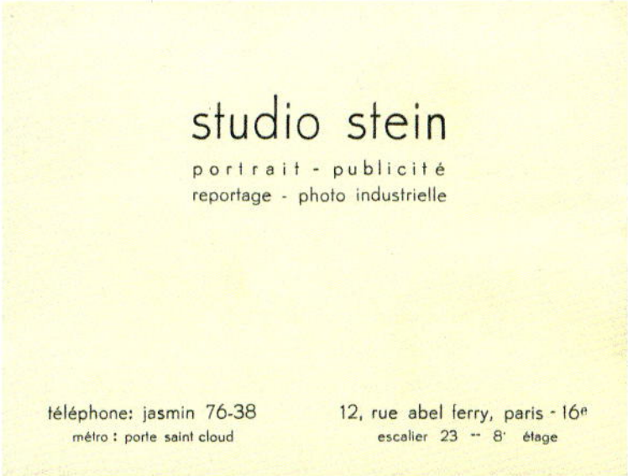

19
Visitenkarte des Studio Stein in Porte de Saint-Cloud, o. J.

Business card of the Studio Stein in Porte de Saint-Cloud, no date

Fred Stein Archive

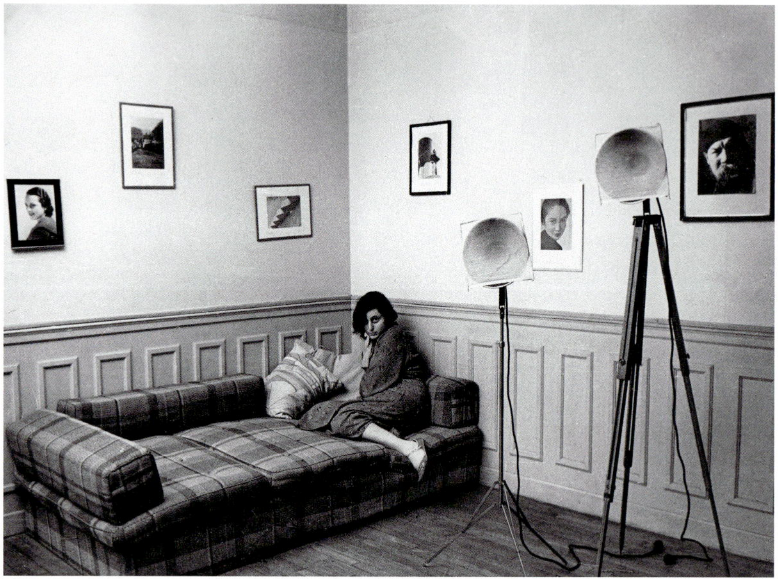

20
Lilo auf der Couch im Studio Stein, Paris ca. 1936

Lilo on the couch at Studio Stein, Paris c. 1936

Fred Stein Archive

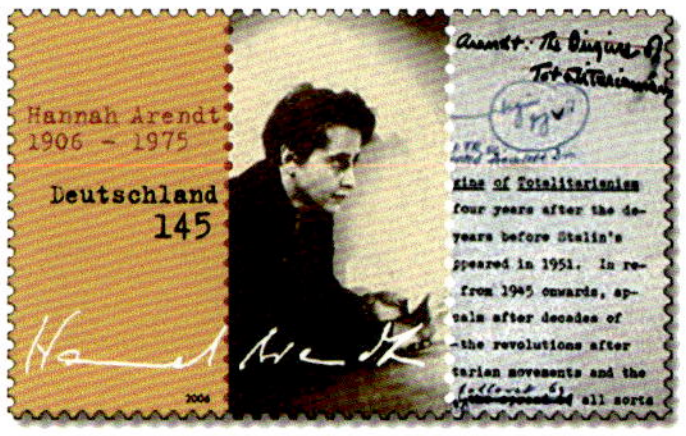

21
Briefmarke der Deutschen Post aus dem Jahr 2006 zum 100. Geburtstag von Hannah Arendt mit Verwendung einer Fotografie Fred Steins von 1944

German postage stamp marking the 100th anniversary of the birth of Hannah Arendt, October 2006. The photograph of Arendt was taken by Fred Stein in 1944

Fred Stein Archive

in Frankreich (Association Professionnelle de la Presse Étrangère en France), deren Mitglied er wurde.

Although not immediately blessed with financial success, the couple very much enjoyed working together. They sold photo postcards in the street and at special events and promoted their services with free samples. Broadening his scope, Stein began to take pictures of public figures at events—usually unbeknownst to his subjects. He referred to these first portraits as "snapshots".[12] He captured rallies and political gatherings and offered his pictures to newspapers, which brought him into contact with editors who soon began to commission photo reportages and series of pictures (ill. 22).[13] The newspaper work also allowed him to join the Association Professionnelle de la Presse Étrangère en France, the professional body of the foreign press.

Bis **1934** hatte sich Stein als Fotograf endgültig professionalisiert. **1935** hatte er seine erste Ausstellung in einer Pariser Galerie gemeinsam mit namhaften Fotografen wie Ilse Bing, Man Ray und André Kertész. 1936 rief der Front Populaire mit der neuen linken Regierung unter der Leitung von Léon Blum einen politischen Wandel hervor. Infolge der neuen und antifaschistischen Mehrheit im Parlament wurde die offizielle Haltung gegenüber Ausländern, insbesondere gegenüber denen, die aufgrund der NS-Diktatur nach Frankreich fliehen mussten, entschieden großzügiger. Nachdem nun auch deutsche Ausländer eine Arbeitserlaubnis erlangen konnten, besserte sich die finanzielle Situation der Steins. Das gemeinsame Studio wurde immer erfolgreicher und sie konnten eine größere Wohnung in Porte de Saint-Cloud beziehen. Am **17. August 1938** kam die gemeinsame Tochter Marion auf die Welt.

By **1934**, Stein had established himself as a fully qualified professional photographer. In **1935**, he had his first exhibition at a Paris gallery, showing alongside renowned photographers such as Ilse Bing, Man Ray and André Kertész. In 1936, the Front Populaire, with the new left-wing government led by Léon Blum, called for political change. As a result of the new and anti-fascist majority in parliament, the official attitude towards foreigners, especially those who had to flee to France because of the Nazi dictatorship, was decidedly more generous. Now that Germans could obtain work permits, the Steins' financial situation improved markedly. The studio went from strength to strength, and the couple could move to a larger apartment in Porte de Saint-Cloud. On **August 17, 1938**, their daughter Marion was born.

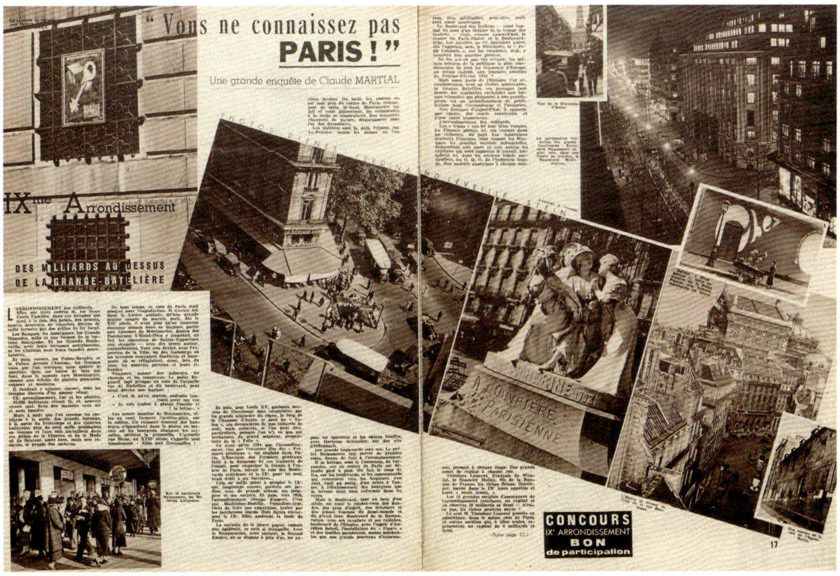
“Vous ne connaissez pas PARIS !”

Une grande enquête de Claude MARTIAL

IXme Arrondissement

DES MILLIARDS AU-DESSUS DE LA GRANGE-BATELIÈRE

CONCOURS IXe ARRONDISSEMENT BON de participation

17

22
Regards, no. 169, 1937

Regards, no. 169, 1937

Bundesarchiv Berlin

Die Steins lernten in Paris zahlreiche bedeutende Politiker, Schriftsteller, Künstler und Philosophen kennen, die ebenfalls ins Exil flüchten mussten. Netzwerke waren überlebenswichtig und man half sich gegenseitig aus. Sie nahmen immer wieder Untermieter bei sich auf, wie die junge Fotografin Gerda Taro, die ungefähr ab Mai 1935 gemeinsam mit der Journalistin Lotte Rappaport bei den Steins ein Zimmer bewohnte. Taro betonte die Großzügigkeit Steins, der ihnen stets die Miete vorstreckte, wenn das Geld nicht reichte.[14]

In Paris, the Steins met numerous important politicians, writers, artists and philosophers who, like them, had been forced into exile. Networks were essential to survival, and people helped each other as best they could. The Steins took in lodgers, among them the young photographer Gerda Taro, the girlfriend of Robert Capa, who shared a room with the journalist Lotte Rappaport. Taro stressed the generosity with which they were received and how Stein would always be very lenient when they were short of money and could not pay the rent.[14]

Stein blieb auch im Exil politisch aktiv, traf sich regelmäßig mit Parteifreunden, wurde Mitglied einer antifaschistischen Journalistenorganisation, zu deren Vorstand er mehrere Jahre gehörte, und veröffentlichte unter einem Pseudonym Artikel zur politischen Lage.

Even in exile, Stein remained politically active. He regularly met with fellow party members, joined an anti-fascist journalist organization, serving on its steering committee for several years, and published articles on the political situation under a pen name.

Zum Bekannten- und Freundeskreis des Ehepaars gehörten bald die bedeutendsten Persönlichkeiten des 20. Jahrhunderts. Viele von ihnen, wie Willy Brandt oder Hannah Arendt, sollte Stein über einen Zeitraum von etwa 30 Jahren immer wieder porträtieren. Einige der Aufnahmen zählen heute zu Ikonen der Porträtfotografie des 20. Jahrhunderts (siehe Abb. 21 und 23).

The couple's circle of friends and acquaintances included many of the leading lights of the twentieth century, some of whom—for example Willy Brandt and Hannah Arendt—Stein was to portray again and again over the course of the next three decades. Several of these portraits have acquired iconic status (see ill. 21 and 23).

Am **3. September 1939** erklärten Frankreich und das Vereinigte Königreich Deutschland den Krieg. Zwei Tage später ordnete die französische Regierung an, alle deutschen Staatsbürger zu verhaften. Als „feindlicher Ausländer", für den eine Internierung im Lager

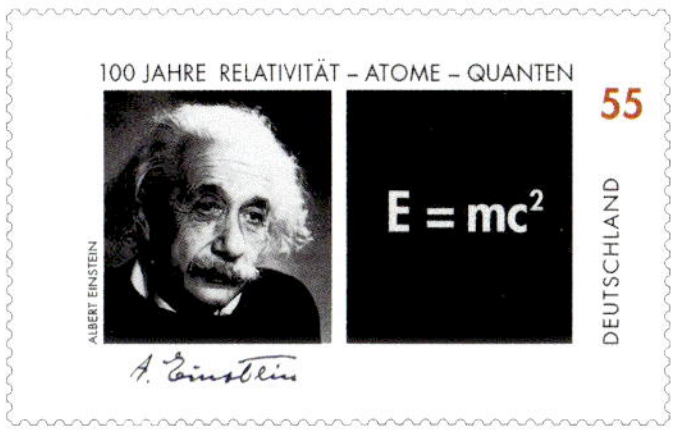

23
Briefmarke der Deutschen Post aus dem Jahr 2005 zum 100. Jahrestag der Veröffentlichung von Albert Einsteins Relativitätstheorie mit Verwendung einer Fotografie Fred Steins von 1946

German postage stamp marking the 100th anniversary of the publication of Albert Einstein's Theory of Special Relativity in 2005. The photograph of Einstein was taken by Fred Stein in 1946

Fred Stein Archive

vorgesehen war, wurde Stein dazu aufgefordert, sich in einem Stadion in Colombes, unweit des Pariser Stadtzentrums, zu melden und Nahrung für zwei Tage mitzubringen. Wie viele andere deutsche Flüchtlinge, denen in Frankreich Asyl gewährt wurde, nahm Stein an, als leistungspflichtiger Arbeitssoldat rekrutiert zu werden.

On **September 3, 1939**, France and the United Kingdom declared war on Germany. Two days later, the French government ordered the arrest of all German nationals. Suddenly an "enemy alien" bound for an internment camp, Fred Stein was summoned to present himself at a sports stadium in Colombes, some 6.5 miles northwest of the center of Paris, and to bring food for two days. Like many German refugees who had been granted asylum in France, Stein assumed that he was going to be recruited for noncombatant defense work.

Angesichts der beginnenden Mobilmachung und des ersten Luftalarms erwirkten die Steins zuvor noch die offizielle Evakuierung von Lilo und Marion aus Paris, die Deutschen normalerweise nicht gestattet war. Jedoch besaß die in Paris geborene Tochter die französische Staatsbürgerschaft. Am **7. September 1939** reisten Mutter und Tochter nach Évreux. Dort angekommen, wurde Lilo dennoch abgewiesen mit der Drohung, als feindliche Ausländerin verhaftet zu werden, wenn sie die Stadt nicht innerhalb weniger Stunden verlasse. Sie wurden nach Saint-Brieuc in der Bretagne weitergeschickt, wo sie in einem von Nonnen geleiteten Krankenhaus unterkamen. Die zur Erzieherin ausgebildete Lilo wurde zur Arbeit verpflichtet und von ihrer Tochter getrennt. Nur eine Stunde täglich war es ihr gestattet, das eigene Kind zu sehen, das unter den katastrophalen hygienischen Zuständen, die im Krankenhaus herrschten, zunehmend verwahrloste und schwer erkrankte. Da Lilo sich nicht als Deutsche zu erkennen geben durfte, wurde Französisch zu Marions Erstsprache.

In view of the incipient mobilization and the first air-raid alarms, the Steins secured the official evacuation of Lilo and Marion from Paris, a privilege Germans were not usually granted. But Marion, who had been born in Paris, had French citizenship. On **September 7, 1939**, mother and daughter left for

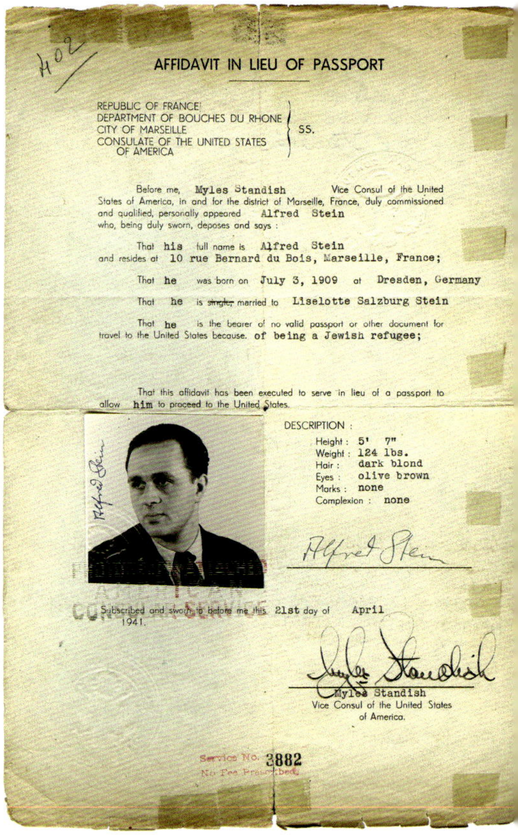

402

AFFIDAVIT IN LIEU OF PASSPORT

REPUBLIC OF FRANCE
DEPARTMENT OF BOUCHES DU RHONE
CITY OF MARSEILLE
CONSULATE OF THE UNITED STATES OF AMERICA } SS.

Before me, Myles Standish Vice Consul of the United States of America, in and for the district of Marseille, France, duly commissioned and qualified, personally appeared Alfred Stein who, being duly sworn, deposes and says:

That his full name is Alfred Stein and resides at 10 rue Bernard du Bois, Marseille, France;

That he was born on July 3, 1909 at Dresden, Germany

That he is ~~single,~~ married to Liselotte Salzburg Stein

That he is the bearer of no valid passport or other document for travel to the United States because. of being a Jewish refugee;

That this affidavit has been executed to serve in lieu of a passport to allow him to proceed to the United States.

DESCRIPTION:
Height: 5' 7"
Weight: 124 lbs.
Hair: dark blond
Eyes: olive brown
Marks: none
Complexion: none

Alfred Stein

Subscribed and sworn to before me this 21st day of April 1941.

Myles Standish
Vice Consul of the United States of America.

Service No. 3882
No Fee Prescribed.

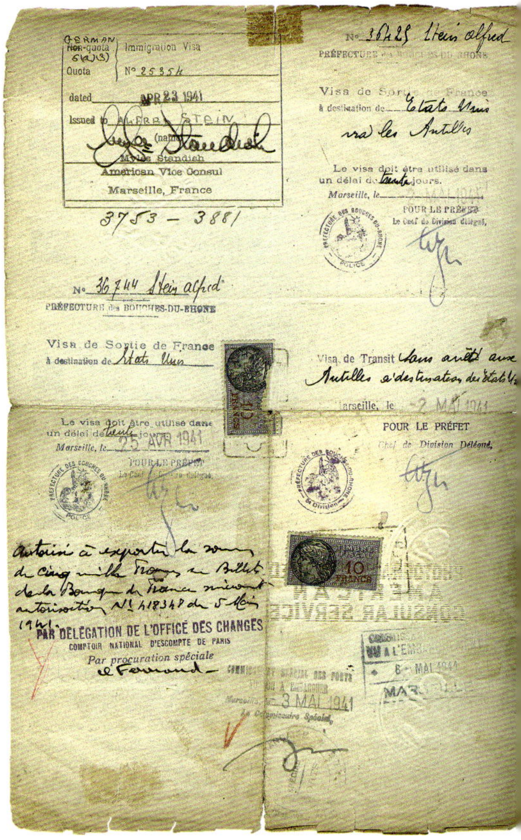

Immigration Visa
Quota No 25354
dated APR 23 1941
Issued to ALFRED STEIN (name)
Myles Standish
American Vice Consul
Marseille, France

3753 – 3881

No. 36428 Stein alfred
PRÉFECTURE DES BOUCHES-DU-RHONE
Visa de Sortie de France à destination de Etats Unis via les Antilles
Le visa doit être utilisé dans un délai de trente jours.
Marseille, le
POUR LE PRÉFET
Le Chef de Division délégué,

No 36744 Stein alfred
PRÉFECTURE des BOUCHES-DU-RHONE
Visa de Sortie de France à destination de Etats Unis
Le visa doit être utilisé dans un délai de trente jours
Marseille, le 25 AVR 1941
POUR LE PRÉFET

Visa de Transit sans arrêt aux Antilles à destination des Etats Unis
Marseille, le 2 MAI 1941
POUR LE PRÉFET
Chef de Division Délégué

Autorisé à exporter la somme de cinq mille francs en billet de la Banque de France suivant autorisation No 418348 du 5 Mai 1941
PAR DÉLÉGATION DE L'OFFICE DES CHANGES
COMPTOIR NATIONAL D'ESCOMPTE DE PARIS
Par procuration spéciale

3 MAI 1941

24
Affidavit in lieu of Passport
(Eidesstattlich beglaubigter Passersatz, Vorderseite und Rückseite) von 1941

Affidavit in lieu of a passport issued in 1941 (recto and verso)

Fred Stein Archive

Évreux. Upon their arrival, however, Lilo was turned away and threatened with arrest as an enemy alien if she did not leave the town within the next couple of hours. They were sent on to Saint-Brieuc in Brittany, where they found refuge in a hospital run by nuns. Lilo, a trained nursery school teacher, was put to work and separated from her infant daughter, who was placed among the hospital's orphans. Lilo was allowed to see her only one hour a day. Under the influence of the enforced neglect and the deeply unsanitary conditions of the hospital, Marion soon fell gravely ill. Because Lilo never spoke any German for fear of revealing her nationality, French became Marion's first language.

Seine Frau und Tochter nun in Sicherheit wähnend, meldete sich Stein bei der Sammelstelle, wo er mit einer Gruppe von 50 Personen in einem Bus abtransportiert wurde. Es folgte die Deportation und Internierung in verschiedenen Lagern, von denen er im Lager Villerbon im Département Loir-et-Cher am längsten inhaftiert blieb. Ständige Beschäftigung half ihm, die Gefangenschaft besser zu ertragen. Neben der Arbeit, welche die Häftlinge zu verrichten hatten, betreute er die Bibliothek des Lagers, die mit geschenkten Büchern aufgebaut wurde, und die sogenannte „Sorbonne", in der Mithäftlinge einander in „Nützlichem und Interessanten" unterrichteten.[15]

Fred Stein, who believed his wife and daughter out of harm's way, reported to the collection point, where he and a group of some fifty foreign nationals were made to board a bus and taken away. He was detained in a succession of different camps, spending the longest time at the Villerbon internment camp in the Département Loir-et-Cher. Constant activity helped him endure the iniquity of captivity. In addition to the physical labor he and his fellow detainees had to perform, he managed the camp's library—stocked with donated books—and the so-called "Sorbonne", where inmates shared their knowledge of "useful or interesting" subjects with their fellow prisoners.[15]

Da die Steins weiterhin die Miete ihrer leerstehenden Wohnung in Paris bezahlen mussten und bereits eine Zwangsversteigerung der Einrichtung drohte, erwirkte Stein einen zweitägigen Fronturlaub, um nach Paris zu reisen und die Wohnung aufzulösen. Alarmiert durch die Briefe seiner Frau, die kurz vor einem Nervenzusammenbruch stand, wandte er sich dort hilfesuchend an einflussreiche Freunde, um Frau und Tochter die Rückkehr nach Paris zu ermöglichen. Lilo und Marion durften tatsächlich zurückkehren und konnten bei Freunden unterkommen.

Because the Steins still had to pay the rent for their now-vacant Paris apartment and were threatened with the court-ordered sale of their furniture, Fred Stein managed to obtain a two-day furlough to go to Paris and sort out his affairs. Alarmed by letters from Lilo, who was close to a nervous breakdown, he called on every influential friend he could think of to get his wife and daughter the necessary papers to return to Paris. His efforts paid off: Lilo and Marion were allowed to return and were taken in by friends.

Nachdem am **10. Mai 1940** die deutsche Wehrmacht in die Niederlande einmarschiert war, wurden die Häftlinge offiziell zu Kriegsgefangenen erklärt, in ein Lager der an der Westküste liegenden Hafenstadt Saint-Nazaire verlegt und dem Britischen Expeditionskorps übergeben. Die Gefangenen sollten sich am Kampf gegen Hitler beteiligen, indem sie Straßen ausbauten und ankommende Schiffe entluden.

After the German invasion of the Netherlands on **May 10, 1940**, Stein and his fellow internees were officially declared to be prisoners of war and moved to a camp in Saint-Nazaire on the coast of Brittany, where they were handed over to the British Expeditionary Force. The prisoners were finally allowed to participate in the fight against Hitler and set to build roads and unload ships docked at port.

Die deutschen Truppen verzeichneten auf ihrem Westfeldzug immer weitere Erfolge und rückten näher. Am **10. Juni 1940** wurde Paris zur offenen Stadt erklärt und vier Tage später von der Wehrmacht eingenommen. Die französische Armee, ebenso wie das britische Expeditionskorps, waren der deutschen Streitmacht unterlegen. Saint-Nazaire wurde zum Evakuierungsstützpunkt britischer Soldaten, die in Massen auf Schiffen ablegten, ohne die deutschen Häftlinge mitzunehmen. Die französische Armee sollte sie auf Booten nach

Süden evakuieren, doch die Lagerhäftlinge wurden entgegen allen Versprechungen von den inzwischen demoralisierten französischen Soldaten festgehalten. Behandelt wie „Tiere im Käfig, die wissen, dass sie an den Schlachter übergeben werden", blieb Stein und seinen Mitgefangenen nichts anderes übrig, als das Anrücken der Nationalsozialisten abzuwarten, bis am Nachmittag des **19. Juni 1940** ein französischer Leutnant ins Lager stürzte und die Ankunft der Deutschen verkündete: „Messieurs: les Allemands sont là - débrouillez-vous en vitesse, mettez des vêtements civils."[16] (Meine Herren: Die Deutschen sind da - fliehen Sie schnell, tragen Sie zivile Kleidung.)
Pressing west, the victorious German troops were coming closer. On **July 10, 1940**, Paris was declared an open city; four days later, the Wehrmacht goose-stepped down the Champs-Elysées. The French Army and the British Expeditionary Force were no match for the advancing German forces. Saint-Nazaire, like Dunkirk, became an evacuation point for British soldiers who embarked *en masse* leaving their German prisoners behind. They were told that the French Army was going to evacuate them south by boat. But contrary to all promises, they were detained by the now thoroughly demoralized French soldiers. "Like animals in a cage who know that they will be handed over to the butcher," Stein and his fellow prisoners were left to await the arrival of the Germans. But in the afternoon of **June 19, 1940**, a French lieutenant came tearing into the camp, shouting "Messieurs: les Allemands sont là—débrouillez-vous en vitesse, mettez des vêtements civils"[16] (Gentlemen, the Germans are here—get away quickly, put on civilian clothes).

Zu Fuß über Felder fernab der Landstraße machte sich Stein zunächst mit einigen Mithäftlingen und später allein in die unbesetzte französische Zone in Südfrankreich auf, ohne zu wissen, wo seine Frau und Tochter sich befanden. Mit ihnen flohen ab Mitte Mai des Jahres 1940 schätzungsweise etwa sechs bis acht Millionen Menschen aus dem Elsass, den Niederlanden, Belgien und anderen Regionen in Richtung Süden. Diese Massenwanderung wurde später als „La Pagaille" (die große Unordnung) bekannt.[17] Fred entledigte sich all seiner Besitztümer, die auch nur im Geringsten verdächtig aussahen, übernachtete in Wäldern oder Schuppen entlegener Bauernhöfe, wo er immer auch Nahrung von den Bauern bekam.
Travelling on foot, across open fields far from the roads, initially in the company of a few fellow prisoners, but later on his own, Stein headed for the yet-unoccupied "Free Zone" in southern France, not knowing where his wife and child might be. It is estimated that from mid-May 1940, some six to eight million people abandoned their homes in Alsace, the Netherlands, Belgium and other regions, and fled south. This mass migration has since come to be known as *La Pagaille* (the Great Turmoil).[17] Fred got rid of all his possessions that could have raised the slightest suspicion, and spent the nights in the woods or isolated farmhouses, where he was always met with generosity and received food and drink.

Von unterwegs schickte er an seinem eigenen und am Geburtstag seiner Frau jeweils eine Postkarte nach Paris, in der Hoffnung, dass diese dort Lilo erreichen. Unter falschem Namen deutete er an, einen alten Freund aus Dresden in Toulouse zu besuchen. Am **8. Juli 1940** erreichte eine der Karten tatsächlich Lilo, die den Hinweis augenblicklich verstand. Für die Ausreise aus Paris musste sie zunächst einen Passierschein beantragen. Dem deutschen Kommandeur gegenüber gab sie sich als Französin aus, die ihren demobilisierten Ehemann besuchen wolle. Sie sprach den Nachnamen auf französische Weise aus und legte einen so überzeugenden Auftritt hin, dass nicht einmal ihre Papiere überprüft wurden, die sie als Deutsche enttarnt und den Plan zunichte gemacht hätten. Außer Steins Negativen und Fotografien nahm sie nur das Nötigste mit. Die Aufnahmen politischer Demonstrationen und Aufstände und damit die potenziell gefährlichen Fotografien hatte sie bereits vorsorglich in ein Lager in Amsterdam geschickt, welches später jedoch abbrannte - damit wurde ein Teil von Fred Steins Werk für immer vernichtet.
On his birthday and on that of his wife, he sent postcards to Paris, hoping that they might reach Lilo. Using an assumed name, he intimated that he was going to visit an old friend from Dresden in Toulouse. On **July 8, 1940**, one of the cards did indeed reach Lilo, who understood immediately. But in order to be allowed to leave Paris, she had to apply for a

permit at the German *Kommandantur*. Fluent in French, she posed as a French national who wished to join her demobilized husband in Toulouse. She pronounced her name in the French way and was so convincing that the German official didn't even check her papers, which would have exposed her as a German and foiled her plan. Apart from Fred's negatives and photographs, she packed just the bare necessities. She had already sent the potentially dangerous photographs of political demonstrations and insurgency to a storage facility in Amsterdam. Unfortunately, it later burnt down, destroying an important part of Fred Stein's oeuvre.

In Toulouse traf sich die Familie endlich wieder. Stein hatte seine Tochter inzwischen über ein Jahr nicht gesehen. Acht lange Monate sollten sie dort in ständiger Angst, verhaftet zu werden, ohne Geld und ohne Arbeitserlaubnis verbringen. Nur mithilfe einer kleinen finanziellen Unterstützung durch das Emergency Rescue Committee konnten sie in dieser Zeit ihr Leben bestreiten. Die New Yorker Organisation hatte 1940 den Journalisten Varian Fry mit dem Auftrag nach Marseille geschickt, gefährdete Künstler und Intellektuelle bei der Flucht aus Frankreich zu unterstützen. Innerhalb eines Jahres ermöglichte Varian Fry über 2 000 Personen die Ausreise.
In Toulouse, the family was finally reunited. Fred had not seen his daughter in over a year. They spent the next eight months in constant fear of arrest, without money and without work permits, somehow managing to make ends meet on a small stipend from the Emergency Rescue Committee. Founded in New York in 1940, the organization had sent the American journalist Varian Fry to Marseille to help endangered artists and intellectuals escape from France. Over the course of just one year, Fry facilitated the evacuation of more than 2,000 people.

Stein, der sich bereits in Dresden antifaschistisch engagiert hatte und in Paris Mitglied einer antifaschistischen Journalistenorganisation geworden war, erhielt die erhoffte Unterstützung durch Varian Fry und das Jewish Labor Committee. Im **Februar 1941** erreichte die Steins die erlösende Nachricht vom Konsul in Marseille, dass ihre Einreiseerlaubnis in die USA und die Notfallvisa ausgestellt wurden. Sie brachen in die französische Hafenstadt auf und machten sich damit auf die letzte Etappe ihrer Flucht vor den Nationalsozialisten.
Stein, who had been a committed anti-fascist in Dresden and who had joined an anti-fascist journalists' organization in Paris, was granted the hoped-for support from Varian Fry and the Jewish Labor Committee. In **February 1941**, the Steins finally received word from the consulate in Marseille that their US entry permits and emergency visa had been issued. They set off for Marseille, embarking on the final leg of their escape from the Nazis.

Am **6. Mai 1941** verließen die Steins Marseille an Bord der S.S. Winnipeg, die sie bis nach New York bringen sollte. Die Verpflegung und die hygienischen Verhältnisse waren miserabel, Frauen und Kinder mussten zu acht in engen Kajüten und die Männer in Lagerräumen übernachten. Nach drei Wochen wurde die S.S. Winnipeg von der niederländischen Marine, die die Steins zunächst für ein feindliches Boot der Nationalsozialisten und für das bittere Ende ihrer Flucht hielten, gestoppt. Das Schiff musste nach Trinidad umkehren, wo die Familie erneut getrennt und in britischen Lagern untergebracht wurde. Das Ehepaar durfte sich jedoch täglich, getrennt durch einen Stacheldrahtzaun, treffen. Nach acht Tagen konnten die Steins an Bord der S.S. Evangeline schließlich in die USA weiterreisen.
On **May 6, 1941**, they left Marseille aboard the S.S. Winnipeg, which was meant to take them to New York. Food was short, and the sanitary conditions were abysmal. Women and children were crammed into tiny cabins that were never designed to hold eight people, and the men had to sleep in the hold. Three weeks into the journey, the Winnipeg was stopped by a ship of the Dutch Navy—which the passengers initially mistook for a German war vessel that would have put an end to their flight. The S.S. Winnipeg was rerouted to Trinidad in the British West Indies, where the Steins were once again separated and incarcerated in British detention camps. However, Lilo and Fred were allowed to meet once a day across a wire fence. Eight days later, they could continue their journey to the United States aboard the S.S. Evangeline.

New York

Am **13. Juni 1941** erreichten Lilo, Fred und Marion Stein New York. Das Begrüßungskomitee aus Journalisten und Fotografen der lokalen Presse wählte die kleine Marion zum Fotomotiv – am nächsten Tag erschien ihr Bild in den Tageszeitungen mit dem irreführenden Titel „tiny refugee whose dad is in prison“[18] (Kleiner Flüchtling, dessen Vater im Gefängnis ist). Doch die gesamte Familie war wohlauf und endlich in der Freiheit angekommen. Stein wog nach der Inhaftierung, dem langen Marsch nach Südfrankreich und den beschwerlichen Monaten in Toulouse, die von Lebensmittelknappheit geprägt waren, nur noch 56 Kilogramm.

Lilo, Fred and Marion Stein reached New York on **June 13, 1941**. The welcoming committee of journalists and photographers of the local press homed in on little Marion as a poignant motif. The next day her picture appeared in the papers with the misleading caption "tiny refugee whose dad is in prison."[18] But the family was united, well and finally free. After his imprisonment, the long march to the

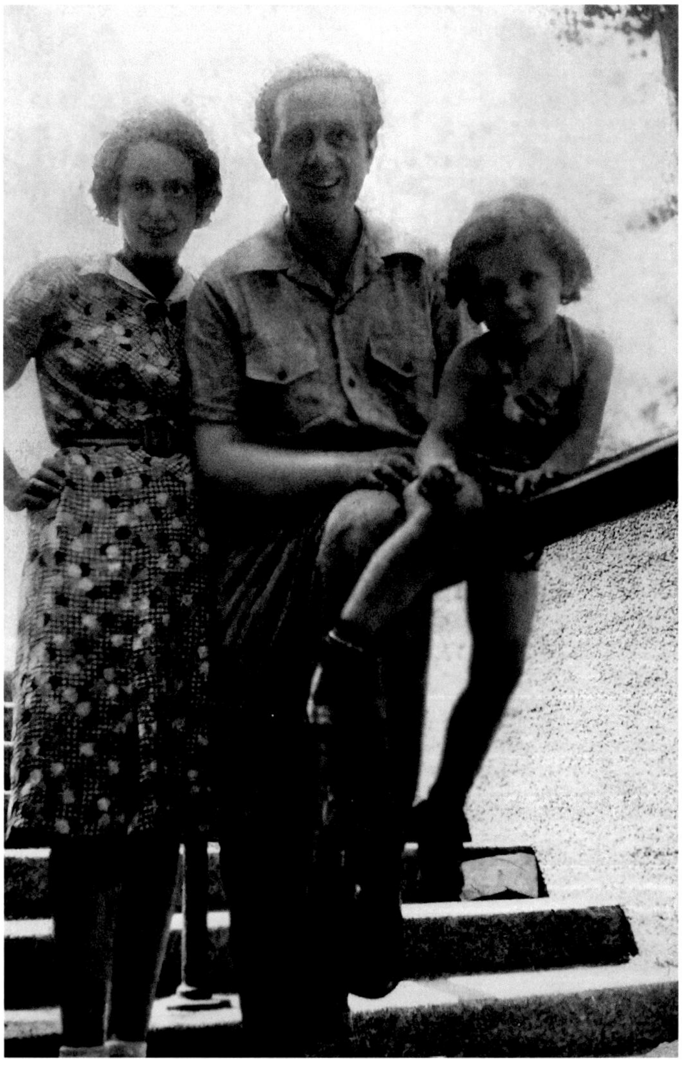

25
„3 Steins“ kurz nach ihrer Ankunft in New York, 1941

"3 Steins" soon after their arrival in New York, 1941

Fred Stein Archive

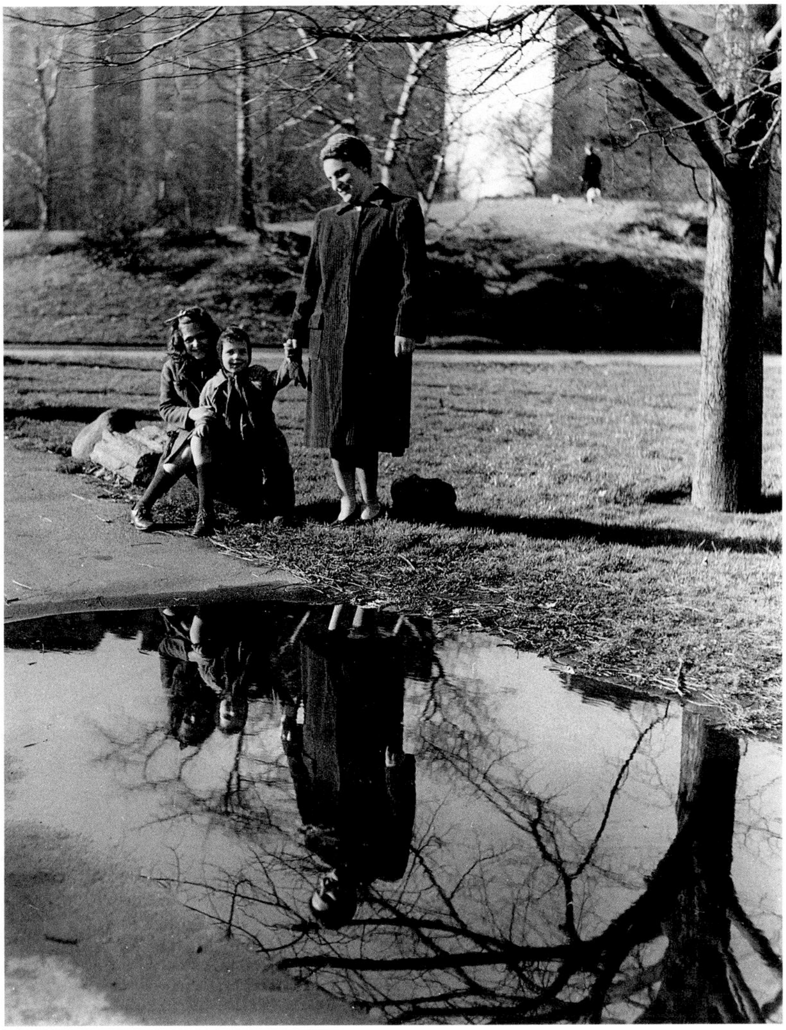

26
Lilo mit der Tochter Marion und dem Sohn Peter, New York 1946

Lilo with her daughter Marion and her son Peter, New York 1946

Fred Stein Archive

south of France and the difficult months in Toulouse, where food was scarce, Stein weighed a mere 56 kilos (123 pounds).

Zu den wenigen Besitztümern, die sie mit in die USA nahmen, gehörte ein Großteil von Steins Fotografien und Negativen. Jedoch nicht die Leica, die Stein im Lager in Frankreich abgeben musste. Lilos Mutter, Elsa Salzburg, die zu dieser Zeit bereits in Kalifornien lebte, half aus und finanzierte den Neuankömmlingen eine neue Leica. Zeitlebens fotografierte Stein, der sich nie für technische Spielereien interessierte, nur mit zwei Kameras. Zur präferierten Leica kam später eine Rolleiflex hinzu.
Among the few possessions the Steins had brought with them to the US was the bulk of Fred's photographs and negatives—but not the Leica itself, which he had been made to surrender in the detention camp in France. Lilo's mother, Elsa Salzburg, who now lived in California, helped by funding a replacement Leica for the new arrivals. Throughout his career as a photographer, Fred, who had never been interested in technical gimmicks, worked with only two cameras: the Leica, which he preferred, and later a Rolleiflex.

Auch in New York hatte es das Paar anfangs nicht leicht, Fuß zu fassen. Während Stein bei Agenturen und Zeitungsredaktionen nach Aufträgen suchte, arbeitete Lilo als Fabrikarbeiterin, als Näherin und schließlich in einem Foto-Großlabor, wo sie bis zu 40 Fotos pro Minute fertigstellen musste. Doch das Paar war endlich fern von der faschistischen

Diktatur und der Bedrohung durch die Nationalsozialisten. Auch die Offenheit und Freundlichkeit der Menschen in New York begeisterte die beiden und erleichterte den schweren Start ins neue Leben. Inspiriert von der amerikanischen Metropole erkundete Stein, wie schon zuvor Paris, mit der Kamera die Stadt. Die Straßenschluchten von New York, Schaufenster, Menschen bei der Arbeit und während der Freizeit, Kinder und Demonstrationen und Paraden faszinierten den Fotografen.

Starting a new life in New York was not easy. While Fred lobbied agencies and newspapers for commissions, Lilo worked in a factory, then as a seamstress and finally in an industrial photo lab, where she had to process forty photographs a minute. Still, they had escaped the threat of fascism and the Nazis and had much to be grateful for. The openness and friendliness of New York thrilled them and made it easier to put down new roots. Inspired by the city, Fred explored its streets and sights, camera at the ready. He was endlessly fascinated by its streets lined with soaring buildings, its shop-window displays, people at work and play, children, demonstrations and parades.

Mit der Zeit trafen die Steins auch zahlreiche Freunde und Bekannte wieder, die ebenfalls aus Deutschland flüchten mussten. Am **12. Oktober 1943** kam ihr Sohn Peter auf die Welt.

As time went by, the Steins met numerous old friends and acquaintances who, like them, had been forced to flee Germany. On **October 12, 1943**, their son Peter was born.

Auch wenn Stein in Amerika seiner ursprünglichen Profession als Anwalt wieder hätte

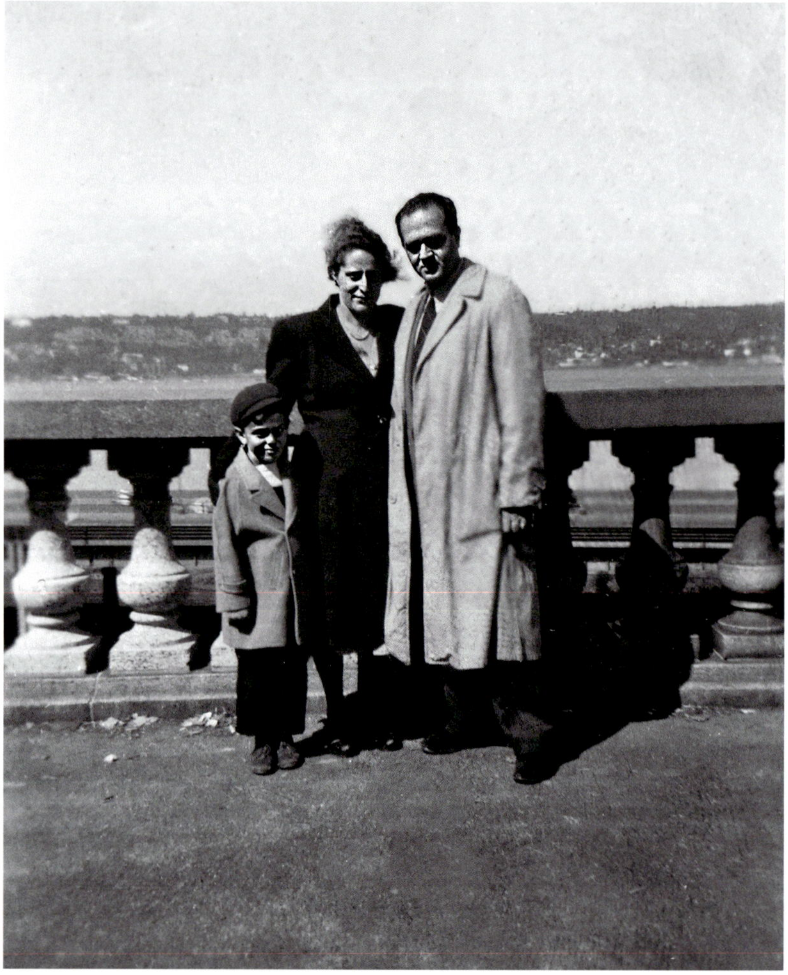

27
Peter, Lilo und Fred Stein, New York ca. 1949

Peter, Lilo and Fred Stein, New York c. 1949

Fred Stein Archive

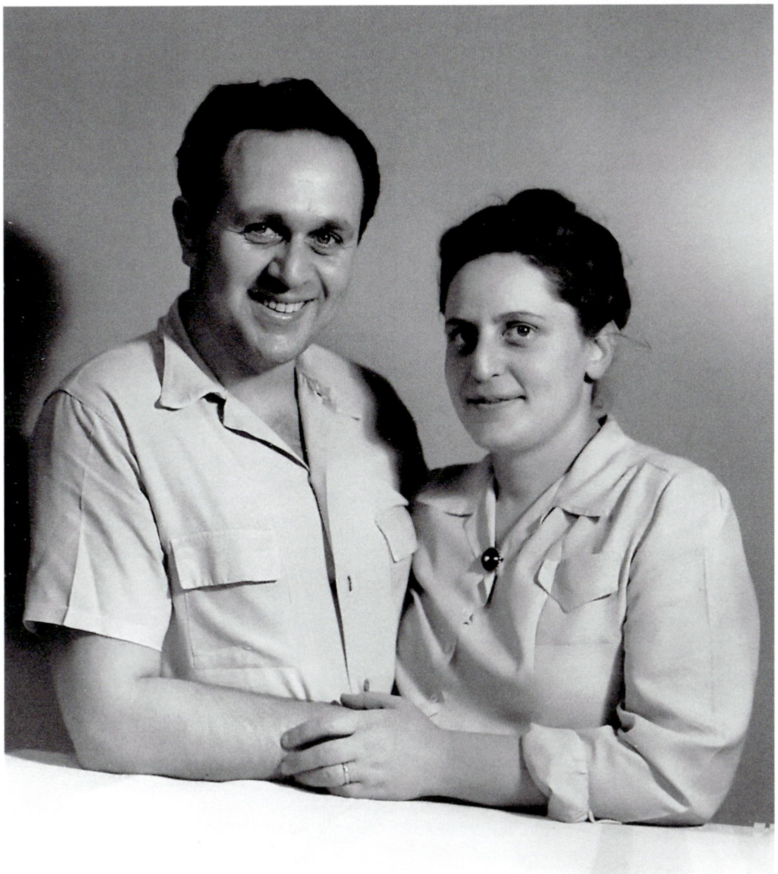

28
Fred und Lilo Stein, New York 1947

Fred and Lilo Stein, New York 1947

Fred Stein Archive

nachgehen und – anders als in Frankreich – sein Staatsexamen hätte nachholen können, kam ein erneuter Berufswechsel nicht mehr in Frage. Die amerikanischen Behörden ließen ihn von Anfang an offiziell als Fotograf arbeiten, obwohl er jahrelang nur einen Flüchtlingsstatus besaß.

In New York, Stein could have made his original dream of becoming a lawyer come true—a path that had not been open to him in Paris—but he felt that going back to law school and pursuing another career change were not a viable option. From the moment he set foot on American soil, irrespective of his lowly refugee status, the US authorities had granted him permission to work as a photographer.

Stein interessierte sich für das neue fotografische Universum, das New York ihm zu bieten hatte, er rezipierte die Arbeit anderer Fotografen, ging zu Ausstellungen und las Kunstbücher, doch ließ er sich nicht von formalistischen und ästhetischen Trends beeinflussen. Er hatte längst seinen eigenen Stil gefunden, in dem er einen präzisen und doch stimmungsvollen Blick auf die Stadt und die Menschen vereinte. Er arbeitete überwiegend als selbstständiger Fotograf, frei von Agenturen, und ließ sich weder die Inhalte noch die Form seiner Fotografien vorschreiben.

Stein was mesmerized by the new photographic universe that New York had to offer. He studied the work of other photographers, went to exhibitions and read art books, but he was not swayed by formalistic or aesthetic trends. He had long ago found his own style and continued to capture the city and its inhabitants in images of great precision and atmospheric density. Not hired full time with any company, he was free to work as he saw fit and refused to follow dictates as to the form or content of his images.

Einer seiner ersten Aufträge war die Publikation eines Kalenders für die French War Relief Organisation, in dem seine Paris-Bilder abge-

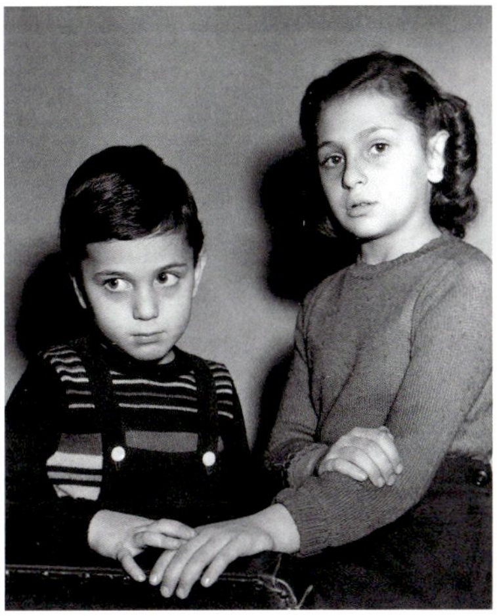

29
Peter und Marion Stein, New York 1948

Peter and Marion Stein, New York 1948

Fred Stein Archive

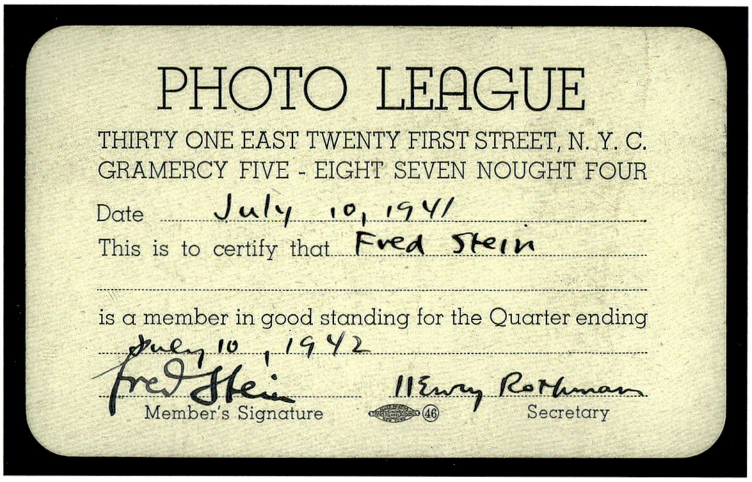

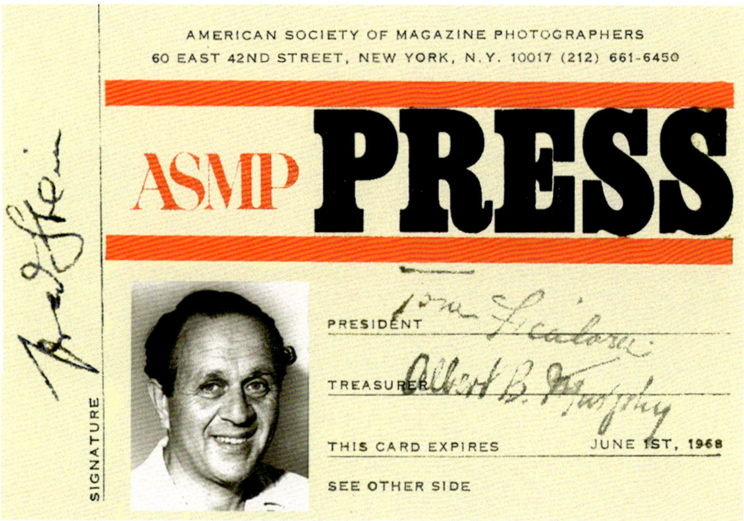

30
Mitgliedschaftsausweis bei der Photo League von 1941

Photo League membership card, 1941

Fred Stein Archive

31
Mitgliedschaftsausweis bei der American Society of Magazine Photographers, o. J.

American Society of Magazine Photographers membership card, no date

Fred Stein Archive

druckt wurden. Er trat **1941** der Photo League bei, einer professionellen Vereinigung freischaffender Fotografen, zu der einige der namhaftesten Fotografen des 20. Jahrhunderts gehörten – darunter Paul Strand, Helen Levitt, Lewis Hine und Arthur „Weegee" Fellig. Die Organisation, die sich der sozial und politisch engagierten Fotografie widmete, war ein inspirierendes und anregendes Netzwerk für Stein, doch schon nach kurzer Zeit distanzierte er sich von der Photo League. Zunehmend offenbarte sich die kommunistische Gesinnung einiger Mitglieder, die Stein kategorisch ablehnte. Der Ursprung der Vereinigung war die Berliner Internationale Arbeiterhilfe (IAH), die 1921 als eine KPD-nahe Organisation gegründet worden war.[19] Steins Gefühl sollte ihm Recht geben: 1951 wurde die Photo League aufgrund nachweislicher Arbeit für die Communist Party verboten. Diese Verbindung mag später der Grund dafür gewesen sein, dass Stein erst 1952 die amerikanische Staatsbürgerschaft erhielt – und auch erst, nachdem die FBI-Agentin Angela Calomiris, die in die Photo League eingeschleust worden war, aussagte, dass Stein in keinerlei kommunistische Aktivitäten verwickelt gewesen war und seine Mitgliedschaft wegen diesen beendet hatte.

One of his first commissions was a calendar for the French War Relief organization which featured his photographs of Paris. In 1941, he joined the Photo League, a professional body of independent photographers that counted among its members some of the most renowned photographers of the twentieth century, among them Paul Strand, Helen Levitt, Lewis Hine and Arthur Fellig (Weegee). The organization, which promoted socially and politically engaged photography, offered Stein an inspiring and stimulating network, but he soon found that he could not countenance the Communist leanings of some of the members and distanced himself from the League.
The organization was an offshoot of the Berlin-based Workers International Relief (WIR). The WIR, founded in 1921, was an adjunct of the Communist International.[19] In the late 1940s, the League was formally declared subversive and placed on the U.S. Department of Justice blacklist as a front for the Communist Party. It disbanded in 1951. This association might have been the reason why Stein was unable to obtain American citizenship until 1952. It was only after the FBI agent, Angela Calomiris, who had infiltrated the League as an informant, testified to the fact that Stein was not involved in any of the Communist activities and had resigned membership because of this, that he was granted citizenship.

Später wurde er Mitglied der American Society of Magazine Photographers, die 1944 in New York gegründet wurde und sich der arbeitsrechtlichen Situation von Berufsfotografen annahm. Er gehörte außerdem der Fotoagentur Black Star an. Seine Bilder wurden in verschiedenen Zeitungen, Zeitschriften und Büchern abgedruckt, darunter im Nachrichtenmagazin *Time*, der *New York Times*, der *Life* und *Look*.[20] Er produzierte mehrere Bücher, darunter *New York 1948* bei Lumen

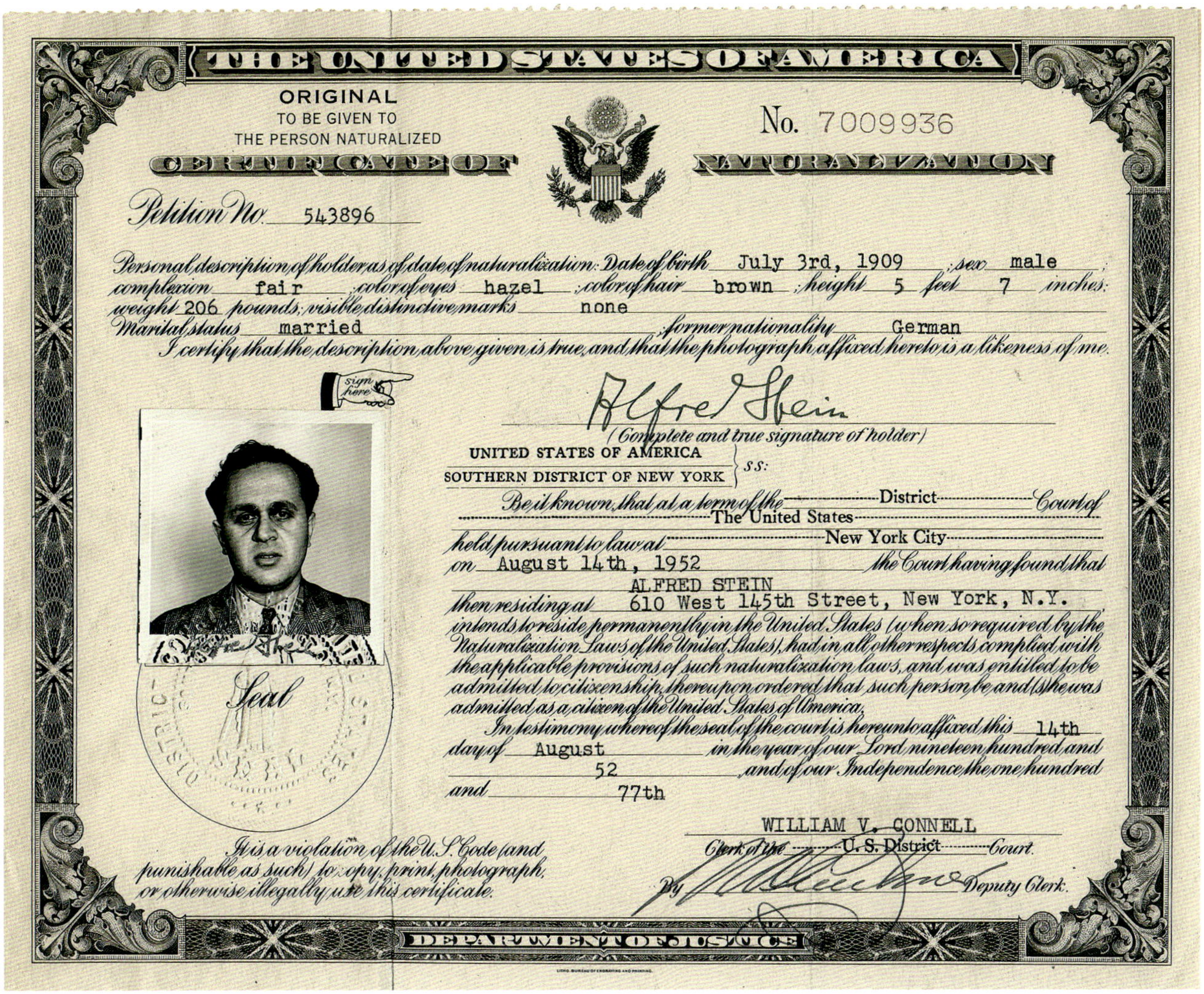

THE UNITED STATES OF AMERICA

ORIGINAL
TO BE GIVEN TO
THE PERSON NATURALIZED

No. 7009936

CERTIFICATE OF NATURALIZATION

Petition No. 543896

Personal description of holder as of date of naturalization: Date of birth July 3rd, 1909; sex male; complexion fair; color of eyes hazel; color of hair brown; height 5 feet 7 inches; weight 206 pounds; visible distinctive marks none
Marital status married; former nationality German
I certify that the description above given is true, and that the photograph affixed hereto is a likeness of me.

Sign here

Alfred Stein
(Complete and true signature of holder)

UNITED STATES OF AMERICA
SOUTHERN DISTRICT OF NEW YORK } ss:

Be it known, that at a term of the District Court of The United States held pursuant to law at New York City on August 14th, 1952 the Court having found that ALFRED STEIN then residing at 610 West 145th Street, New York, N.Y. intends to reside permanently in the United States (when so required by the Naturalization Laws of the United States), had in all other respects complied with the applicable provisions of such naturalization laws, and was entitled to be admitted to citizenship, thereupon ordered that such person be and (s)he was admitted as a citizen of the United States of America.

In testimony whereof the seal of the court is hereunto affixed this 14th day of August in the year of our Lord nineteen hundred and 52 and of our Independence the one hundred and 77th

Seal

WILLIAM V. CONNELL
Clerk of the U. S. District Court.
By [signature] Deputy Clerk.

It is a violation of the U. S. Code (and punishable as such) to copy, print, photograph, or otherwise illegally use this certificate.

DEPARTMENT OF JUSTICE

Publishers und *5th Avenue* bei Pantheon, beide erschienen 1947 in New York.

Stein joined the American Society of Magazine Photographers, founded in New York in 1944 to help professional photographers handle legal and image rights issues. He also was a member of the Black Star photo agency. His pictures were published in different newspapers, periodicals and books, among them the news magazine *Time* and *The New York Times*, *Life* and *Look*.[20] He produced a few books, among them *New York 1948* (Lumen) and *5th Avenue* (Pantheon), published in 1947.

Ab **1950** musste Stein wegen eines Hüftleidens die Straßenfotografie aufgeben und konzentrierte sich fortan ausschließlich auf die Porträtfotografie. Er porträtierte bald jeden, der Rang und Namen hatte. Meist trat er selbst an die vielen Intellektuellen, Künstler, Autoren, Politiker und Denker und anderen bedeutenden Persönlichkeiten heran, die ihn interessierten und die er deshalb ablichten wollte. Am Ende seines Lebens hatte Stein mehr als tausend Porträts aufgenommen. Unter den Dargestellten befanden sich die bedeutendsten Vertreter der Geisteskultur des 20. Jahrhunderts – Albert Einstein, Hannah Arendt, Frank Lloyd Wright, Marc Chagall, Salvador Dali, Willy Brandt und viele andere. Zu vielen von ihnen hielt er regelmäßigen brieflichen Kontakt, diese Privatkorrespondenz ist in hunderten von Briefen in seinem Nachlass dokumentiert.

By **1950**, Stein had to abandon street photography because of mobility issues arising from a hip problem and began to focus exclu-

32
Einbürgerungsurkunde Fred Steins für die USA vom 14. August 1952

Fred Stein's certificate of naturalization, August 14, 1952

Fred Stein Archive

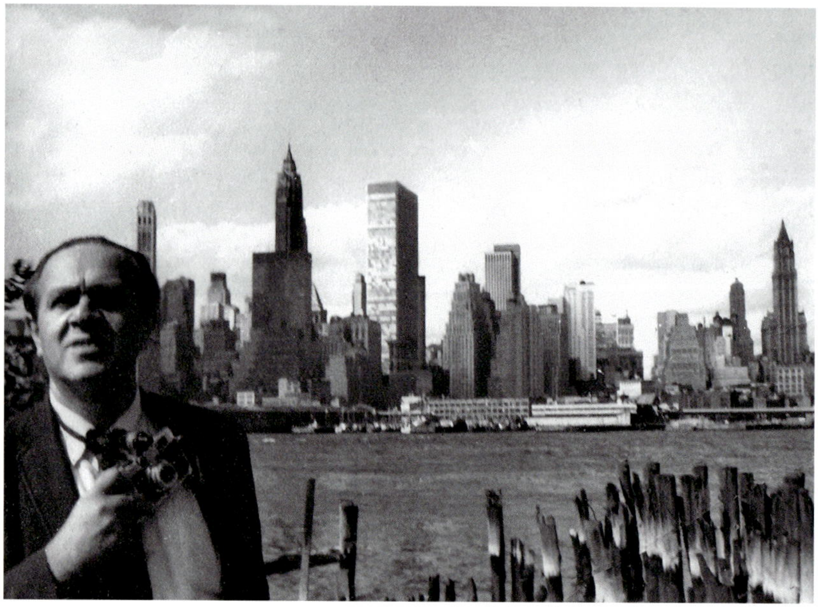

33
Fred Stein in New York, o. J.

Fred Stein in New York, no date

Fred Stein Archive

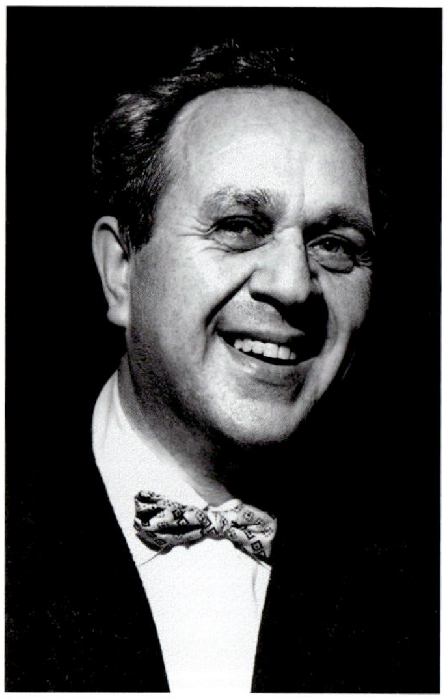

34
Fred Stein, ca. 1961

Fred Stein, c. 1961

Fred Stein Archive

sively on portrait photography. Soon he had portrayed everybody who was anybody. Usually, it was he who approached the intellectuals, artists, writers, politicians, thinkers and other important figures who interested him and whose picture he wanted to take. By the end of his life, he had produced more than a thousand portraits. Among his sitters were many of the key figures who had shaped the intellectual landscape of the twentieth century—Hannah Arendt, Frank Lloyd Wright, Marc Chagall, Salvador Dali, Willy Brandt and many others. With many of them he corresponded regularly, and hundreds of letters are preserved in his estate.

1958 reiste Stein erstmals seit der Flucht 1933 wieder nach Deutschland. Wiederholt versuchte er, Fotoreportagen in Deutschland zu realisieren, scheiterte aber immer wieder an mangelnder finanzieller Unterstützung. 1961 veröffentlichte er mit Will Grohmann das Buchprojekt *Deutsche Portraits* im Stuttgarter Verlag Ernst Battenberg, darunter Porträts von Konrad Adenauer, Heinrich Lübke und Ilse Aichinger. Am Ende seines Lebens widmete er sich einem Herzensprojekt, einer Anthologie mit dem geplanten Titel *Das war nicht unser Deutschland. Ein Lesebuch für die Kommenden.* Das Buch, das Textbeiträge von Antifaschisten und seine eigenen Fotografien enthalten sollte, konnte er nicht realisieren.
In **1958**, Fred Stein visited Germany for the first time since his flight in 1933. He repeatedly tried to put together photo reportages in Germany, but consistently failed to secure the necessary financial backing. In 1961, working with Will Grohmann, he published *Deutsche Portraits* ("German Portraits," published by Ernst Battenberg, Stuttgart). Towards the end of his life, he devoted his energies to a project that was close to his heart, an anthology with the planned title *Das war nicht unser Deutschland. Ein Lesebuch für die Kommenden* ("That Was Not Our Germany: A Reader for Those to Come"). The book, which was to bring together texts by anti-fascists and his own photographs, failed to find a publisher.

Bis zu seinem Tod unternahm er noch weitere Reisen in sein Heimatland, in die Heimatstadt Dresden kehrte er jedoch nie wieder zurück. Am **27. September 1967** starb Fred Stein im Alter von 58 Jahren in New York.
Stein took a few more trips to Germany but never returned to his hometown of Dresden. He died in New York on **September 27, 1967** at the age of 58.

Anmerkungen

1 Das „Reichsbanner Schwarz-Rot-Gold" war ein 1924 von mehreren demokratischen Parteien gegründeter Verband, der sich dem Schutz der Weimarer Republik vor ihren radikalen Feinden verschrieben hatte. **2** Einen Hinweis darauf gibt die Kleidung Steins und der Jugendlichen auf Abb. 9. Die Kleidungselemente decken sich mit zahlreichen historischen Aufnahmen von Personen und Gruppen der SAJ. Ich danke für den Bildabgleich durch das Archiv der Arbeiterjugendbewegung in Oer-Erkenschwick. **3** Siehe Birgit Sacks Beitrag in diesem Band, S. 54–68. **4** Interview Lilo Steins mit ihrem Sohn Peter Stein aus dem Jahr 1981. Das Interview liegt in transkribierter Form vor, Fred Stein Archive. **5** Brief von Fred Stein an Freunde und Verwandte von 1946, übersetzt von Lilo Stein, um 1986, korrigiert von Peter Stein 2000, Fred Stein Archive. **6** Siehe Dresdner Nachrichten, Nr. 306 (2. Juli 1933), S. 5; Der Freiheitskampf, Nr. 151. (1. u. 2. Juli 1933), S. 4. **7** Siehe Erik Lindner: Jüdische Unternehmer in der Dresdner Zigarettenindustrie, in: Dresdner Hefte, Nr. 45 (1996), 53–57. **8** Zwischen 1933 und 1936 kam es immer wieder zu größeren Verhaftungsaktionen und Massenprozessen von Untergrundgruppen, zu denen auch Jugendorganisationen wie die SAJ gehörten. Siehe Anne Ley-Schalles (Hg.): Das rote Hamborn. Politischer Widerstand in Duisburg 1933 bis 1945, Duisburg 2017. **9** Brief von Fred Stein an Freunde und Verwandte von 1946, Fred Stein Archive. **10** Fred Stein an Will Grohmann, 23. Juni 1954, Fred Stein Archive. **11** Siehe Interview Lilo Steins, Fred Stein Archive. **12** Brief von Fred Stein an Freunde und Verwandte von 1946, Fred Stein Archive. **13** 1937 druckte die Zeitschrift *Regards* unter dem Titel „Vous ne connaissez pas Paris!" eine Serie zu Stadtansichten von Paris. Stein war in mehreren Ausgaben mit seinen Fotografien vertreten. Die Abbildung zeigt eine seiner ausdrucksvollsten Paris-Fotografien *Chez*, siehe S. 125. **14** Irme Schaber: Gerda Taro. Fotoreporterin im spanischen Bürgerkrieg, Marburg 1994, S. 79. **15** Brief von Fred Stein an Freunde und Verwandte von 1946, Fred Stein Archive. **16** Ebd. (Übersetzung nach H.W.) **17** Rosemary Sullivan: An Exile's Story, in: Salmagundi Magazine, No. 177, Winter 2013, S. 119–142, hier S. 126. **18** Brief von Fred Stein an Freunde und Verwandte von 1946, Fred Stein Archive. **19** Carla Leshne: Worker's Film and Photo League (United States), in: John Downing (Hg.): Encyclopedia of Social Movement Media, Los Angeles 2011, S. 548–549. **20** Theresia Ziehe: Brought to Light. The Photographic Legacy of Fred Stein, in: Dawn Freer (Hg.): Fred Stein. Paris, New York, Heidelberg u. Berlin 2013, S. 185–191, hier S. 189.

Notes

1 Established in 1924, the *Reichsbanner Schwarz-Rot-Gold* ("Black, Red, Gold Banner of the Reich") was an organization founded by several democratic parties to defend the Weimar Republic and its parliamentary democracy against its radical enemies. **2** This is borne out by the clothing worn by Stein and his companions in ill. 9 which matches that worn by members and affiliates of the SAJ in numerous historical photographs. I am grateful to the Archive of the *Arbeiterjugendbewegung* (Workers' Youth Movement) in Oer-Erkenschwick for their help with image matching. **3** Cf. the contribution of Birgit Sack in this volume, p. 55–69. **4** Lilo Stein interviewed by her son Peter Stein in 1981. A transcript of the interview is preserved at the Fred Stein Archive. **5** Letter written by Fred Stein to friends and relatives in 1946, translated by Lilo Stein around 1986, revised and corrected by Peter Stein in 2000, Fred Stein Archive. **6** See *Dresdner Nachrichten*, no. 306 (July 2, 1933), p. 5; *Der Freiheitskampf*, no. 151. (July 1 and 2, 1933), p. 4. **7** See Erik Lindner, "Jüdische Unternehmer in der Dresdner Zigarettenindustrie," *Dresdner Hefte*, no. 45 (1996), pp. 53–57. **8** The period between 1933 and 1936 was punctuated by several mass arrests and trials of members of underground groups, among them youth organizations like the SAJ. See Anne Ley-Schalles (ed.), *Das rote Hamborn. Politischer Widerstand in Duisburg 1933 bis 1945*, Duisburg 2017. **9** Letter written by Fred Stein to friends and relatives in 1946, Fred Stein Archive. **10** Fred Stein to Will Grohmann, June 23, 1954, Fred Stein Archive. **11** See Interview with Lilo Stein, Fred Stein Archive. **12** Letter written by Fred Stein to friends and relatives in 1946, Fred Stein Archive. **13** In 1937 the magazine *Regards* printed a photo series titled "Vous ne connaissez pas Paris!". Stein's photographs were printed in several issues. The illustration shows one of his most striking Paris pictures *Chez*, see p. 125. **14** Irme Schaber, *Gerda Taro. Fotoreporterin im spanischen Bürgerkrieg*, Marburg 1994, p. 79. **15** Letter written by Fred Stein to friends and relatives in 1946, Fred Stein Archive. **16** Ibid. **17** Rosemary Sullivan, "An Exile's Story," *Salmagundi Magazine*, no. 177, winter 2013, pp. 119–142, here p. 126. **18** Letter written by Fred Stein to friends and relatives in 1946, Fred Stein Archive. **19** See Carla Leshne, "Worker's Film and Photo League (United States)," John Downing (ed.), *Encyclopedia of Social Movement Media*, Los Angeles 2011, pp. 548–549. **20** Theresia Ziehe, "Brought to Light: The Photographic Legacy of Fred Stein," Dawn Freer (ed.), *Fred Stein. Paris, New York*, Heidelberg and Berlin 2013, pp. 185–191, here p. 189.

Lilo Stein.
Ein Leben zwischen Tradition und Aufbruch

SABINE WENZEL

Liselotte Stein wurde am 22. Juni 1910 als Liselotte Salzburg in eine wohlsituierte Familie in Dresden hineingeboren. Lilo, wie sie genannt wurde, war die jüngste von drei Töchtern des Arztes Dr. Siegmund Salzburg und seiner Frau Elsa, geb. Glückmann. Bis zu ihrer Ankunft in den Vereinigten Staaten 1941 war ihr Lebenslauf durch existenzielle Unsicherheiten und Brüche geprägt. Die Ereignisse des Ersten Weltkriegs und der darauffolgende Wechsel der Staatsform und des Gesellschaftssystems führten zum Verlust der materiellen und sozialen Basis, die das Leben der großbürgerlichen Familie im Kaiserreich maßgeblich bestimmt hatte. Lilo entwickelte sich vom behüteten Kind im ausgehenden Kaiserreich über die junge Frau in der Weimarer Republik, der die Wunschausbildung zur Ärztin versagt blieb, zur unbedingten Unterstützerin der Karriere ihres Mannes und für ihre beiden Kinder während der Jahre des Exils in Frankreich ab 1933 und der Zeit des Neubeginns in New York. In Paris wurde 1938 Tochter Marion geboren. Sohn Peter kam 1943 in New York zur Welt.

Lilo Steins 1838 geborener Großvater Abraham, genannt Adolph Salzburg, stammte aus der Tuchmacherstadt Schönlanke, heute Trzcianka, in der preußischen Provinz Posen. Nach einer kaufmännischen Lehre in Berlin hatte er sich 1865 als Textilkaufmann in Dresden niedergelassen und 1867 die 22-jährige Thekla Mendel geheiratet. Sicherlich war es eine arrangierte Ehe – beide Ehepartner kamen aus begüterten Unternehmerfamilien, in denen nicht nur die Teilhabe am religiösen und gesellschaftlichen Leben, sondern auch die Übernahme von Verantwortung für die Belange des Gemeinwesens selbstverständlich war. Schon Adolph Salzburgs Vater Simon war Mitglied der Stadtverordnetenversammlung von Schönlanke und in den Jahren 1848 bis 1870 einer der drei Ältesten der dortigen Israelitischen Gemeinde gewesen. Er war, wie später sein Sohn Adolph, Textilkaufmann, hatte sich 1835 einbürgern lassen und dadurch staatsbürgerliche Rechte erhalten. In der Provinz Posen galt, verglichen mit anderen preußischen Provinzen, eine besonders rigide „Judengesetzgebung"; ab 1833 war eine Einbürgerung nur finanziell abgesicherten und deutschsprachigen Juden möglich.

Thekla Salzburgs Vater Kaskel Mendel war Fuhrunternehmer in Dresden. Er besaß die alleinige Konzession zur Wässerung der Straßen und zur Abfuhr der Fäkalien und hatte als Direktor der städtischen Dünger-Exportanstalt ein hohes kommunales Amt inne. Seine Vorfahren emigrierten vermutlich aus Böhmen nach Dresden. Er war Vorsitzender des Droschken- und Fiaker-Besitzer-Vereins und Angehöriger der Privilegierten Bogenschützen-Gesellschaft. Nachdem die Stadt kanalisiert worden war, bebauten Kaskel Mendels Nachfahren seine am Stadtrand gelegenen Rieselfelder mit Mietshäusern. 1874 ließ auch Lilo Steins Großvater Adolph Salzburg sein heute unter dem

Lilo Stein.
A Life Between Tradition and Awakening

SABINE WENZEL

Liselotte Stein was born on June 22, 1910 into a prosperous Dresden family. Born Liselotte Salzburg, but known affectionately as Lilo, she was the youngest of the three daughters of a medical doctor, Dr. Siegmund Salzburg, and his wife Elsa, neé Glückmann. Until she arrived in the United States in 1941, her life was a story of existential uncertainty and upheaval. The events of the First World War, and the changes in government and society which followed, destroyed the material and social foundations which had underpinned the lives of upper-class families in the German Empire. From a sheltered childhood during the closing years of the Empire, Lilo emerged into young womanhood under the Weimar Republic. Unable to follow the medical career to which she aspired, she devoted herself instead to providing unconditional support for the career of her husband and for her two children during their years of exile in France after 1933, and the early years of their new life in New York. Her daughter Marion was born in Paris in 1938, her son Peter in 1943 in New York.

Lilo Stein's grandfather, Abraham Salzburg, known as Adolph, was born in 1838 in the textile-manufacturing town of Schönlanke, now Trzcianka, in the Prussian province of Posen. In 1865, following a commercial apprenticeship in Berlin, he set himself up as a textile merchant in Dresden and in 1867 married the 22-year-old Thekla Mendel, in what must have been an arranged marriage. Bride and groom both came from well-to-do entrepreneurial families, whose members were expected not only to take part in the religious and social life of their community, but also to play a role in public affairs. Adolph Salzburg's father, Simon, had been a member of the municipal council of Schönlanke and, from 1848 to 1870, one of the three elders of the town's Jewish community. Like his son Adolph, he was a textile merchant. He had been naturalized in 1835 and therefore acquired full citizen's rights. Compared with other Prussian provinces, Posen had a particularly rigid "Jewish Code"; from 1833 citizenship was only granted to Jews who were financially secure and who spoke German.

Thekla Salzburg's father, Kaskel Mendel, was a haulage contractor in Dresden. He held the sole franchise for street cleaning and waste removal, and occupied a prominent public position as director of the municipal fertilizer export facility. His forefathers had probably emigrated to Dresden from Bohemia. He was Chairman of the Hackney Carriage Owners Association and a member of the privileged *Bogenschützen-Gesellschaft* (Society of Archers). Following the construction of Dresden's sewer system, Kaskel Mendel's successors built apartment blocks on the sewage farms he had owned at the edge of the city. In 1874, Lilo Stein's grandfather, Adolph Salzburg, also had a house built on what had once been farmland. Now famous as the "Villa Salzburg" on Tiergar-

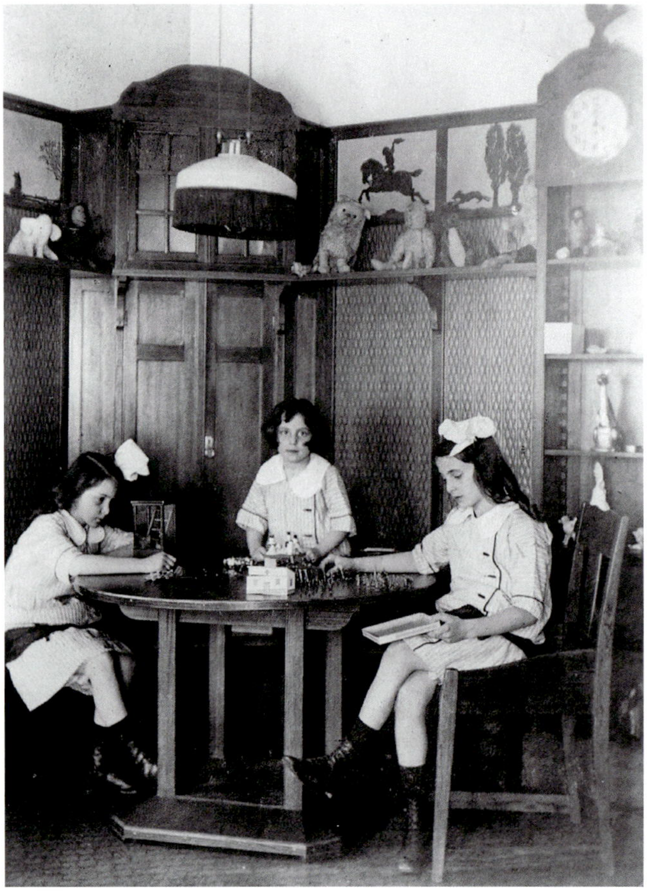

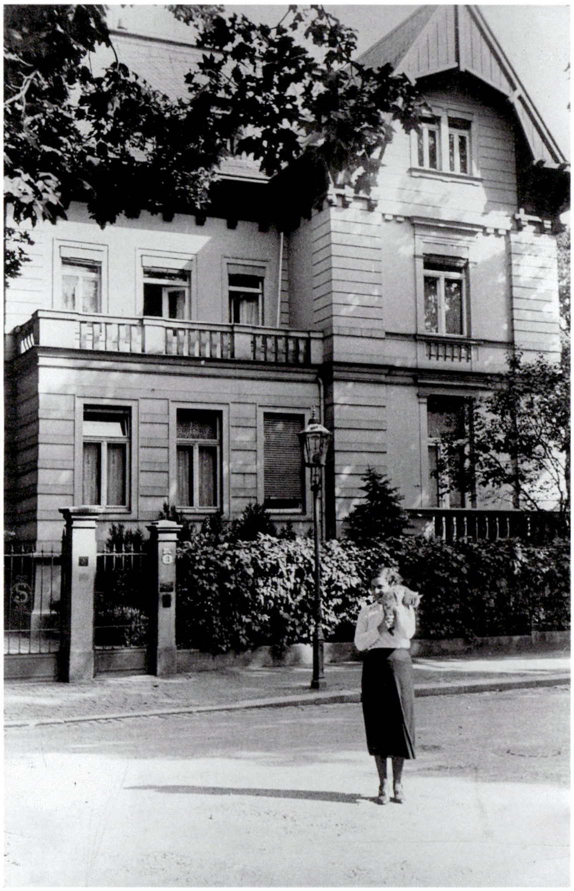

Namen „Villa Salzburg“ bekanntes eigenes Haus an der Tiergartenstraße auf einer ehemaligen Ackerfläche errichten. Das wahrscheinlich vom Architekten Karl Eberhard, einem Vertreter der Semper-Nicolai-Schule, geplante Gebäude war die erste Villa in einem stadträumlich und architektonisch beeindruckenden Villenensemble, das in den darauffolgenden Jahrzehnten südlich der Parkanlage Großer Garten entstand. In der Villa wuchsen Adolph Salzburgs ältester Sohn Siegmund, Lilo Steins späterer Vater, und die fünf jüngeren Kinder der Familie auf.
Großvater Adolph Salzburg hatte nach einigen Jahren in Dresden den Schwerpunkt seiner Tätigkeit vom Textilgroßhandel auf das Immobiliengeschäft verlagert. Er wurde ein erfolgreicher Projektentwickler und Investor. Waren in der Generation von Lilos Urgroßvätern Simon Salzburg und Kaskel Mendel die Attribute „materieller Besitz“ und „Engagement für das Gemeinwesen“ unabdingbar für das sich entwickelnde jüdische Bürgertum, so kam in der Generation von Lilos Großeltern als weiteres wichtiges Kennzeichen dieser Gesellschaftsschicht eine umfängliche bürgerliche Bildung und für junge Männer gegebenenfalls auch eine universitäre Ausbildung hinzu. Zwei der Söhne Adolph Salzburgs, Siegmund und Friedrich, absolvierten Anfang der 1890er Jahre als Erste in der Familie ein Medizin- beziehungsweise Jurastudium. Nach familiärer Überlieferung war Siegmunds Vater Adolph sehr stolz darauf, seinen ältesten Sohn auf die Universität schicken zu können.

tenstrasse, it was probably designed by Karl Eberhard, a member of the so-called Dresden School of Architecture founded by Gottfried Semper and Hermann Nicolai. It was the first of a series of villas built over the following decades on the south side of Dresden's park, the Grosser Garten, creating a neighborhood which was remarkable both for its architecture and as an example of urban planning. Adolph Salzburg's eldest son, Siegmund, later to become Lilo Stein's father, grew up in this house, along with his five younger siblings.

After a few years in Dresden, Grandfather Adolph Salzburg shifted the main focus of his activities from the wholesale textile trade to the property business. He became a successful project developer and investor. To qualify as members of the emergent Jewish bourgeoisie, material wealth and community engagement had been vital for Lilo's great grandparents, Simon Salzburg and Kaskel Mendel, and their generation. For her grandparents' generation, something else became mandatory: a broad middle-class education, and, for young men, possibly a university education. In the 1890s, two of Adolph Salzburg's sons, Siegmund and Friedrich, became the first in the family to graduate from university, in medicine and law respectively. According to family lore, Siegmund's father, Adolph, was very proud of being able to send his eldest son to university.

Like his father, Adolph Salzburg played an active part in Dresden's Jewish community. In 1879 he became a member of the community council, and from 1892 to 1908 he served as one of its three elders. His sons, Siegmund and Friedrich, were elected to equivalent positions. The progressive acculturation of Jews to the non-Jewish community, greatly accelerated by the increasing importance of middle-class education, did not mean that religious identity disappeared, but it did recede further into the background, in secular life at least. For the Salzburg family, there was never any question of renouncing their Jewish faith, even for those who were born in Dresden.

After graduating, Lilo's father and uncle, doctors of medicine and law respectively, both opened practices in Dresden and acquired villas for themselves and their families. By 1896, Siegmund Salzburg had become an established ear, nose and throat doctor. A lover of the world of opera and opera singers, he turned his private interests into a professional specialism and was soon an acknowledged voice expert, consulted by most of the singers at the Semperoper as well as by members of the royal family. In 1903 he married the 22-year-old Elsa Clara Glückmann, in what was definitely an arranged marriage. Elsa's parents, the banker Carl Glückmann and his wife Felicia, neé Elb, purchased Adolph Salzburg's villa at Tiergartenstrasse 8 after the latter's death in 1909 and altered it to suit their own family and entertainment requirements. Siegmund and Elsa Salzburg had three daughters, Thekla, Erika and Liselotte, born in 1905, 1906 and 1910. In 1910, Siegmund Salzburg purchased the villa at Mozartstrasse 3 to accommodate what was by now a family of five.

In 1911, Siegfried's younger brother, Friedrich, had a villa built at Tiergartenstrasse 50. He became a respected attorney, working with numerous government and Jewish organizations and associations. As German patriots, the two men had no hesitation in signing up for the First World War, even though they were already family men when the war broke out, aged 40 and 46 respectively. Both were presented with the Iron Cross for their service to the Fatherland.

Siegmund Salzburg died in Dresden in 1932 after a long illness. In 1940, his wife Elsa fled to the United States via Cuba, joining her brother-in-law, Friedrich Salzburg, and

1
Erika, Liselotte und Thekla Salzburg (von links nach rechts) in ihrem Spielzimmer im Obergeschoß der Villa Mozartstraße 3, Dresden. Aufnahme wahrscheinlich 1915

Erika, Liselotte and Thekla Salzburg (from left to right) in their playroom on the top floor of the villa at Mozartstrasse 3, Dresden. Picture probably taken in 1915.

Sammlung S. Wenzel

2
Liselotte Stein, geb. Salzburg, mit Katze vor ihrem Elternhaus in der Mozartstrasse 3, Dresden. Aufnahmedatum unbekannt.

Liselotte Stein, neé Salzburg, holding a cat in front of her parents' house at Mozartstrasse 3, Dresden. Date of photo unknown.

Fred Stein Archive

Auch Adolph Salzburg engagierte sich in Dresden aktiv in der Israelitischen Religionsgemeinde. Ab 1879 war er Mitglied des Gemeinderats und von 1892 bis 1908 einer der drei Gemeindevorsteher. Seine Söhne Siegmund und Friedrich ließen sich ebenfalls in die entsprechenden Gemeindeämter wählen. Die fortschreitende Akkulturation an die nichtjüdische Gesellschaft, zu der die zunehmend wichtiger gewordene bürgerliche Bildung maßgeblich beitrug, ließ die eigene jüdische Identität nicht verschwinden, zumindest im weltlichen Leben aber weiter in den Hintergrund treten. Ein Austritt aus dem Judentum kam jedoch auch für die in Dresden geborene Generation der Familie Salzburg nicht infrage.

Nach ihrem Studium gründeten Lilo Steins Vater Dr. med. Siegmund Salzburg und ihr Onkel Dr. iur. Friedrich Salzburg eine Arztpraxis und eine Anwaltskanzlei in Dresden und bauten – beziehungsweise erwarben – je eine Villa zur Wohnnutzung für sich und ihre Familien. Siegmund Salzburg praktizierte ab 1896 als niedergelassener Hals-Nasen-Ohren-Arzt. Er hatte sein privates Interesse, die Welt der Oper mit ihren Künstlern, auch beruflich zu seinem Betätigungsfeld gemacht und galt bald als ausgewiesener Spezialist für Stimmen. Er behandelte einen Großteil der Sänger an der Semperoper sowie die königliche Familie. 1903 heiratete er die 22-jährige Elsa Clara Glückmann – in diesem Fall war es eine nachweislich arrangierte Ehe. Elsas Eltern, der Bankier Carl Glückmann und seine Frau Felicia, geb. Elb, kauften nach Adolph Salzburgs Tod 1909 dessen Villa in der Tiergartenstraße 8 und bauten sie für ihre eigenen räumlichen und repräsentativen Bedürfnisse um. Aus der Verbindung von Siegmund und Elsa Salzburg gingen die Töchter Thekla, Erika und Liselotte hervor, geboren 1905, 1906 und 1910. 1910 kaufte Siegmund Salzburg für seine nunmehr fünfköpfige Familie die Villa Mozartstraße 3.

Sein jüngerer Bruder Friedrich ließ 1911 die Villa Tiergartenstraße 50 erbauen. Er wurde ein angesehener Rechtsanwalt, der in zahlreichen staatlichen und jüdischen Organisationen und Vereinen mitarbeitete. Als deutsche Patrioten war es für beide Herren selbstverständlich, in den Ersten Weltkrieg zu ziehen, wenngleich sie zu Kriegsbeginn 40- bzw. 46-jährige Familienväter waren. Beider Einsatz für das Vaterland wurde mit dem Eisernen Kreuz honoriert.

Siegmund Salzburg verstarb nach langer Krankheit 1932 in Dresden. Seine Frau Elsa flüchtete 1940 über Kuba in die Vereinigten Staaten, wo sie zu ihrem Schwager Friedrich Salzburg und seiner Frau Grete nach Berkeley zog. Elsa Salzburgs Mutter Felicia Glückmann verstarb 1941 in einem Dresdner „Judenhaus“.[1] Ihr Mann Carl Glückmann war bereits 1917 verstorben. Über ihre Eltern sagte Lilo Stein, dass sie sehr förmlich waren, ihre Mutter Elsa aber eine herzensgute Frau gewesen sei.

Lilos Bildungsweg wurde erschwert durch die Wirren des Ersten Weltkriegs und die Krankheit des Vaters, wodurch die Familie in wirtschaftliche Schwierigkeiten geriet. Der Besuch des Gymnasiums blieb ihr aus finanziellen Gründen verwehrt; ihren Wunsch, Ärztin zu werden, konnte sie nicht verwirklichen. Stattdessen machte sie eine zweijährige Ausbildung zur Kindergarten-Erzieherin. Ihre Ausbildungsstätte befand sich in der im Norden von Dresden gelegenen Gartenstadt und Künstlerkolonie Hellerau. Dort gewann sie Freude an Tanz, Kunst und Musik, was auch die Interessen ihres späteren Mannes Fred Stein waren.

Liselotte (Lilo) Salzburg und Alfred (Fred) Stein heirateten im August 1933. Über die ständige Präsenz der Nationalsozialisten im Stadtbild von Dresden 1933 sagte Lilo Stein, dass diese die Straßen wie eine Streitmacht bevölkert und das Sturmsoldaten-Lied

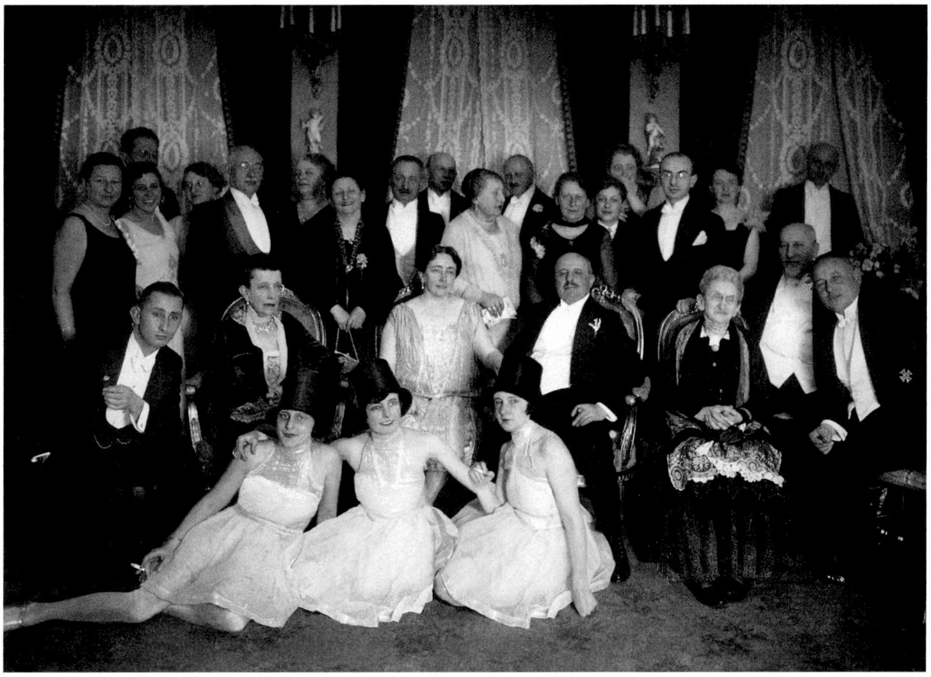

3
Silberhochzeit von Elsa und Dr. Siegmund Salzburg, 1928. Im Vordergrund die drei Töchter Liselotte, Thekla und Erika. Links von Elsa Salzburg sitzend ihre Mutter Felicia Glückmann. Am rechten Bildrand Dr. Friedrich Salzburg mit dem Eisernen Kreuz I. Klasse am Jackett.

Silver wedding of Elsa and Dr. Siegmund Salzburg, 1928. In the foreground, their three daughters, Liselotte, Thekla and Erika. Seated to the left of Elsa Salzburg, her mother, Felicia Glückmann. Far right, with the Iron Cross First Class on his jacket, Dr. Friedrich Salzburg.

Fred Stein Archive

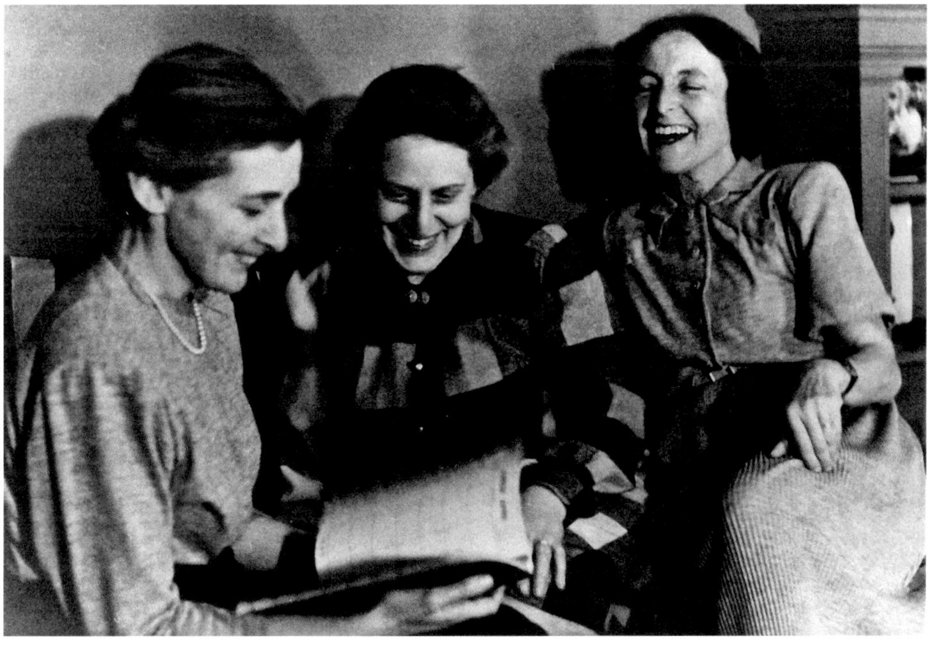

4
Erika, Liselotte und Thekla Salzburg (von links nach rechts). Ort und Datum unbekannt.

Erika, Liselotte and Thekla Salzburg. (from left to right) Place and date unknown.

Sammlung S. Wenzel

gesungen hätten. Sie zitierte die Stelle, an der es hieß, dass das Ins-Feuer-Gehen des frohgemuten Sturmsoldaten nochmal so gut ginge, „wenn's Judenblut vom Messer spritzt“, und fügte lakonisch hinzu, dass dies nicht sehr angenehm war.

Unter dem Vorwand einer Hochzeitsreise flüchteten Fred und Lilo Stein im Oktober 1933 nach Paris. Lilo, die sich selbst als unpolitisch bezeichnete, war von Fred Steins demokratisch-sozialistischen Grundwerten überzeugt und unterstützte die politischen Aktivitäten ihres Mannes in der Sozialistischen Arbeiterpartei. An seine Parteigenossen, alles Arbeiter, musste sie sich allerdings erst gewöhnen. In ihrem Elternhaus in der Villa Mozartstraße 3 hatte sie nach eigenen Worten nur Anwälte, Ärzte, Künstler und Opernsänger kennengelernt.

Nach der deutschen Besetzung von Paris im Juni 1940 organisierte die perfekt Französisch sprechende Lilo Stein mit einem mutigen Täuschungsmanöver auf der deutschen Gendarmerie für sich und ihre kleine Tochter einen Passierschein in die unbesetzte Zone im Süden Frankreichs. In Toulouse traf sie ihren Mann wieder, der aus einem von den Franzosen aufgegebenen Internierungslager in Nordfrankreich geflüchtet war. Bis Mai 1941 musste die kleine Familie in Toulouse und Marseilles ausharren, bevor sie mithilfe des vom US-amerikanischen Journalisten Varian Fry koordinierten Emergency Rescue Committee auf einem der letzten Flüchtlingsschiffe nach New York gelangte.

In den folgenden Jahren in New York leistete Lilo Stein mit Fabrik- und Heimarbeit in der Textilindustrie und in Fotolabors einen wesentlichen Beitrag zum Familieneinkommen. Später jedoch konnte sie doch noch akademische Abschlüsse erwerben und wurde zur Professorin für Deutsche Literatur und Theaterwissenschaften an die Adelphi University in Garden City auf Long Island, New York, berufen.

Lilo Stein verstarb am 28. November 1997 in Queens, New York City.

Quellen

Interview Lilo Steins mit ihrem Sohn Peter Stein aus dem Jahr 1981. Das Interview liegt in transkribierter Form vor, Fred Stein Archive.

Sabine Wenzel: Villen des jüdischen Bürgertums in Dresden, Darmstadt 2017.

Anmerkungen

1 Im „Judenhaus“ Schulgutstraße 15, Dresden. „Judenhäuser“ waren Häuser und Villen jüdischer Eigentümer, die von den Nationalsozialisten konfisziert und zu Wohnhäusern erklärt wurden und in denen ab Herbst 1939 die in Deutschland verbliebene jüdische Bevölkerung unter eingeengten und hygienisch mangelhaften Verhältnissen leben musste und massiven Schikanen durch die Gestapo ausgesetzt war.

his wife, Grete, in Berkeley. Elsa Salzburg's mother, Felicia Glückmann, died in 1941 in a Dresden "*Judenhaus*."[1] Her husband, Carl Glückmann, had died many years earlier, in 1917. Lilo Stein recalled that her parents had been very formal, but that her mother, Elsa, had been a kind-hearted woman.

Lilo's education suffered from the upheavals of the First World War and her father's illness, which caused the family to fall into financial difficulties. Lack of money meant that she was unable to attend the *Gymnasium* and therefore could not fulfil her ambition of becoming a doctor. Instead, she took a two-year training course to become a kindergarten teacher. The training college was situated in Hellerau, the garden city and artists' colony to the north of Dresden. It was here that she learned to enjoy dancing, art and music–interests which she shared with the man she was later to marry, Fred Stein.

Liselotte (Lilo) Salzburg and Alfred (Fred) Stein married in August 1933. Lilo Stein later described the constant presence of the Nazis in Dresden in 1933, filling the streets like an army and singing the storm-troopers' anthem. She quoted the passage from the anthem where it describes the storm trooper going cheerfully into battle, and all the more cheerfully "if it was Jewish blood that gushed from the knife." She added, laconically, that that was not very "pleasant."

Pretending to be going on honeymoon, Fred and Lilo Stein fled to Paris in October 1933. Lilo, who described herself as apolitical, was won over by Fred Stein's democratic-socialist values and supported her husband's activities in the Socialist Workers' Party. It took her a while, however, to get used to his party comrades, all of whom were from the working class. As she herself said, in the villa at Mozartstrasse 3, her family home, she had only ever met lawyers, doctors, artists and opera singers.

After Germans occupied Paris in June 1940, Lilo Stein–who spoke perfect French–used a courageous ruse to obtain a permit from the German Gendarmerie, allowing her and her little daughter to travel to the unoccupied zone in the south of France. In Toulouse, she was reunited with her husband, who had escaped from an internment camp in northern France that had been handed over to the Germans. The little family were obliged to hold out in Toulouse and Marseilles until May 1941, when, with the help of the Emergency Rescue Committee organized by the American journalist, Varian Fry, they were able to find a place on the last refugee ship to sail for New York.

During the next few years in New York, Lilo Stein made an essential contribution to the family income by working in the textile industry, doing both factory work and piecework from home, and in photographic laboratories. Later, however, she was able to gain academic qualifications and was eventually appointed Professor of German Literature and Theatre Studies at Adelphi University in Garden City on Long Island, New York.

Lilo Stein died on November 28, 1997 in Queens, New York City.

Sources

Lilo Stein interviewed by her son Peter Stein in 1981. A transcript of the interview is preserved at the Fred Stein Archive.

Sabine Wenzel, *Villas of the Jewish Middle Class in Dresden,* Darmstadt 2017.

Notes

1 In the "*Judenhaus*" at Schulgutstrasse 15, Dresden. "*Judenhäuser*" or "Jewish houses" were houses and villas owned by Jews but requisitioned by the Nazis in the autumn of 1939 and turned into apartments for the Jewish population still in Germany. Here they were obliged to live in cramped and unhygienic conditions, constantly harassed by the Gestapo.

Fred Steins Dresdner Jahre. Politische und religiöse Prägungen

BIRGIT SACK

Politisch zählte er sich zu den „gebrannten Kinder[n]“,[1] und „mit organisierter Religion“ wollte er „nichts zu tun“[2] haben. Die Abwendung von der aktive Parteipolitik und vom Glauben erfolgte jedoch erst im Laufe des Lebenswegs von Fred Stein, der im Folgenden, ausgehend von seinem Elternhaus bis zum erzwungenen Exil im Herbst 1933, beleuchtet wird. Abschließend soll gefragt werden, wie Fred Stein seine Verfolgungsgeschichte nach Kriegsende verarbeitete und wie sie sein Verhältnis zu den beiden deutschen Staaten prägte.

Seinen Vater, Dr. Leopold Stein (1874 – 1916), der aus einer Posener Kaufmannsfamilie stammte, verlor der gebürtige Dresdner bereits als Sechsjähriger. Leopold Stein hatte nach der Reifeprüfung am Berlinischen Gymnasium zum Grauen Kloster die Lehranstalt für die Wissenschaft des Judentums in Berlin absolviert, die der wissenschaftlichen Ausbildung von Rabbinern und Religionslehrern diente. Nach zwei Semestern an der Philosophischen Fakultät der Universität Kiel wurde er im Februar 1900 mit einer Studie über den spanisch-jüdischen Dichter Santob de Carrion promoviert.[3] Im Juni 1904 wurde Leopold Stein von der Israelitischen Religionsgemeinde zu Dresden als Stellvertreter des 1887 zum Rabbiner auf Lebenszeit gewählten Dr. Jakob Winter eingestellt. Zugleich unterrichtete er an der Israelitischen Religionsschule in der Dresdner Johannesstraße 18 Hebräisch, Biblische Geschichte und Religion.[4] Am 28. April 1905, ein knappes Jahr nach seiner Niederlassung in Dresden, heiratete Leopold Stein in Berlin Eva Wollheim (1883 – 1958).

Deren Mutter Johanna Wollheim (geborene Michaelis) war im Jahr 1895 nach dem Tod ihres Ehemanns Lippmann Wollheim,[5] der zuletzt als Kultusbeamter der Israelitischen Religionsgemeinde Czarnikan (polnisch: Czarnków) gewirkt hatte, mit ihrer Tochter nach Berlin gezogen. Dort besuchte Eva Wollheim bis 1899 die höhere jüdische Mädchenschule. Nach einer kaufmännischen Ausbildung war sie bis zu ihrer Heirat Korrespondentin von Alphonse Levy (1838 – 1917), dem Generalsekretär des Central-Vereins deutscher Staatsbürger jüdischen Glaubens (CV), den ihr Vetter, der Rechtsanwalt Maximilian Horvitz (1855 – 1917), leitete.[6]

Eventuell kam Eva Wollheim über den CV, der für Bürgerrechte und gesellschaftliche Gleichstellung der Juden in Deutschland eintrat, in näheren Kontakt mit ihrem späteren Ehemann oder lernte ihn gar dort kennen. Zumindest ist einem Nachruf auf Leopold Stein in der Verbandszeitschrift zu entnehmen, dass er dem Central-Verein „ein sehr reges Interesse“ widmete.[7] Zur religiösen Bildung und Praxis trug Leopold Stein durch die ehrenamtliche Führung der Gemeindebibliothek bei, die er auch mit Buch-

Fred Stein's Dresden Years. Political and Religious Influences

BIRGIT SACK

Politically, he was part of the generation known as the "burnt children,"[1] and wanted "nothing to do with organized religion."[2] However, Fred Stein's rejection of active party politics and religious faith happened over a lifetime. The following essay sheds light on this development, from his life in his childhood home to his forced exile in the fall of 1933. Finally, this essay will seek to examine Fred Stein's attempts after the war to make sense of his own history of persecution, and how this informed his relationship to the two German states, East and West.

Born in Dresden, Fred Stein was just six years old when he lost his father, Dr. Leopold Stein (1874–1916). Born into a family of merchants in Posen (present-day Poznań, Poland), Leopold Stein later moved to Berlin and passed his *Abitur* at the Berlinisches Gymnasium zum Grauen Kloster. He then completed a course at the Lehranstalt für die Wissenschaft des Judentums (School of Jewish Studies), an institution also located in Berlin that gave academic training to rabbis and religious teachers. After two semesters' study at the philosophy department of the University of Kiel, he was awarded a doctorate in February 1900 for a dissertation on the Spanish-Jewish poet Santob de Carrion.[3]

In June 1904, the Jewish religious community in Dresden appointed Leopold Stein to serve as deputy to Dr. Jakob Winter, who had in 1887 been elected for life as the city's rabbi. Parallel to this role, Stein also taught Hebrew, biblical history, and religion at the Israelistische Religionsschule (Jewish Religious School) in Dresden, located at no. 18 Johannesstrasse.[4] On April 28, 1905, less than a year after first moving to Dresden, Leopold Stein married Eva Wollheim (1883–1958) in Berlin.

Eva's mother Johanna Wollheim (née Michaelis) had moved with her daughter to Berlin in 1895 after the death of her husband Lippmann Wollheim,[5] latterly an official for the Jewish religious community in Czarnikan (present-day Czarnków, Poland). In Berlin, Eva Wollheim attended the Jewish high school for girls until 1899. Between completing a commercial training and getting married, she worked as the correspondence clerk of Alphonse Levy (1838–1917), the general-secretary of the Central-Verein deutscher Staatsbürger jüdischen Glaubens (or CV for short: the Central Association of German Citizens of Jewish Faith). The CV was headed by Eva's cousin, the lawyer Maximilian Horvitz (1855–1917).[6]

It was possibly at the CV, an organization that campaigned for civil rights and social equality for Jews in Germany, that Eva Wollheim came into closer contact or even first met her future husband. Certainly, the obituary of Leopold Stein published in the CV's newspaper noted his "very keen interest" in the organization.[7] In Dresden, Leopold

schenkungen unterstützte.[8] Zu Lebzeiten ihres Mannes hatte sich „Frau Rabbiner Dr. Stein“ gemäß der ihr zugedachten Rolle fürsorgerisch betätigt, so als Kassenführerin des Israelitischen Kinderhorts, in dem sie zudem zweimal wöchentlich die Betreuung der etwa 60 Kinder übernahm. Nach dem frühen Tod ihres Ehemannes musste Eva Stein für ihren Sohn und die ein Jahr jüngere Tochter Rosi aufkommen. Sie nutzte den Schicksalsschlag, um sich zur Religionslehrerin ausbilden zu lassen. Jahre zuvor hatte ihre Mutter ihr noch – trotz der Förderung durch den damaligen Direktor der jüdischen Mädchenschule – die Vorbereitung auf die Lehrerinnenprüfung untersagt.[9] Nach eineinhalb Jahren privaten Unterrichts legte Eva Stein im September 1917 das Examen in Berlin ab und bekam in Dresden eine Anstellung als Religionslehrerin an der Schule, an der bereits ihr Mann unterrichtet hatte. So konnte sie das Familieneinkommen durch eine sie „befriedigende Tätigkeit“ sichern.[10] Mit ihren Kindern lebte sie weiterhin in der Elsasser Str. 5 in der Dresdner Johannstadt. In der knappen Freizeit besuchte sie die Dresdner Museen. Ihrem Sohn schenkte sie alljährlich eine Jahreskarte des Dresdner Museumsvereins.[11] Zudem engagierte sie sich weiter ehrenamtlich im Israelitischen Kinderhort[12] und darüber hinaus im Mädchenheim, das der Schwesterbund – die Frauenabteilung der jüdischen Fraternitas-Loge in Dresden – leitete.[13] Sie referierte vor den weiblichen Jugendlichen über „Berühmte jüdische Frauen“, gab Hinweise zur Berufswahl oder rief zur Teilnahme an einem Nähkurs auf.[14] Als die Dresdner jüdischen Frauenorganisationen in der wirtschaftlichen Krisensituation Anfang der 1930er Jahre zu Lebensmittelspenden aufriefen, stellte Eva Stein ihre Wohnung als Abgabestelle zur Verfügung.[15]

Während seine Mutter ihm vorlebte, dass es wichtig sei, diejenigen zu unterstützen, denen es schlechter ging als einem selbst, wurde am König-Georg-Gymnasium (KGG) Fred Steins „politische Richtung [...] angeregt“.[16] Seit Ostern 1919 besuchte er, finanziert durch ein Begabtenstipendium, die realgymnasiale Abteilung der 1903 in Dresden-Johannstadt eröffneten ersten humanistischen Reformschule Sachsens. Prägend dürfte der Austausch mit seinem Klassenkameraden Frithjof Arzt[17] gewesen sein, mit dem er die Werke von Karl Marx und Friedrich Engels las. Dessen Vater, Arthur Arzt, war Bezirksschulrat in Dresden und saß seit 1919 für die SPD im Sächsischen Landtag. Fred Stein gehörte zu den wenigen Funktionären des Jungbanners, der Jugendorganisation des Reichsbanners Schwarz-Rot-Gold, an höheren Schulen. Anfang 1924 gegründet, wollte der in Sachsen stark sozialdemokratisch geprägte Kampfverband die Weimarer Republik vor ihren antidemokratischen Gegnern schützen.[18] Auch nahm Fred Stein an einem sozialen Klub teil, der von dem Lehrer, sozialdemokratischen Kunstschriftsteller und Kurator Will Grohmann (1887 – 1968) sowie einem weiteren Lehrer am KGG initiiert worden war.

Während der Schulzeit entstanden enge Freundschaften mit Peter Blachstein (1911 – 1977),[19] Herbert Zucker (1905 – 1937)[20] und Günther (später: Albert G.) Hess (1909 – 1993)[21]. Alle drei stammten aus bürgerlich-jüdischen Familien. Mit den Freunden teilte Fred Stein das Interesse an Politik. Daneben engagierten sie sich auch aktiv in der Israelitischen Religionsgemeinde, insbesondere in jüdischen Jugendorganisationen. An den Vortragszyklen der Dresdner Jüdischen Schülerschaft (DJS), die am 7. November 1925 gegründet wurde, beteiligten sich mit Hans Pohly,[22] Werner Sober,[23] Harry Waldes[24] und Paul Epstein[25] weitere Mitschüler (mit denen Fred Stein Jahrzehnte später von New York aus wieder Kontakt aufnehmen sollte). Die DJS legte Wert darauf, dass die Vorträge von den Mitgliedern selbst erarbeitet wurden und dass in ihren

Stein contributed to local religious education and practice by volunteering to head the congregational library, which he also supported with book donations.[8] During her husband's lifetime, "Frau Dr. Stein" actively fulfilled the pastoral duties expected of a rabbi's wife. Moreover, she worked as treasurer of the Jewish daycare center, where she also spent two days a week looking after around 60 children. Following her husband's early death, Eva Stein now had to provide for little Fred and his sister Rosi (who was her brother's junior by one year). Eva made the most of this sad twist of fate by training as a teacher of religious education. Years previously, her mother had forbidden her from preparing for the teachers' examination–despite the encouragement of the then-director of the Jewish girls' school.[9] After a year and a half of private tuition, Eva Stein took the examinations in Berlin in September 1917. She was then appointed to teach religious education at the same school in Dresden where her late husband had worked previously. This "rewarding occupation" enabled her to secure an income for her family.[10] She and her children continued to live at no. 5 Elsasser Strasse in the Dresden suburb of Johannstadt. Eva used her limited free time to visit Dresden's museums. Every year, she would give her son an annual membership pass for the Dresdner Museumsverein (granting entry to the city's museums).[11] She also continued to volunteer at the Jewish daycare center,[12] and helped out at the girl's home run by the Schwesterbund, the women's arm of the Jewish Fraternitas lodge in Dresden.[13] She gave talks to young women on "famous Jewish women," offered career advice, and invited girls to attend her sewing courses.[14] When the Jewish women's organizations in Dresden appealed for food donations during the economic crisis in the early 1930s, Eva Stein volunteered her home as a delivery point.[15]

While his mother played an active role in demonstrating the importance of helping the less fortunate, Fred Stein was first "set [...] on a political trajectory" at the König Georg-Gymnasium (KGG).[16] Funded by a scholarship awarded to gifted students, in Easter 1919 he started attending the KGG–a branch of Saxony's first humanist reform school, established in 1903 in Dresden-Johannstadt. A likely formative influence was played by the intellectual exchanges he had with classmate Frithjof Arzt,[17] with whom he read works by Karl Marx and Friedrich Engels. His friend's father, Arthur Arzt, sat on the Dresden District Schools' Council, and from 1919 was an SPD (Sozialdemokratische Partei Deutschlands, Social Democratic Party of Germany) delegate at the Saxon state parliament. Fred Stein was one of a small number of high school students to be a member of the Jungbanner, the youth wing of the Reichsbanner Schwarz-Rot-Gold. Founded in early 1924, this paramilitary organization (which in Saxony comprised a largely social-democratic membership) sought to protect the Weimar Republic from its anti-democratic opponents.[18] Fred Stein also participated in a social club that the teacher, social-democratic art writer, and curator Will Grohmann (1887 – 1968) had co-founded with a fellow teacher from the KGG.

During his school years, he became close friends with Peter Blachstein (1911 – 1977),[19] Herbert Zucker (1905 – 1937)[20] and Günther (later: Albert G.) Hess (1909 – 1993).[21] All three came from bourgeois Jewish family backgrounds. Fred Stein shared his interest in politics with his friends. They were also active members of the Jewish religious community, particularly as members of Jewish youth organizations. Founded on November 7, 1925, the Dresdner Jüdische Schülerschaft (DJS, the Dresden Pupils' Organization), hosted a series of lectures that included contributions not only from Hans Pohly,[22] Werner Sober,[23] Harry Waldes,[24] and Paul Epstein,[25] but also from a number of Fred

Reihen Angehörige aller Richtungen des Judentums vertreten waren. Einigkeit bestand über die Notwendigkeit, „uns mit jüdischer Geschichte, jüdischer Kultur und Religion und jüdischen Menschen und ihren Werken zu beschäftigen".[26] Fred Steins Vortragsthemen, nämlich Ludwig Börne und „Soziale Gesetzgebung in der Bibel", spiegeln seine politische Ausrichtung wider.[27] Im Zyklus „Antisemitismus" besprach er darüber hinaus eine antisemitische Broschüre.[28]

Wie Peter Blachstein schloss sich Fred Stein zudem der im Februar 1926 gegründeten Dresdner Ortsgruppe der Deutsch-Jüdischen Jugendgemeinschaft (DJJG) an, einer nicht-zionistischen Gruppierung innerhalb der jüdischen Jugendbewegung, die sich als Jugendverband des CV verstand und die nationale Zugehörigkeit zu Deutschland, die jüdische Religion und die Traditionen der Jugendbewegung miteinander verbinden wollte.[29] Anlässlich des einjährigen Bestehens der Dresdner Ortsgruppe fand ein Vortragsabend über „Die Stellung der deutsch-jüdischen Jugend in der deutschen Jugendbewegung" statt, über den Fred Stein im Gemeindeblatt berichtete.[30] Als Peter Blachstein 1928 Leiter der Dresdner DJJG-Gruppe wurde,[31] war Fred Stein nicht mehr in Dresden. Nachdem er Ostern 1927 das Abitur am KGG mit überdurchschnittlich guten Noten abgelegt hatte,[32] begann er im Sommersemester desselben Jahres in Heidelberg Jura zu studieren. An seinem Studienort trat er in die SPD ein.[33] Möglicherweise war es kein Zufall, dass Fred Stein die obligatorische Einführungsvorlesung in die Rechtswissenschaft bei Gustav Radbruch (1878 – 1949) belegte.[34] Der vormalige Reichsjustizminister gehörte zu den wenigen sozialdemokratischen Juristen und war Mitglied des Republikanischen Richterbundes, der sich entgegen der ablehnenden Haltung der mehrheitlich weit rechts stehenden Richterschaft für eine Anerkennung der ersten deutschen Demokratie einsetzte. Nach München (Wintersemester 1927/28)[35] und Berlin (Sommersemester 1928) studierte Fred Stein ab dem Wintersemester 1928/29 in Leipzig. Während seines Studiums engagierte er sich in sozialistischen Studentengruppen, so in der Leipziger Sozialistischen Studentenschaft, einem der SPD nahestehenden politisch-studentischen Zusammenschluss.[36] Im Mai 1930 bestand Fred Stein die erste juristische Staatsprüfung mit der Note befriedigend.[37] Anschließend zog er zurück nach Dresden und begann sein Referendariat am Dresdner Landgericht am Münchner Platz. Weitere Stationen waren ein Gericht in Bautzen und ein Dresdner Firmenanwalt, der seine Kanzlei in der Viktoriastraße hatte.[38] Weil er sich so schnell wie möglich als Rechtsanwalt niederlassen wollte, stellte Fred Stein eine Promotion zunächst zurück.[39]

Neben dem Referendariat engagierte er sich auch wieder in der Israelitischen Gemeinde. Am 5. Februar 1931 referierte er anlässlich eines Diskussionsabends des CV über das jüngste Werk des Leipziger Rabbiners Felix Goldmann „Der Jude im deutschen Kulturkreise". Fred Stein zufolge war Goldmann der Nachweis gelungen, dass – entgegen der nationaljüdischen These vom Judentum als „Kultureinheit" – nur das Religiöse wirklich verbinde.[40] Wenige Wochen zuvor war der junge Referendar in den dreiköpfigen Vorstand des Jüdischen Jugendvereins zu Dresden gewählt worden.[41] Einer seiner Vorgänger im Vorstand war Herbert Zucker.[42] Nach jugendbewegten Anfängen verstand sich der Verein als „Jugendpflegebund", der seine Mitglieder „zu bewußtem Judentum [...] im Geiste staatsbürgerlicher Gesinnung" erziehen wollte.[43]

Unter Fred Steins (Mit-)Vorsitz bot der Verein eine Vortragsreihe über die „wichtigsten politischen Richtungen innerhalb Deutschlands" vom Faschismus über den Klerikalismus bis zum Kommunismus an. Nach einem Werbeabend, den Fred Stein Ende April

Stein's fellow pupils (with whom decades later he re-established contact while in New York). The DJS stressed that lectures should be written by members of the organization themselves, whose ranks should in turn reflect the diversity of the Jewish population. What united members was their belief in the importance of "exploring our Jewish history, Jewish culture, and religion, and learning about Jewish people and their works."[26] The topics discussed by Fred Stein in his lectures–specifically, the German-Jewish writer Ludwig Börne, and "Legislating Social Issues in the Bible"–reflected his own political orientation.[27] In another lecture series on the theme of anti-Semitism, he also used an anti-Semitic brochure as a talking point.[28]

Like his schoolmate Peter Blachstein, Fred Stein also became a member of the Deutsch-Jüdische Jugendgemeinschaft (DJJG, the German-Jewish Youth Community), a non-Zionist faction of the Jewish youth movement, whose Dresden chapter was founded in February 1926. The DJJG saw itself as the CV's youth wing, and sought to unify a sense of German national belonging with Jewish religion and youth-movement traditions.[29] An evening of lectures, held to mark the one-year anniversary of the foundation of the Dresden chapter, was given on "The Position of German-Jewish Youth in the German Youth Movement," which Fred Stein wrote about for the congregational newspaper.[30] By the time Peter Blachstein became leader of the Dresden DJJG group in 1928,[31] Fred Stein no longer lived in the city. Having passed his *Abitur* in Easter 1927 with above-average grades,[32] he began studying law in the summer semester of that year at the University of Heidelberg (where he first joined the SPD).[33] It was possibly no coincidence that, when completing the compulsory "Introduction to Law" course, Fred Stein opted to attend the lectures of Gustav Radbruch (1878 – 1949).[34] The former Reich justice minister was one the few social-democratic lawyers and a member of the League of Republican Judges, which campaigned to uphold respect for Germany's first democracy. This was in contrast to the majority of judges, who were mostly hostile to the Weimar Republic and on the far-right of the political spectrum. After a stint at the university in Munich (winter semester of 1927 – 28)[35] and one in Berlin (summer semester of 1928), Fred Stein began studying in Leipzig in the winter semester of 1928 – 29. While at university, he was active in socialist student groups, such as the Leipziger Sozialistische Studentenschaft–a student political association with close links to the SPD.[36] In May 1930 Fred Stein passed the first state legal examination with an overall "satisfactory" grade.[37] He then returned home to begin an internship at the Dresden district court at Münchener Platz. He also spent periods working at the court in Bautzen and for a Dresden legal firm located on Viktoriastrasse.[38] Since Fred Stein hoped to establish himself as a lawyer as quickly as possible, he initially put off studying towards a doctorate.[39]

In addition to his internship, he continued to play an active role in the Jewish community. On February 5, 1931 he gave a talk at a discussion evening organized by the CV on the latest book by the Leipzig rabbi Felix Goldmann, *The Jew in German Cultural Life*. Fred Stein argued that Goldmann successfully demonstrated how–contrary to the Jewish nationalist theory of Jewry as a "cultural unit"–the only true binding force for Jews was their religion.[40] A few weeks previously, the young law intern had been elected as one of the three co-presidents of the Jewish Youth Association of Dresden.[41] One of his predecessors in this role was Herbert Zucker.[42] Having started life as a youth movement, the association considered itself to be a "youth-nurturing organization," which strove to guide its members toward a "conscious understanding of their Jewishness [...] in a spirit of civic-mindedness."[43]

selbst unter dem Motto „Jüdische Jugend Dresdens! Du gehörst zu uns!" bestritten hatte, fragte Dr. Walter Fabian (1902–1992) am 5. Mai 1931 „Wofür kämpft die sozialistische Bewegung?".[44] Der Journalist jüdischer Herkunft war in der Sozialistischen Arbeiterjugend (SAJ), der SPD-Jugendorganisation, sehr aktiv. Ob auch Fred Stein sich der Dresdner Ortsgruppe anschloss, muss offenbleiben.

Bis Anfang der 1930er Jahre konnte und wollte Fred Stein sein politisches Selbstverständnis als demokratischer Sozialist offenbar mit seiner Zugehörigkeit zum Judentum vereinbaren. Beides war ihm wichtig. Doch kamen ihm (wie etwa auch Peter Blachstein) angesichts der politischen Radikalisierung und der so empfundenen Notwendigkeit einer eigenen klaren Positionierung in der Endphase der Weimarer Republik Zweifel. War zur Schaffung einer sozialistischen Gesellschaft der Einsatz von Gewalt notwendig, der religiöse Glaube jedoch möglicherweise hinderlich? Diese Fragen beschäftigten Fred Stein, für den Gewalt kein Mittel der Politk gewesen sein dürfte, in einer Zeit, als die Weimarer Demokratie immer weniger Rückhalt hatte und gewalttätige politische Auseinandersetzungen zunahmen. In dieser Situation wandte sich der 22-Jährige an keinen Geringeren als an Archibald Fenner Brockway (1888–1988), einen führenden Politiker der britischen Independent Labour Party (ILP), einer links von der Labour Party angesiedelten pazifistisch orientierten Gruppierung.[45] Ein bewaffneter Konflikt zur Errichtung eines sozialistischen Staates war nach Auffassung Fenner Brockways in seinem Antwortschreiben vom 9. November 1931 an den „Comrade Stein" in Ländern ohne demokratische Tradition und Praxis, wo zudem kommunistische und faschistische Bewegungen stark entwickelt waren, sehr wahrscheinlich. Religion im Sinne einer Konzentration auf ein Leben nach dem Tod hinderte seines Erachtens eine rasche Entwicklung des Sozialismus.

Anders als seine Eltern, deren sozialkaritatives Engagement sich auf die jüdische Glaubensgemeinschaft konzentriert hatte, nahm Fred Stein die gesamte Gesellschaft in den Blick. In seiner steuerrechtlichen Dissertation wollte er offenbar einen Beitrag zur finanziellen Umverteilung zugunsten unterprivilegierter Bevölkerungsschichten leisten.[46] Als Studienmaterial dienten ihm die Unterlagen der Dresdner Allgemeinen Ortskrankenkasse, die ihre Hauptgeschäftsstelle am Sternplatz hatte. Die staatlichen Ortskrankenkassen waren in der Weimarer Republik eine Domäne der Arbeiterbewegung. In ihren Selbstverwaltungsgremien stellten die freien Gewerkschaften fast alle Arbeitgebervertreter.[47]

Ob Fred Stein sich bereits in dieser Lebensphase vom jüdischen Glauben lossagte oder nur seine Aktivitäten von der jüdischen Gemeinde weg verlagerte, muss offenbleiben. Fest steht, dass Fred Stein, anders als etwa die kommunistische Künstlerin Lea Grundig (1906–1977), nicht aus der Israelitischen Religionsgemeinde Dresden austrat.[48] Auch blieb er ihr über seine Mutter weiterhin verbunden. Anfang 1938 berichtete das Gemeindeblatt, dass der „Sohn unserer Frau Dr. Stein, [...] der in Paris jetzt ein angesehenes Foto-Atelier unterhält", eine Aufnahme für ein Werbeblatt des Jüdischen Kulturbundes Dresden anlässlich der Premiere der Komödie „Delila" von Franz Molnar angefertigt habe.[49]

Als linke Sozialdemokraten Anfang Oktober 1931 die Sozialistische Arbeiterpartei (SAP) aus Protest gegen die Tolerierung des Kabinetts Brüning durch die SPD gründeten, schloss sich der angehende Jurist der neuen Partei ebenso an wie seine Freunde Peter Blachstein und Herbert Zucker.[50] Ostsachsen war eine Hochburg der kleinen

During Fred Stein's (co-)presidency, the association held a series of lectures exploring "the most important political trends in Germany," from fascism via clericalism through to communism. After a publicity event held in late April, at which Fred Stein presented an argument inspired by the motto "Jewish youth of Dresden! You belong to us!" Dr. Walter Fabian (1902 – 1992) posed the question "What Is the Socialist Movement Fighting For?" on the evening of May 5, 1931.[44] The journalist, who was of Jewish heritage, played a very active role in the SPD's youth organization, the Sozialistische Arbeiterjugend (SAJ). It remains unclear as to whether Fred Stein was a member of the organization's Dresden branch.

Until the beginning of the 1930s, Fred Stein was clearly both able and willing to reconcile his political identity as a democratic socialist with his affiliation with Judaism. Both were important to him. However, confronted with the political radicalization that characterized the final phase of the Weimar Republic, and the accompanying sense of the need to adopt a clear position, he (in common with some of his peers, such as Peter Blachstein) started having doubts. Was it necessary to use violence to create a socialist society, for which religious faith might be a hindrance? These questions preoccupied Fred Stein, for whom violence should not have been a means of politics, at a time when the Weimar Republic's democratic system inspired decreasing levels of support and political conflicts were on the rise. This situation led the 22-year-old to turn to no less a figure than Archibald Fenner Brockway (1888 – 1988), a leading politician from the British Independent Labour Party (ILP)—a political grouping to the left of the mainstream Labour Party characterized by a broadly pacifist outlook.[45] In a letter dated November 9, 1931, Fenner Brockway responded to a letter from "comrade Stein." In his view, it was extremely likely that armed conflict would accompany the creation of a socialist state in a country without democratic traditions or experience (and where, moreover, communist and fascist movements were highly developed). He believed that religion, at least in terms of its focus on life after death, was an obstacle to the rapid development of socialism.

In contrast to his parents, whose social, charitable engagement had focused on the Jewish religious community, Fred Stein devoted his attention to society as a whole. In his dissertation on tax law, he clearly hoped to make a contribution to a system of financial redistribution that would benefit the least privileged sections of society.[46] His study was based on the documents of the Dresdner Allgemeine Ortskrankenkasse, the local public health insurance scheme in Dresden, whose headquarters were at Sternplatz. These local state healthcare schemes were a domain of the labor movement during the Weimar Republic. Nearly all representatives on their governing committees were determined by the independent trade unions.[47]

It is unclear whether Fred Stein had by this stage turned his back on his Jewish faith or was just redirecting energies previously devoted to the religious community on new activities. What is certain is that, unlike (for example) the communist artist Lea Grundig (1906 – 1977), Fred Stein retained his membership in the Jewish congregation in Dresden,[48] with which he also maintained contact through his mother. In early 1938, the community's newspaper reported that "our friend Frau Dr. Stein's son [...] who now runs a highly respected photographic studio in Paris," had produced a picture to appear in an advertisement for the premier of the Dresden Jewish Cultural Federation's production of Franz Molnar's comedy *Delila*.[49]

Partei, die in ihrer Blütezeit höchstens 25 000 Mitglieder hatte. Die Dresdner Ortsgruppe SAJ wechselte mehrheitlich zur SAP.[51] Leitfigur der „neuen jugendbewegten Partei im Dresdner Raum" war der schon erwähnte Walter Fabian.[52]

Durch die „Machtergreifung" wurde Fred Stein unfreiwillig auf seine jüdische Herkunft zurückverwiesen. Noch vor Beendigung seines Referendariats entließen die neuen Machthaber ihn am 30. Juni 1933 auf der Grundlage von Paragraf 3 des Gesetzes zur Wiederherstellung des Berufsbeamtentums wegen „nicht arischer Abstammung" aus dem juristischen Vorbereitungsdienst.[53] Unter Berufung darauf erteilte ihm einer jener staatlichen Kommissare, welche die von den Nationalsozialisten schon vor 1933 heftig attackierten Selbstverwaltungsgremien der Ortskrankenkassen ersetzten, Hausverbot. Damit war Fred Stein die Materialgrundlage seiner Dissertation entzogen.[54] Sie blieb unvollendet. Während sein ebenfalls als Referendar entlassener Freund Günther Hess bis 1937 als Rechtsberater im elterlichen Betrieb unterkam, fand Fred Stein eine Anstellung als kaufmännischer Volontär bei der Orientalischen Tabak- und Zigarettenfabrik Yramos in Dresden-Striesen. Deren jüdische Besitzer Julius und Hermann Lewin behielten ihre jüdischen Angestellten trotz Umsatzrückgängen infolge der Boykottmaßnahmen und beschäftigten darüber hinaus Menschen, die aus „rassischen" Gründen ihre bisherige Arbeit verloren hatten.[55]

Bereits Anfang Oktober 1933 floh Fred Stein zusammen mit seiner Ehefrau Lilo nach Paris. Noch kurz zuvor hatte das Paar im Lichthof des Dresdner Rathauses die Ausstellung „Entartete Kunst" besucht, „um Abschied zu feiern von Werken, die geächtet wurden".[56] Alfred Lewin Copley (1910 – 1992), der Sohn seines Arbeitgebers, hatte ihm zur Flucht geraten, nachdem ein anderer Mitarbeiter verhaftet worden war.[57] Fred Stein selber befürchtete, wegen der Verhaftung zahlreicher Anhänger der mittlerweile verbotenen SAP[58] in Dresden in die anstehenden Prozesse verwickelt zu werden.[59] Unter den ersten Verhafteten war am 8. Mai 1933 auch Peter Blachstein. Mit anderen illegalen SAPlern hatte er vor Dresdner Großbetrieben Handzettel abgeworfen, um die Arbeiterschaft vor der nationalsozialistischen Propaganda zum „Tag der nationalen Arbeit" zu warnen.[60] Zum geplanten Prozess vor dem Sondergericht Freiberg[61] kam es nicht, vielmehr wurde Blachstein in das KZ Hohnstein überstellt. Anfang August 1933 eröffnete das Sondergericht Freiberg jedoch ein Verfahren gegen 91 Mitglieder der verbotenen SAP.[62]

In der Pariser Emigration entwickelte sich Fred Stein zum Gegner des Kommunismus sowjetrussischer Prägung. Dabei spielten seine Erfahrungen in der Zusammenarbeit mit Kommunisten in den deutschen Exil-Organisationen, die er als „Farce" empfand, eine wichtige Rolle.[63] Rückblickend zählte er sich zu denjenigen, die „gegen den Hitlerfaschismus kämpfen und doch dem Russischen Kommunismus nicht Vorschub leisten" wollten.[64]

Fred Steins engere Familie überstand Holocaust und Krieg. Doch verlor er neben seiner Dresdner Heimat mit Herbert Zucker, der Mitte Mai 1933 ebenfalls nach Paris geflohen war, einen seiner engsten Freunde. Dieser war in der SAP-Auslandszentrale in Paris zusammen mit Walter Fabian und Boris Goldenberg für die Jugendarbeit zuständig gewesen.[65] Nachdem er sich einer ausländischen Milizeinheit der POUM[66] angeschlossen hatte, kam er im Frühjahr 1937 im Spanischen Bürgerkrieg an der Huesca-Front ums Leben. Anlässlich seines zehnjährigen Todestags setzte Fred Stein „zum Gedenken an unseren Freund Herbert Zucker aus Dresden der vor 10 Jahren als Freiwilliger im

When at the beginning of October 1931 left-wing social democrats founded the Sozialistische Arbeiterpartei (SAP, Socialist Workers' Party) in protest to the SPD's passive support of the cabinet formed by Heinrich Brüning, Fred Stein joined the new party with his friends Peter Blachstein and Herbert Zucker.[50] East Saxony was a stronghold of the small party, which numbered 25,000 members at the height of its popularity. Most members of the Dresden branch of the SAJ switched allegiances to the SAP.[51] The leading figure of the "new, youthfully invigorated party in the Dresden region" was Walter Fabian (referred to earlier in this essay).[52]
Following the Nazis' coming to power in 1933, Fred Stein was forcibly redefined by his Jewish background. Citing his "non-Aryan origins" and paragraph 3 of the "Law for the Restoration of the Professional Civil Service," the new regime dismissed Stein from the legal training program on June 30 of the same year, before he could complete his practical internship.[53] The law was also used to stop him from entering the health insurance fund's offices. The measure was imposed by one of the state commissioners who replaced the local health funds' governing committees, which had been the target of virulent attacks by the Nazis even prior to 1933. Fred Stein was thus prevented from accessing the source material for his dissertation, which was to remain unfinished.[54] While his friend Günther Hess, who was also dismissed from his legal internship, found employment until 1937 as a legal advisor at his parents' business, Fred Stein secured a position as a trainee business clerk at the Yramos Oriental Tobacco and Cigarette Factory in Dresden's Striesen district. Julius and Hermann Lewin, the firm's Jewish owners, retained their Jewish staff despite the loss of business caused by state-promoted boycotts. The company also recruited people who for "racial reasons" had lost their previous employment.[55]
In early October 1933, Fred Stein and his wife Lilo fled Germany for Paris. Shortly before leaving, the couple visited the "Degenerate Art" exhibition held in the atrium of Dresden city hall, "to say farewell to the proscribed works of art."[56] Alfred Lewin Copeley (1910–1992), the son of his employer, had advised him to flee the country following the arrest of a fellow member of staff.[57] After various supporters of the recently banned SAP were arrested in Dresden,[58] Fred Stein feared getting caught up in the impending trials.[59] Arrested on May 8, 1933, one of the first to suffer this fate was Peter Blachstein. Together with other members of the banned SAP, he had distributed leaflets outside major businesses in Dresden to forewarn workers about Nazi propaganda on "National Labor Day."[60] The trial against Peter Blachstein scheduled to be held in a special court in Freiberg never took place;[61] instead, Blachstein was transferred to Hohnstein concentration camp. In early August 1933, however, the special court in Freiberg did commence proceedings against 91 members of the banned SAP party.[62]
While in exile in Paris, Fred Stein developed his opposition to Soviet-style communism. His work with communists in German exile organizations, an experience he considered to be "farcical," was a significant factor in this process.[63] Looking back at his role, he believed that he had been one of the figures who "wanted to fight Hitler's fascism, but without playing into the hands of Russian communism."[64] Fred Stein's immediate family survived the Holocaust and the war. However, in addition to the loss of Dresden as a place to call home, Fred Stein also lost one of his closest friends, Herbert Zucker, who fled Germany in mid-May of 1933. Alongside Walter Fabian and Boris Goldenberg, Zucker had been responsible for youth work in the SAP's foreign headquarters in

Kampf für Freiheit und Sozialismus an der spanischen Front gefallen ist" eine Anzeige in den „Aufbau".[67] Opfer und Leistung von Widerstand und Exil verdichteten sich für ihn in dessen persönlichem Schicksal: „Das war ein großer Schock für uns, da das persönliche und individuelle Schicksal eines nahen Freundes einen mehr berührt als das der Masse. Doch es war nicht nur ein Einzelschicksal – es stand symbolisch für das vieler anderer."[68]
Seine demokratische Grundüberzeugung ließ ihn zur DDR auf Distanz gehen. Ihn interessierten „nur die Bilder des alten Dresden [...], die Seydewitz'sche Propaganda" könne er nicht ertragen.[69] Eine Rückkehr nach Dresden, zu der ihn Lea Grundig, damals Präsidentin des Verbandes Bildender Künstler der DDR, Mitte der 1960er Jahre ermuntert hatte, kam für ihn auch aus Angst vor Repressalien nicht in Frage.[70]
Die Bundesrepublik, die er verschiedentlich besuchte und wo etwa Peter Blachstein und Walter Fabian lebten, betrachtete er differenzierter. Genugtuung empfand Fred Stein über seine rückwirkende Ernennung zum Landgerichtsrat ab 1938 und die daraus resultierenden Pensionszahlungen, die er ab 1954 aus der Bundesrepublik erhielt.[71] Den Umgang der bundesrepublikanischen Gesellschaft mit der NS-Vergangenheit beobachtete er jedoch mit Skepsis und Sorge. Gegenüber dem jüdischen Juristen und Sozialpädagogen Berthold Simonsohn (mit dem er über den gemeinsamen Freund Herbert Zucker bekannt war), befand er, es werde gegenwärtig selbst bei Sozialdemokraten „mehr und mehr Mode [...], die Vergangenheit zu bewältigen (d.h. zu vergessen)".[72] Der frühe Widerstand gegen Hitler einschließlich des Exils wurde in der deutschen Erinnerungskultur ausgeblendet, was wiederum diejenigen – so Fred Stein in Anspielung auf den Widerstand des 20. Juli 1944 – Kreise besonders gewichte, „die ihr ‚Gewissen' erst entdeckten, als die grossen Verbrechen längst begangen waren".[73] Scharfe Kritik übte er zudem am „Halten von Leuten, die aufgrund ihrer Vergangenheit aus dem politischem Leben verschwinden sollten".[74]
Im Rahmen seiner Möglichkeiten versuchte Fred Stein, dem etwas entgegenzusetzen. Aus Unzufriedenheit über die Personenauswahl für den Bildband „Deutsche Portraits", der mit einer ausführlichen Einleitung von Will Grohmann 1961 im Stuttgarter Battenberg Verlag erschien, fotografierte er eigeninitiativ weitere Persönlichkeiten aus der politischen Linken und dem Exil.[75] Seine Fotografie des damaligen Bundesverteidigungsministers Franz Josef Strauß wiederum sollte an ein NSDAP-Wahlplakat mit dem „Kopf Adolfs symmetrisch in die Mitte gesetzt" erinnern und so dessen (von Fred Stein unterstellte) Nähe zum diktatorischen Machtanspruch Hitlers zum Ausdruck bringen.[76] Für einen eigenen Bildband über die deutsche Emigration und eine „Anti-Nazi-Anthologie"[77], mit denen er andere geschichtspolitische Akzente setzen wollte, konnte er jedoch keinen Verlag gewinnen.[78] Nicht mehr realisieren konnte Fred Stein auch die vom Leo-Baeck-Institut unterstützte Herausgabe einer Biografie über den deutsch-jüdischen Maler Moritz Oppenheim (1800–1882).[79] Mit diesem Vorhaben unterstrich Fred Stein, der nicht mehr glauben konnte[80] und der seinen Lebensmittelpunkt in den USA gefunden hatte, gegen Ende seines Lebens seine deutsch-jüdischen Wurzeln.

Paris.[65] Having volunteered to join the foreign militia of the POUM[66] in the Spanish Civil War, he was killed while fighting on the Huesca Front in spring 1937. On the tenth anniversary of his death, Fred Stein placed a notice in *Aufbau* magazine: "In memory of our friend Herbert Zucker, formerly of Dresden, who ten years ago died fighting for freedom and socialism as a volunteer on the Spanish front."[67] For Stein, the personal fate of his friend was a highly-charged emblem that brought together sacrifice and service through opposition and exile: "That was a great shock for us as the personal individual fate of a close friend touches you more than that of masses. But it was not only an individual fate–but was symbolic for that of many."[68]

Fred Stein's fundamental faith in democracy meant that he kept his distance from the GDR regime after the war. His interest in East Germany, he claimed, was limited "entirely to pictures of old [prewar] Dresden," and that he could not bear "Seydewitz's propaganda."[69] He felt that a return to Dresden, as encouraged by Lea Grundig (then-president of the Association of Visual Artists of the GDR), was out of the question for fear of reprisals.[70]

By contrast, Stein took a more nuanced attitude toward West Germany, which he visited on a number of occasions, and where long-standing friends such as Peter Blachstein and Walter Fabian now lived. Fred Stein felt gratified when he was retroactively appointed to the district court council (effective from 1938) in 1954?, and thus entitled to a pension that was duly paid by the West German government.[71] However, he observed with skepticism and concern the way society in the Federal Republic was dealing with its Nazi past. He told the Jewish lawyer and social education worker Berthold Simonsohn (whom he knew through their mutual friend Herbert Zucker) that he believed, even among social democrats of the period, that it was becoming "more and more fashionable [...] to 'get over' the past (in other words, to forget it)."[72] Early opposition to Hitler, including the role played by political émigrés, was erased from West German commemorative culture in favor of an emphasis on groups who–as Fred Stein commented, in an allusion to the conspirators involved in the officers' assassination attempt on Hitler of July 20, 1944–"first discovered their 'consciences' long after the worst crimes had been committed."[73] He was also sharply critical of "the ongoing presence of people whose pasts should disqualify them from political life."[74]

Fred Stein attempted where possible to counter this trend. Unhappy with the selection of subjects in *Deutsche Porträts*, an illustrated work published in 1961 in Stuttgart (with an extensive introduction by the art critic Will Grohmann), Fred Stern felt compelled to take his own photographs of other figures from the political left and former émigrés.[75] His photograph of the then-federal defense minister Franz Josef Strauss was deliberately reminiscent of a Nazi election poster, in which "Adolf's head was positioned symmetrically in the center," expressing what Fred Stein considered to be the politician's similarity to Hitler's dictatorial claim to power.[76] He hoped to underline alternative historical-political perspectives with his own illustrated volume on German émigrés and an "anti-Nazi anthology";[77] however, he was unable to find a publisher.[78] Fred Stein was also unsuccessful in his quest to publish a biography (for which he also had the support of the Leo-Baeck-Institut) of the German-Jewish painter Moritz Oppenheim (1800–1882).[79] Fred Stein, who by now felt unable to maintain his previous religious faith[80] and whose life was now based in the USA, used these projects in the latter portion of his life to underline his German-Jewish origins.

Anmerkungen

1 Fred Stein an Berthold Simonsohn, 26. 5. 1965, Fred Stein Archive. Ich danke Dr. Gunda Ulbricht und Irina Suttner, Hatikva e.V., für wichtige Quellenhinweise. **2** Fred Stein an das Ehepaar Schwabe, 22. 9. 1961, Fred Stein Archive. **3** Leopold Stein: Untersuchungen über die Proverbios morales von Santob de Carrion mit besonderem Hinweis auf die Quellen und Parallelen, Diss., Berlin 1900. Außerdem Auskunft von Dr. Dagmar Bickelmann, Landesarchiv Schleswig-Holstein, 19. 12. 2017. Zu seinem Lebensweg vgl. Dresdner Rabbiner, in: www.juden-in-mittelsachsen.de/shalom/rabbiner.html (17. 12. 2017). **4** Vgl. Verwaltungs-Bericht und Jahres-Rechnung der Israelitischen Religionsgemeinde zu Dresden für die Jahre 1908 bis 1915, Sächsisches Staatsarchiv – Hauptstadtarchiv Dresden (StAD), 11125, Nr. 11149/3. Die Gemeinde nutzte die Räumlichkeiten der Fach- und Fortbildungsschule. **5** Sein Geburtsort Rogasen (polnisch: Rogoźno) lag 30 Kilometer westlich von Posen. Möglicherweise gab es über Leopold Steins Mutter, die ebenfalls eine geborene Wollheim war, verwandtschaftliche Beziehungen der Familien. **6** Vgl. Lebenslauf Eva verw. Dr. Leopold Stein, Dresden, o. D., StAD, 11125, Nr. 11149/3, Bl. 241 und Fred Stein an Rudolf Abt, 8. 5. 1958, Fred Stein Archive. Maximilian Horvitz stand dem CV von 1894 bis zu seinem Tod vor. Zu Alphonse Levy, CV-Generalsekretär von 1894 bis 1912, vgl. Michael Düsing: Levy, Alphonse (Pseudonyme Alphonse Müller, Ernst Maurer), in: Sächsische Biografie, hrsg. vom Institut für Sächsische Geschichte und Volkskunde e.V., bearb. von Martina Schattkowsky, Online-Ausgabe www.isgv.de/saebi/ (5. 1. 2018). **7** Vereinsnachrichten, in: Im Deutschen Reich. Zeitschrift des Zentralvereins deutscher Staatsbürger jüdischen Glaubens, Heft 1/2 (Januar 1916), S. 29. **8** Vgl. Verwaltungs-Berichte 1909, S. 11 und 1912, S. 11, StaD, 11125, Nr. 11149/3. **9** Vgl. Lebenslauf Eva Stein, ebd., Bl. 241 sowie Ingrid Kirsch: Eva Stein, in: Jüdische Gemeinde zu Dresden (Hrsg.), Einst und jetzt. Zur Geschichte der Dresdner Synagoge, Dresden 2001, S. 168 f. **10** Vgl. Lebenslauf Eva Stein, StaD, 11125, Nr. 11149/3, Bl. 241. **11** Fred Stein an Will Grohmann, 23. 6. 1954, Fred Stein Archive. **12** Eva Stein: Israelitischer Kinderhort, in: Gemeindeblatt der Israelitischen Religionsgemeinde Dresden (GIRD), 1929, 6, S. 17. **13** Zur Fraternitas-Loge, die auch den Kinderhort unterstützte, und zum Mädchenheim vgl. Solveig Höppner/Manfred Jahn: Jüdische Vereine und Organisationen in Chemnitz, Dresden und Leipzig 1918 bis 1933. Ein Überblick, Dresden 1997, S. 17 f. **14** Vgl. Mädchenheim der Fraternitas-Loge, in: GIRD 1927, 6, S. 19; ebd., 1929, 11, S. 19; ebd., 1931, 1, S. 12 sowie 10, S. 7 f. **15** Vgl. GIRD, 1931, 12, S. 3. **16** Fred Stein an Will Grohmann, 23. 6. 1954, Fred Stein Archive. Dort auch die Hinweise auf Frithjof Arzt und das Reichsbanner im Folgenden. **17** Geboren am 11. 2. 1908 in Dresden, 1927 Abitur am KGG, Studium der Rechtswissenschaft in Paris, Berlin und seit dem Wintersemester 1929/30 in Leipzig. **18** Zum Jungbanner vgl. Carsten Voigt: Kampfbünde der Arbeiterbewegung. Das Reichsbanner Schwarz-Rot-Gold und der Rote Frontkämpferbund in Sachsen, Köln/Weimar/Wien 2009, insbesondere S. 153 – 167. **19** Geboren am 30. 4. 1911 in Dresden, das KGG ohne Abitur verlassen, seit 1929 Studium der Germanistik und Theaterwissenschaft an der TH Dresden. Zu seiner Person vgl. L. Joseph Heid: Peter Blachstein. Von der jüdischen Jugendbewegung zur Hamburger Sozialdemokratie. Biographie eines Sozialisten (1911 – 1977), Hamburg 2014. **20** Geboren am 6. 7. 1905 in Königshofen, 1924 Abitur am KGG. **21** Geboren am 1. 3. 1909 in Pirna, 1928 Abitur am KGG, Studium der Rechtswissenschaft, u. a. in Leipzig, 1934 Dissertation über „Die Kinderschändung“. Zu seiner Biografie vgl. Heiko Moriss: Albert G. Hess, in: Claudia Maurer Zenck und Peter Petersen (Hrsg.): Lexikon verfolgter Musiker und Musikerinnen der NS-Zeit, Hamburg 2013 (https://www.lexm.uni-hamburg.de/object/lexm_lexmperson_00005612). **22** Geboren am 25. 8. 1906 in Dresden, 1926 Abitur am KGG, volkswirtschaftliches Studium, 1931 Dissertation „Der deutsche Altmetallhandel. **23** Geboren am 1. 2. 1910 in Dresden, wohl 1929 Abitur, Studium der Rechtswissenschaft in Berlin, Heidelberg und Leipzig, 1933 Dissertation über „Die Rechtsstellung des Gläubigers im Sicherungsverfahren nach der Verordnung des Reichspräsidenten vom 17. November 1931“, 1981 in Buenos Aires verstorben. **24** Geboren am 5. 9. 1909 in Dresden, 1928 Abitur am KGG, 1935 Dissertation über „Die Mode in der Volkswirtschaft“, gestorben 1983. **25** Geboren am 6. 1. 1907 in Breslau, 1924 Abitur am KGG, Studium der Rechtswissenschaft, Emigration nach Südafrika, dort in der Zionistischen Organisation aktiv. **26** Vgl. Dresdner Jüdische Schülerschaft, in: GIRD, 1927, 7, S. 11. **27** Vgl. ebd., 1927, 1, S. 9. Ludwig Börne (1786 – 1837) setzte sich in seinen Schriften gegen die politische Restauration und für demokratische Freiheitsrechte und soziale Gerechtigkeit ein. **28** Vgl. DJS, in: GIRD 1927, 11, S. 18; ebd., 1927, 6, S. 10; ebd., 1927, 7, S. 11. **29** Seine Mitgliedschaft erwähnt Fred Stein in einem Brief an Peter Blachstein, o. D., Fred Stein Archive. **30** F[red] St[ein], Deutsch-Jüdische Jugendgemeinschaft, in: GIRD 1927, 11, S. 17 f. **31** Zur DJJG und Peter Blachsteins Aktivitäten darin vgl. Heid: Peter Blachstein, S. 30 – 34. **32** Übersicht über die bei der Reifeprüfung zu Ostern 1927 an der Realgymnasialabteilung OIRa des König Georg-Gymnasiums zu Dresden erteilten Haupt- und Fachzensuren, StAD, 11125, Nr. 11864/237, Bl. 341 – 346, hier: Bl. 343. Seine Gesamtnote in den wissenschaftlichen Fächern betrug 2 a, in Betragen 1. **33** Vgl. Fred Stein an Will Grohmann, 23. 6. 1954, Fred Stein Archive. **34** Universitätsarchiv Heidelberg, Studentenakte Alfred Stein und Beleglisten der Nebenklasse A für das Sommersemester 1927, hier: Nr. 389. **35** Universitätsarchiv München, Studentenkartei I, Alfred Stein. **36** Fred Stein an Horst E. Berentz, 30. 6. 1959, Fred Stein Archive. **37** Verzeichnis der Rechtskandidaten, die die Prüfung bestanden haben; StAD, 11125, Nr. 10200/24, Bl. 51 – 66, hier: Bl. 59. **38** Vgl. Interview Lilo Steins mit ihrem Sohn Peter Stein aus dem Jahr 1981. Das Interview liegt in transkribierter Form vor, Fred Stein Archive. **39** Vgl. Brief von Fred Stein an Freunde und Verwandte von 1946, übersetzt von Lilo Stein um 1986, korrigiert von Peter Stein um 2000, Fred Stein Archive. **40** CV, in: GIRD 1931, 3, S. 8 und Fred Stein an Rudolf Abt, 19. 7. 1957, Fred Stein Archive. **41** Vgl. Jüdischer Jugendverein zu Dresden, in: GIRD, 7 (1931), 2, S. 10. **42** Vgl. ebd. 5 (1929), 1, S. 23 f. **43** Ebd., das Zitat: S. 24. Zu Geschichte und Selbstverständnis

Notes

1 Fred Stein to Berthold Simonsohn, May 26, 1965, Fred Stein Archive. My thanks to Dr. Gunda Ulbricht and Irina Suttner, Hatikva e.V., for their valuable assistance with the source material. **2** Fred Stein to Mr. and Mrs. Schwabe, September 22, 1961. **3** Leopold Stein, *Untersuchungen über die Proverbios morales von Santob de Carrion mit besonderem Hinweis auf die Quellen und Parallelen*, dissertation, Berlin 1900. Additional information provided by Dr. Dagmar Bickelmann, Landesarchiv Schleswig-Holstein, December 19, 2017. For more biographical information, see "Dresdner Rabbiner," at: www.juden-in-mittelsachsen.de/shalom/rabbiner.html (December 17, 2017). **4** See Administrative Report and Annual Accounts of the Jewish Religious Congregation in Dresden (Verwaltungs-Bericht und Jahres-Rechnung der Israelitischen Religionsgemeinde zu Dresden) 1908–1915, Sächsisches Staatsarchiv – Hauptstadtarchiv Dresden (StAD), 11125, no. 11149/3. The congregation used the rooms at the technical and training college. **5** Rogasen (Polish: Rogoźno), his place of birth, was situated 30 kilometers west of Poznań. It is possible that the two families were related through Leopold Stein's mother, who was also a Wollheim by birth. **6** See life summary of Eva Stein, widow of Dr. Leopold Stein, no date, StAD, 1125, no. 11149/3, sheet 241, and Fred Stein to Rudolf Abt, May 8, 1958, Fred Stein Archive. Maximilian Horvitz headed the CV from 1894 until his death. For more on Alphonse Levy, general-secretary of the CV from 1894 to 1912, see Michael Düsing, "Levy, Alphonse (Pseudonyme: Alphonse Müller, Ernst Maurer)" in Martina Schattkowsky (ed), *Sächsische Biografie*, published by the Institut für Sächsische Geschichte und Volkskunde e.V., online edition: www.isgv.de/saebi/ (January 5, 2018). **7** Association news, *Im Deutschen Reich. Zeitschrift des Zentralvereins deutscher Staatsbürger jüdischen Glaubens*, volume 1/2 (January 1916), p. 29. **8** See administrative reports 1909, p. 11 and 1912, p. 11, StAD, 11125, no. 11149/3. **9** See Eva Stein's resume, ibid., sheet 241, and Ingrid Kirsch, "Eva Stein," Jüdische Gemeinde zu Dresden (ed.), *Einst und jetzt. Zur Geschichte der Dresdner Synagoge,* Dresden 2001, pp. 168–169. **10** See summary of Eva Stein's life, StaD, 11125, no. 11149/3, sheet 241. **11** Fred Stein to Will Grohmann, June 23, 1954, Fred Stein Archive. **12** Eva Stein, "Israelitischer Kinderhort," *Gemeindeblatt der Israelitischen Religionsgemeinde Dresden* (GIRD), 1929, 6, p. 17. **13** For more about the Fraternitas-Loge (which also supported the daycare center) and the girls' home, see Solveig Höppner and Manfred Jahn, *Jüdische Vereine und Organisationen in Chemnitz, Dresden und Leipzig 1918 bis 1933. Ein Überblick*, Dresden 1997, pp. 17–18. **14** See "Mädchenheim der Fraternitas-Loge," *GIRD* 1927, 6, p. 19; ibid., 1929, 11, p. 19; ibid., 1931, 1, p. 12, and 10, pp. 7–8. **15** See *GIRD*, 1931, 12, p. 3. **16** Fred Stein to Will Grohmann, June 23, 1954, Fred Stein Archive. He goes on in the letter to make references to Frithjof Arzt and the Reichsbanner. **17** Born on February 11, 1908 in Dresden, completed *Abitur* at the KGG in 1927, studied law in Paris, Berlin, then in Dresden from the 1929–30 winter semester. **18** For more on the "Jungbanner," see Carsten Voigt, *Kampfbünde der Arbeiterbewegung. Das Reichsbanner Schwarz-Rot-Gold und der Rote Frontkämpferbund in Sachsen*, Cologne/Weimar/Vienna 2009, especially pp. 153–167. **19** Born on April 30, 1911 in Dresden, left the KGG without completing *Abitur*, studied German and theater studies at the TH Dresden from 1929. For more biographical information, see L. Joseph Heid, *Peter Bachstein. Von der jüdischen Jugendbewegung zur Hamburger Sozialdemokratie. Biographie eines Sozialisten (1911–1977)*, Hamburg 2014. **20** Born on July 6, 1905 in Königshofen, completed *Abitur* at the KGG in 1924. **21** Born on March 1, 1909 in Pirna, completed *Abitur* at the KGG in 1928, studied law (for a period in Leipzig), dissertation in 1934 on child abuse. For biographical information, see Heiko Moriss, "Albert G. Hess," Claudia Maurer Zenck and Peter Petersen (eds.), *Lexikon verfolgter Musiker und Musikerinnen der NS-Zeit*, Hamburg 2013 (https://www.lexm.uni-hamburg.de/object/lexm_lexmperson_00005612). **22** Born on August 25, 1906 in Dresden, completed *Abitur* at the KGG in 1926, economics degree, dissertation in 1931 on "The German Scrap Metal Trade." **23** Born on February 1, 1910 in Dresden, probably completed *Abitur* in 1929, studied law in Berlin, Heidelberg, and Leipzig, dissertation in 1933 on "The Legal Situation of Creditors with Regard to Security Procedures Following the Reich President's Decree of November 17, 1931," died in 1981 in Buenos Aires. **24** Born on September 5, 1909 in Dresden, completed *Abitur* at the KGG in 1929, dissertation in 1935 on "Fashion in the Economy," died in 1983. **25** Born on January 6, 1907 in Breslau, completed *Abitur* at the KGG in 1924, studied law, emigrated to South Africa, where he was active in the local Zionist organization. **26** See "Dresdner Jüdische Schülerschaft," *GIRD* 1927, 7, p. 11. **27** See ibid., 1927, 1, p. 9. Ludwig Börne (1786–1837) argued in his writings against the restoration of (pre-Napoleonic) political systems, and in favor of democratic rights of liberty and social justice. **28** See DJS, *GIRD* 1927, 11, p. 18; ibid., 1927, 6, p. 10; ibid., 1927, 7, p. 11. **29** Fred Stein mentions his membership in a letter to Peter Blachstein, no date, Fred Stein Archive. **30** F[red] St[ein], "Deutsch-Jüdische Jugendgemeinschaft," *GIRD* 1927, 11, pp. 17–18. **31** For the DJGG and Peter Blachstein's role within it, see Heid, *Peter Blachstein*, pp. 30–34. **32** Review of grades awarded for main and specialist subjects at school-leaving examination held at Easter 1927 in the high school section OIRa of the König Georg-Gymnasium in Dresden, StAD, 11125, no. 11864/237, sheet 341–346, here: sheet 343. His total grade for academic subjects was 2a (equivalent to B+), for conduct 1 (or A). **33** See Fred Stein to Will Grohmann, June 23, 1954, Fred Stein Archive. **34** Heidelberg University Archive, Alfred Stein's student file and attendance register for the ancillary class A for the summer semester of 1927, here: no. 389. **35** Munich University Archive, student register I, Alfred Stein. **36** Fred Stein to Horst E. Berentz, June 30, 1959, Fred Stein Archive. **37** Register of law candidates who passed the examinations; StAD, 11125, no. 10200/24, sheet 51–66, here: sheet 59. **38** See Lilo Stein's interview with her son Peter Stein from 1981. The interview is available as a transcript at the Fred Stein Archive. **39** See letter by Fred Stein to friends and relatives, 1946, translated into English by Lilo Stein in 1968, edited by

der 1918 gegr. Dresdner Ortsgruppe des im Verband der Jüdischen Jugendvereine Deutschlands organisierten Vereins vgl. ebd. **44** Vgl. Jüdischer Jugendverein zu Dresden, in: GIRD, 7 (1931), 4, S. 9. **45** Archibald Fenner Brockway an Fred Stein, 9.11.1931, Fred Stein Archive. Nur die Antwort ist überliefert. **46** Brief von Fred Stein an Freunde und Verwandte von 1946, Fred Stein Archive. **47** Vgl. Marc von Miquel: Ortskrankenkassen im „Dritten Reich", in: Mitteilungsblatt des Instituts für soziale Bewegungen, Heft 38 (200), S. 61–76, hier S. 63. **48** Vgl. Amtliche Bekanntmachungen, in: GIRD, 1931, 4, S. 9 (Lea Grundig) und Bestätigung des Vorstands der Israelitischen Religionsgemeinde vom 1.10.1933 über Fred Steins Gemeindemitgliedschaft von Geburt an, Fred Stein Archive. **49** Für die Première „Delila", in: GIRD, 1938, 2, S. 1 f. **50** Fred Stein an Dr. Draxel, 15.2.1967, Fred Stein Archive. **51** Vgl. Hanno Drechsler: Die Sozialistische Arbeiterpartei Deutschlands (SAPD). Ein Beitrag zur Geschichte der deutschen Arbeiterbewegung am Ende der Weimarer Republik, Meisenheim am Glan 1965, S. 158–169. **52** Heid: Peter Blachstein, S. 47. **53** Entlassungen aus dem Justizdienste, in: Dresdner Nachrichten, 2.7.1933, S. 5. **54** Mit Verordnungen vom 1.3. und 17.3.1933 wurde das Reichsarbeitsministerium ermächtigt, in den Krankenkassen sogenannte Kommissare einzusetzen, die alle Aufgaben und Befugnisse von Vorstand und Ausschuss übernehmen konnten. Vgl. Von Miquel: Ortskrankenkassen, S. 64–67. **55** Erik Lindner: Jüdische Unternehmer in der Dresdner Zigarettenindustrie, in: Dresdner Hefte 1996, Heft 45, S. 53–57, hier: S. 56. **56** Fred Stein an Gottfried Sello, 10.8.1965, Fred Stein Archive. Die Ausstellung fand vom 23. September bis zum 18. Oktober 1933 statt. Vgl. Hans-Peter Lühr: Die Ausstellung „Entartete Kunst" und der Beginn der NS-Barbarei in Dresden, in: Dresdner Hefte 2004, Heft 77, S. 70–76. **57** Vgl. Interview Lilo Steins, 1981. Zu Alfred Lewin Copley, der später den Künstlernamen L. Alcopley annahm, vgl. https://en.wikipedia.org/wiki/Alfred_L._Copley (13.1.2018). **58** Ein eigentliches Verbot der Partei gab es nicht. Sie galt mit dem Parteiengesetz vom 14. Juli 1933 als aufgelöst und ihre Weiterführung als illegal. **59** Alfred Stein, Fragebogen „Umstände der Auswanderung", 30.12.1936, Archives de la Préfecture de Police de Paris. **60** Vgl. Heid: Peter Blachstein, S. 55–57. **61** Vgl. Staatsanwaltschaft beim Sondergericht für das Land Sachsen in Freiberg, Dr. Bergter, an den Oberreichsanwalt, 4.9.1933, StAD, 11018, Nr. 1485, Bl. 227–231. **62** Der Prozess fand Anfang November 1933 in Dresden statt. Vgl. Urteil des Sondergerichts Freiberg gegen Hans Jungnickel und Andere, 4.11.1933, StAD, 11027, Nr. 204, Bd. 3, Bl. 318–336. **63** Fred Stein an Prof. Julius Epstein, 6.9.1965, Fred Stein Archive. **64** Ebd. **65** Vgl. Jörg Bremer: Die Sozialistische Arbeiterpartei Deutschlands (SAP). Untergrund und Exil 1933–1945, Diss., Frankfurt am Main 1978, S. 116. **66** Abkürzung für Partido Obrero de Unificación Marxista (Arbeiterpartei der Marxistischen Einheit). **67** Aufbau, 14.3.1947, S. 37. **68** Letter by Fred Stein, 1946. **69** Fred Stein an Willy Grübner, 4.1959, Fred Stein Archive. Max Seydewitz war Mitbegründer der SAP, hatte sich im Exil der KPD angeschlossen und war zu dieser Zeit Generaldirektor der Staatlichen Kunstsammlungen Dresden. **70** Fred Stein an Berthold Simonsohn, 26.5.1965, Fred Stein Archive **71** Fred Stein an Will Grohmann, 23.6.1954, ebd. **72** Fred Stein an Berthold Simonsohn, 26.5.1965, ebd. **73** Fred Stein an Romano Guardini, 6.3.1962, ebd. **74** Ebd. **75** Zumindest Willi Richter, der damalige Vorsitzende des Deutschen Gewerkschaftsbunds, wurde auch aufgenommen. Vgl. Fred Stein an Willy Brandt, 8.5.1963, ebd. **76** Fred Stein an Rudolf Augstein, 5.9.1963, ebd. **77** Vgl. dazu den Beitrag von Theresia Ziehe in diesem Band, S. 72–84. **78** Fred Stein an Christian Wegner, 17.7.1963, Fred Stein Archive. **79** Fred Stein an Walter und Aniko Oppenheim, 13.11.1966, ebd. **80** Fred Stein an Romano Guardini, 6.3.1962, ebd.

Peter Stein, 2000, Fred Stein Archive. **40** CV, *GIRD* 1931, 3, p. 8, and Fred Stein to Rudolf Abt, July 19, 1957, Fred Stein Archive. **41** See "Jüdischer Jugendverein zu Dresden," *GIRD* 7 (1931), 2, p. 10. **42** See ibid. 5 (1929), 1, pp. 23–24. **43** Ibid., quotation: p. 24. On the history and self-perception of the Dresden branch of the association, founded in 1918 as part of the Union of Jewish Youth Associations of Germany, see ibid. **44** See "Jüdischer Jugendverein zu Dresden," *GIRD* 7 (1931), 4, p. 9. **45** Archibald Fenner Brockway to Fred Stein, November 11, 1931, Fred Stein Archive. Only the reply is preserved. **46** Letter by Fred Stein to friends and relatives in 1946, Fred Stein Archive. **47** See Marc von Miquel, "Ortskrankenkassen im 'Dritten Reich'," *Mitteilungsblatt des Instituts für soziale Bewegungen*, vol. 38 (200), pp. 61–76, here p. 63. **48** See the official announcement, *GIRD* 1931, 4, p. 9 (Lea Grundig), and confirmation by the chairman of the Jewish Religious Community made on October 1, 1933 regarding Fred Stein's membership of the congregation from birth onwards, Fred Stein Archive. **49** For the premiere of *Delila*, *GIRD* 1938, 2, pp. 1–2. **50** Fred Stein to Dr. Draxel, February 2, 1967. **51** See Hanno Drechsler, *Die Sozialistische Arbeiterpartei Deutschlands (SAPD). Ein Beitrag zur Geschichte der deutschen Arbeiterbewegung am Ende der Weimarer Republik*, Meisenheim am Glan 1965, pp. 158–169. **52** Heid, p. 47. **53** Article on dismissals from the judicial service, *Dresdner Nachrichten*, July 2, 1933, p. 5. **54** Following the decrees of March 3 and March 17, 1933, the Reich Ministry of Labor was given the power to appoint "commissioners" to the health insurance fund to take over all duties and powers previously held by the board and committee. See Von Miquel, *Ortskrankenkassen*, pp. 64–67. **55** Erik Lindner, "Jüdische Unternehmer in der Dresdner Zigarettenindustrie," *Dresdner Hefte* 1996, vol. 45, pp. 53–57, here: p. 56. **56** Fred Stein to Gottfried Sello, August 10, 1965, Fred Stein Archive. The exhibition was held from September 23 to October 18, 1933. See Hans-Peter Lühr, "Die Ausstellung 'Entartete Kunst' und der Beginn der NS-Barbarei in Dresden," *Dresdner Hefte* 2004, vol. 77, pp. 70–76. **57** See Interview with Lilo Stein, Fred Stein Archive. For Alfred Lewin Copeley, who subsequently adopted the artist name L. Alcopley, see https://en.wikipedia.org/wiki/Alfred_L._Copley (January 13, 2018). **58** Strictly speaking, the party was never banned. It was dissolved by virtue of the "Political Party Act" (*Parteiengersetz*) of July 14, 1933, and any continued of operation of the party was declared illegal. **59** Alfred Stein, questionnaire on "circumstances of emigration," December 30, 1936, Archives de la Préfecture de Police de Paris. **60** See Heid, pp. 55–57. **61** See public prosecutor's office at the special court in Freiberg for the district of Saxony, Dr. Bergter, to the senior Reich prosecutor, April 9, 1933, StAD, 11018, no. 1485, sheet 227–231. **62** The trial was held at the beginning of November 1933 in Dresden. See Judgement of the Freiberg special court against Hans Jungnickel and others, November 4, 1933, StAD, 11027, no. 204, vol. 3, sheet 318–336. **63** Fred Stein to Professor Julius Epstein, September 6, 1965, Fred Stein Archive. **64** Ibid. **65** See Jörg Bremer, *Die Sozialistische Arbeiterpartei Deutschlands (SAP). Untergrund und Exil 1933–1945*, dissertation, Frankfurt am Main 1978, p. 116. **66** Abbreviation of Partido Obrero de Unificación Marxista ("Workers' Party of Marxist Unification"). **67** *Aufbau*, March 14, 1947, p. 37. **68** Letter by Fred Stein to friends and relatives in 1946, Fred Stein Archive. **69** Fred Stein to Willy Grübner, April 1959, Fred Stein Archive. Max Seydewitz was a co-founder of the SAP, who had joined the KPD while in exile, and was at this point director-general of the Staatliche Kunstsammlungen Dresden. **70** Fred Stein to Berthold Simonsohn, May 26, 1965, Fred Stein Archive. **71** Fred Stein to Will Grohmann, June 23, 1954, ibid. **72** Fred Stein to Berthold Simonsohn, May 26, 1965, ibid. **73** Fred Stein to Romano Guardini, March 6, 1962, ibid. **74** Ibid. **75** At least Willi Richter, then-chairperson of the German Trades Union Federation, was also photographed. See Fred Stein to Willy Brandt, May 8, 1963, ibid. **76** Fred Stein to Rudolf Augstein, September 5, 1963, ibid. **77** See the article on this subject by Theresia Ziehe in this volume, p. 73–85. **78** Fred Stein to Christian Wegner, July 17, 1963, Fred Stein Archive. **79** Fred Stein to Walter and Aniko Oppenheim, November 13, 1966, ibid. **80** Fred Stein to Romano Guardini, March 6, 1962, ibid.

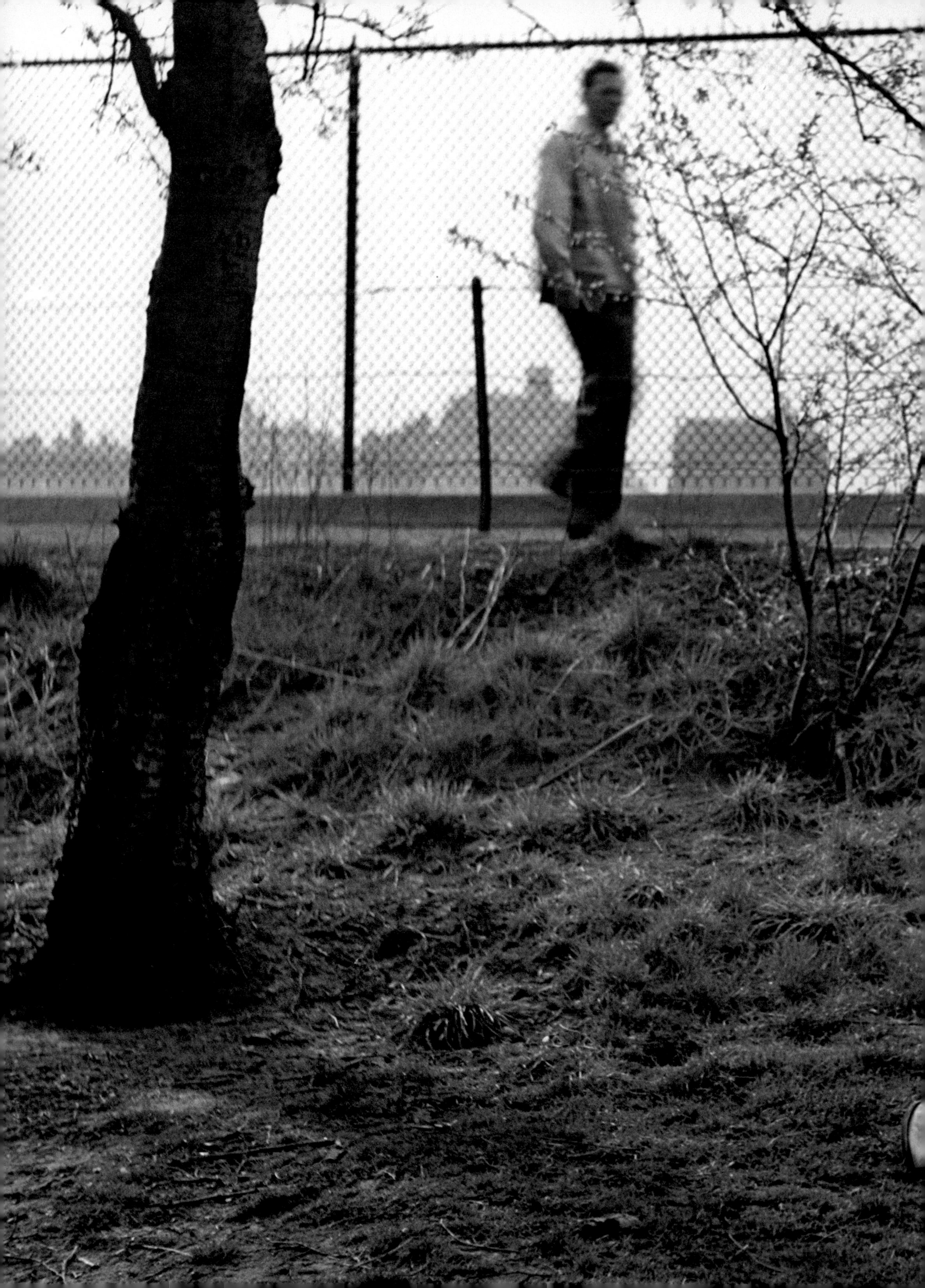

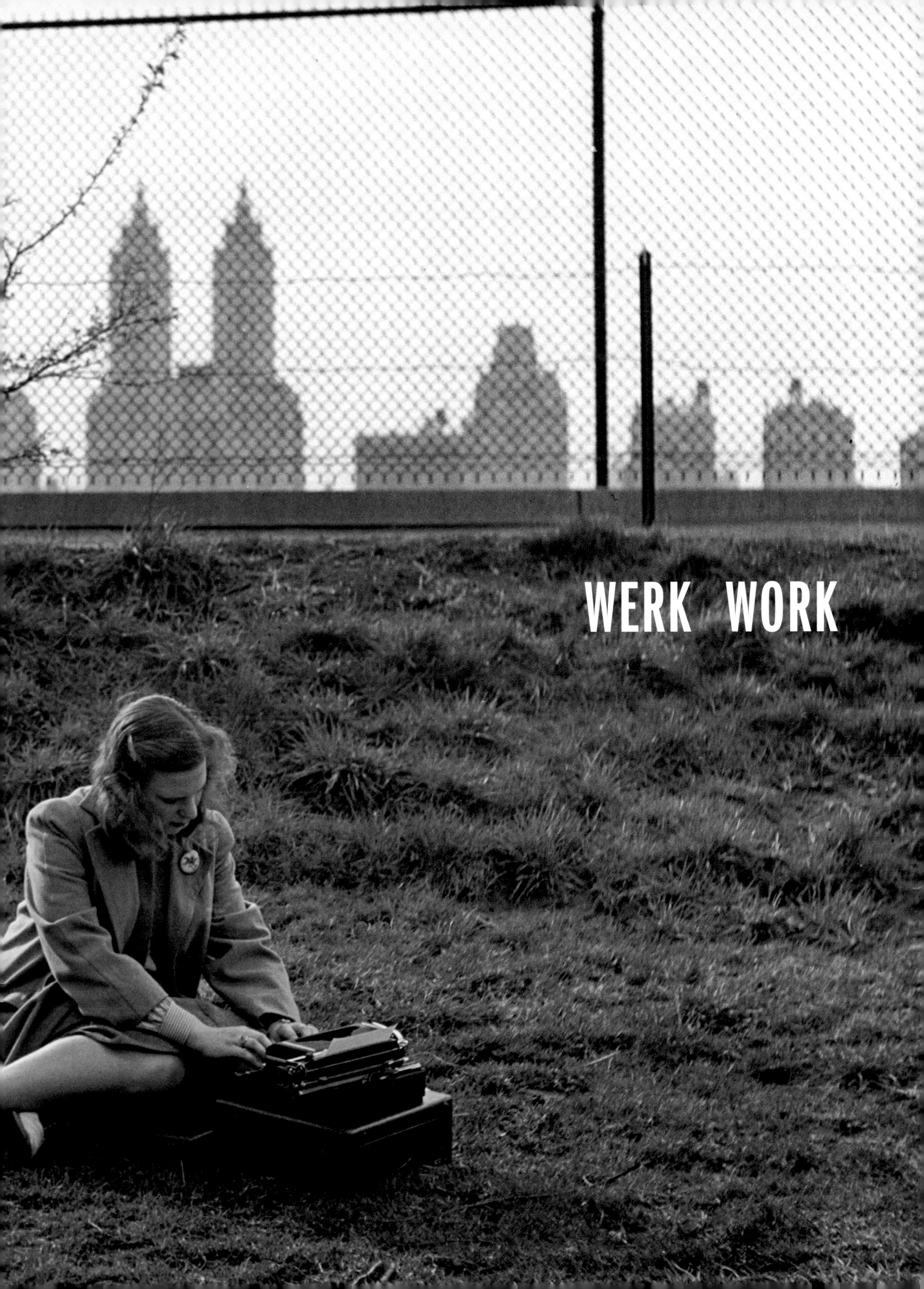

WERK WORK

Fred Steins Werk im Spiegel von Emigrationserfahrung und politischer Überzeugung

THERESIA ZIEHE

„Dresden vertrieb mich; so wurde ich Fotograf."[1] Mit diesen Worten beschrieb Fred Stein den Zusammenhang zwischen seiner erzwungenen Emigration und der Entscheidung, sein Hobby zum Beruf zu machen. Unter den Emigrantinnen und Emigranten seiner Zeit gab es auffällig viele, die in der Fotografie ein vielversprechendes Tätigkeitsfeld sahen.[2] Es bedurfte keiner besonderen Ausbildung, wenn man die technischen und künstlerischen Voraussetzungen mitbrachte. Zudem versprach der Aufschwung des fotografischen Journalismus eine realistische Chance, Geld verdienen zu können. Vielen half die Fotografie auch, sich in einer neuen, oft fremden Kultur zurechtzufinden und ein neues Lebensumfeld zu entdecken. Für den Fremden und Außenstehenden wurde die Kamera zur Übersetzungshilfe. Sie zwang den Fotografen, genauer hinzuschauen, intensiver und meist auch kritischer zu beobachten und dadurch neue Eindrücke besser zu verarbeiten und zur eigenen Erfahrung werden zu lassen.
Siegfried Kracauer beschrieb die besondere Verbindung zwischen Fremdheit und Wahrnehmung mit folgenden Worten: „Als Fremder vermag er tatsächlich alles wahrzunehmen, denn nichts, was er sieht, ist trächtig mit Erinnerungen, die sein Blickfeld einengten."[3] Fotografen hatten zudem deutlich geringere Sprachbarrieren als etwa Schriftsteller. Das Fotografieren als transnationale Bildersprache konnte leicht in einem anderen Land fortgesetzt werden.
Durch Emigration und Exil erfuhren sowohl die Biografien von Fotografinnen und Fotografen als auch ihre Arbeit und Ausdrucksweise starke Einschnitte. Dazu schrieb Ilse Bing: „Wir kamen als Flüchtlinge in die Vereinigten Staaten und mußten uns ein neues Leben aufbauen. Natürlich hatte ich, in New York lebend, neue Einflüsse und andere Erfahrungen. Vor allem die Athmosphäre [sic!], das Licht usw. veränderten meine Wahrnehmung, ohne meine deutsch-französische Art des Sehens zu zerstören. Wenn man mich fragte, antwortete ich: Ich bin ein internationaler Cocktail."[4]

Fred Steins Lebensweg führte zunächst nach Paris und später nach New York. Auch zahlreiche andere Fotografinnen und Fotografen emigrierten in der gleichen Abfolge in die zwei Metropolen, die dadurch in der Fotogeschichte des 20. Jahrhunderts eine ganz besondere Bedeutung erlangten. Paris blieb bis in die 1930er Jahre hinein die weltweite Hauptstadt der Kunst. Neben anderen Künstlern waren Fotografinnen und Fotografen wie Man Ray, Brassaï, André Kertész, Germaine Krull, Lee Miller, Dora Maar, Ilse Bing, Robert Capa, Gisèle Freund oder Erwin Blumenfeld hier tätig und machten die Stadt zu einem echten multinationalen Schmelztiegel der Fotografie.

The Influence of Exile and Politics on the Photography of Fred Stein

THERESIA ZIEHE

"Dresden cast me out; that's how I became a photographer."[1] In this way Fred Stein described the link between his forced emigration and his subsequent decision to turn his hobby into his profession. Among German political emigrants at this time, a striking number regarded photography as a promising line of work.[2] Photography needed no special training if you had some technical and artistic knowhow. The boom in photojournalism held out the real possibility of making money. Photography also helped many emigrants to find their bearings in a new, frequently alien culture and a way to investigate their new social environment. The camera became a tool of translation for foreigners and outsiders, forcing its users to look more closely, more intensely and, to a large degree, more critically. It helped them to better process new impressions, incorporating them into their own experience.
Siegfried Kracauer described the particular relation between perception and foreignness in these terms: "As a stranger he may indeed perceive anything because nothing he sees is pregnant with memories that would narrow his field of vision."[3] In addition, language barriers were considerably lower for photographers than, for example, for writers. As a transnational language of image-making, photography could easily be continued in another country.
The experience of emigration and exile led to crucial turning points in photographers' lives and work, and their photographic expression. As Ilse Bing put it: "We arrived in the United States as refugees and had to establish a new life. Of course, living in New York I had new influences and different experiences. Above all, the atmosphere, the light etc. changed my perception, while not destroying my German-French way of seeing. If I was asked, I would answer: I'm an international cocktail."[4]

Fred Stein's trajectory first took him to Paris, and subsequently to New York. Many other photographers took the same path, with the passage between the two cites taking on particular significance for the history of twentieth century photography. Paris remained still the global art capital well into the 1930s. Among the many artists working in the French capital were photographers like Man Ray, Brassaï, André Kertész, Germaine Krull, Lee Miller, Dora Maar, Ilse Bing, Robert Capa, Gisèle Freund and Erwin Blumenfeld, making the city a genuine multinational crucible of photography.
The outbreak of the Second World War brought about an abrupt change in the intellectual and cultural atmosphere, giving rise to a massive exodus, largely to the United States. Emigrants from Nazi Germany, who had consciously chosen Paris as a city close

Mit dem Ausbruch des Zweiten Weltkriegs änderte sich die intellektuelle und kulturelle Atmosphäre schlagartig. Dies hatte einen massiven Exodus zur Folge, der meist in die USA führte. Emigrantinnen und Emigranten, die aus Nazideutschland fliehen konnten und bewusst Paris als Stadt in der Nähe gewählt hatten, um bald wieder nach Deutschland zurückkehren zu können, mussten nun erneut in ein anderes Land flüchten, um ihr Leben zu retten. So wie zuvor Paris wurde nun New York Anker für viele von ihnen. „New York ist wie ein sehr großes Berlin",[5] schrieb Hannah Arendt kurz nach ihrer Ankunft im Mai 1941. Die Metropole avancierte zur Hauptstadt der fotografischen Medien und zog viele Fotografinnen und Fotografen an, darunter Martin Munkácsi, Horst P. Horst, Alfred Eisenstaedt, Andreas Feininger, Philippe Halsman und Lotte Jacobi. Der Kunsthistoriker Klaus Honnef unterstreicht die große Bedeutung der Stadt für die Fotografie eindringlich mit den Worten: „New York entschied über den Rang eines Fotografen wie Hollywood über den eines Regisseurs."[6]

Obwohl die Fotografie zu Beginn des 20. Jahrhunderts zum populärsten Medium überhaupt wurde und die illustrierte Presse immer stärker nach fotografischen Bildern verlangte, dauerte es noch einige Jahrzehnte, bis sie sich als Kunstform etablierte und Anerkennung fand. In den 1930er Jahren genoss die Fotografie ein prekäres soziales Ansehen. Erwin Blumenfeld schrieb: „So wurde ich, als mir wirklich nichts andres mehr übrig blieb, *Photograph*. Jeder riet ab. Mißratene Maler wurden Schaufensterdekorateur, mißratene Schaufensterdekorateure wurden Photograph. Man schämte sich eines Photographen."[7] Fotografen waren meist Autodidakten, risikobewusste, wache sowie flexible Talente, die offen waren, neue Wege zu beschreiten und darin die Möglichkeit eines beruflichen und sozialen Aufstiegs sahen.
In einem Brief aus dem Jahr 1954 schrieb Fred Stein: „Ich wurde Fotograf [...]. Eine Schulung hatte ich nie für diesen neuen Beruf, das technische Mindestmass – Entwickeln etc. – brachte mir in 2 Stunden ein anderer deutscher Rechtsanwalt in Paris bei."[8] Viele große Namen der Fotografiegeschichte wurden erst gegen Ende ihres Lebens oder postum berühmt. Anfänglich meist in anderen Bereichen tätig, wechselten sie scheinbar zufällig zur Fotografie; so war zum Beispiel Martin Munkácsi gelernter Anstreicher, Alfred Eisenstaedt Verkäufer von Gürteln und Knöpfen, Erich Salomon ausgebildeter Jurist und Erwin Blumenfeld Inhaber eines Lederwarengeschäfts. Auch Fred Stein kam nicht auf direktem Weg zur Fotografie. Durch die Nationalsozialisten gezwungen, musste er sein Jurastudium aufgeben und konnte dieses in Frankreich nicht weiterführen. In den ersten Tagen in Paris versuchte er sich als Versicherungsvertreter und zog mit einem Freund durch die Stadt, um Versicherungen zu verkaufen. Seine Frau Lilo erinnerte sich später daran, dass seine Versicherungsverkäufe gänzlich ohne Erfolg geblieben seien. Auf ihre Frage, was die beiden die ganze Zeit gemacht hätten, antworteten die Freunde, sie hätten sich gegenseitig versichert.[9]

In Paris teilte sich das Ehepaar Stein ein Appartement mit Gerda Taro, der damaligen Freundin von Robert Capa. Beide erlangten später durch ihre Bilder von Kriegsschauplätzen Berühmtheit. Robert Capa besuchte sie des Öfteren und entwickelte seine Abzüge im zur Dunkelkammer umfunktionierten Badezimmer des Appartements. Wie Fred Stein war auch Robert Capa jüdischer Emigrant, der über Paris nach New York kam. 1913 in Budapest geboren, ging er 1931 nach Berlin, absolvierte dort ein Journalismusstudium und arbeitete als Laborant, bevor er sich der Fotografie zuwandte. 1933

at hand, from where they might quickly return to Germany, now again had to flee abroad for their lives. Like Paris before it, New York became an anchor for many of them. "New York is like a very big Berlin,"[5] wrote Hannah Arendt shortly after arrival in May 1941. The American metropolis became the capital of photographic media, attracting many photographers, including Martin Munkácsi, Horst P. Horst, Alfred Eisenstaedt, Andreas Feininger, Philippe Halsman and Lotte Jacobi. The art historian Klaus Honnef underlines the city's significance for photography thus: "a photographer's status was defined by New York, just as a film director's was by Hollywood."[6]

Although photography had become the most popular of all media in the early twentieth century, with constantly increasing demand for pictures from the illustrated press, it would be decades before photography established itself as an art form and found recognition. In the 1930s, photography enjoyed a precarious social reputation. Erwin Blumenfeld wrote: "In this way, when there was really nothing else left for me, I became a *photographer*. Everyone advised against it. Failed painters became window dressers, failed window dressers became photographers. You were ashamed to be a photographer."[7] Photographers were mostly self-taught and risk-aware; they were alert and flexible talents, open to setting out on new paths: in all this, they saw a chance for professional and social ascent.

In a 1954 letter, Stein wrote: "I became a photographer [...]. I was never trained for this new career, another German lawyer in Paris taught me the technical minimum–developing, etc.–in two hours."[8]

Many important names in the history of photography only became famous toward the end of their lives, or else posthumously. At first mostly active in other areas, they seem to have turned to photography by chance: Martin Munkácsi was a trained house painter, Alfred Eisenstaedt sold buttons and belts, Erich Salomon had qualified as a lawyer and Erwin Blumenfeld was the owner of a leather goods shop. Stein was another who took an indirect path to photography. He was forced by the National Socialists to give up his study of law and was unable to reassume it in France. In his early days in Paris he tried his hand as an insurance salesman, wandering around the city with a friend, looking to sell policies. His wife Lilo later recalled his insurance selling was entirely unsuccessful. When she asked the two men what on earth they had been doing all the time, they told her they had sold each other insurance.[9]

In Paris, the Steins shared an apartment with Gerda Taro, the then-girlfriend of Robert Capa; later, both would become famous for their war photography. Capa was a frequent visitor to the apartment, developing his prints in its bathroom-cum-darkroom. Like Stein, Robert Capa was a Jewish emigrant, who would come to New York via Paris. Born in Budapest in 1913, he moved to Berlin in 1931: before turning to photography, he had studied journalism and worked as a laboratory assistant. He emigrated to Paris in 1933, and went to the United States in 1939. Like Stein, he was an autodidact, mostly working with a Leica camera. He was regarded as possessing a critical observer's incorruptible eye, something also seen in Stein's photographs. In Paris in 1936, Stein took the only known photograph showing Gerda Taro and Robert Capa together (ill. 1).

Stein's first exhibited his photographs in Paris in 1935, when his work was included in several exhibitions at the Galerie de la Pléiade on the Boulevard Saint-Michel, a

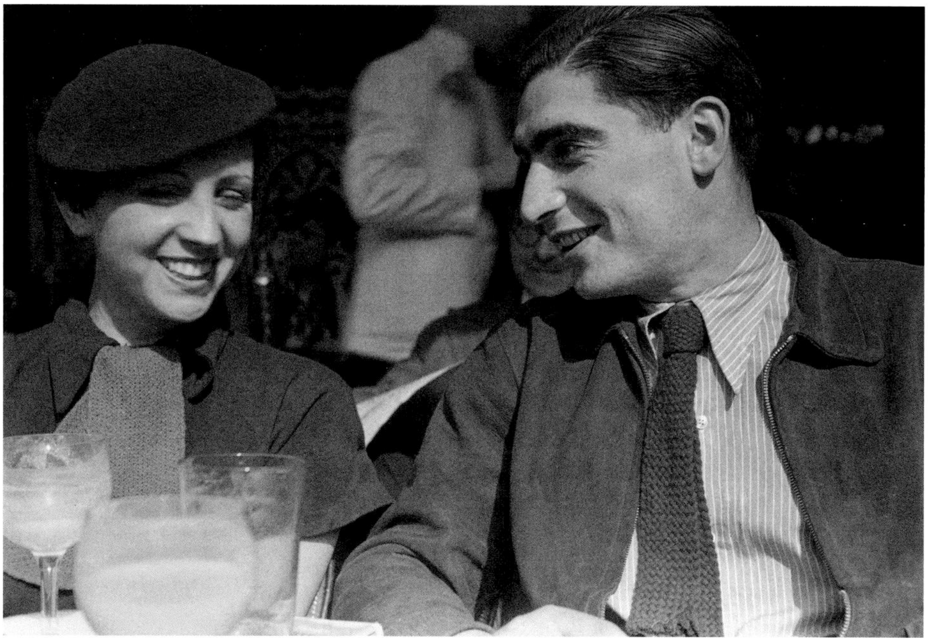

1
Fred Stein,
Gerda Taro und Robert Capa,
Paris 1936

Fred Stein,
Gerda Taro and Robert Capa,
Paris 1936

Fred Stein Archive

emigrierte er nach Paris und 1939 in die USA. Wie Fred Stein blieb er Autodidakt und fotografierte vorwiegend mit einer Leica. Ihm wurde das unbestechliche Auge eines kritischen Beobachters nachgesagt, das man auch in Aufnahmen von Fred Stein erkennen kann. 1936 gelang Fred Stein in Paris die einzige bekannte Aufnahme, die Gerda Taro und Robert Capa zusammen zeigt (Abb. 1).

In Paris sammelte Fred Stein bereits 1935 die ersten Ausstellungserfahrungen. Seine Fotografien waren in mehreren Ausstellungen in der Galerie de la Pléiade am Boulevard Saint-Michel vertreten, einer Galerie, die seinerzeit die erste Garde der Pariser Fotografinnen und Fotografen ausstellte. 1935 zeigte Fred Stein seine Bilder dort unter anderem zusammen mit André Kertész. Auf der Ausstellungskarte (Abb. 18, S. 31) unterstrich Lilo Stein nachträglich den Namen ihres Mannes.
Auch Kertész emigrierte über Paris nach New York. 1894 in Budapest geboren, kam er bereits 1925 in die französische Hauptstadt und ging 1936 weiter in die USA. Er war ebenfalls kein ausgebildeter Fotograf. Anfangs fotografierte er nach Feierabend, während seiner Tätigkeit als Buchhalter an der Budapester Börse. Er selbst betrachtete sich als ewigen „Amateur". Auch wenn Fred Steins Fotografie im Vergleich zu Kertész als führendem Vertreter der fotografischen Avantgarde weniger virtuos blieb, findet man doch im Werk beider eine stark ausgeprägte poetische Färbung. Beide besaßen ein feines Gespür für flüchtige Erscheinungen und ließen das Alltägliche mit dem Außergewöhnlichen verschmelzen. Beide flanierten durch die Straßen ihrer Wohnorte auf der Suche nach ihren Motiven, die sie trotz Ernsthaftigkeit dem Abgebildeten gegenüber immer wieder mit einer Brise Humor versahen.
Neben André Kertész stellte Ilse Bing ihre Fotografien gemeinsam mit Fred Stein in Paris aus. Auch sie kam zuerst nach Paris und emigrierte dann weiter nach New York.

gallery which at the time exhibited the best of Paris's photographers. That year, Stein's pictures were shown alongside those of André Kertész, among others. Later, Lilo Stein underlined her husband's name on the exhibition card (ill. 18, p. 31).
Kertész was another figure who first emigrated to Paris and later to New York. Born in Budapest in 1894, he had come to the French capital as early as 1925, before moving to the United States in 1936, eleven years later. Kertész was another untrained photographer: he began taking photographs while still working a day job, as an accountant at the Budapest stock exchange. He regarded himself as an eternal "amateur." Stein's work seems less virtuosic than Kertész's, a major figure in the photographic avant-garde. However, both men's work shares a pronounced poetic coloring. Both possesses a delicate sense for fleeting appearances, fusing the everyday world with the extraordinary. Both wandered the streets of the cities where they lived, searching for material, which they always imbued with a hint of humor, in spite of the seriousness of their subject matter.
As well as Kertész, Stein's photographs were also shown in Paris alongside those of Ilse Bing, another photographer who moved to Paris before emigrating to New York. Born in 1899 in Frankfurt am Main, she had gone to Paris in 1930 because she found the climate in Germany to be too restrictive. Hitler's invasion of France turned her into a persecuted Jew; in 1940, she was interned in the Gurs camp as a so-called enemy alien. At the same time, Stein was also imprisoned in a series of internment camps. In 1941, both he and Bing succeeded in escaping to New York on one of the last available ships, the S. S. Winnipeg. Bing, like Stein, received support from the Emergency Rescue Committee, a Marseille-based rescue network established by Varian Fry, which enabled over 2,000 Jewish refugees to escape overseas. Like Stein, Bing was an autodidact: she had studied mathematics, physics and art history in Frankfurt, but was increasingly drawn to photojournalism. She mostly used a Leica—the photographer and critic Emmanuel Souges even referred to her as the "queen of the Leica." Stein also had a close relationship with this German camera, a wedding present which he and Lilo had bought for themselves. The Leica was to be the decisive influence in his finally becoming a photographer: he once said that the Leica taught him how to take photographs.[10]

Like Ilse Bing, who often took photographs of herself in mirrors,[11] Stein also frequently photographed his own reflection. One of Bing's photographs (ill. 2), taken with her Leica, shows a station on New York's elevated railway. The city's skyline is juxtaposed with the photographer's reflection in a small round mirror: the title *The Elevated and Me* points to this interaction between city view and self-portrait. Bing observes as a detached outsider. When the picture was taken, she did not know that five years later she would emigrate to the city, continuing to live there until her death. Stein also represents himself as a detached observer in the midst of the metropolis (ill. 3). In this case, the camera was a Rolleiflex, which he used in the United States alongside the Leica. Although Stein's image seems less staged than Bing's in this instance, in both pictures the photographer questions the value of the individual in an urban context, tracing how surroundings can influence and color the act of photography. The photographs become symbols of their respective emigration stories.

Even as a young man, Stein was involved in politics. He took part in the socialist youth movement, and later joined the Socialist Workers' Party of Germany and was an early

1899 in Frankfurt am Main geboren, zog sie bereits 1930 nach Paris, da sie das Klima in Deutschland zu beengend fand. Mit dem Einfall deutscher Truppen in Frankreich wurde sie zur verfolgten Jüdin und 1940 als sogenannte feindliche Ausländerin im Lager Gurs interniert. Zur selben Zeit befand sich auch Fred Stein in verschiedenen Internierungslagern. Beiden gelang 1941 die Flucht nach New York auf einem der letzten Schiffe, der S. S. Winnipeg. Unterstützung erfuhren sie dabei durch das Emergency Rescue Committee, ein Rettungsnetzwerk in Marseille, das Varian Fry aufgebaut und mit dem er zahlreichen jüdischen Flüchtlingen die Ausreise ermöglicht hatte. Wie Fred Stein blieb auch Ilse Bing Autodidaktin. In Frankfurt studierte sie Mathematik, Physik und Kunstgeschichte, bevor sie sich immer stärker fotojournalistisch betätigte. Sie fotografierte vor allem mit einer Leica; der Fotograf und Kritiker Emmanuel Souges betitelte sie sogar als „Königin der Leica". Auch Fred Stein hatte eine enge Beziehung zu dieser Kamera, die er sich zusammen mit seiner Frau gemeinsam zur Hochzeit schenkte. Sie lieferte für ihn den entscheidenden Impuls, Fotograf zu werden. Er selbst sagte, dass es die Leica gewesen sei, die ihn das Fotografieren lehrte.[10]
Wie Ilse Bing, die sich des Öfteren in Spiegelbildern darstellte[11], fotografierte sich auch Fred Stein mit Spiegelung seiner selbst. Eine von Ilse Bings Fotografien (Abb. 2) zeigt eine Station der Hochbahn inmitten der New Yorker Skyline und die Reflexion der Fotografin mit ihrer Leica in einem kleinen runden Spiegel. Der Titel *The Elevated and me* verweist auf das Wechselspiel zwischen Stadtansicht und Selbstbildnis. Ilse Bing beobachtet als distanzierte Außenstehende. Zum Zeitpunkt der Aufnahme wusste sie noch nicht, dass sie fünf Jahre später in diese Stadt emigrieren und bis zu ihrem Tod dort leben würde. Auch Fred Stein bildet sich als distanzierter Beobachter inmitten des Stadtbilds ab (Abb. 3). Bei seiner Kamera handelt es sich jedoch um eine Rolleiflex, die er in den USA neben der Leica verwendete. Wenngleich Steins Aufnahme in diesem

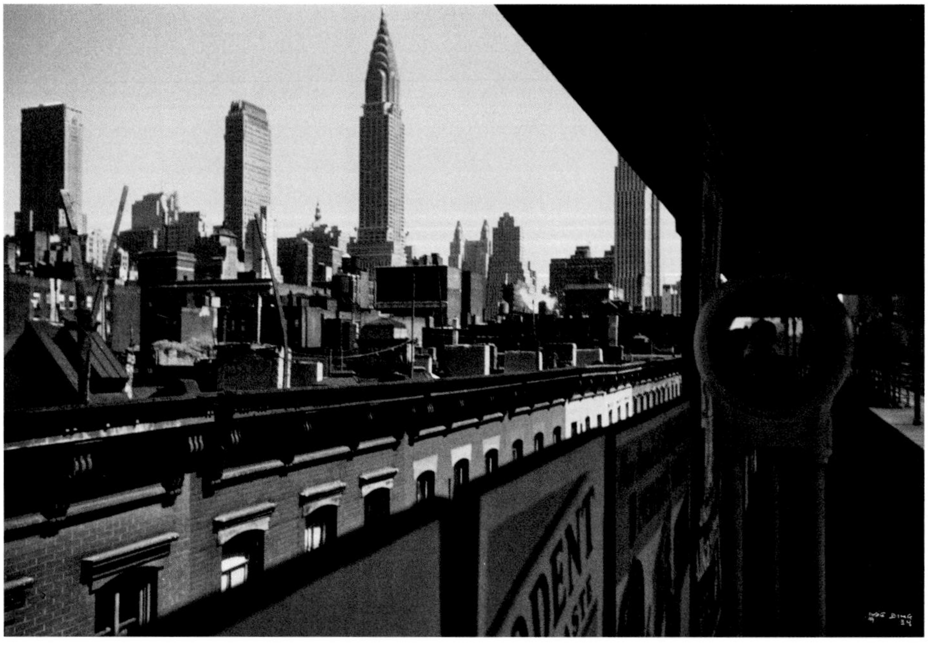

2
Ilse Bing, New York – The Elevated and me, New York 1936

Ilse Bing, *New York—The Elevated and Me*, New York 1936

Jüdisches Museum Berlin, Estate of Ilse Bing

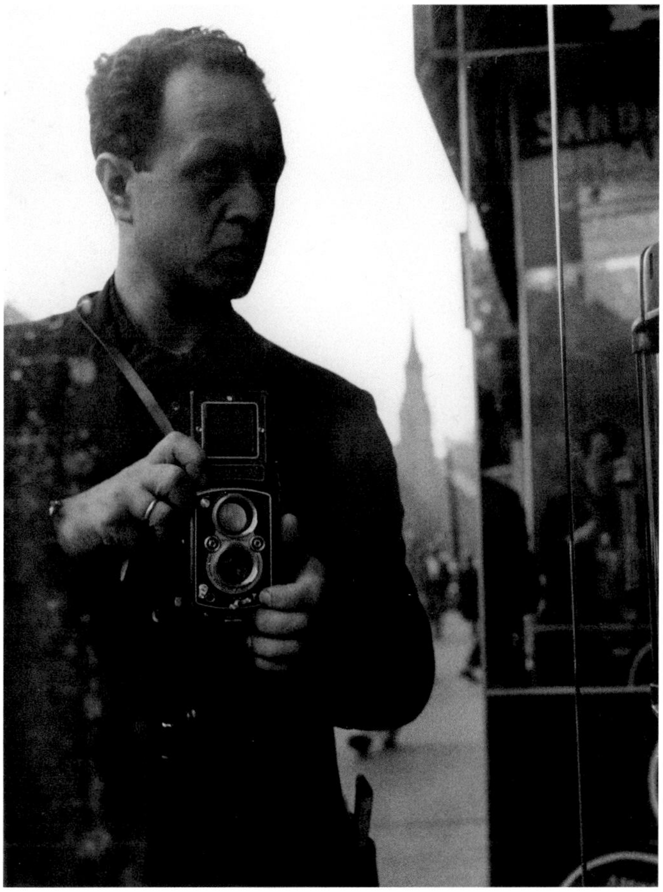

3
Fred Stein, um 1941

Fred Stein, c. 1941

Fred Stein Archive

active opponent of the Nazis. He always referred to himself as a socialist, combining this position with the fundamentally humanist attitude which he retained throughout his whole life. This outlook permeated both his work in law, and his second career as a photographer. Stein had decided to study law in order to help socially-disadvantaged people and to resolutely fight against the injustices suffered by the poor. But he was forced to find a new direction when the Nazis prevented him from completing his doctorate. In exile, photography allowed him a different means to express to his beliefs, which color both his choice of subjects and his photographic approach. Emigration undoubtedly strengthened both Stein's perception and his empathy. Photography remained an abiding passion until the end of his life.

Willy Brandt, with whom he maintained a lifelong friendship, wrote this about Stein in 1983: „I first met Fred when we were both refugees fighting the totalitarian Nazi regime through the rather poor means we had. In his time he was very much in the avant-garde, a brilliant photographer inspired by his quest for justice and his concern for truth so clearly reflected in his photographs. He truly was a man of vision, and his choice of people and subjects is an obvious proof of it."[12]

Fall weniger subtil wirkt, fragen doch beide Fotografien nach dem Stellenwert des Individuums im urbanen Kontext und wie die äußere Umgebung das Fotografieren beeinflusst und färbt. Die Aufnahmen werden zum Sinnbild ihrer jeweiligen Emigrationsgeschichten.

Fred Stein setzte sich bereits in jungen Jahren mit politischen Fragen auseinander. Er war Teil der sozialistischen Jugendbewegung, später Mitglied der Sozialistischen Arbeiterpartei Deutschlands und engagierte sich schon früh gegen die Nationalsozialisten. Er selbst bezeichnete sich als „Sozialisten" und verband damit eine humanistische Grundhaltung, die er sein ganzes Leben lang bewahrte. Diese durchwob sowohl seine erste Profession, die der Rechtswissenschaft, als auch seine zweite, die Fotografie. Er beschloss Jura zu studieren, um Benachteiligten in der Gesellschaft zu helfen. Der Ungerechtigkeit gerade gegenüber armen Menschen wollte er sich entschieden entgegenstellen. Als er durch die Nationalsozialisten daran gehindert wurde, seine Doktorarbeit abzuschließen, musste er sich neu orientieren. Im Exil fand er in der Fotografie eine Tätigkeit, in der er seinen Anschauungen treu bleiben konnte, sie durchdrangen seine Motivwahl und Bildkomposition. Sicherlich verstärkte zudem das Schicksal der Emigration seine Sinneswahrnehmung und Empathie. Fotografie wurde zu einer Herzensangelegenheit und blieb dies bis zu seinem Lebensende.
Willy Brandt, mit dem er lebenslang freundschaftlich verbunden war, schrieb 1983 über Fred Stein: „Ich begegnete Fred Stein, als wir beide Flüchtlinge waren und das totalitäre Naziregime mit den ziemlich bescheidenen Mitteln bekämpften, die uns zur Verfügung standen. Für seine Zeit war er sehr avantgardistisch, ein brillanter Fotograf, inspiriert von seinem Streben nach Gerechtigkeit und seiner Sorge um die Wahrheit, die sich in seinen Fotografien so deutlich widerspiegeln. Er war ein echter Visionär, wie die Auswahl der Menschen und Motive, die er fotografierte, eindeutig beweist."[12]

Fred Stein fotografierte neben Straßenszenen in Paris und New York über 1 200 Porträts meist namhafter Persönlichkeiten seiner Zeit. Dabei ging es ihm um mehr, als nur Abbilder anzufertigen. „Guten Tag, ich bin Fred Stein, Fotograf, links und ich würde gerne ein Bild von Ihnen machen."[13] Mit diesen Worten eröffnete Fred Stein das Gespräch mit den Menschen, die er porträtieren wollte. Die Worte verdeutlichen nicht nur den Mut des Fotografen, auf Menschen zuzugehen. Sie zeigen auch, dass er es verstand, eine Beziehung zu den Personen aufzubauen, die er fotografierte. Er interessierte sich für sie, bereitete sich intensiv vor und beschäftigte sich mit ihren Biografien und Werken. Nicht selten trat das Foto zugunsten hitziger Diskussionen in den Hintergrund. Oft wurde erst am Ende eines Treffens das Negativ belichtet. Viele Porträts enthalten Spuren der Gespräche, so auch das von Egon Erwin Kisch. Stein traf den Journalisten, dessen Reportagen er bewunderte, 1936 in Versailles. Sie diskutierten lange über Politik, und erst beim Verabschieden fiel Fred Stein auf, dass er noch kein einziges Foto gemacht hatte und hielt Kisch, den „rasenden Reporter" passend mit Mantel, Hut und Zigarette fest.[14] Fotografisch näherte sich Stein seinen Protagonisten weniger als Journalist, sondern eher als Psychologe. Er wolle die Person nicht in ein gutes Licht, sondern in ein richtiges Licht setzen, so beschrieb Lilo Stein die Vision ihres Mannes.[15] Auf Zutaten wie dramatische Lichteffekte oder nachträgliche Retuschen verzichtete er. Seine Aufnahmen entstanden unmittelbar und direkt und sollten das Wesentliche in jedem Menschen ergründen und authentisch wiedergeben. „[...] und ich

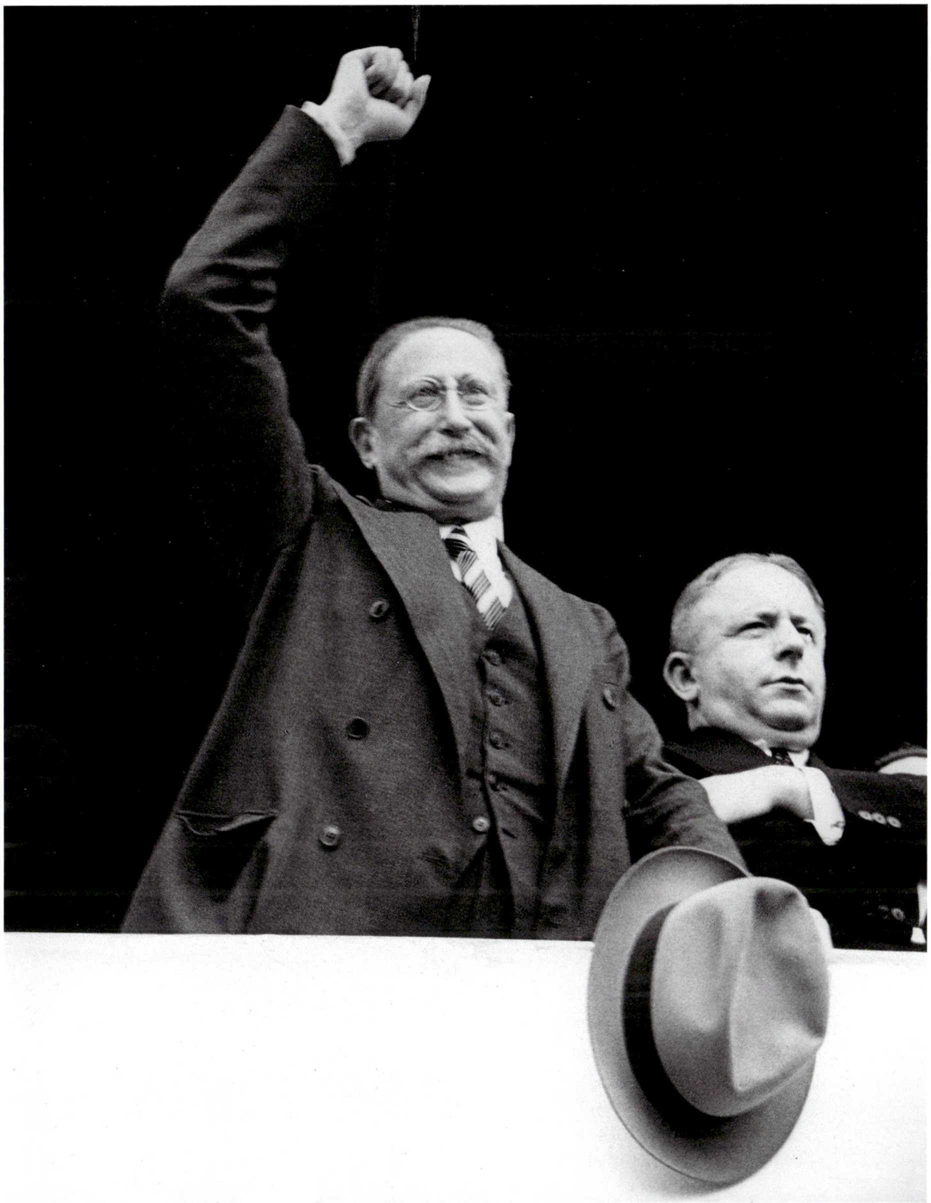

4
Fred Stein, Léon Blum,
Paris 14. Juli 1936

Fred Stein, *Léon Blum*,
Paris, July 14, 1936

Fred Stein Archive

Along with street scenes in Paris and New York, Stein took over 1,200 portraits, mostly of well-known contemporaries. In these images, he strove to achieve more than simply a good likeness. "I am Fred Stein, a photographer, I would like to talk to you. And I'm a leftist.": These were Stein's opening words to people whose portrait he wanted to take.[13] As well as demonstrating his boldness in approaching people, his words also highlight his way of creating a relationship with his subjects. He was interested in them and prepared intensively for the sitting, immersing himself in their work and their lives. Frequently, the actual taking of photographs was sidelined by involved discussions between Stein and his subjects, with the photography only coming at the very end of a visit. Many of Stein's portraits retain traces of these conversations, for example

muss sagen, das ist auch der Sinn, den ich der Portraitfotografie gebe: einen Ersatz (im Wege der Fotografie) für den lebenden Menschen zu schaffen, ein Bild, das über den äusseren und inneren Menschen aussagt."[16] – so Fred Stein in seinen eigenen Worten. Vor der Kamera waren für ihn alle Menschen gleich. „Die Kamera unterscheidet nicht zwischen Berühmtheiten und einem Niemand, zwischen einem guten Freund und einem völlig Fremden, wenn sich der Verschluss öffnet."[17]

Auch in seinen Straßenansichten aus Paris und New York war er an aufrichtigen, unbestechlichen und überzeugenden Bildern interessiert. Neben klassischen Motiven beider Metropolen entstanden zahlreiche Milieustudien und Charakterbilder. Das echte Leben, das Alltägliche interessierte ihn, einfache Menschen, Stadtviertel, die von Armut gekennzeichnet waren. Wie zuvor als Anwalt versuchte er sich in seinen Fotografien für die Benachteiligten einzusetzen. Die Bilder zeigen Straßenarbeiter, Verkäufer, Obdachlose und Familienszenen. Sein sozialkritischer Blick durchdrang seine Motive.

Am Ende seines Lebens, von 1962 bis zu seinem Tod 1967, setzte sich Fred Stein intensiv mit der deutschen Geschichte und ihrer Vergangenheit während des Nationalsozialismus auseinander. Er arbeitete an einem Projekt mit dem Titel „Das war nicht unser Deutschland. Ein Lesebuch für die Kommenden".[18] Als Anthologie geplant, sollten Auszüge aus bereits publizierten Texten bekannter Schriftstellerinnen und Schriftsteller, die das Naziregime, Faschismus und Rassismus kritisierten, mit seinen eigenen Porträtfotografien kombiniert werden. Viele der Autoren, etwa Walter Mehring, Alfred Kantorowicz, Bertolt Brecht und Hannah Arendt, kannte er persönlich. Insgesamt sammelte Fred Stein über 200 Texte von ca. 60 Autoren. Das Vorwort hatte er bereits geschrieben, doch gelang es ihm nicht, das Buch mithilfe eines Verlags zu veröffentlichen. Obwohl das Projekt nicht realisiert werden konnte, veranschaulicht es abermals Fred Steins idealistische Anstrengungen. 1964 schrieb er über seine Bemühungen in einem Brief: „Ich beschäftige mich mit der Vorbereitung einer literarischen Anti-Nazi-Anthologie für einen deutschen Verlag – Bewältigung von einer schaurigen Vergangenheit braucht zunächst immer wieder und immer mehr das Wissen der Fakten, nicht ihre Verdrängung."[19]

In Paris fotografierte Fred Stein als Sozialist und Antifaschist zahlreiche Veranstaltungen und Demonstrationen der Volksfront (Front Populaire), deren soziales Engagement er mit großer Sympathie verfolgte. 1936 gelang ihm eine Aufnahme von Léon Blum, im Jahr seiner Wahl zum ersten sozialistischen Premierminister Frankreichs (Abb. 4). Das Motiv wurde im amerikanischen Magazin *Life* veröffentlicht und sicherte der Familie Stein ein ganzes Monatseinkommen. Es stellt eine der wenigen Aufnahmen von politischen Ereignissen dar, die von Fred Stein erhalten geblieben sind. Da es Lilo beim Näherkommen der deutschen Truppen in Paris zu gefährlich erschien, politisch brisantes Material zu behalten, sendete sie die Bilder in die Niederlande. Dort fielen sie einem Feuer zum Opfer und wurden dadurch unwiederbringlich zerstört.
Der Verlust dieser ganzen Werkgruppe Steins, abgesehen von einigen wenigen Ausnahmen, bringt bis heute eine andere Gewichtung seines Œuvres mit sich. Wären die besagten Fotografien erhalten geblieben, wäre sein Werk sicherlich viel stärker in einen politischen Kontext gestellt worden. Vielleicht wäre er sogar zu Lebzeiten erfolgreicher gewesen und hätte Einlass in die berühmte Fotoagentur Magnum gefunden, die für

his image of the journalist Egon Erwin Kisch. Stein was an admirer of Kisch's reportage, and in 1936 the two met so the journalist could sit for him in Versailles. But a long discussion on politics ensued and only as Kisch was about to leave did Stein recall that he had not taken a single photograph. Appropriately, he captured Kisch, the "racing reporter," with coat, hat and cigarette.[14] In photographic terms, Stein approached his subjects more as a psychologist than a journalist. Lilo Stein described her husband's vision like this: he wanted to put the subject into the *right* light, not simply a *good* light.[15] He refrained from adding extraneous elements to the picture, like dramatic light effects or post-facto retouching. His photographs were produced directly and intuitively, and were meant to explore and authentically reproduce the essential in every human being. As he put it himself: "[...] and I must say, that is also the meaning that I assign to portrait photography: to create a surrogate (by means of photography) for the living person, a picture that says something about the outer and the inner person."[16] For Stein, everyone was equal before the camera's eye. "The camera makes no distinction between famous people and a nobody, between a good friend and a complete stranger, when the shutter opens."[17]

In his street views of Paris and New York too, Stein wanted to make honest, incorruptible, convincing images. As well as the two cities' classic subject matter, he also completed many milieu studies and character portraits. He was interested in reality and in everyday life, focusing on neighborhoods marked by poverty. As with his legal work, here too Stein sought to stand up for the disadvantaged. His photographs present road workers, sales clerks, the homeless, and family scenes, the subject matter pervaded by a social-critical gaze.

Between 1962 and his death in 1967, Stein engaged intensively with German history, in particular the National Socialist past, working on a project entitled *That Was Not Our Germany: A Reader for Those to Come.*[18] Planned as an anthology, the aim was to combine Stein's own portrait photography with excerpts from published texts by critics of fascism, racism and the Nazi regime. All told, Stein collected over two hundred texts by around sixty authors: he knew many of them personally, including Walter Mehring, Alfred Kantorowicz, Bertolt Brecht and Hannah Arendt. He completed the foreword to the proposed volume, but did not manage to find a publisher for the manuscript. Although it was not completed, the project again reveals the idealism underlying Stein's work. In a letter in 1964, he wrote about his endeavors: "I am busy preparing an anti-Nazi literary anthology for a German publisher—dealing with the dreadful past requires, first and foremost, more and more knowledge of the facts, not their repression."[19]

As a socialist and anti-fascist in Paris, Stein had great sympathy for the social commitment of the Popular Front (Front Populaire) and photographed many meetings and demonstrations associated with the movement. In 1936, he took a photograph of Léon Blum shortly after he was elected France's first socialist prime minister (ill. 4). The image was published by the American magazine *Life*, which paid enough to support the Stein family for a month. The photograph is one of only a small number of Stein's images of political events to survive the war. With German troops approaching Paris, Lilo felt it was too dangerous to be in possession of politically sensitive pictures and sent this material to the Netherlands for storage. There, they were later destroyed in a fire.

ihren Schwerpunkt, die politische Reportage, bekannt war und ist. Doch dies alles bleibt spekulativ. Fred Steins Fokus auf politische Ereignisse in seinen Fotografien aus Paris sollte aber bei der Betrachtung seines Gesamtwerkes stärker mitgedacht werden, auch wenn er sich später, als es möglich gewesen wäre, nicht wieder so intensiv politischen Themen zugewendet hatte. Natürlich kann die Rezeptionsgeschichte und Kanonisierung eines Werkes erste Impulse durch den Autor selbst erfahren, die stärkste Prägung erfolgt aber meist durch die Nachwelt. Im Fall Fred Steins gilt dies im Besonderen, da er als Fotograf erst in den vergangenen Jahren wiederentdeckt wurde. Die überlieferten Motive zeigen nur einen Ausschnitt seines Werkes. Verfolgung und Emigration haben nicht nur sein Leben bestimmt, sondern auch zum Verlust wichtiger Fotografien geführt.

Anmerkungen

1 Brief von Fred Stein ohne Adressat und Datum, Fred Stein Archive. Dort wird das Zitat als Buchwidmung erwähnt. In Vorbereitung auf die Ausstellung „Im Augenblick. Fotografien von Fred Stein" als erste große Retrospektive von Fred Steins fotografischem Werk, die 2013 im Jüdischen Museum in Berlin gezeigt wurde, konnte die Autorin den gesamten Nachlass von Fred Stein, der sich heute im Besitz seines Sohnes Peter befindet, einsehen. **2** Zum Zusammenhang zwischen Fotografie und Emigrationserfahrung: Nissan N. Perez: Displaced Visions. Émigré Photographers of the 20th Century, Jerusalem 2013; Klaus Honnef u. Frank Weyers: Und sie haben Deutschland verlassen ... müssen. Fotografen und ihre Bilder 1928–1997, Köln 1997. **3** Siegfried Kracauer: Geschichte – Von den letzten Dingen, Band 4, Frankfurt am Main 2009, S. 95. **4** Klaus Honnef u. Frank Weyers: Und sie haben Deutschland verlassen ... müssen, S. 71. **5** Christian Dries: Günther Anders und Hannah Arendt – eine Beziehungsskizze, in: Gerhard Oberschlick (Hg.): Günther Anders – Die Kirschenschlacht – Dialoge mit Hannah Arendt und ein akademisches Nachwort, München 2011, S. 71–166, hier S. 86. **6** Klaus Honnef u. Frank Weyers: Und sie haben Deutschland verlassen ... müssen, S. 17. **7** Erwin Blumenfeld: Durch tausendjährige Zeit, Berlin 1988, S. 236. **8** Fred Stein an Will Grohmann, 23. Juni 1954, Fred Stein Archive. **9** Interview Lilo Steins mit ihrem Sohn Peter Stein aus dem Jahr 1981. Das Interview liegt in transkribierter Form vor, Fred Stein Archive. **10** Dawn Freer: Fred Stein (1909–1967). A Retrospective, in: Eckart Goebel u. Sigrid Weigel (Hg.): Escape to Life. German intellectuals in New York: A Compendium on Exile After 1933, Berlin/Boston 2012, S. 510–519, hier S. 513. **11** Vgl. den Beitrag von Bernd Hüppauf in diesem Band, S. 94–104. In der Fotografischen Sammlung des Jüdischen Museums Berlin befinden sich drei Selbstporträts von Ilse Bing als spätere Abzüge: Das von Bernd Hüppauf beschriebene „Selbstporträt mit Leica" (1931), die Fotografie „New York – The Elevated and me" (1936) und ein frühes Selbstporträt aus Frankfurt a. M. aus dem Jahr 1913, das sie selbst auf der Rückseite als „Autoportrait dans ma chambre / ma première photo" beschriftete. **12** Dawn Freer (Hg.): Fred Stein – Paris New York, Heidelberg/Berlin 2013, S. 145; Englisches Originalzitat siehe Brief von Willy Brandt an Peter Stein, 10. Mai 1983, Fred Stein Archive. **13** Interview Lilo Steins, Fred Stein Archive. **14** Ebd. **15** Ebd. **16** Fred Stein an Will Grohmann, 24. Februar 1955, Fred Stein Archive. **17** Fred Stein: Celebrities by Fred Stein, in: Minicam Photography Magazine, Juli 1944, S. 62–64, hier S. 62. **18** Die Manuskripte sind Teil der Sammlung des Jüdischen Museums Berlin. Sie wurden dem Museum 2013 von Peter Stein als Schenkung übergeben. **19** Fred Stein an Dr. Hahn, 20. Dezember 1964, Fred Stein Archive.

The loss of this entire group of works by Stein, with only a few exceptions, has undoubtedly shaped the reception of his oeuvre. Had the photographs survived, his work would clearly be seen in a more political context. Perhaps he would have enjoyed greater success in his lifetime: he might have been accepted into Magnum, the photographic agency, famous then as now for its focus on political reportage. This must remain speculation, but any consideration of Stein's work must take full account of his focus on political events in Paris, although his later years in New York were perceptibly less activist. Of course, posterity has the strongest influence on the reception and canonization of an artist's work, but the artist's own actions nevertheless influence how he is later to be perceived. This is particularly true in Stein's case, since his rediscovery as a photographer has only taken place in recent years. The surviving images represent only a part of his work: as well as shaping his life, persecution and emigration also shaped his oeuvre by causing the loss of important photographs.

Notes

1 Letter by Fred Stein, no date or addressee, Fred Stein Archive. The letter indicates that the quotation is a book inscription. In preparing the exhibition *In an Instant: Photographs by Fred Stein*—the first major retrospective of Stein's photographic work, at the Jewish Museum Berlin—the author was able to examine the entire Fred Stein estate, today held by his son Peter. **2** On the connection between photography and the experience of emigration, see Nissan N. Perez, *Displaced Visions: Émigré Photographers of the 20th Century*, Jerusalem 2013; Klaus Honnef and Frank Weyers, *Und sie haben Deutschland verlassen... müssen. Fotografen und ihre Bilder 1928-1997*, Cologne 1997. **3** Siegfried Kracauer, *History—The Last Things Before the Last*, Princeton 1995 [1969], p. 83. **4** Honnef and Weyers, p. 71. **5** Christian Dries, "Günther Anders und Hannah Arendt—eine Beziehungsskizze," Gerhard Oberschlick (ed.), *Günther Anders—Die Kirschenschlacht—Dialoge mit Hannah Arendt und ein akademisches Nachwort*, Munich 2011, pp. 71-116. **6** Honnef and Weyers, p. 17. **7** Erwin Blumenfeld, *Durch tausendjährige Zeit* , Berlin 1988, p. 236. **8** Fred Stein to Will Grohmann, June 23, 1954, Fred Stein Archive. **9** Lilo Stein interviewed by her son Peter Stein in 1981. A transcript of the interview is preserved at the Fred Stein Archive. **10** Dawn Freer, "Fred Stein (1909-1967): A Retrospective," Eckart Goebel and Sigrid Weigel (eds.), *Escape to Life: German Intellectuals in New York, A Compendium on Exile after 1933*, Berlin 2012, pp. 510-519, here p. 513. **11** See Bernd Hüppauf's essay in this volume, p. 95-105. The photographic collection of the Jewish Museum Berlin contains later prints of three self-portraits by Ilse Bing: "Self-Portrait with Leica" (1931), described by Bernd Hüppauf, "New York—The Elevated and Me" (1936) and an early self-portrait from Frankfurt am Main, dating to the year 1913, which Bing has inscribed on the back with the words "Autoportrait dans ma chambre / ma première photo." **12** Dawn Freer (ed.), *Fred Stein—Paris New York*, Heidelberg 2013, p. 145; for original citation in English, see Willy Brandt, letter to Peter Stein, May 10, 1983, Fred Stein Archive. **13** Interview with Lilo Stein, Fred Stein Archive. **14** Ibid. **15** Ibid. **16** Fred Stein to Will Grohmann, February 24, 1955, Fred Stein Archive. **17** Fred Stein, "Celebrities by Fred Stein," *Minicam Photography Magazine*, July 1944, p. 62-64 here p. 62. **18** The manuscripts form part of the collection of the Jewish Museum Berlin. They were donated to the museum by Peter Stein in 2013. **19** Fred Stein to Dr. Hahn, December 20, 1964, Fred Stein Archive.

Mit menschlichem Blick. Anmerkungen zum Neuen Sehen in der Fotografie von Fred Stein

BJÖRN EGGING

Eine Straßenansicht aus dem oberen Stockwerk, aufgenommen 1934 in Paris, macht begreifbar, dass Fred Stein ein bemerkenswerter Fotograf mit einem guten Auge war (S. 157). Die *Embrace* betitelte Fotografie veranschaulicht außerdem, wie umfänglich Stein sich die Gestaltungsprinzipien des Neuen Sehens für seine Fotografie angeeignet hatte, auch wenn er nicht alle neuen Ideen anwandte. Zu sehen ist ein Liebespaar unter einer Laterne in einer verschneiten Winternacht. Der Gefahr, mit dem romantischen Sujet nur ein Pariser Klischee zu illustrieren, entgeht Fred Stein durch formale Strenge, indem er die Bildelemente für eine spannungsvolle, abstrakt-geometrische Konstellation nutzt: Das Liebespaar ist in dem von Stein gewählten Ausschnitt nur ein kleines dunkles Rechteck, das mit seinem Schatten einen Winkel bildet, leicht aus der Mitte geschoben. Die Laterne stellt mit ihrem Schlagschatten hierzu ein kompositorisches Gegengewicht dar und durchschneidet als schwarze Senkrechte die das Paar umschmeichelnden Parabelbögen der Fahrwege im Schnee und des Trottoirs.

Die Fotografien von Fred Stein verdanken ihre bildliche Qualität jenen gestalterischen Errungenschaften des Neuen Sehens, die bekanntlich in den 1920er Jahren von bahnbrechenden Fotografen und Theoretikern entwickelt und propagiert worden waren, darunter zuvörderst von László Moholy-Nagy und Alexander Rodtschenko.[1] In der scharfen Ablehnung der piktorialistischen Fotografie, die vom Ende des 19. Jahrhunderts bis zum Ersten Weltkrieg vorherrschend war und die die fotografische Leistungsfähigkeit am Maßstab der Malerei ausgerichtet hatte, war man entschlossen, sich ganz auf die medienspezifischen Möglichkeiten der Fotografie zu besinnen. Das führte einerseits zur Wiederentdeckung der naturgetreuen Aufzeichnung von Wirklichkeit und zum Objektivitätsanspruch der neusachlichen Richtung innerhalb der Fotografie, wie sie etwa Albert Renger-Patzsch vertrat. Für Moholy-Nagy hingegen bedeutete Medienspezifik, unkonventionelle und experimentelle fotografische Mittel zur Wahrnehmungserweiterung anzuwenden und damit adäquate Bilder für die Komplexität und Dynamik der modernen Welt zu erzeugen. Denn „nicht der schrift-, sondern der fotografie-unkundige wird der analfabet der zukunft sein".[2]

Der Blick von oben, der die Landschaft ohne Horizont zeigt, war neuartig und ermöglichte packende Perspektiven mit ungewohnten Verkürzungen und flächigen Bildstrukturen. Eine Aufnahme von allen anderen ungewohnten Standpunkten aus, „nur nicht vom Bauchnabel",[3] wie es Rodtschenko formuliert hatte, entsprach ganz Moholy-Nagys Forderung: „Keine Anlehnung an traditionelle Darstellungsweisen!"[4] Das Schwarz-Weiß ermöglichte Hell-Dunkel-Kontraste oder gar, in Anlehnung an die Röntgenfotografie,

The Compassionate Gaze. Remarks on the Impact of the New Vision Movement on the Work of Fred Stein

BJÖRN EGGING

A street view, shot from an upper story in Paris in 1934, shows that Fred Stein was a remarkable photographer with a good eye (p. 157). Titled *Embrace*, the picture also reveals the degree to which Stein had adopted the guiding principles of the Neues Sehen, or New Vision movement, even if he did not bring every one of its startlingly original ideas to bear on his work. *Embrace* shows a couple beneath a streetlamp on a snowy night. Stein avoided the pitfalls of rehashing a well-worn Paris cliché by approaching the romantic subject with great formal rigor and an eye for the dynamic, abstract, and geometric qualities of the scene. Placed off-center, the lovers form no more than a small dark rectangle casting a perpendicular shadow. They are counterbalanced by the black vertical of the streetlamp and its shadow that cut through the sweep of the curb and the curved lines of the tire marks in the snow, which seem to enfold and frame the couple in an embrace of their own.

The imagery of Fred Stein's photographs draws on the aesthetics of the New Vision movement, which had been developed and championed in the 1920s by pioneering photographers and theorists, chief among them László Moholy-Nagy and Aleksandr Rodchenko.[1] The advocates of the New Vision vehemently rejected Pictorialism, which had dominated the world of photography from the end of the 19th century until the First World War, for its contrived artistry and its insistence on judging photography by the standards of painting rather than on its own terms. They considered photography an autonomous artistic practice with its own laws and were determined to focus on its inherent, medium-specific potential. This gave rise to a renewed interest in recording the exact appearance of reality and allowed those photographers who, like Albert Renger-Patzsch, subscribed to the aesthetic of the New Objectivity to lay claim to the medium's splendid fidelity of reproduction. For Moholy-Nagy, on the other hand, medium-specificity meant the use of unconventional and experimental photographic means to broaden the understanding of vision and perception and, with it, to find adequate images for the complexity and vitality of the modern world. "It is not the person ignorant of writing but the one ignorant of photography who will be the illiterate of the future," he predicted.[2]

The view from above, which shows the landscape without a horizon, was novel and allowed for compelling perspectives with unconventional foreshortening and flattened compositional structures. Photographs taken from new angles and viewpoints—anything other than the standard "belly-button perspective,"[3] as Rodchenko called it—also chimed with Moholy-Nagy's peremptory demand: "no reliance on traditional modes of

Tonwertumkehrungen durch Negativabzüge, deren visuellen Effekt Fred Stein bei *Embrace* mitgedacht haben mag. In zwei weiteren Straßenansichten, *Street Crossing* (1935, S. 121) und *After the Rain* (1936, S. 128), verwandelte Stein mit geschickt gewählten Anschnitten und Ausschnitten, die mit der handlichen Leica leicht möglich waren,[5] Wände oder Straßen in abstrakte Flächen oder Strukturen sowie Schlagschatten und Plakatbilder in Figuren mit skurril surrealem Eigenleben.

Street Crossing zeigt nur einen engen Ausschnitt der Straße, die überraschenderweise nahezu verkehrslos ist. Nur am linken Bildrand spielt sich ein wenig Leben ab, die rechte Hälfte besteht aus der leeren glatten Fläche des Straßenbelags, im unteren Bildbereich kontrastiert durch das heterogene Gefüge der Blätter. Sichtbar sind verstreute Passanten und die Schattenwürfe von weiteren verdeckten oder abgeschnittenen Personen. Der wahre Protagonist der Fotografie ist die Anschlagsäule mit ihren Ankündigungen großstädtischer Sensationen, dort vor allem das große Plakat eines Mannes, der in Kontakt mit der davonstrebenden Dame mit Hut zu treten scheint.

After the Rain ist reine Geometrie. Der Blick nach unten legt die bildlichen Strukturen des Stadtausschnittes offen und überführt Straßen und Häuser in ein System aus kontrastierenden Flächen und Linien, wobei Steins Interesse wohl vor allem dem hellen netzartigen Verlauf des Wassers nach dem Platzregen gegolten hat. Ein starker grafischer Akzent wird durch den Schatten der Gehwegkante und insbesondere durch das Fallrohr an der Brandmauer erzeugt, das beinahe wie die Rahmung eines Spiegels wirkt und damit dem Blick nach draußen eine gewisse Unwirklichkeit gibt. Viele weitere Fotografien zeigen Steins Interesse an grafischen Bildstrukturen. Während in den gestapelten *Aluminum Chairs* (1938, S. 153) die funktionale Serialität des modernen Produktdesigns betont wird, fasziniert an *Feet* (1938, S. 147) die an ein Speichenrad erinnernde Geometrie der konzentrisch ausgerichteten Beine. Im Ergebnis gilt für die wenigen herausgegriffenen fotografischen Beispiele von Fred Stein das, was Moholy-Nagy 1925 in seinem berühmten Bauhausbuch *Malerei. Fotografie. Film* für das Neue Sehen festgestellt hatte: „Man kann sagen, dass man die Welt mit vollkommen anderen Augen sieht.“[6] Fred Stein hat seinen innovativen Umgang mit Fotografie allerdings nicht auf alle vom Neuen Sehen propagierten Techniken ausgedehnt: Es gibt, soweit bekannt, in seinem Werk keine Fotogramme, Fotomontagen oder Mehrfachbelichtungen.

Im Pariser Exil verdiente Fred Stein als selbstständiger Pressefotograf sein Geld mit dem Verkauf seiner Fotos an Zeitungen und Zeitschriften. Im Vordergrund seiner Produktion standen allein schon aus wirtschaftlicher Notwendigkeit wohl zunächst Fotoreportagen und Nachrichtenbilder, weniger künstlerische Arbeiten. Steins politische Haltung führte ihn fast zwangsläufig zum Journalismus, sodass er sogar in der Antifaschistischen Journalistenvereinigung organisiert war.[7] Als Linker und als leidenschaftlicher Antifaschist[8] unterstützte er wie Robert Capa und Henri Cartier-Bresson die Politik der Sozialisten und berichtete mit seinen Reportagen vom Aufstieg der Volksfront (Front Populaire), zu der sich die linken Parteien in Frankreich zusammengeschlossen hatten und die 1936 die unter Léon Blum geführte Regierung bildete. Steins Fotografien wurden in den illustrierten Zeitschriften *L'Humanité*, das von der Kommunistischen Partei Frankreichs herausgegeben wurde, und ebenfalls in der *Vu* und der *Regards* veröffentlicht. In diesem Zusammenhang wäre für die weitere Forschung die genauere Erschließung des Stein-Nachlasses und weiterer Quellen nützlich. Erst dann wird man Auskunft über die Bedingungen von Fred Steins fotografischer Produktion und das Verhältnis zwischen Aufträgen und freien Arbeiten erhalten.[9]

representation!"[4] The simple black-and-white aesthetic lent itself to chiaroscuro contrasts and even, drawing on X-ray photography, to the reversal of tonal values by means of negative prints, the visual effects of which may have been at the back of Stein's mind in *Embrace*. Two further street views, *Street Crossing* (1935, p. 121) and *After the Rain* (1936, p. 128), show how Stein took advantage of the light-weight Leica[5] to transform walls and streets into abstract planes or structures, and shadows and advertising posters into figures with a drolly surreal life of their own.

Street Crossing shows just a narrow glimpse of a surprisingly quiet street. What little life there is, seems confined to the left edge of the image; the right half is dominated by the smooth empty expanse of the pavement, enlivened along the lower edge by heterogeneous clumps of foliage. Scatteredpedestrians and the shadows of further cropped or unseen figures populate the scene. The true protagonist is the advertising pillar with its announcements of various metropolitan delights, chief among them a large poster featuring a man who appears to cast an appreciative glance at the lady in a hat striding away from him.

After the Rain is pure geometry. The view from above reveals the visual structures of the urban detail and translates streets and houses into a system of contrasting planes and lines. Of these, it was probably the gleaming tracery of water running off after the cloudburst that attracted Stein's eye. A strong linear accent is provided by the shadow of the curb and, even more so, by the drainpipe on the firewall on the left, which looks almost like the edge of a mirror and thus infuses the outside view with a slightly uncanny sense of insubstantiality. Many other photographs show Stein's interest in graphical image structures. While *Aluminium Chairs* (1938, p. 153) underscores the functional beauty of modern product design, *Feet* (1938, p. 147) captures the viewer's attention with the striking spoked-wheel geometry of the concentric arrangement of legs. In his celebrated Bauhaus book *Painting, Photography, Film* of 1925, Moholy-Nagy asserted: "We may say that we see the world with entirely different eyes."[6] These few, randomly picked examples of Fred Stein's work bear out that bold statement. But Fred Stein's innovative approach to photography does not seem to have encompassed experimentation with any of the more avant-garde techniques promoted by the New Vision movement. As far as we know, there are no photograms, photo montages, or multiple exposures in his oeuvre.

In exile in Paris, Fred Stein made a living as an independent press photographer, selling his pictures to newspapers and magazines. His precarious economic situation forced him, at least initially, to focus on photo reportage and news rather than artistic creativity. His political convictions almost inevitably led him to journalism, and he even joined an anti-fascist journalists' organization.[7] As a leftist and passionate anti-fascist[8], like Robert Capa and Henri Cartier-Bresson, he supported socialism and reported on the rise of the Popular Front, an alliance of French left-wing parties that won the 1936 legislative elections and formed the government led by Léon Blum. Stein's photographs appeared in the illustrated magazines *L'Humanité*, published by the Communist Party, as well as in *Vu* and *Regards*. Further research into Fred Stein's estate and other sources is needed to learn more about the conditions of Stein's photographic production and the relationship between commissions and independent creative work.[9]

Paris in 1933 was host to an innovative photo scene. New Vision had become an international movement and its precepts had been adopted by the publishers of newspapers and illustrated magazines, where they had come to shape the look and feel of photo

Im französischen Exil fand Fred Stein 1933 eine innovative Foto-Szene vor. Das Neue Sehen war zu einer internationalen Bewegung geworden und hatte sich als künstlerische Haltung auch in den Fotoreportagen der Zeitungen und Magazine etabliert. Paris kann ohne Übertreibung als die damalige „unangefochtene Hauptstadt der modernen Fotografie im damaligen Europa"[10] betrachtet werden. Seit den 1920er Jahren brachten vor allem die ausländischen Fotografinnen und Fotografen progressive Ideen nach Paris, was sich nach 1933 mit der Vielzahl von Emigranten noch verstärkte. Mitte der 1930er Jahre lebten und arbeiteten dort Brassaï, Robert Capa, Henri Cartier-Bresson, Gisèle Freund, Florence Henri, André Kertész, Germaine Krull, Herbert List, Man Ray und der ebenfalls aus Dresden stammende Wols, um nur die bekanntesten zu nennen. Zu Capa hatte Fred Stein engen Kontakt, mit anderen Fotografen war er sicherlich durch die Arbeit und durch gemeinsame Ausstellungen bekannt, etwa mit Ilse Bing, Brassaï, Man Ray und Kertész.[11] Florence Henri, die im Sommersemester 1927 am Vorkurs des Bauhauses bei Moholy-Nagy und Josef Albers teilgenommen hatte, gilt gemeinhin als diejenige Fotografin, die die Pariser Szene mit den Ideen der Neuen Fotografie vertraut gemacht hatte.[12] Weiterhin inspirierend wirkten die Fotobildbände *Paris de Nuit* von Brassaï (1932) und *Paris. Vu par André Kertész* (1934). Während diese beiden Publikationen Paris jedoch aus einer romantischen Perspektive darstellen, zeugen die Fotografien in den Büchern *Métal* (1928) von Germaine Krull und *Paris* (1931) von Moï Vers von der Begeisterung für zeitgemäße Baumaterialien und das fortschrittliche Leben in einer modernen Metropole.[13] Für die Rezeption des Neuen Sehens in Frankreich darf der Sonderband *Photographie* der Zeitschrift *Art et métiers graphiques* aus dem Jahr 1930 nicht unterschätzt werden, in dem Waldemar George die aktuelle Entwicklung anhand ihrer Protagonisten ausführlich darstellte und als „das goldene Zeitalter der Fotografie"[14] bewertete. In Deutschland waren bis 1930 eine Reihe monografischer Fotobücher von Fotografinnen und Fotografen erschienen, die dem Neuen Sehen zuzurechnen sind, darunter von Aenne Biermann, Karl Blossfeldt, Moholy-Nagy, Albert Renger-Patzsch und August Sander. Einflussreich waren auch die beiden Publikationen *foto-auge* von Franz Roh und Jan Tschichold und *Es kommt der neue Fotograf!* Von Werner Graeff zur heute legendären Ausstellung *Film und Foto* des Deutschen Werkbundes 1929 in Stuttgart. Da Fred Stein ein allgemeines Interesse an Kunst hatte, war er wahrscheinlich schon vor seiner professionellen Beschäftigung mit der Fotografie über die aktuellen Strömungen informiert.[15]

Betrachtet man nun noch einmal Arbeiterfotografien wie *Popular Front* oder *Cobblestones* (S. 137 und 130) von 1936, so gehen in Kenntnis von Fred Steins politischem Engagement als Antifaschist und Sozialist die gestalterischen Innovationen seines fotografischen Werkes deutlich über den Referenzrahmen einer rein an formalen Aspekten interessierten Fotografie hinaus. Fred Steins Arbeiten sind vielmehr einer Vorstellung von Modernismus verpflichtet, nach der die künstlerische Avantgarde wie der russische Konstruktivismus oder das Bauhaus gestalterische Mittel zur Verbesserung der Lebensumstände entwickelte und technischen Fortschritt auch als sozialen Fortschritt verstand. Oder, um es mit den Worten Rodtschenkos zu sagen: „Wir waren für eine neue Welt, für die Welt der Industrie, Technik und Wissenschaft. Wir waren für einen neuen Menschen, wir fühlten ihn und hatten eine ungefähre Vorstellung von ihm."[16] Fotografen mit dieser Haltung betrachteten die Kamera als Instrument der Aufklärung. Moholy-Nagy verstand die „kunst als indirektes erziehungsmittel, das die sinne des menschen schärft und sie gegen alle möglichen Überrumpelungen schützt"[17]. Angesichts seiner sozialdokumentarischen Reportagen über Kinderflüchtlinge im Spanischen Bürger-

journalism and reportage. It is no exaggeration to describe Paris of the early 1930s as the "undisputed capital of modern photography in Europe at the time."[10] Ever since the 1920s, numerous progressive photographers, most of them from outside of France, had come to Paris, bringing with them a wide range of new ideas. After 1933, with the influx of émigrés fleeing Nazism, their number grew even further. In the mid-1930s, Paris was home to Brassaï, Robert Capa, Henri Cartier-Bresson, Gisèle Freund, Florence Henri, André Kertész, Germaine Krull, Herbert List, Man Ray, Wols, who, like Stein, had come from Dresden, and many others. Stein was in close contact with Robert Capa and most likely knew others such as Ilse Bing, Brassaï, Man Ray, and Kertész through work and joint exhibitions.[11] It is widely accepted that Florence Henri, who had taken the Bauhaus preparatory course taught by Moholy-Nagy and Josef Albers in the summer of 1927, was the photographer to introduce the ideas of the New Photography movement to the Paris scene.[12] Equally inspiring were the illustrated books *Paris de Nuit* by Brassaï (1932) and *Paris. Vu par André Kertész* (1934), both of which present a romantic vision of Paris. The photographs in books like *Métal* (1928) by Germaine Krull and *Paris* (1931) by Moï Ver, on the other hand, testify to an enthusiasm for the latest building materials and modern life in a buzzing metropolis.[13] Of great importance to the reception of the tenets of the New Vision movement in France was the special edition *Photographie* published by the periodical *Arts et métiers graphiques* in 1930, in which Waldemar George presented a detailed account of the most recent trends and their protagonists and described the current situation as the "golden age of photography."[14] Earlier still, in Germany before 1930, photographers like Aenne Biermann, Karl Blossfeldt, Moholy-Nagy, Albert Renger-Patzsch, and August Sander, all of whom were affiliated with the New Vision movement, had published a number of monographs. Similarly influential were the two publications *foto-auge* by Franz Roh and Jan Tschichold and *Es kommt der neue Fotograf!* by Werner Gräff, published to accompany the legendary Werkbund exhibition *Film und Foto* in Stuttgart in 1929. As someone who had a general interest in art, Stein was likely familiar with these current trends even before his professional engagement with photography.[15]

If we take another look at Stein's photographs of laborers, for example *Popular Front* or *Cobblestones* of 1936 (p. 137 and 130), and bear in mind his deeply held political convictions as an anti-fascist and socialist, it is evident that the artistic innovations of his work go far beyond the frame of reference of a practice concerned primarily with formal aspects. Instead, Fred Stein's works are informed by an idea of Modernism that conceives of the artistic avant-garde, for example Russian Constructivism or the Bauhaus, as developing artistic means to improve living conditions and of technological advances as aligned with social progress. Or, in the words of Aleksandr Rodchenko: "We were for the new world, the world of industry, technology, and science. We were for the new man; we sensed him and had a rough idea of him."[16] Photographers of that persuasion saw the camera as an instrument of enlightenment and instruction. Moholy-Nagy thought of "art as a means of indirect education, sharpening our senses and protecting them from all possible surprises."[17] In view of Stein's socially committed photo reportages about child refugees in the Spanish Civil War, the Jewish community in Antwerp, the proletariat on the fringes of Paris, and the reforming ambitions of contemporary architecture, it seems legitimate to attribute a similar stance to him and to see his photographic oeuvre in the context of the social engagement of the avant-garde, even if he did not fully explore the more experimental side of the medium.

krieg, die jüdische Gemeinde in Antwerpen, das Proletariat an den Rändern von Paris und die reformerischen Absichten zeitgenössischer Architektur erscheint es legitim, Fred Stein eine solche Haltung zu attestieren und sein fotografisches Werk, auch wenn es von ihm nicht in experimenteller Totalität entwickelt wurde, in den aufklärerischen Kontext der Avantgarde zu stellen.

Dass der Mensch im Zentrum von Steins fotografischem Interesse stand, zeigt sich nicht zuletzt in vielen Porträts, die er schon in den 1930er Jahren in Paris begonnen hatte. Der soziale Impetus setzte sich in den Vereinigten Staaten fort. Die Mitglieder der Photo League, der sich Fred Stein zunächst einige Jahre lang angeschlossen hatte, betrieben eine gesellschaftskritische Fotografie des amerikanischen Alltags, in der die medienspezifischen Möglichkeiten der Darstellung eine große Rolle spielten. So zeigen die beiden großen bedeutenden Konvolute aus Paris und New York, dass Fred Stein auf der Grundlage des Neuen Sehens eine fotografische Bildsprache entwickelt hatte, in der auf überzeugende Weise die sozialen und künstlerischen Herausforderungen der Moderne verbunden sind.

Anmerkungen

1 Gilles Mora: Der vielgestaltige Modernismus, in: Dawn Freer (Hg.): Fred Stein. Paris, New York, Heidelberg 2013, S. 11–17, hier S. 12. **2** László Moholy-Nagy: fotografie ist lichtgestaltung, in: Krisztina Passuth (Hg.): Moholy-Nagy, Weingarten 1986, S. 319–322, hier S. 321. **3** Alexander Rodtschenko: Offene Unkenntnis oder ein gemeiner Trick (1928), in: Wolfgang Kemp, Hubertus von Amelunxen (Hg.): Theorie der Fotografie I–IV, München 2006, Teil II, S. 82–83, hier S. 83. **4** László Moholy-Nagy: Die beispiellose Fotografie (1927), in: Wolfgang Kemp, Hubertus von Amelunxen (Hg.): Theorie der Fotografie I–IV, S. 72–73. **5** Fred Stein: „Die Leica brachte mir das Fotografieren bei." Zitiert nach Rosemary Sullivan: Scheidewege, in: Dawn Freer (Hg.): Fred Stein. Paris, New York, Heidelberg 2013, S. 19–27, hier S. 20. **6** László Moholy-Nagy: Malerei, Fotografie, Film, Neue Bauhausbücher, Berlin 1986 [Bd. 8 der Bauhausbücher, Dessau 1925], S. 27. **7** Gilles Mora: Der vielgestaltige Modernismus, in: Dawn Freer (Hg.): Fred Stein. Paris, New York, Heidelberg 2013, S. 11–17, hier S. 12. **8** Vgl. Peter Stein: Ein persönlicher Blick auf meinen Vater, in dieser Publikation, S. 14–20. **9** Philipp Freytag: Fotografie im Exil. Im Augenblick. Fotografien von Fred Stein, in: Rundbrief Fotografie, Vol. 21 (2014), Nr. 3, S. 45–50, hier S. 49. **10** Herbert Molderings: Der Mythos von Paris in fotografischen Bildern, in: Herbert Molderings (Hg.): Die Moderne der Fotografie, Hamburg 2008, S. 219–243, hier S. 239. **11** Vgl. Gilles Mora: S. 11 ff. und die Liste der Gruppenausstellungen von Fred Stein in: The World of Fred Stein, Ausst.-Kat. Gallery Rosenberg & Co., New York 2015, Anhang. **12** „Florence Henri bildete das Bindeglied zwischen der Neuen Fotografie in Deutschland und ihren europäischen Varianten." Andreas Haus und Michel Frizot in: Stilfiguren. Das Neue Sehen und die Neue Fotografie, in: Michel Frizot (Hg.): Neue Geschichte der Fotografie, Köln 1998, S. 457–475, hier S. 472. Vgl. auch Herbert Molderings (2008), S. 237 f. **13** Siehe dazu Herbert Molderings (2013) und weiterführend Hans-Michael Koetzle, Detlev Push (Hg.): Eyes on Paris. Paris im Fotobuch. 1890 bis heute, Ausst.-Kat. Haus der Photographie in den Deichtorhallen Hamburg, München 2011, darin zu Fred Stein, S. 168–169. **14** Waldemar George: Fotografie – Sicht der Welt, in: Wolfgang Kemp, Hubertus von Amelunxen (Hg.): Theorie der Fotografie I–IV, S. 189–193, hier S. 193. **15** Theresia Ziehe: Ans Licht gebracht – Der fotografische Nachlass von Fred Stein, in: Dawn Freer (Hg.): Fred Stein. Paris, New York, Heidelberg 2013, S. 185–191, hier S. 186. Es ist ferner anzunehmen, dass Stein schon als Schüler die inspirierende Kunstszene Dresdens wahrgenommen hat. Oskar Kokoschka und Otto Dix waren in den 1920er Jahren Professoren an der Kunstakademie, während die progressiven Künstler des Bauhauses regelmäßig in den Galerien der Stadt ausstellten. 1926 hatte El Lissitzky auf der Internationalen Kunstausstellung Dresden seinen berühmten „Raum für konstruktive Kunst" eingerichtet. Hugo Erfurth, Franz Fiedler, Genja Jonas, Edmund Kesting und Charlotte Rudolph machten Dresden zu einem erstzunehmenden Standort moderner Fotografie. **16** Alexander Rodtschenko: Gleichsam nebenbei gesagt, in: Alexander Rodtschenko: Aufsätze, Autobiografische Notizen, Briefe, Erinnerungen, Dresden 1993, S. 85–90, zitiert nach Bernd Stiegler: Theoriegeschichte der Photographie, München 2006, S. 223. **17** László Moholy-Nagy: Von Material zu Architektur, Mainz und Berlin 1968 [Bd. 14 der Bauhausbücher, Dessau 1929], S. 15.

That the human condition was at the heart of Stein's interests as a photographer is also borne out by his numerous portraits, the first of which he took in Paris in the 1930s. The social impetus continued to drive him even after his arrival in the US. The Photo League, of which he was member for a few years, sought to foster social activism through photographs of everyday America and pursued a practice embedded within the Modernist aesthetic of media specificity. The two main bodies of Fred Stein's work–the Paris years and New York years–demonstrate that he drew on the tenets of the New Vision movement to develop a compelling photographic language that addresses the social and artistic challenges of Modernism.

Notes

1 Gilles Mora, "Der vielgestaltige Modernismus," Dawn Freer (ed.), *Fred Stein. Paris, New York*, Heidelberg 2013, pp. 11-17, here p. 12. **2** László Moholy-Nagy, "fotografie ist lichtgestaltung," Krisztina Passuth (ed.), *Moholy-Nagy*, Weingarten 1986, pp. 319-322, here p. 321. **3** Aleksandr Rodchenko, "Offene Unkenntnis oder ein gemeiner Trick" (1928), in Wolfgang Kemp, Hubertus von Amelunxen (ed.): *Theorie der Fotografie I-IV*, Munich 2006, part II, pp. 82-83, here p. 83. **4** László Moholy-Nagy, "Die beispiellose Fotografie" (1927), in Wolfgang Kemp, Hubertus von Amelunxen (ed.): *Theorie der Fotografie I-IV*, Munich 2006, part II, pp. 72-73. **5** Fred Stein, "Die Leica brachte mir das Fotografieren bei." Quoted by Rosemary Sullivan, "Scheidewege," Dawn Freer (ed.): *Fred Stein. Paris, New York*, Heidelberg 2013, pp. 19-27, here p. 20. **6** László Moholy-Nagy, *Malerei, Fotografie, Film*, Neue Bauhausbücher, Berlin 1986 [vol. 8 of the Bauhaus Books, Dessau 1925], p. 27. **7** Gilles Mora, "Der vielgestaltige Modernismus," Dawn Freer (ed.) *Fred Stein. Paris, New York*, Heidelberg 2013, pp. 11-17, here p. 12. **8** Cf. Peter Stein, "A Personal Perspective on my Father," this publication, p. 15-21. **9** Philipp Freytag, "Fotografie im Exil. Im Augenblick. Fotografien von Fred Stein," *Rundbrief Fotografie*, vol. 21 (2014), no. 3, pp. 45-50, here p. 49. **10** Herbert Molderings, "Der Mythos von Paris in fotografischen Bildern," Herbert Molderings (ed.), *Die Moderne der Fotografie*, Hamburg 2008, pp. 219-243, here p. 239. **11** Cf. Gilles Mora, p. 11 ff. and the list of group exhibitions Fred Stein showed in, *The World of Fred Stein*, exh. cat. Gallery Rosenberg & Co., New York 2015, appendix. **12** "Florence Henri bildete das Bindeglied zwischen der Neuen Fotografie in Deutschland und ihren europäischen Varianten." Andreas Haus and Michel Frizot, "Stilfiguren. Das Neue Sehen und die Neue Fotografie," Michel Frizot (ed.) *Neue Geschichte der Fotografie*, Cologne 1998, pp. 457-475, here p. 472. cf. also Herbert Molderings (2008), p. 237 f. **13** See Herbert Molderings (2013). For further details, see Hans-Michael Koetzle, Detlev Push (ed.), *Eyes on Paris. Paris im Fotobuch. 1890 bis heute*, exh. cat. Haus der Photographie in den Deichtorhallen Hamburg, Munich 2001, for further details on Fred Stein, see p. 168-169. **14** Waldemar George, "Fotografie–Sicht der Welt," Wolfgang Kemp, Hubertus von Amelunxen (ed.), *Theorie der Fotografie I-IV*, Munich 2006, part II, pp. 189-193, here p. 193. **15** Theresia Ziehe, "Ans Licht gebracht–Der fotografische Nachlass von Fred Stein," Dawn Freer (ed.), *Fred Stein. Paris, New York*, Heidelberg 2013, pp. 185-191, here p. 186. We can safely assume that Fred Stein became aware of Dresden's vibrant art scene while he was still at school. In the 1920s, Oskar Kokoschka and Otto Dix held professorships at the Dresden Academy, and the progressive Bauhaus artists frequently exhibited their work in the city's galleries. In 1926, El Lissitzky installed his famous Room for Constructive Art at the International Art Exhibition in Dresden. Hugo Erfurth, Franz Fiedler, Genja Jonas, Edmund Kesting, and Charlotte Rudolph established Dresden as a serious player on the modern photography circuit. **16** Aleksandr Rodchenko, "Gleichsam nebenbei gesagt," Aleksandr Rodchenko, *Aufsätze, Autobiografische Notizen, Briefe, Erinnerungen*, Dresden 1993, pp. 85-90, as quoted in Bernd Stiegler, *Theoriegeschichte der Photographie*, Munich 2006, p. 223. **17** László Moholy-Nagy, *Von Material zu Architektur*, Mainz and Berlin 1968 [vol. 14 of the Bauhaus Books, Dessau 1929], p. 15.

Der bedeutende Augenblick. Fred Steins Stadtfotografie

BERND HÜPPAUF

Einige Porträtfotos von Fred Stein sind zu Ikonen des 20. Jahrhunderts geworden: Albert Einstein (Princeton 1946), Hannah Arendt (New York 1949), der alte Hermann Hesse (Montagnola 1961) haben das kollektive Bildgedächtnis auf immer geprägt. Hinter ihnen ist der Fotograf verborgen geblieben. Trotz der weiten Verbreitung der Porträts in Zeitungen, Zeitschriften (u. a. *Regards, L'humanité*) und einiger Einzelausstellungen zählt Fred Stein nicht zu den Stars in der Geschichte der Fotografie. Das liegt am Markt und am Fotografen. Der Markt verlangt nach Performativität, nach der Inszenierung der Person, nach der Sensation. Stein hatte eigentlich die Voraussetzungen dafür: Emigrant in Paris und New York, Sohn eines Rabbiners und säkularer Intellektueller mit einer juristischen Ausbildung, den die Nationalsozialisten aus der Bahn geworfen hatten und in dessen Leben sich dramatische Szenen finden, die sein Schicksal mit der Weltgeschichte verbinden. Die Flucht vor den deutschen Besatzern aus Paris nach Marseille und die Reise auf einem der letzten Schiffe nach New York waren nicht weniger ergreifend als die Schicksale von Emigranten, aus denen Filme entstanden oder von denen Anna Seghers im Roman *Transit* erzählt. Aber Stein stand der Sinn nicht nach Selbstinszenierung. Er war dem öffentlichen Spektakel abgeneigt und zurückhaltend. Seine Fotografien bedienten nicht den Wunsch nach Sensation.

Der Anfang als Fotograf war bescheiden. Stein war ein Selfmademan. Aber er machte sich mit einer Kamera, die er und seine Frau sich gegenseitig zur Hochzeit geschenkt hatten, zu einem der bemerkenswerten Fotografen des Jahrhunderts. Die Kamera habe ihn gelehrt zu fotografieren, hat er gelegentlich bemerkt. Aber der Fotografie dieses Autodidakten haftet nicht das Dilettantische der Amateurfotografie an. Stein hatte eine emotionale Beziehung zu den Menschen und Städten, die er fotografierte. Er setzte seine Liebe in eine spezifische Bildsprache um.

Der Jurist, der in Frankreich seinen Beruf nicht ausüben konnte, machte sich in Paris aus Not und Neigung zum Fotografen. Bereits wenige Jahre nach der Flucht aus Dresden wurde er zu Ausstellungen eingeladen, an denen Man Ray, Ilse Bing, Brassaï, Dora Maar, Robert Doisneau und André Kertész beteiligt waren.

Als Autodidakt war Stein stets in einer prekären finanziellen Lage, aber frei von dem Druck, den Auftraggeber auf professionelle Fotografen ausüben. Freiberufliche Fotografen haben die größeren Möglichkeiten, etwas von sich selbst in die Fotografie zu legen und gleichzeitig ein authentisches Bild zu schaffen. Diese Seite des Nicht-Professionellen zeigt sich in Steins Stadtfotografie.

The Significant Moment. Fred Stein's Urban Photographs

BERND HÜPPAUF

Several of Fred Stein's portraits have become twentieth-century icons. His photographs of Albert Einstein (Princeton, 1946), Hannah Arendt (New York, 1949), and Hermann Hesse (Montagnola, 1961) have shaped our collective memory, but the photographer who took those images has remained hidden from the public eye. Despite the currency of the portraits in newspapers and magazines, among them *Regards* and *L'humanité*, and a number of solo exhibitions, Fred Stein is not celebrated as one of the stars in the history of photography. This is due to the market and the photographer. The market demands performance, the carefully staged public persona, the sensation. Stein could easily have ticked all of those boxes—an émigré in Paris and New York, the son of a rabbi, a secular intellectual with legal training thrown off course by the Nazis, a man with a biography full of dramatic events that link his life to the course of history. His flight from Paris to Marseille and the journey to the US aboard one of the last ships to leave France were no less gripping than the life stories of other emigrants that were turned into films or that are at the heart of Anna Segher's novel *Transit*. But Stein had no taste for self-dramatization. A reserved man, he disliked the very idea of making himself into a public spectacle, and his photographs did not pander to the desire for sensationalism.

Stein was a self-made man who had embarked on his career as a photographer from inauspicious beginnings. Using the camera he and his wife had given each other as a wedding present, he made himself into one of the more remarkable photographers of the twentieth century. It was the camera itself that had taught him how to take pictures, he occasionally explained. But there is none of the dilettantism of the amateur in the images of this self-taught photographer. Stein did indeed have an emotional connection with the cities and people he photographed. He translated his affection into an expressive visual language.

Necessity and inclination prompted the lawyer who could not practice his profession in France to reinvent himself as a photographer. Within a few years of his flight from Dresden, he was invited to participate in exhibitions alongside photographers such as Man Ray, Ilse Bing, Brassaï, Dora Maar, Robert Doisneau and André Kertész.

As a self-taught photographer Stein always struggled with his precarious financial situation, but he was free of the pressure clients put on professional photographers. Working independently, he could put more of himself into his work and create an authentic image. This aspect of non-professionalism comes to the fore in Stein's urban photographs.

Unabhängigkeit war ihm wichtiger als die Unterstützung etwa der Photo League, mit deren Position der nicht-marxistische Sozialist mit humanistischem Engagement sich nicht anfreunden konnte. Sein ethischer Sozialismus stellte ihn in die Nähe der berühmten Magnum-Fotografen, zu denen er in Paris intensiven Kontakt gepflegt hatte. Zu ihrer Schar aber hat er nicht gehört. Doch sein humanistisches Engagement und die Qualität seiner Fotografie stellen ihn in die Reihe von Cartier-Bresson, David Seymour, Gerda Taro, Robert Capa. Die Ideale der Magnum-Agentur – Unabhängigkeit (von kommerziellen Auftraggebern) und (gesellschaftlich engagierter) Humanismus – teilte Stein uneingeschränkt. Wenn für Cartier-Bresson fotografieren bedeutet, „Kopf, Auge und Herz auf dieselbe Visierlinie zu bringen",[1] so spricht er auch Steins Fotophilosophie aus. Das gilt für seine Porträts ebenso wie für seine Stadtfotografie.

Der bedeutende Augenblick

Wie Cartier-Bresson folgte Stein der Maxime, dass die Fotografie Bilder eines herausgehobenen Augenblicks zeigt oder durch das Bild den Augenblick heraushebt. Cartier-Bresson sprach vom „L'instant décisif", dem entscheidenden Augenblick. „Man nähert sich auf leisen Sohlen", schrieb er. „Auf Samtpfoten muss man gehen und ein scharfes Auge haben [...] Kein Blitzlicht, das versteht sich wohl, aus Rücksicht vor dem Licht, selbst wenn es dunkel ist. Andernfalls wird der Photograph unerträglich aggressiv. Das Handwerk hängt stark von den Beziehungen ab, die man mit den Menschen herstellen kann."[2] Stein schließt sich an. Auch er arrangierte die Szenen nicht und vermied das Blitzlicht in seinen Straßenfotografien. Aber Cartier-Bressons Betonung der Technik und des kurzen Augenblicks, in dem sich der Verschluss der Kamera öffnet, verschob er in die Bedeutung des Fotos. Der Moment der Belichtung schafft nicht nur das Bild, sondern verleiht dem Augenblick für den Betrachter eine Bedeutung. Vor die Produktion stellt Stein die Rezeption. Sein Ziel war es, mit der Kamera den bedeutenden Augenblick für die Betrachter zu schaffen. Sein Ethos war, aus einer emotionalen Verflechtung von Fotograf, Fotografiertem und späterem Betrachter einen Augenblick zu entwickeln, in dem Bedeutung liegt.

Der Augenblick ist aussagekräftig, weil er eine Konzentration bildet. Stein folgte seinem Gefühl für das Echte im Leben, das er im verdichteten Augenblick suchte und sichtbar machen wollte. Seine Porträts konzentrieren die Zeit. In ihnen laufen Fäden zusammen, die der Betrachter über den Bildrand hinaus zurückverfolgen kann. Von den Sitzungen für Porträts wird berichtet, dass Stein, bevor er den Auslöser betätigte, sich Zeit nahm, die er mit Gesprächen füllte. Albert Einstein hat dem Bericht von Steins Ehefrau Lilo zufolge die geplanten zehn Minuten eines Fototermins auf zwei Stunden ausgedehnt, weil er das Gespräch inspirierend fand.[3] Für Steins Stadtfotografie lässt sich Ähnliches sagen: Seine Fotos entstanden nach intensiven Gesprächen mit der Stadt, die sie im aussagekräftigen Augenblick zu fixieren suchen.

Freedom was more important to him than the support of organizations like the Photo League, whose ideological convictions the non-Marxist socialist and committed humanist could not endorse. His ethical socialism is related to that of the famous Magnum photographers with whom he was close in Paris, without ever becoming one of them. His humanist ideals and the quality of his photographs, however, make him the equal of Cartier-Bresson, David Seymour, Gerda Taro and Robert Capa, and he wholeheartedly shared Magnum's ideals of socially engaged humanism and independence from commercial clients. Cartier-Bresson's dictum that photography was "to put on the same line of sight the head, the eye and the heart"[1] also encapsulates Stein's approach—to his portraits as much as to his urban photographs.

The Significant Moment

Like Cartier-Bresson, Stein followed the maxim that the purpose of photography was to show a picture of a singular moment or to single out a moment by means of the picture. Cartier-Bresson coined the idea of the "*instant décisif*," the decisive moment. Aware of the intrusiveness of the photographer, he wrote "It is essential, therefore, to approach the subject on tiptoe—even if the subject is a still life. A velvet hand, a hawk's eye—these we should all have. [...] And no photographs taken with the aid of flash light either, if only out of respect of the natural light—even when there isn't any of it. Unless a photographer observes such conditions as these, he may become an intolerably aggressive character. The profession depends so much upon the relations the photographer establishes with the people he's photographing, that a false relationship, a wrong word or attitude, can ruin everything."[2] Stein couldn't have agreed more. He, too, did not arrange scenes and avoided using flash lighting in his street photography. But instead of Cartier-Bresson's emphasis on technique and the brief, decisive moment of the shutter opening, he preferred to stress the significance of the photograph. The moment of exposure creates not only the image, it also invests that moment with a meaning for the viewer. Stein placed reception above production and sought to create the *significant moment* for the viewer. From the emotional connection between photographer, subject and viewer, he sought to develop a moment of significance.

The moment is meaningful because it represents a concentration. Stein followed his instinct for what was real in life and tried to make it visible in the concentrated moment. His portraits concentrate time. They weave together threads of meaning that the viewer can trace beyond the frame of the image. Stein's sitters remembered their portrait sessions as unhurried and that Stein took time to talk with them before clicking the shutter. According to Stein's wife Lilo, Albert Einstein was so fascinated by the conversation he had with the photographer that he extended the allotted ten minutes of his sitting to two hours.[3] Much the same can be said about Stein's urban photographs. The pictures were the result of intense exchanges with the city and sought to capture that intensity in a *characteristic moment*.

Fotografie der Moderne – aber ohne Experimente

Stein war kein Avantgardist, er hielt sich von Experimenten mit der Technik und Chemie der Fotografie fern und vermied die Extreme des Modernismus. Das Sichtbare der Welt und das Expressive treten in seiner Fotografie nie hinter die Technik oder das Bildexperiment zurück. Seine Bilder sind nicht radikal modern, sondern bleiben mild, unaufgeregt und unaufdringlich.
Ein Blick auf Ilse Bings *Selbstportrait mit Leica* (1931) zeigt den Unterschied zu einer vom Bauhaus und Surrealismus inspirierten Fotografie. Das Modernistische ist unübersehbar in Bings Bildaufbau. Das Porträt ist hoch stilisiert und visuell gebrochen. Es zeigt Bings Gesicht en face und die Kamera in einem Spiegel, dessen Bild in einem anderen Spiegel gespiegelt wird und dadurch die abgewandte rechte Gesichtsseite im Profil zeigt. Ein übergroßer runder Knopf auf ihrer Ärmelmanschette, im Spiegelbild verdoppelt, unterbricht die Verbindung der beiden Gesichter. Das hoch artifizielle Foto lässt aber auch einen Hauch von Poesie und Intuition erkennen. Er macht den Vergleich mit Steins Porträts möglich und für den Unterschied aussagekräftig.[4]
Steins Fotografie ist nicht radikal, aber auch nicht konventionell. Seine Bildästhetik wollte nicht schockieren, aber seine Bilder sollten kein bloßes Abbild herstellen, sondern Unsichtbares im Sichtbaren zeigen. Sie streben nach einer Darstellung von Atmosphäre, Gemütszuständen oder Werturteilen. Damit erinnern sie an Alfred Stieglitz und die Bildphilosophie des Piktorialismus, jedoch ohne dessen teilweise technisch aufwendige Mittel zu übernehmen. Stein wollte die Fotografie nicht als Kunst bestätigen. Seine Bilder sind künstlerisch, aber sie verfolgen keine bildtheoretische Absicht. Er stellt keine Szenen des Landlebens dar und hat keine Neigung zur Idylle. Unschärfe gehört zu den unaufdringlichen Mitteln der Fotografie und ist die beliebte Fototechnik des Piktorialismus. Selbst diese unspektakuläre Technik meidet er, programmatische Unschärfe findet sich in Steins Bildern nicht. Doch stets sind seine Bilder ästhetisch ansprechend. Sie bleiben dem Ideal der Schönheit in der Kunst, das die Fotografie des Piktorialismus mit Unschärfe assoziiert, verpflichtet.

Street Photography oder Stadtfotografie

Steins Fotos der beiden Metropolen Paris und New York zeugen von Einfühlungsvermögen, sind nie kalt, nie distanziert. Sie machen etwas vom Innenleben der Städte und des Fotografen sichtbar, zeigen einen Hauch von Liebe zur Stadt, die sich nicht zur Ablichtung drängt, sondern vom Fotografen zur Abbildung gedrängt wird – von Weegee mit Zwang, von Stein mit Hingabe.
Eine vergleichbare Haltung zu Stadt und Mensch zeigt die Fotografie von Vivian Maier. Maier war eine Einzelgängerin ohne Kontakt zu politischen Organisationen oder zu einer fotografischen Schule. Ihre Fotografie eines Kindermädchens zeigt die Liebe der Dilettantin zum Thema Leben in der Stadt. Die Arbeiten Vivian Maiers verfolgen einen poetischen und psychologischen Realismus, der der Bildphilosophie Steins nahesteht.[5] Ihre Stadt- und Straßenaufnahmen, vergleichbar unspektakulär, begeistern seit einigen Jahren die Fotowelt.
Wie Maier wirft auch Stein einen teilnehmenden, ja liebenden Blick auf die von ihm abgebildeten Szenen. Seine Fotografien zeigen nicht das Sichtbare, sondern schaffen

Modern Photography, But Without Experiments

Stein steered clear of technical and chemical experiments and avoided the extremes of Modernism. He never subjugated the visible world and expressiveness to technique or visual experimentation. Far from being radically modern, his photographs are gentle, calm and unobtrusive.

A glance at Ilse Bing's *Self-Portrait with Leica* (1931) highlights the difference between Bing's Bauhaus and Surrealism-inspired work and his. Bing's composition is conspicuously Modernist. The portrait is highly stylized and refracted. It shows the reflection of Bing's face and her trademark Leica in one mirror, while the profile of both is reflected in another. The double reflection of an oversized cuff button disrupts the link between the two faces. Highly contrived though it is, the photograph is also infused with a sense of poetry and intuition, which makes it possible to compare it to Stein's portraits and renders the comparison telling.[4]

Stein's photographs are not radical, but they are not conventional either. While he did not seek to shock, he was also not interested in merely reproducing the visible world. Instead, he wanted his images to show the invisible in the visible, to capture atmosphere, mood or value judgments. In that they are reminiscent of Alfred Stieglitz and the ideals of Pictorialism, without however adopting Pictorialism's elaborate technical manipulations. Stein did not feel the need to affirm photography's status as art. His pictures are artistic, but they do not pursue any aesthetic or theoretic agenda. He did not depict scenes of rural life and had no penchant for the idyllic. The soft-focus blur is one of the most unobtrusive stylistic devices of photography and was highly popular among the Pictorialists. But Stein avoided even this simple technique; there is no programmatic soft focus in his images. Yet they are always aesthetically appealing. They remained committed to the ideals of beauty in art, which Pictorialist photography associated with soft focus.

Street Photography or Urban Photography

Stein's pictures of Paris and New York bear witness to the photographer's empathy. They are never cold or distant. They reveal something of the inner life of the two cities and that of the photographer; they offer a glimpse of the love he had for the urban environment, which did not so much champ at the bit to have its picture taken as it was harnessed by photographers—forcefully so by Weegee, lovingly by Stein.

A comparable approach to the city and its inhabitants is evident in the photographs by Vivian Maier. Maier was a loner without affiliations to political organizations or photographic schools. Her pictures show the dilettante's love for the subject of city life. Vivian Maier's street photographs, which have taken the artworld by storm in recent years, are committed to a poetic and psychological realism that is related to Stein's.[5]

Like Maier, Stein looked at the scenes he photographed with humanity, even love. His pictures do not capture that which is readily visible, they bring scenes into being by infusing them with atmosphere. The personal vision that makes Robert Doisneau's Paris pictures so unmistakable, and that has lost none of its power to touch the viewer, also informs Stein's images. They follow an aesthetic that is embodied by Doisneau's celebrated and endlessly reproduced picture *Le baiser de l'hôtel de ville* (*Kiss by the Town Hall*) of 1950.

diese Szenen erst, indem sie ihnen eine Atmosphäre einhauchen. Der Blick, der Robert Doisneaus Paris-Fotos unverwechselbar macht und bis heute die Emotionen des Betrachters anregt, spricht auch aus Steins Arbeiten. Sie folgen einer Bildästhetik, die sich in Doisneaus immer wieder reproduziertem Foto *Kuss vor dem Rathaus* (1950) zeigt.

Steins Paris-Bilder zeigen den Charme der Stadt. Er bildet die Hauptstadt des 19. Jahrhunderts ab, der Walter Benjamin ein Monument aus Wörtern setzen wollte. Stein widmet diesem Paris ein Monument aus visuellen Impressionen. Er lichtet das Paris der 1930er Jahre ab und macht zugleich sichtbar, was sich an Vergangenheit in seinen Straßen und Plätzen verbarg. Ein Foto wie *Cobblestones* (1936) ist pures 19. Jahrhundert: manuelle und zeitintensive Arbeit aus der Zeit vor der Asphaltierung der Straßen. *Chez* (1934) oder *Le Flic* (1937) zeigen Stadt und Auto, aber vermitteln die Atmosphäre einer vergangenen Welt, die Zeit nicht in Geld übersetzte und die Aussagekraft des Besonderen noch nicht dem Seriellen und der Uniformität der Moderne geopfert hatte. *Café* (1935) oder *Man with Bottles* (1938) zeigen die Welt von gestern, wie Stefan Zweig oder Joseph Roth sie geschildert haben, inmitten der Gegenwart der 1930er Jahre. Zu den ausnehmend suggestiven Fotos dieser Bild-Ambivalenz gehört *Three Chairs* (S. 120). Es zeigt drei leere Metallstühle. Sie setzen nicht die Abstraktion der Moderne, in der sich die Dinge verselbstständigen, ins Bild, sondern wirken wie eine Aufforderung an die Parkbesucher, zu kommen, Platz zu nehmen und sich zu unterhalten. Das Foto strömt Erwartung und Liebe zum Leben aus. Das Gegenlicht produziert viele Abstufungen von Grau, Licht und Schatten und schafft eine Leichtigkeit, die mit dem Ersten Weltkrieg verschwand und die Steins Bild zwei Jahre vor dem Ausbruch eines neuen Krieges erneut aufleben lässt.

Der Unterschied zwischen Steins Paris-Bildern und seiner New-York-Fotografie ist gering. Aber er ist spürbar. New York verändert nicht Steins Sicht auf das Urbane. Amerika und New York waren zunächst die Fremde. Stein machte die Stadt aber nicht zum Objekt einer distanzierten Dokumentation und zeigte sie nicht als das Produkt von Abstraktion und medialer Vermittlung. Er näherte sich als fotografierender Ethnologe. Er nahm New York mit einem offenen Blick wahr und machte die Fremde, zumindest visuell, bald zur Heimat.

Stein ist als einer der frühen Fotografen der „Street Photography" bezeichnet worden. „Street Photography" ist ein Sammelbegriff, der sehr unterschiedliche Fototechniken und Intentionen bezeichnet, das Dokumentarische ebenso wie das Kreative. Sie reicht vom grellen Blitzlicht und der hyperscharfen Aufnahme bis zum körnigen Abzug, unübersichtlichen Ausschnitt oder zur verzerrten Perspektive.

Die frühe Straßenfotografie verbinden wir mit New York, den dunklen Seiten der Stadt, mit Kriminalität und dem Elend des Lebens auf den Straßen der erbarmungslosen Stadt. Arthur „Weegee" Felligs dokumentarische Straßenfotografie hat Geschichte geschrieben. An denselben Orten New Yorks fotografierte wenig später auch Stein. Seine Bilder zeigen aber eine andere Stadt. Sie zielen nicht auf Dokumentation, sondern verwischen die Unterschiede von dokumentierender und imaginativer Fotografie. Seine Fotos sind zwar auch Dokumente, aber sie wollen mehr und machen den emotionalen Ausdruck einer Szene oder eines Ortes sichtbar. Im Unterschied zu Weegee suchte er nicht die Nähe zur Polizei und mied das Sensationelle und das Grelle des Blitzlichts. Er übertrug das Unaufdringliche und Unspektakuläre des Piktorialismus auf das neue

Stein's Paris pictures show the city's charm. He captured the capital of the nineteenth century, immortalizing in visual impressions the city that Walter Benjamin sought to immortalize in words. Photographing the city of the 1930s, he also revealed its past that lay hidden in its streets and squares. A picture like *Cobblestones* of 1936 is pure nineteenth century: manual, time-consuming work going back to a time before streets were tarmacked. *Chez* of 1934 or *Le Flic* of 1937 show the city and the automobile, but still convey the atmosphere of a bygone era that did not equate time with money and that had not yet sacrificed the compelling expressiveness of the quirky and unusual on the altar of the serial uniformity of the modern age. *Café* of 1935 or *Man with Bottles* of 1938 show a world of days gone by, a world that Stefan Zweig and Joseph Roth had described, here lingering on in the 1930s. One of the most evocative of these ambivalent photographs is *Three Chairs* (p. 120). It shows three empty metal chairs. They do not so much articulate the abstraction of Modernism and its insistence on the autonomy of the object, rather an invitation to passers-by to take a seat and have a chat. The image conveys a sense of expectation and a love of life. Taken against the light, it has a striking range of light and shade in countless nuances of gray and a lightness and ease that disappeared with the outbreak of the First World War and that Stein infused with new life two years before the outbreak of the Second.

The difference between Stein's pictures of Paris and those of New York is not huge, but it is palpable. New York did not alter Stein's eye for the urban. America and New York were initially alien territory. But Stein did not turn the city into the object of a detached documentation and did not show it as the product of abstraction and media representation. He approached it as a picture-taking ethnologist. Looking at New York with his eyes wide open and familiarizing himself with the alien territory, he soon made it his home—at least visually.

Stein has been described as one of the early exponents of street photography. Street photography is an umbrella term that encompasses a great many different techniques and intentions, ranging from the documentary to the creative, from the glaringly flash-lit hyper-focused image to the grainy print, the confusing detail and the distorted perspective.

Early street photography is associated with New York, with the murky underbelly of the city, with crime and with the squalor of life in the streets of the merciless metropolis. Arthur "Weegee" Fellig's unflinching documentary street photographs made history. Not much later, Stein took pictures in the same areas of New York, but his photographs show a different city. They have no documentary ambition. In fact, they blur the distinction between documentary and imaginative photography. Of course, Stein's images are documents too, but they want to be more than that and reach further to reveal the emotional import of a scene or place. Unlike Weegee, Stein did not court the police and avoided sensationalism and the brutal glare of the flash. He applied the unobtrusive low-key mode of Pictorialism to the new genre of street photography, which emerged, in a sense, with the fast Leica, which had not been available to Weegee.

Stein's pictures are not street photography. They show a city in an in-between state—between the old Paris that Eugène Atget had photographed and that was rapidly disappearing, the new city that Weegee documented and the Modernist city constructed by Lyonel Feininger's photographs and paintings.

Surrounded by a fastness of brick and concrete, Stein looked for signs of life. He never lost his keen eye for the bizarre, the droll and the comical and sought out opportunities

Genre, das im engeren Verständnis mit der schnellen Leica begann, die Weegee noch nicht zur Verfügung gestanden hatte.
Steins Bilder sind keine Street Photography, sondern zeigen eine Stadt zwischen der Stadt – zwischen dem alten und in der Modernisierung verschwindenden Paris, das Eugène Atget fotografierte, der neuen Stadt, die Weegee dokumentierte, und der modernistischen Stadt, die Lyonel Feiningers Fotografie und Gemälde konstruieren.
Auch im Meer aus Beton und Ziegeln suchte Stein nach Zeichen des Lebens. Er behielt sich den Blick für das Skurrile und Komische, in dem sich das abweichende Eigene eines Menschen zeigt, und suchte nach Gelegenheiten zu lachen oder sich zu wundern (*Man in pushcart*, 1944). Sein Foto einer Gruppe Frauen in Little Italy ist symptomatisch für die ihm immer noch vertraute Paris-Perspektive (*Little Italy*, 1943).
Bemerkenswert sind seine Fotos aus den jüdischen Vierteln der beiden Städte. Sie zeigen wenig Unterschiede. Diese Straßenszenen lassen sich ohne Bildunterschrift keiner der beiden Städte zuordnen. New York hat aber ein anderes Gesicht als Paris, hat keine Überreste des 19. Jahrhunderts bewahrt, und das Leben zwischen den Hochhäusern sieht anders aus. New York lässt Emotion weniger leicht zu und erschwert die Identifikation. Die Stadt strahlt selten Wärme aus – die jüdischen und europäischen Viertel werden in dieser Umwelt zu Ausnahmen. Steins Fotografie macht dies sichtbar.

Eine Stadt, schreibt Robert Musil, lässt sich auch nach jahrelanger Abwesenheit mit geschlossenen Augen wiedererkennen. „Städte lassen sich an ihrem Gang erkennen wie Menschen. [Sie bestehen] aus Unregelmäßigkeit, Wechsel, Vorgleiten, Nichtschritthalten, Zusammenstößen von Dingen und Angelegenheiten, bodenlosen Punkten der Stelle dazwischen, aus Bahnen und Ungebahntem, aus einem großen rhythmischen Schlag und der ewigen Verstimmung und Verschiebung aller Rhythmen gegeneinander [...].“[6] Diese Stadt der Moderne, der Rhythmen, die sich in die Erinnerung eingraben, baut Steins Fotografie in dem Maße nach wie die Abstraktion, die aus Musils Worten spricht, sich vermeiden lässt und die Augen geöffnet bleiben. Er ist stets auf der Suche nach den sinnlich wahrnehmbaren Spuren des Lebens, die sich in den Zusammenstößen von Dingen und Angelegenheiten verbergen. Das Visuelle ist für den Fotografen entscheidend, aber im Visuellen ist ihm Unsichtbares, etwa die Atmosphäre, wichtig. Stein fand sie in der armen Lower East Side (*Knitting Circle*, 1948), in Coney Island (*Family at Coney Island*, 1946), in Harlem (*Children in Harlem*, 1947) oder auf der prunkvollen 5th Avenue (*Bonvit Teller*, 1947).
Seine New-York-Fotos sind nicht harmlos, und die Atmosphäre ist nicht beschönigend. In seinen Bildern lässt sich die Stadt nicht mehr, wie bei Musil, an ihrem Gang erkennen wie Menschen. Steins Fotografie gewinnt an Distanz und Analyse sowie an Eigenschaften, für die Alfred Stieglitz die Bezeichnung „Camera work“ eingeführt hatte. Ein Foto wie *Woman with Hubcaps* (S. 200) ist exemplarisch für New York. Die in Reihen aufgehängten Radkappen verweisen auf das Serielle der industriellen Produktion und die Autokultur der Stadt. Der Mensch – die Verkäuferin – bleibt anwesend, ist aber in den unteren linken Rand des Bildes gedrückt. Das Foto *Traffic* (S. 201) hat denselben Effekt auf den Betrachter: Marginalisierung des Menschen, Standardisierung und die allen vorgegebene Richtung, hier die dynamische Diagonale von links unten nach rechts oben. Aber, für Steins Fotografie bezeichnend: Die Autos fahren nicht über Asphalt, sondern über Ziegelsteinpflaster, und im Vordergrund sehen wir eine schmiedeeiserne Laterne aus der Welt von gestern.

to laugh or to wonder and marvel (*Man in Pushcart*, 1944). His picture of a group of women in Little Italy harks back to the look of his Paris images (*Little Italy*, 1943).
Of particular note are his pictures of the Jewish quarters of the two cities. There is little to differentiate them. Without captions, these street scenes are almost impossible to assign to one or the other city. But New York has a different face than Paris. There are no nineteenth-century relics, and life between skyscrapers looks different. New York does not admit emotions as easily and makes identification more difficult. The city rarely exudes warmth—the Jewish and European quarters are the exceptions in this environment. Stein's pictures visualize this.

A city, wrote Robert Musil, can be recognized with one's eyes shut even after years of absence. "Cities can be recognized by their pace, just as people can be by their walk. [They are] made up of irregularity, change, forward spurts, failures to keep step, collisions of objects and interests, punctuated by unfathomable silences; made up of pathways and untrodden ways, of one great rhythmic beat as well as the chronic discord and mutual displacement of all its contending rhythms."[6] Stein's images—taken with his eyes wide open—rebuild this modern city, this city of rhythms that become the bedrock of memory, but they avoid the abstraction that is inherent in Musil's words. Stein was forever on the lookout for those perceptible traces of life that lurk in the *collisions of objects and interests*. The visual was of primary importance, but within that visible world he sought to bring out the invisible, for example: atmosphere or mood. Stein found it on the poor Lower East Side (*Knitting Circle*, 1948), on Coney Island (*Family at Coney Island*, 1946), in Harlem (*Children in Harlem*, 1947), but also on the rather more glamorous 5th Avenue (*Bonwit Teller Window*, 1947).
Stein's New York photographs are not harmless, nor is their atmosphere merely a gloss of sugar-coating. Unlike Musil's city, Stein's New York cannot be recognized by its pace. Stein's work gained in distance and analysis as well as in qualities for which Alfred Stieglitz had coined the term "camera work." A photograph like *Woman with Hubcaps* (p. 200) epitomizes New York. The serried ranks of suspended hubcaps reference the serial aspect of industrial production and the city's automobile culture. The human presence—the sales woman—is reduced to a huddled figure on the lower left. *Traffic* (p. 201)has the same effect on the viewer. It conveys the marginalization of the human being, inescapable standardization and imposed uniformity of direction—here a dynamic diagonal from the lower left to the upper right. But, in a typical Stein touch, the street beneath the wheels is not tarmacked, it is brick-paved and watched over by a cast iron lamp that time forgot.
Stein's New York is not anonymous. To use an old-fashioned word, it remains human. This is equally true of the few photos that do not feature people. Deserted places in New York do not have the aura of similar shots from Paris. Absence is no longer perceptible. Stein's few pictures of skyscrapers and the canyons between them (*Financial District*, 1949, *EL at Water Street*, 1946) no longer speak of absence and do not suggest the imminent arrival of people. The desertion is final. At the same time, his pictures of deserted places in New York do show traces of human life. *Cola* of 1942, shot from an extreme worm's-eye angle, shows a lamppost and a 5th Avenue street sign seen against the sky with the word "Cola" emblazoned across it by an unseen and no longer present skywriter. Thus, even in the capital of modernity, Stein's pictures find traces of pre-modern life reaching into the present. His photographs enshrine an empathy that treasures affect and balances it against abstraction.

Steins New York ist nicht anonym, sondern bleibt – mit einem Wort der Welt von gestern – menschlich. Das gilt auch für die wenigen Fotos, die keine Menschen zeigen. Orte ohne Menschen haben in New York nicht mehr die Ausstrahlung der Paris-Bilder. Abwesenheit ist nicht mehr spürbar. Seine (wenigen) Fotos von Hochhäusern und den Schluchten zwischen ihnen (*Financial District*, 1949, *EL at Water Street*, 1946) sprechen nicht mehr von Abwesenheit und suggerieren nicht das bevorstehende Kommen von Menschen. Die Menschenleere ist endgültig. Aber Steins Bilder menschenloser Plätze in New York lassen die Spur menschlichen Lebens erkennen. Ein Foto (*Cola*, 1942), aus extremer Froschperspektive aufgenommen, zeigt einen Laternenmast und das Straßenschild 5th Avenue vor dem Hintergrund des Himmels, das mit dem Wort „Cola" von einem ungesehenen Himmelschreiber geschmückt worden ist. So finden Steins Fotos auch in der Hauptstadt der Moderne Spuren eines Lebens, das aus der Vormoderne in die Gegenwart ragt. Seine Fotos bewahren eine Teilnahme, die sich das Affektive erhalten hat und es gegen die Abstraktion verteidigt.

Die „Shockwave", die dem Vulkan aus Energie von Alfred Stieglitz zu Beginn des Jahrhunderts folgte, war vierzig Jahre nach Camera Work und dem Höhepunkt in der Auseinandersetzung um den Piktorialismus nicht mehr nötig.[7] Die Fotografie hatte sich endgültig etabliert. Das Bild der Stadt war ohne sie nicht mehr vorstellbar. Stadt und Moderne verschränkten sich in der Fotografie. Steins Fotografie steht an diesem Schnittpunkt und zeigt die Erinnerung an die alte Stadt der Identifikation und ebenso die Zeichen der neuen Stadt der Abstraktion. Wer nicht nach Sensation und Schock durch Bilder sucht, aber einen Blick für die feinen Unterschiede entwickelt, wird in Steins Stadt-Bildern noch immer fündig.

Anmerkungen

1 "To photograph: it is to put on the same line of sight the head, the eye and the heart." Henri Cartier-Bresson: The Mind's Eye. Writings on Photography and Photographers, New York 2005. **2** Henri Cartier-Bresson: Auf der Suche nach dem rechten Augenblick. Aufsätze zur Photographie und Erinnerungen an Freunde, Berlin 1988, S. 17. **3** Interview Lilo Steins mit ihrem Sohn Peter Stein aus dem Jahr 1981. Das Interview liegt in transkribierter Form vor, Fred Stein Archive. **4** Vgl. den Beitrag von Theresia Ziehe in diesem Band, S. 72–84. **5** Ihre Fotos wurden 2007 zufällig entdeckt und nach 2009 weltweit bekannt. Die Unterschiede sind offensichtlich. Ein Kindermädchen, in New York geboren, wählte die Fotografie als Hobby, während der Emigrant aus Dresden mit der Kamera den Lebensunterhalt verdiente. Ihre Kamera war nicht die Leica, sondern eine Rolleiflex, mit der sie bis zu ihrem Tod (2009) Schwarz-Weiß-Fotos machte. Siehe: John Maloof (Hg): Vivian Maier. Street Photographer, München 2011. **6** Robert Musil: Der Mann ohne Eigenschaften, Reinbek 1978, S. 9 f. **7** Pam Roberts: Alfred Stieglitz. 291 Gallery and Camera Work, in: Alfred Stieglitz: Camera Work. The complete Illustrations 1903–1917, Köln 1997, S. 6–31, hier S. 6.

A shockwave followed Alfred Stieglitz's volcanic outburst of energy in the early part of the century.[7] Forty years after *Camera Work*, and the culmination of the debate about Pictorialism , photography had established itself; the urban image was no longer conceivable without it. City and Modernism converged in the medium of photography. Stein's photographs mark that intersection. They show the memory of the old city of identification as well as the signs of the new one of abstraction. Those who don't look at photographs for shock value and sensationalism and who develop an eye for subtle differences will find plenty to enjoy in Fred Stein's urban photographs.

Notes

1 Henri Cartier-Bresson, *The Mind's Eye: Writings on Photography and Photographers*, New York 2005. **2** Henri Cartier-Bresson, *The Decisive Moment*, New York 1952. **3** Lilo Stein interviewed by her son Peter Stein in 1981. A transcript of the interview is preserved at the Fred Stein Archive. **4** Cf. the contribution by Theresia Ziehe in this volume, p. 73–85. **5** Her photographs were discovered by chance in 2007 and became known to audiences worldwide from 2009. The differences are obvious. A nanny, born in New York, chose photography as a hobby, whereas the émigré from Dresden used his camera to make a living. Her camera was not a Leica, but a Rolleiflex, with which she took black-and-white photographs until her death in 2009. See, John Maloof (ed.), *Vivian Maier: Street Photographer*, Brooklyn 2011. **6** Robert Musil, *The Man Without Qualities*, introduction, Pan Macmillan 2015. **7** Pam Roberts, "Alfred Stieglitz: 291 Gallery and Camera Work" in *Alfred Stieglitz, Camera Work. The Complete Illustrations 1903–1917*, Cologne 1997, pp. 6–31, here p. 6.

Freiheit und Gleichheit, Brüderlichkeit und Menschlichkeit. Fred Steins Porträts

ETIENNE FRANÇOIS

Vor Jahrtausenden begann der Mensch, seiner selbst ansichtig zu werden. Dabei wandelte sich das Bildnis des Menschen von der anbetungswürdigen Ikone, vom repräsentativen Herrscherbild, hin zu einem objektiven Abbild. Immer wieder sollte es auch das vermeintliche Wesen des Porträtierten einfangen, vermitteln und verewigen.

Beispiele lassen sich bereits im alten Ägypten (so mit der wunderschönen Büste von Nofretete als gleichzeitig realistisches und stilisiertes Porträt einer Pharaonin), in Griechenland (angefangen mit den unzähligen Porträtbüsten von Homer) und schließlich im Römischen Reich (mit den zahlreichen Büsten der Kaiser von Cäsar über Augustus, Nero, Hadrian und Caracalla bis Constantin, aber auch von Dichtern und Schriftstellern wie Cicero und Seneca) finden.

Auch die Herrscher-Viten und Heiligenlegenden des Mittelalters lebten von den Gesichtern der erinnerten und geehrten Persönlichkeiten, zumeist aber in hoher Abstraktion und Idealisierung. Authentisch an diesen alten Bildern war daher oftmals allein die Handschrift der – vielfach unbekannten – Künstler.

Und dies gilt zum Teil immer noch für die Mehrheit der unendlich vielen Porträts, die seit der Renaissance von so gut wie allen bedeutenden Malern geschaffen wurden, ob es sich um Tizian (mit dem Porträt von Isabella d'Este), Raffael (mit dem Porträt des Papstes Julius des Zweiten), Leonardo da Vinci (angefangen mit der wunderschönen und rätselhaften Mona Lisa) oder Rembrandt (insbesondere mit seinen zahlreichen Selbstporträts) und Velasquez (angefangen mit Las Meminas) handelt. In dem Maße, in dem die Renaissance die Individualität der Person entdeckt und feiert, wandert diese ein in die Darstellung von Menschen. Noch später dann, etwa in den Pastell-Bildern des Maurice Quentin de la Tour im 18. Jahrhundert (mit seinen Porträts von Ludwig XV., von der Marquise von Pompadour oder von Jean-Jacques Rousseau) wird das Antlitz der gemalten oder gezeichneten Person unverwechselbar – weiterhin aber auch die herrscherliche oder aristokratische Pose, deren Formenrepertoire eben nicht höchst individuell, sondern kanonisiert und somit auch oft stereotypisiert ist.

Mit dem Aufstieg des europäischen Bürgertums kommt dieses vermehrt, schließlich massenhaft zu einem Bild von sich selbst, dessen höchste Gestaltung im 19. Jahrhundert mit Namen wie Jean-Auguste-Dominique Ingres, Edgar Degas, Paul Cézanne oder Auguste Renoir verbunden ist. Diese Künstler wirkten in eben dem Land, in welchem Fred Stein im „Zeitalter der Extreme", dem 20. Jahrhundert, Zuflucht fand und wo er zu einem herausragenden Porträtfotografen wurde.

Liberty and Equality, Fraternity and Humanity. Fred Stein's Portraits

ETIENNE FRANÇOIS

The history of humanity's visual self-portrayal began thousands of years ago. Over the course of that history, the human likeness changed from an icon to be venerated, from the prestigious image of a ruler, to an objective representation. Again and again, the portrait was meant to capture, transmit, and immortalize what was regarded as the essence of the subject.

Examples go back as far as ancient Egypt (like the magnificent bust of the female pharaoh Nefertiti, a portrait simultaneously realistic and stylized), Greece (beginning with the countless portrait busts of Homer), and finally the Roman Empire (with numerous busts of emperors, from Caesar to Augustus, Nero, Hadrian, Caracalla, and Constantine, but also the portrait busts of poets and writers, including Cicero and Seneca). Medieval lives of rulers and saints were enlivened by the faces of remembered and revered personalities, albeit mostly depicted with a high degree of abstraction and idealization. The only authentic thing about these old pictures was frequently the personal style of the artists, whose names often remain unknown.

This is still partly true for most of the countless portraits created since the Renaissance, by just about every significant painter, whether Titian (with his portrait of Isabella d'Este), Raphael (the portrait of Pope Julius II), Leonardo da Vinci (beginning with the beautiful, enigmatic Mona Lisa), Rembrandt (above all, his many self-portraits), or Velasquez (above all Las Meninas). The Renaissance discovered and celebrated individuality and this was subsequently also reflected in portraiture. Later, the face of the person painted or drawn became unmistakable—even though the imperious or aristocratic pose of the body simultaneously remained equally unmistakable, expressed in a repertoire of forms that is precisely not highly individual, but canonized and thus often stereotyped. This can be seen, for example, in the 18th century pastels of Maurice Quentin de la Tour, including his portraits of Louis XV, Madame de Pompadour, and Jean-Jacques Rousseau.

The rise of the European bourgeoisie also saw an increasing (later mass) appetite for images of one's self, in a development whose culmination in the 19th century is associated with such names as Jean-Auguste Dominique Ingres, Edgar Degas, Paul Cézanne, and Auguste Renoir. These artists all worked in France, the country where Fred Stein found refuge during the "age of extremes," the 20th century, and where he became an outstanding photographer.

The invention of the photographic process in the first half of the 19th century marked the emergence of a new medium, competing with but also inspiring the traditional

Mit der Erfindung der fotografischen Verfahren in der ersten Hälfte des 19. Jahrhunderts entstand den traditionellen bildenden Künsten (Malerei, Grafik, Bildhauerei) ein konkurrierendes, oft allerdings auch inspirierendes Medium, das binnen kürzester Zeit einen Siegeszug des fotografischen Bildnisses einläutete.
Hervorzuheben wären hier die zahlreichen ästhetisch gestalteten und nicht minder eindringlichen Porträts des Pariser Fotografen Nadar (1820–1910), der sich als einer der ersten Fotografen den „Celebrities" widmete und ab den 1860er Jahren so gut wie alle bekannten und überwiegend männlichen Persönlichkeiten Frankreichs aufgenommen hat – von Charles Baudelaire, Gérard de Nerval, Émile Zola, Eugène Delacroix, Claude Monet, Hector Berlioz oder Franz Liszt bis George Sand und Sarah Bernhardt.
Parallel dazu entwickelten sich verschiedene Spielarten der Gebrauchsfotografie, wie etwa die Passbilder, die seit dem Ende des 19. Jahrhunderts jeder von uns braucht, um seine Identität (im Reisepass, Personalausweis, Führerschein usw.) amtlich nachzuweisen, und die strikt kodifizierten Polizeifotos („Mug Shots"), die sich ab den 1870er Jahren in den USA und Europa massenweise vermehrten. Diese Flut möglichst originalgetreu dokumentierter Menschengesichter wurde im Jahrhundert der Lager und Gefängnisse weiter vermehrt – so vor allem in den Akten der deutschen Gestapo, des sowjetischen NKWD oder später der Stasi –, aber auch in den Akten aller liberaldemokratischen Staaten, wie zum Beispiel in denen des bundesrepublikanischen BND und des Verfassungsschutzes oder noch in den Akten der amerikanischen CIA.
Die sozusagen zivile Variante des fotografischen Einzelporträts entstand während des 19. Jahrhunderts zuerst in den bürgerlichen Familien, die anfangs noch die Dienste von Wanderfotografen nutzten, sich beim örtlichen Fotografen-Atelier einfanden oder sich zunehmend auch einen eigenen Fotoapparat leisten konnten, und dann ab dem Beginn des 20. Jahrhunderts auch mit den kleinbürgerlichen und proletarischen Familienalben, dem (Re-)Präsentationsmedium des eigenen Abbildes oder des eigenen Werdegangs.
Spätestens zu Beginn des 20. Jahrhunderts wurde die Fotografie endgültig für breite Bevölkerungsschichten zugänglich, Fotoateliers waren oft auch in kleinsten Gemeinden vertreten und fotografisches Zubehör wurden zu einer erschwinglichen Leidenschaft für viele „Hobby-Knipser". Das anfangs noch sensationell neuartige und exklusive Fotoporträt wurde zu einem inflationären Massenmedium.
In Anbetracht dieser langen und vielfältigen Traditionsgeschichte des Porträts drängt sich eine Frage auf: Wo liegt die Spezifik und die Originalität der Porträts von Fred Stein? Wie lässt sich erklären, dass Stein, obwohl er selbst ein Autodidakt war, der sich weder als Avantgardist noch als Experimentator verstand, schon vor dem Zweiten Weltkrieg und noch mehr nach 1945 zu einem der genialsten Porträtisten in Europa und den USA wurde?
Eine erste einfache Erklärung ist in der Technik zu finden, in der Leichtigkeit, der Bescheidenheit und gleichzeitig in der hervorragenden Aufnahmequalität seines Leica-Fotoapparats, der es ihm – wie im Übrigen auch vielen seiner Zeitgenossen – ermöglichte, zu einem Pionier der Kleinbildfotografie zu werden. Diese Technik erlaubte einen wesentlichen Unterschied zur Arbeit der traditionellen Maler und der ersten Fotografen, die alle viel Zeit brauchten, um ein Gesicht abzubilden.
Die Folge davon ist, dass die Personen, die Fred Stein porträtierte, nicht minutenlang unbeweglich vor der Kamera verharren mussten. Sie sind so dargestellt, als ob Fred Stein sie mitten in einer Diskussion oder in einer Phase des Nachdenkens und der Reflexion angetroffen und diesen Zustand auf Bild gebannt hätte. Alle sehen natürlich

visual arts of painting, drawing, printmaking, and sculpture. This new medium would, within a very short period of time, herald the ascendancy of the photographic likeness. We might highlight the many portraits by the Parisian photographer Nadar (1820–1910), aesthetically stylized but no less powerful for that. Nadar was among the first photographers to devote himself to photographing "celebrities." From the 1860s on, he took pictures of almost all of France's well-known personalities. The list is overwhelmingly male–Charles Baudelaire, Gérard de Nerval, Émile Zola, Eugène Delacroix, Claude Monet, Hector Berlioz, and Franz Liszt–but not exclusively so, for his sitters also included George Sand and Sarah Bernhardt. Parallel to this, a number of forms of commercial photography emerged. These included identity photographs, which, since the early 20th century, have been needed to prove one's official identity (in passports, identity cards, driver's licenses, etc.), as well as strictly codified police photographs ("mugshots"), whose use spread dramatically in the USA and Europe from the 1870s on. This documentary flood of human faces, captured as faithfully as possible, intensified in the century of the concentration camp, the gulag, and the prison. They were, above all, to be found in the files of Nazi Germany's Gestapo, the Soviet NKVD, and later the Stasi–but they also proliferated in the files of all liberal, democratic states, including, for example, in the bureaus of the CIA, (West) Germany's BND, and the Federal Office for the Protection of the Constitution (Verfassungsschutz), where they continue to multiply to this day.

What might be called the civilian version of the individual photographic portrait came into being in the 19th century. It first appeared in the bourgeois family, which used itinerant photographers early on, later visited local photography studios, and later still could increasingly afford cameras of its own. From the beginning of the 20th century, the phenomenon spread to lower-middle-class and proletarian families, where photograph albums became a medium to show (off) one's own image and one's life's progress. By the beginning of the 20th century, photography had become definitively available to broad swathes of the population, with photo studios often available even in the smallest localities and photographic equipment now an affordable passion for many hobby photographers. The photographic portrait, which had initially been a sensationally novel, exclusive phenomenon, became an inflationary mass medium.

Against the backdrop of this long tradition and varied history of the portrait, one is prompted to ask: what is specific and original about Fred Stein's portraits? How could Stein, an autodidact, who regarded himself neither as an avant-gardist nor an experimental photographer, become one of Europe and America's portraitists of genius, before and especially after the Second World War?

The first, basic explanation is to be found in technology, in the lightness and simplicity of the Leica, and its outstanding image quality. The Leica camera allowed Stein, along with many contemporaries, to become a pioneer of small-format photography. The new technique marked an essential change from the work of traditional painters and of early photographers, all of whom needed a considerable length of time to create a representation of the face.

The Leica meant that Fred Stein's subjects did not have to stand motionless in front of the camera for minutes at a time. They are presented as if Stein has encountered them in mid-discussion or in a moment of thought and reflection, and has captured that too on film. All look natural and unforced, almost as if no photographer were present at all. While some are lost in their own thoughts, others turn with a friendly

und ungezwungen aus, beinahe, als ob kein Fotograf da gewesen wäre. Während die einen in ihre eigenen Gedanken vertieft sind, scheinen andere einen freundlichen Blick auf ihr Gegenüber zu werfen oder mit ihm zu sprechen. Es wäre allerdings ein Irrtum, Steins Fotos als reine „Schnappschüsse" zu interpretieren. Zwar lagen Stein technische Spielereien fern, doch das heißt nicht, dass er sein fotografisches Sehen und Können nicht auch überlegt, kalkuliert und strategisch einsetzte. Er verschoss nicht unnötig viele Bilder, um den perfekten Ausdruck oder Moment einzufangen – die hohe Trefferquote bezeugt seine Meisterschaft als Porträtist.

Wenn man nun die Fotos von Fred Stein miteinander vergleicht, dann fällt allmählich etwas auf, was möglicherweise eine Konsequenz davon ist, dass erst seine Flucht nach Paris ihn zu einem Fotografen dieses Ranges gemacht hat. Denn dort an der Seine kam er in Kontakt mit anderen linksorientierten europäischen Fotografen. Die Jahre, die er im Pariser Exil verbrachte, veränderten ihn selbst fundamental, weil er damals in einer Stadt lebte, die sich im Jahr 1936 gegen den Faschismus gewandt und für die neue linke Regierung der Volksfront Partei ergriffen hatte: Seine Porträts orientieren sich nicht zuletzt an den Prinzipien der französischen Republik, den hehren und universellen, seit 1789 proklamierten Idealen der Freiheit, der Gleichheit und der Brüderlichkeit.

Sie sind zuerst Porträts der Freiheit, weil sie nicht im Auftrag von Machthabern erstellt wurden (im Unterschied zur Praxis dieser Gattung in den vorherigen Jahrhunderten); die Entscheidung, die eine oder die andere Person zu porträtieren, wurde in vielen Fällen durch Fred Stein selbst – in aller Freiheit – getroffen. Sicher übernahm er auch – vor allem während der Pariser Zeit – Auftragsarbeiten. Aber auch in solchen Fällen sorgte er dafür, dass die fotografierten Personen nicht vorrangig repräsentativ, sondern trotz ihrer Prominenz viel mehr als gewöhnliche Menschen dargestellt wurden. Und seine Bilder sind auch insofern Porträts der Freiheit, als die Mehrheit der Dargestellten – ob es sich um Hannah Arendt, um David Ben Gurion, um Willy Brandt, um Klaus Mann, um Max Ernst oder um Albert Einstein handelt – Personen sind, die wie Stein selbst als Juden oder als Antifaschisten verfolgt wurden, die ins Exil gehen mussten und die erst durch ihre Flucht ins Ausland und durch ein dezidiertes politisches Engagement eine neue Form der Freiheit wiedergewonnen hatten. „Die Freiheit, frei zu sein" heißt Hannah Ahrendts gerade wieder neu aufgelegter Essay. Ein eigenes freies Land zu gründen, war das Lebensziel Ben Gurions. Willy Brandt gehörte zu den Gestaltern eines Deutschlands nach Hitler, das in Freiheit wachsen sollte, ohne die anderen Menschen und Staaten einzuschränken. Klaus Mann schrieb für die Freiheit des Wortes, die Albert Einstein für die Wissenschaft einforderte und Max Ernst künstlerisch behauptete. Doch im Denken und Arbeiten all dieser Persönlichkeiten waren die Grenzen der Freiheit, die „Furcht vor der Freiheit" (Erich Fromm) und die möglichen Abgründe grenzenlos freiheitlichen Handels ein Thema – so wie wir der klugen Nachdenklichkeit in ihren Porträts aus Steins Hand ansichtig werden.

Diese Porträts sind ebenfalls Porträts der Gleichheit, weil sie zwar berühmte, einflussreiche bzw. außergewöhnliche Persönlichkeiten zeigen – Künstler, Politiker, Wissenschaftler, Intellektuelle –, diese aber weder durch ihre Haltung noch durch ihre Garderobe oder durch distanzierende Mimik von den anderen Menschen abheben. Es sind keine Herrscherporträts in autoritären Posen und voller standesbewusster Insignien. Die wiederholt rauchenden, schreibenden, lesenden Personen verweisen natürlich auch auf die eigene, meist geistige Tätigkeit, doch richtet sich der Blick oft genug auch offen dem Betrachter zu. Anstatt Ehrfurcht abzuverlangen, vermitteln sie vielmehr den Ein-

look toward the photographer, or seem to speak with him. However, it would be an error to interpret Stein's photographs as pure "snapshots." Stein did not go in for showy technical effects, but this does not mean he did not reflect on, calculate, and strategically deploy his trained eye and his photographic abilities. He did not shoot an unnecessarily large number of pictures to capture the perfect moment or expression—the high proportion of successful shots he took is testament to his mastery of the portrait form.

When comparing Stein's photographs an idea slowly forms in one's head: his portraits are crucially oriented to the founding principles of the French Republic, the noble and universal ideals of liberty, equality, and fraternity, first proclaimed in 1789. This connection may come from the fact that Stein became a photographer of significance—in fact a photographer at all—only after his flight to and exile in Paris, where he came into contact with other left-leaning European photographers. The years he spent in Parisian exile changed him fundamentally, living in a city which in 1936 had declared itself against fascism and took the side of the new left-wing Popular Front government. Stein's portraits are first and foremost portraits of liberty, because they were not commissioned by those in power (in contrast to the portrait genre in the previous century). The decision to create a portrait of a person was frequently a choice made—freely—by Stein himself. Of course, he also took commissions, above all during his time in Paris. But even then, he made sure that the person was not primarily photographed in terms of their prestige, but rather in spite of their fame and celebrity. They were presented as ordinary people. His images are also portraits of liberty because the majority of his subjects—whether Hannah Arendt, David Ben Gurion, Willy Brandt, Klaus Mann, Max Ernst, or Albert Einstein—were people who, like Stein himself, were persecuted as Jews or antifascists, and forced into exile. Only by their escape abroad and their distinctly political engagement did they win a new form of liberty. "The Freedom to Be Free" is the title of a recently discovered and newly published essay by Hannah Arendt. Ben Gurion's life's project was to found a free country for the Jews; Willy Brandt was among those who shaped a new Germany after Hitler, hoping it would peacefully grow without oppressing other people and states. In his writings, Klaus Mann demanded freedom of speech; Albert Einstein spoke up for freedom of science and Max Ernst for freedom of the arts. The limits of freedom, "fear of freedom" (Erich Fromm) and the possible pitfalls of free agency without limits were all key themes for these figures, in both their thinking and their work, as highlighted by the wisdom and thoughtfulness shown in their portraits taken by Stein.

The portraits are also portraits of equality, because they depict famous, influential, and even extraordinary people—artists, politicians, scientists, intellectuals—but never elevate them above other people: not through their attitude, nor their wardrobe, nor through a distancing or aloof facial expression. These are not images of the rich and mighty, in authoritarian poses, clustered with status-conscious insignia. The figures here, who are repeatedly shown smoking, writing, or reading, of course make reference to their professions, mostly intellectual ones, but their open gaze is often turned directly toward the spectator. Instead of demanding reverence, they give the impression that one could easily enter into conversation with them. And they are portraits of equality for another reason too: because they occasionally at least present women as well as men, and they much more often emphasize similarities between them, rather than differences.

druck, man könne problemlos mit ihnen ins Gespräch kommen. Porträts der Gleichheit auch, weil sie nicht nur Männer, sondern zumindest vereinzelt auch Frauen darstellen – und dabei viel mehr die Ähnlichkeiten als die Unterschiede zwischen ihnen unterstreichen.

Diese Porträts sind schließlich Porträts der Brüderlichkeit, weil viele Personen dargestellt sind, die Fred Stein persönlich kannte, deren politische und humanistische Ansichten er teilte und für die er Sympathien hegte. Sei es, weil sie Dresdner waren, wie Erich Kästner, Will Grohmann, Mary Wigman oder Otto Dix, oder weil sie im Exil und im Kampf gegen den Faschismus zu Freunden von ihm geworden waren, wie Hannah Arendt, Willy Brandt oder wie Varian Fry, der ihm und sehr vielen anderen Exilierten half, Zuflucht in den USA nach der französischen Niederlage und der deutschen Besetzung Frankreichs zu finden. Brüderlichkeit auch, weil so gut wie alle diese Personen so nahbar aussehen.

Freiheit, Gleichheit und Brüderlichkeit also – wie der Leitspruch der Französischen Republik. Allerdings mit einem zusätzlichen Charakteristikum, das diese drei Werte verbindet und über sie hinaus führt, nämlich der Menschlichkeit. Und zwar nicht nur, weil all diese Personen in einer ungekünstelten Natürlichkeit dargestellt sind, sondern auch, weil sie mehrheitlich solche Menschen sind, die gerade die Unmenschlichkeit des Faschismus abgelehnt und bekämpft haben. Um es anders zu formulieren: Das Besondere der Fotoporträts von Fred Stein liegt darin, dass er die inneren Qualitäten der fotografierten Personen durch äußere Merkmale wie eine entspannte, natürliche Haltung und den offenen und zugewandten Blick zur Geltung gebracht hat, die einen Gegensatz zum etablierten Gesicht totalitärer Herrscher bilden. Die Fratze menschenverachtender Politik und missbrauchter Macht wurde insbesondere an den autoritären und arroganten Gesichtern derjenigen Machtpersonen vorgeführt und zum fotografischen Exempel erklärt, die später im Nürnberger Prozess wegen ihrer Verbrechen gegen die Menschlichkeit verurteilt wurden.

Die damals angeklagten Personen, deren während der NS-Zeit erstellte Porträts um die Welt gingen, stehen heute ein für die unmenschliche Seite der deutschen Politik, Kultur und Gesellschaft – und dies gilt im Übrigen nicht nur für die NS-Machthaber, sondern genauso für die Herrscher und Machthaber der anderen totalitären Staaten, ob Mussolini, Stalin oder Franco. Die von Fred Stein porträtierten Personen bieten das fotografische Gegengewicht, ein Abbild der Menschlichkeit, als Ideal wie als Praxis humaner Existenz. Die Porträtierten stehen ein für diejenigen Menschen, die sich am Ende stärker als die Tyrannei, die NS-Ideologie, der Faschismus und der Stalinismus erwiesen haben. Menschen, in die jeder von uns Vertrauen haben kann und die dank ihrer Menschlichkeit in der Lage sind, eine bessere, schönere und gerechtere Welt zu gestalten. Damit sind die Porträts Fred Steins auch Bilder einer Hoffnung, derer wir weiterhin bedürfen.

These portraits, finally, are portraits of fraternity: they show many people with whom Fred Stein was personally acquainted and whose political and humanistic views he shared. He sympathized with them: sometimes because they were natives of Dresden, like Erich Kästner, Will Grohmann, Mary Wigman, and Otto Dix, or because they were friends from exile and the fight against fascism, like Hannah Arendt, Willy Brandt, and Varian Fry, who helped Stein, and many other exiles, find refuge in the United States after the defeat and occupation of France by the Germans. And fraternity, also because of the apparent approachability of all these people.

Liberty, equality, and fraternity, thus, as in the motto of the French Republic. But a further characteristic is added to these three, both uniting and surpassing them—humanity. This is not simply because the subjects are presented in unaffected naturalness, but also because most of them are people who refused the inhumanity of fascism, and fought against it. To put it another way: the essential thing about Stein's photographic portraits is that he brought the inner qualities of his subjects to the fore, but did so through external characteristics, like a relaxed, natural posture or an open, direct look. These qualities contrast with the established face of totalitarian rulers. In particular, the ugly face of inhuman politics and the abuse of power was displayed on the authoritarian, arrogant faces of the powerful and presented as being of model character, photographically at least; later, in the Nuremberg Trials the once-powerful would be condemned for their crimes against humanity.

Those accused at Nuremberg, whose portraits circulated around the world during Nazi rule, today stand for the inhuman side of German politics, society, and culture. This is not only true of the leaders of National Socialist Germany, but also those of other totalitarian states, including Mussolini, Stalin, and Franco. The subjects portrayed by Stein offer a photographic counterweight, an image of humanity: human existence in ideal form but also in practice. The people depicted in his portraits stand for those who ultimately showed themselves stronger than tyranny, Nazi ideology, fascism, and Stalinism. They were people whom every one of us could trust, and who, thanks to their humanity, are in a position to make a better, more beautiful, and more just world. In this way, Fred Stein's portraits are images of a hope that we continue to need.

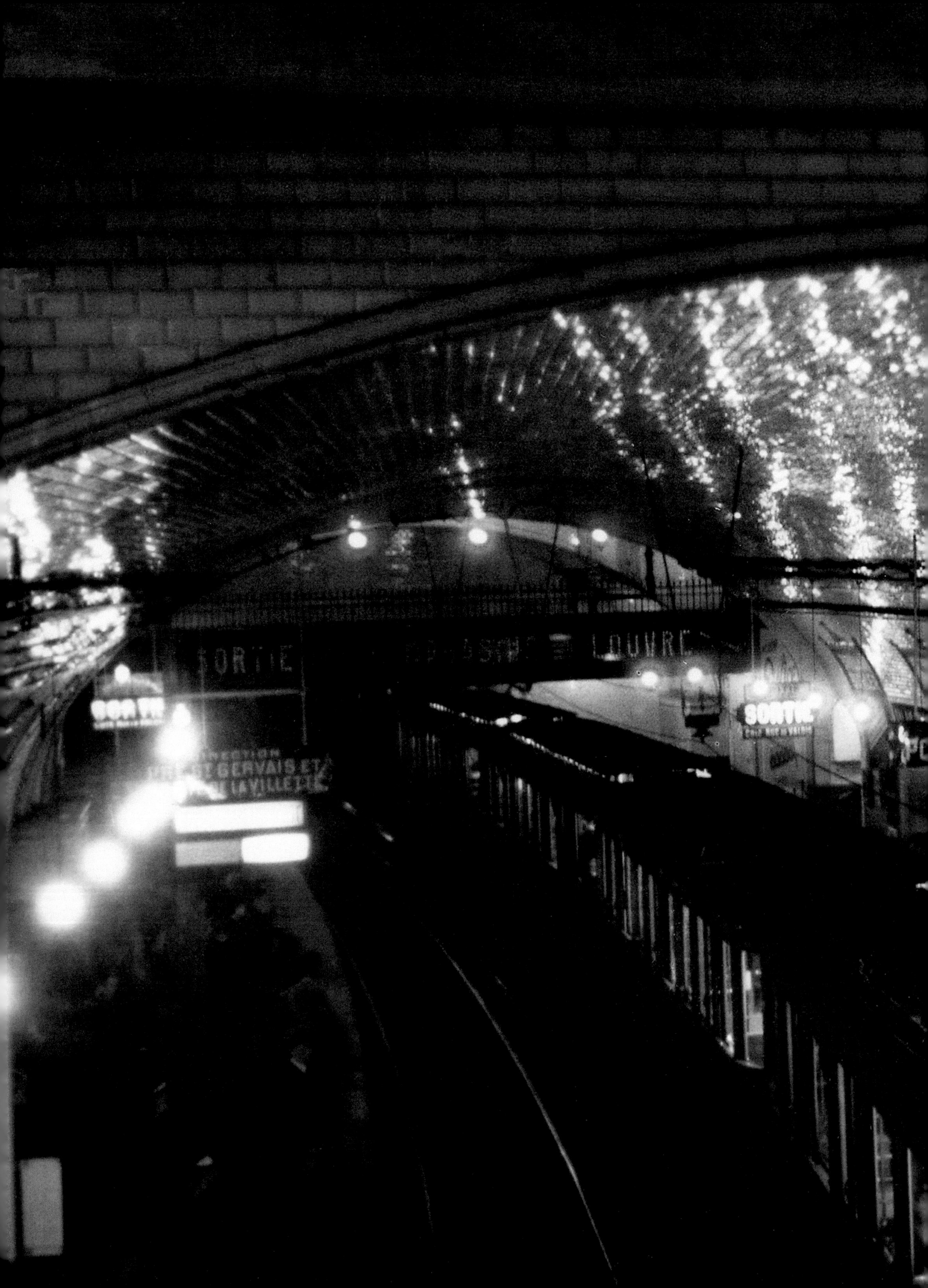
LOUVRE
SORTIE

BILDER PICTURES

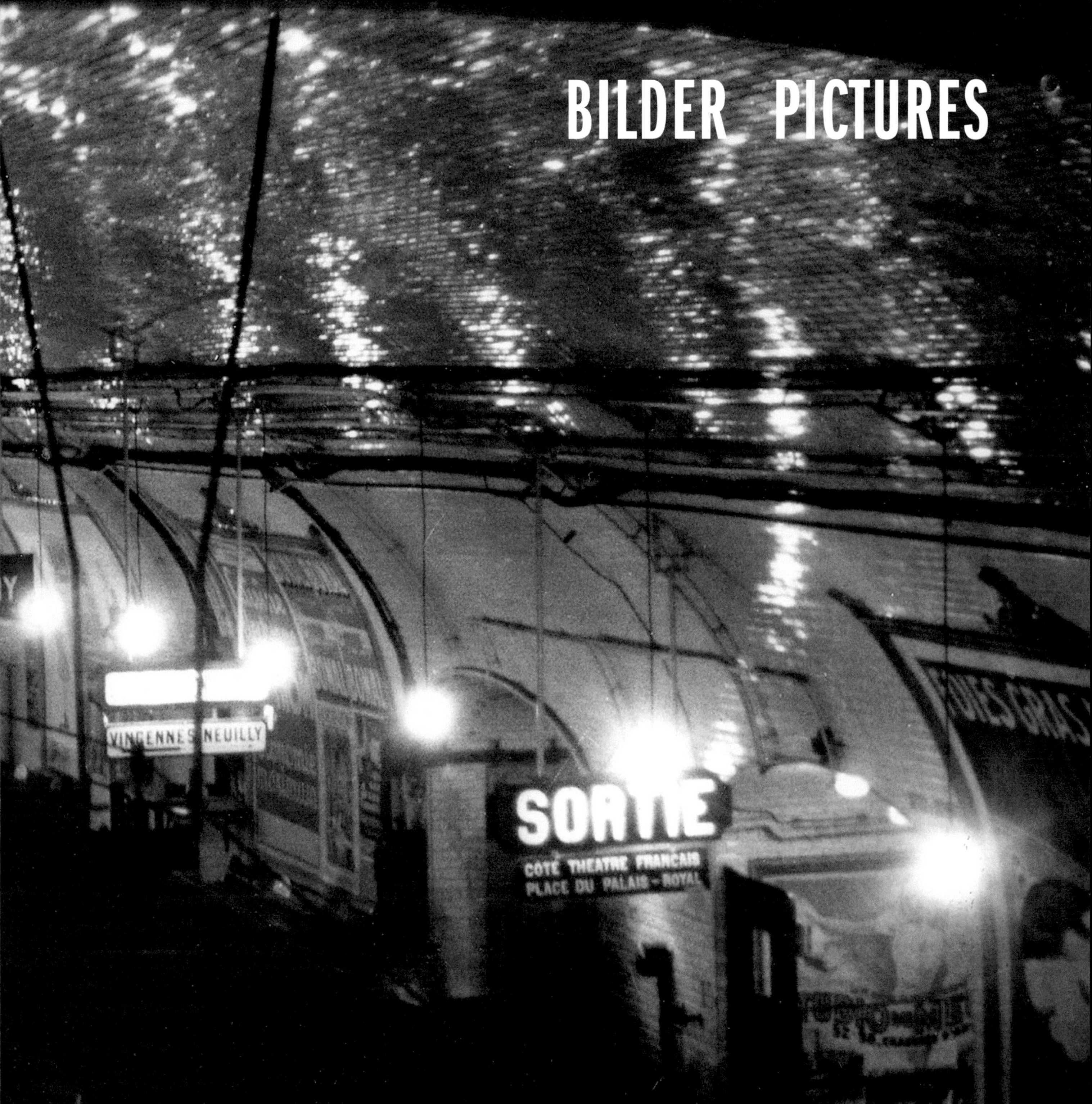

„Dresden vertrieb mich;
so wurde ich Fotograf.“

“Dresden cast me out; that’s how
I became a photographer.”

PARIS

Subway Map Metro-Karte · 1935

Subway Map Metro-Karte · 1935

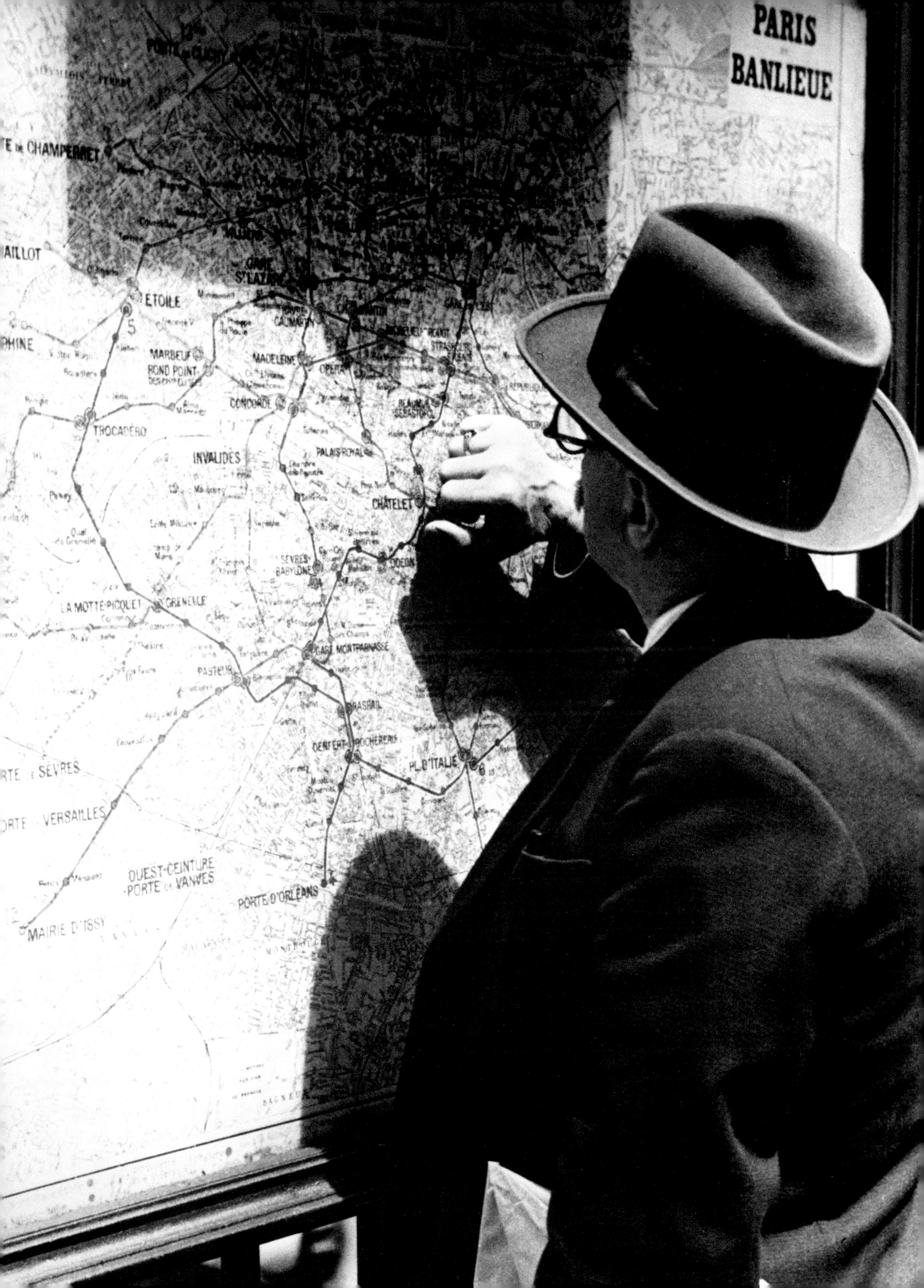
PARIS
BANLIEUE
ETOILE
MARBEUF
ROND POINT
TROCADERO
INVALIDES
CONCORDE
MADELEINE
GARE ST LAZARE
HAVRE CAUMARTIN
PALAIS ROYAL
CHATELET
ODEON
SEVRES BABYLONE
LA MOTTE-PICQUET
GRENELLE
GARE MONTPARNASSE
PASTEUR
RASPAIL
DENFERT-ROCHEREAU
PL. D'ITALIE
OUEST-CEINTURE
PORTE DE VANVES
PORTE D'ORLEANS
MAIRIE D'ISSY

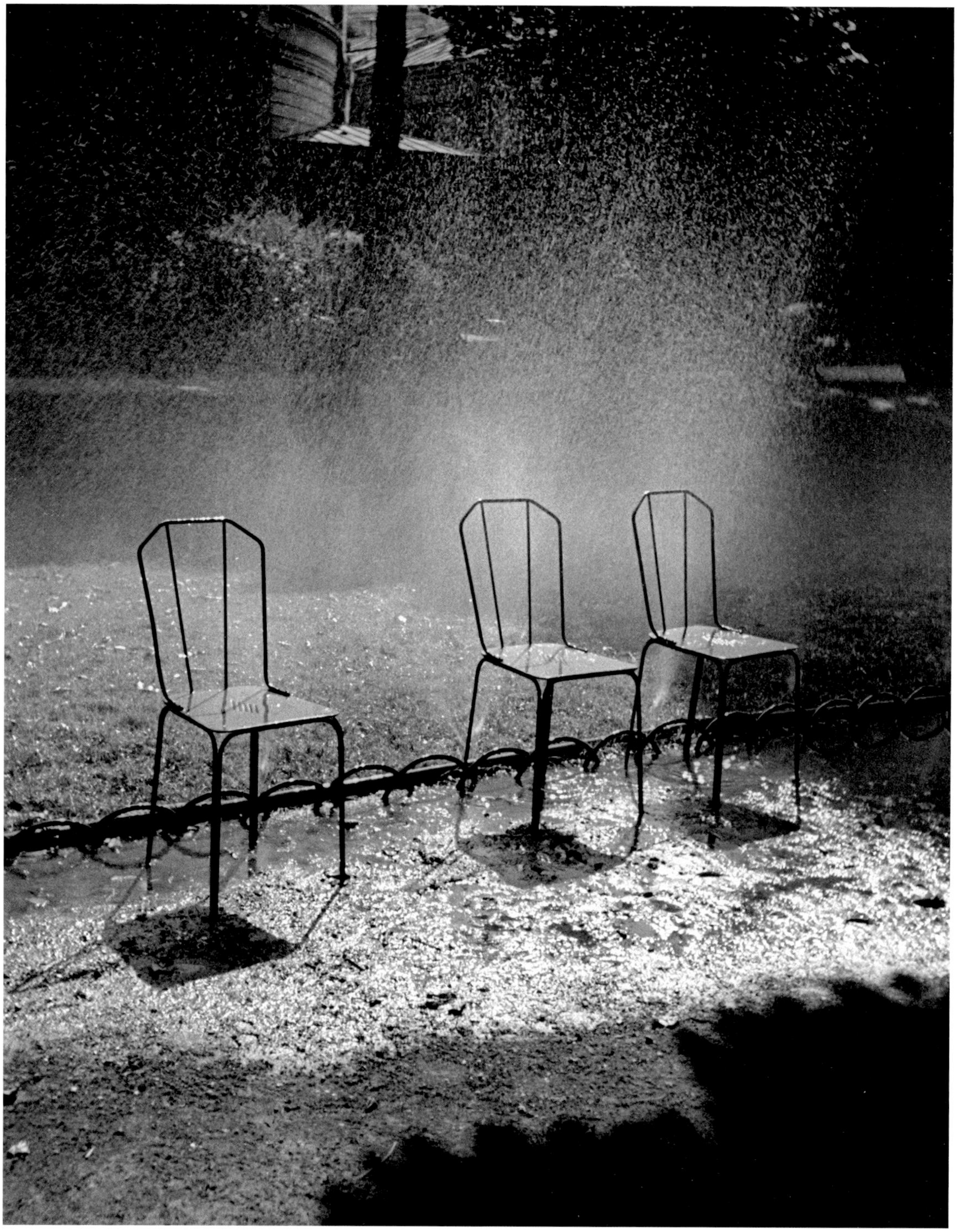

Three Chairs Drei Stühle · 1937

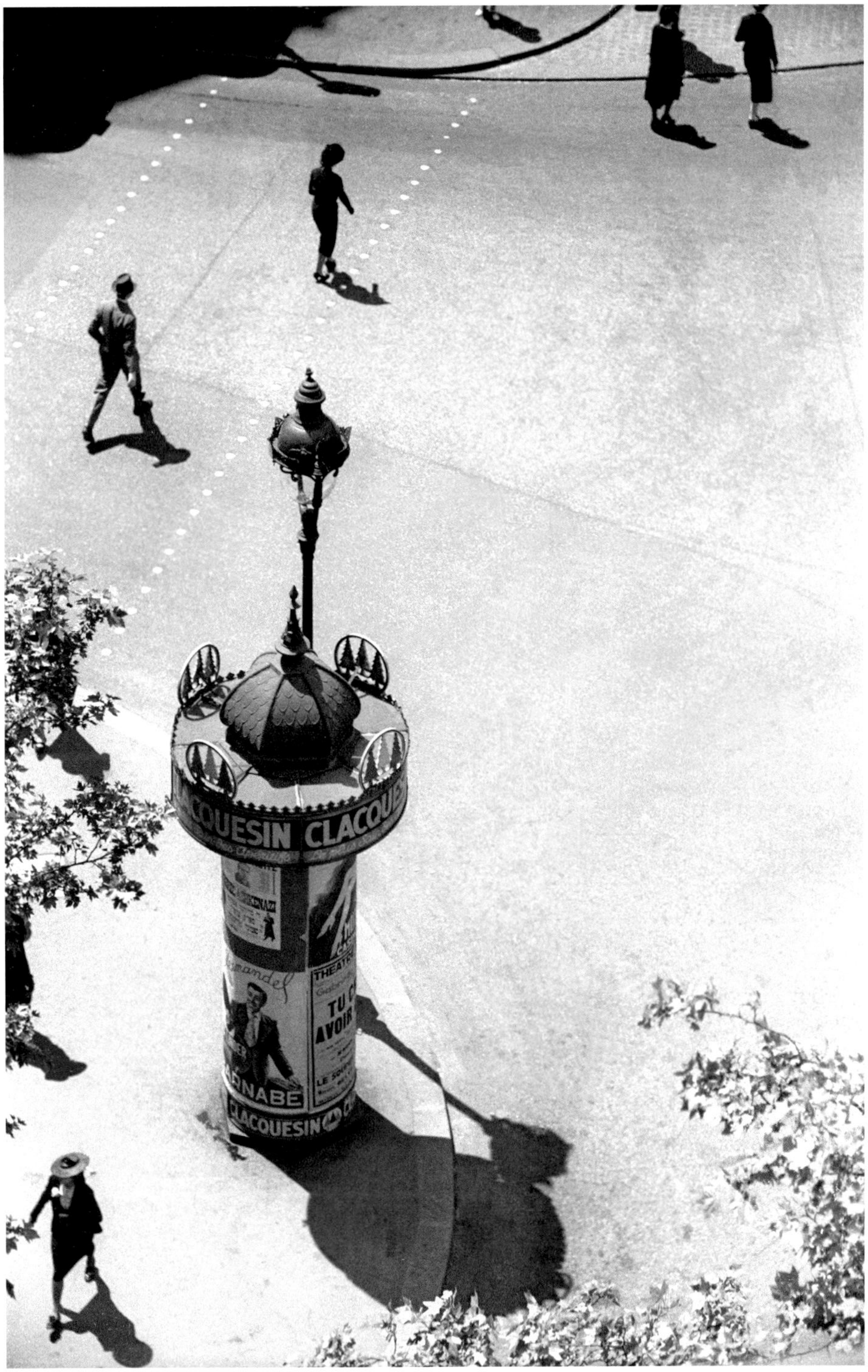

Street Crossing Straßenkreuzung · 1935

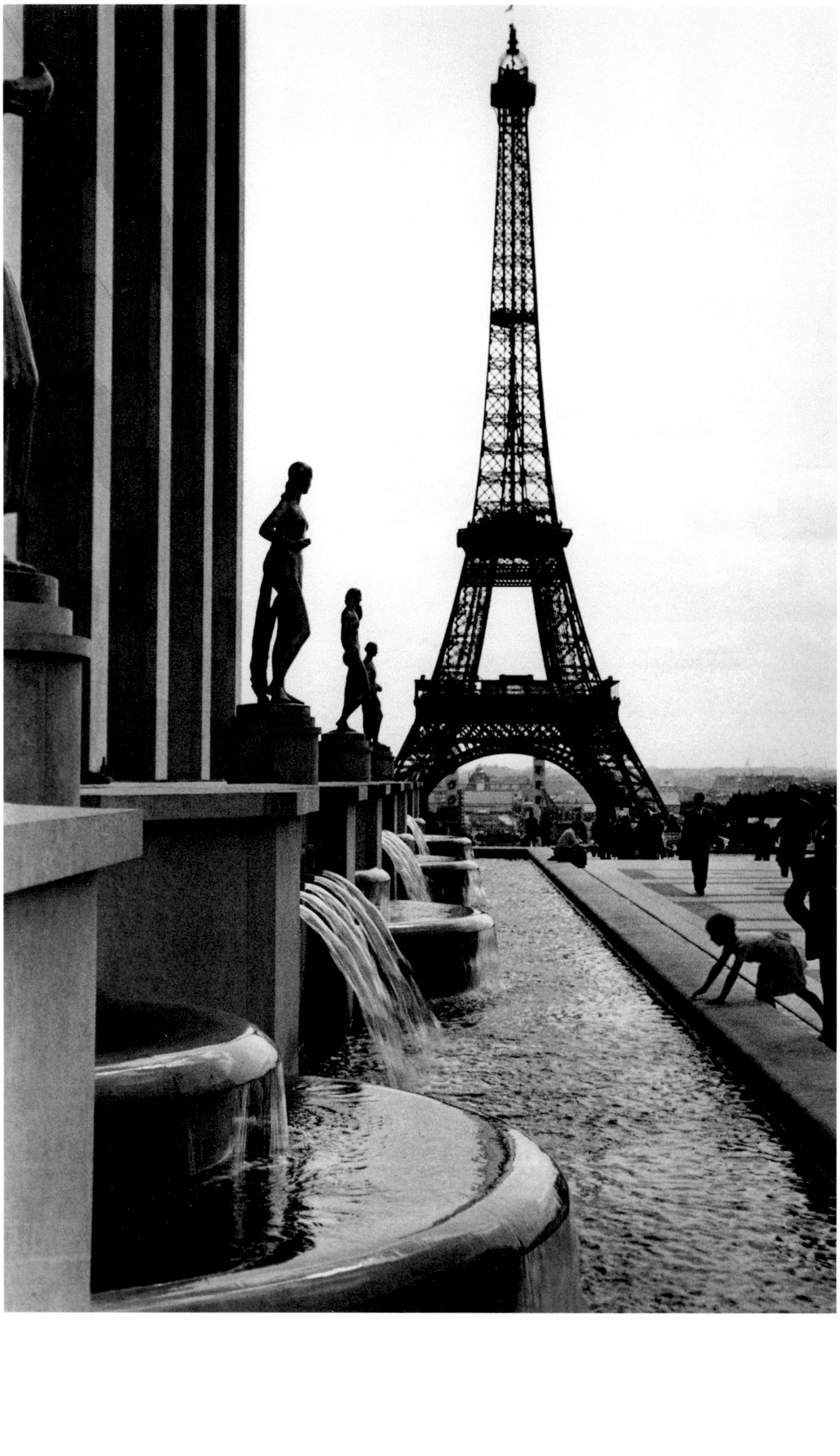

Eiffel Tower Eiffelturm · 1934

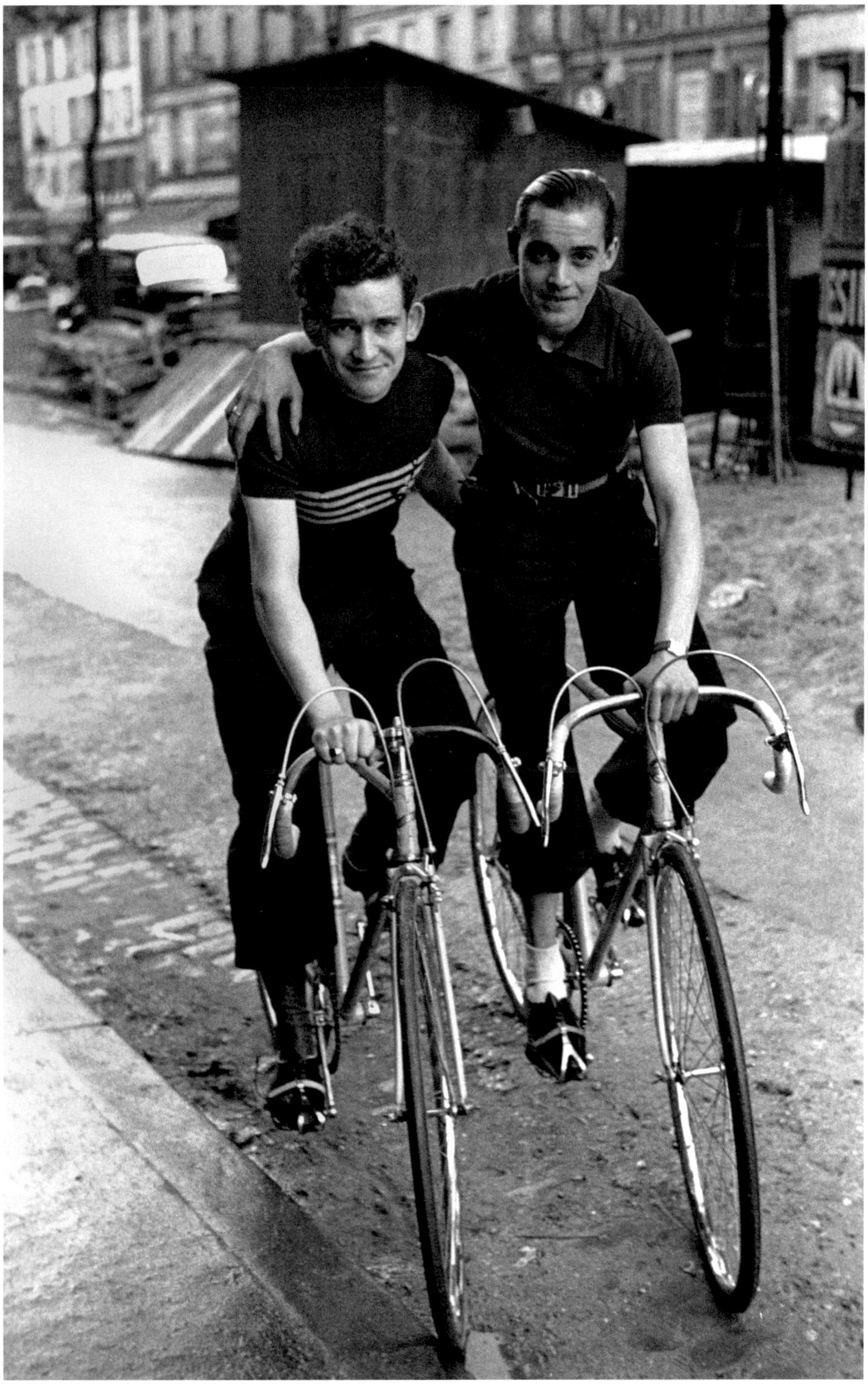

Bicyclists Fahrradfahrer · 1937

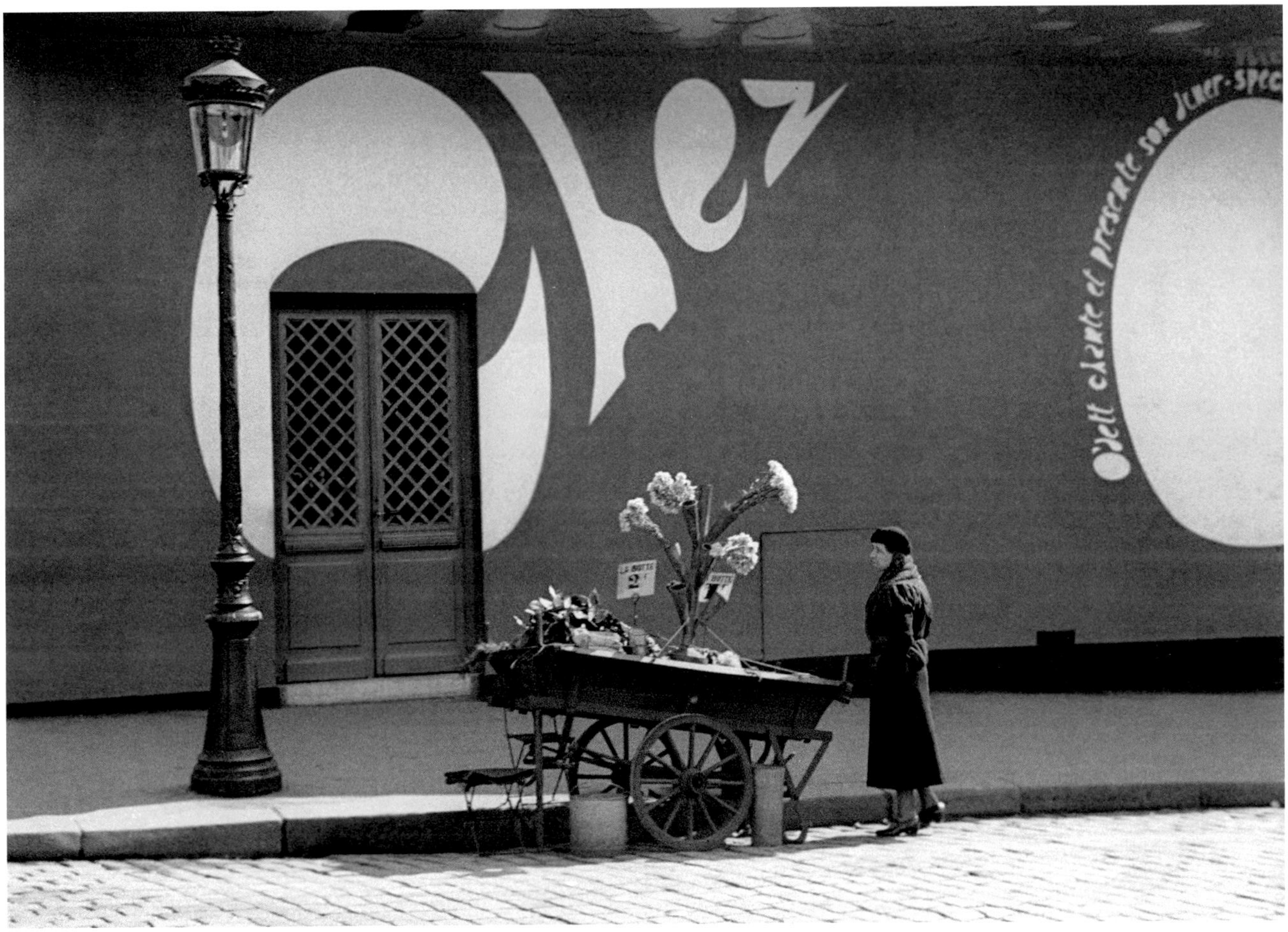

Chez · 1934

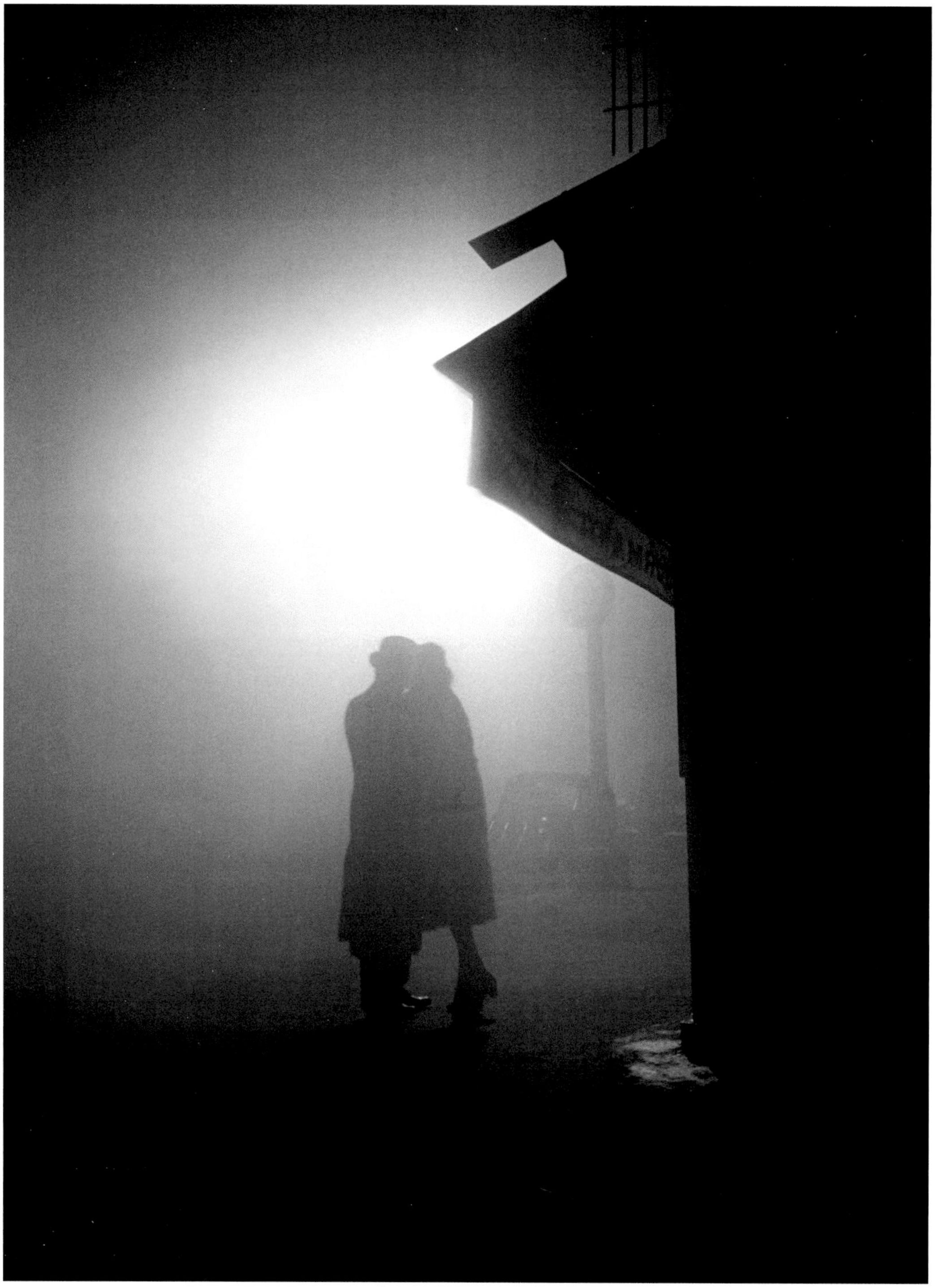

Street Corner Straßenecke · 1934

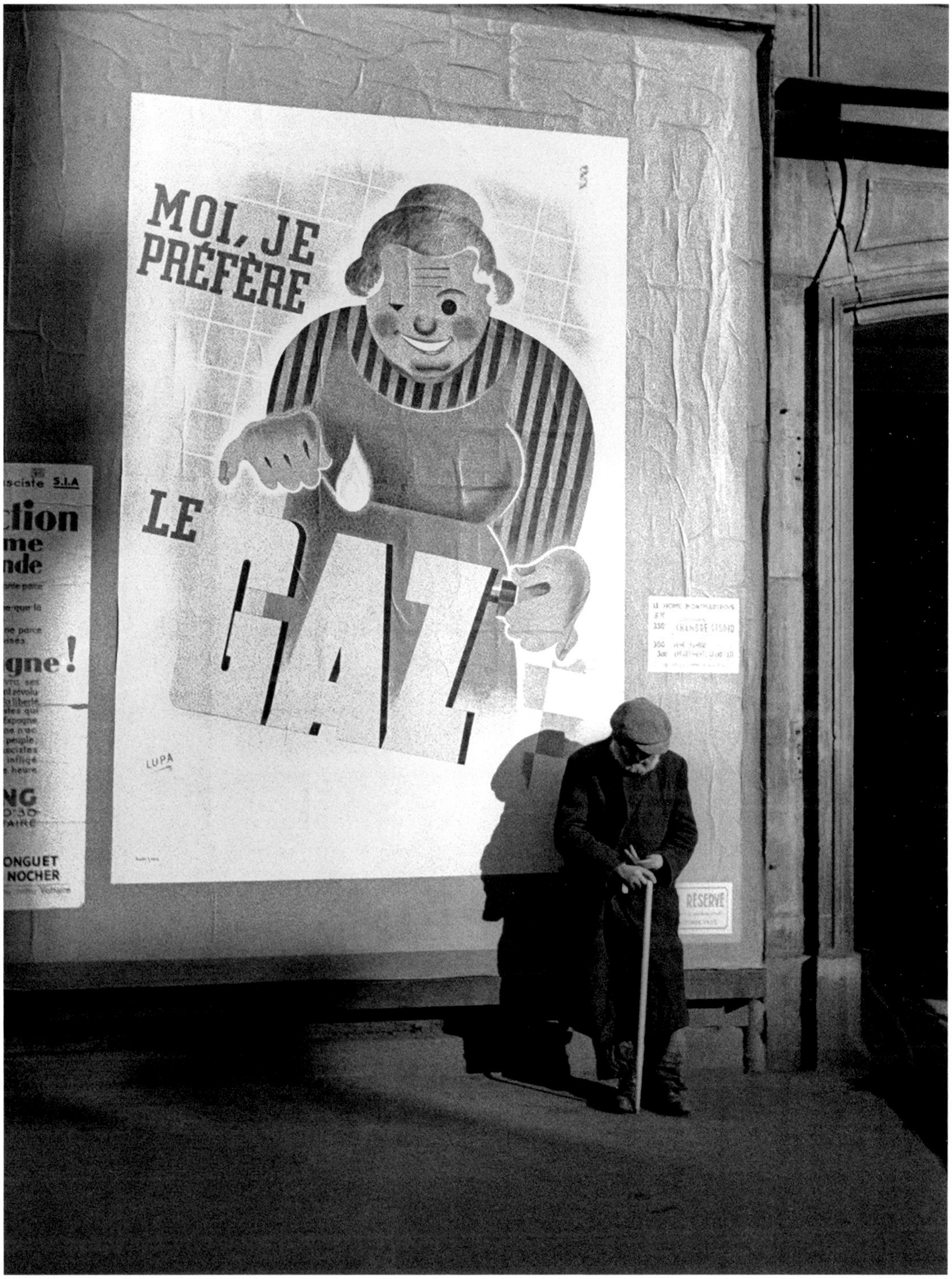

Le Gaz · 1935

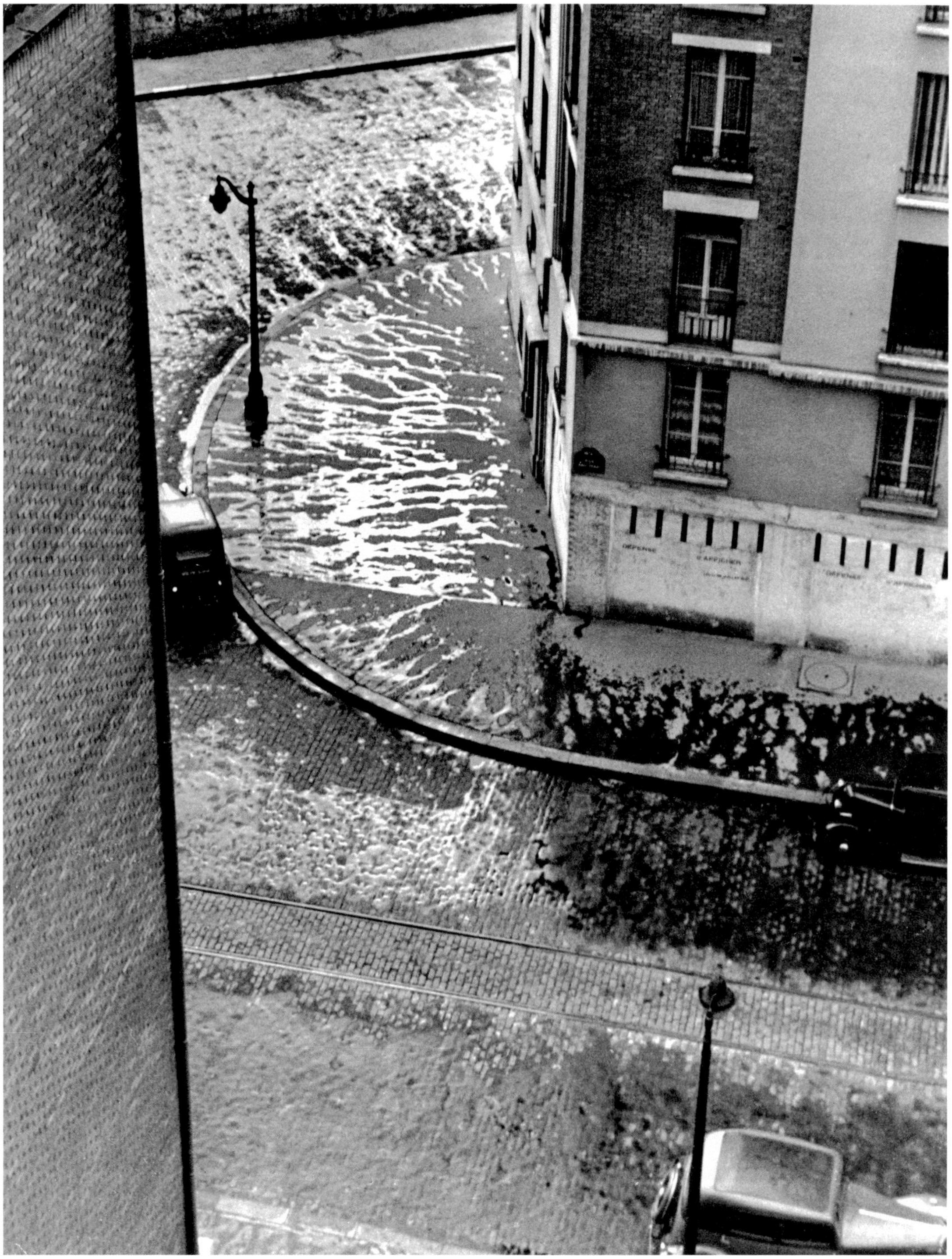

After the Rain Nach dem Regen · 1936

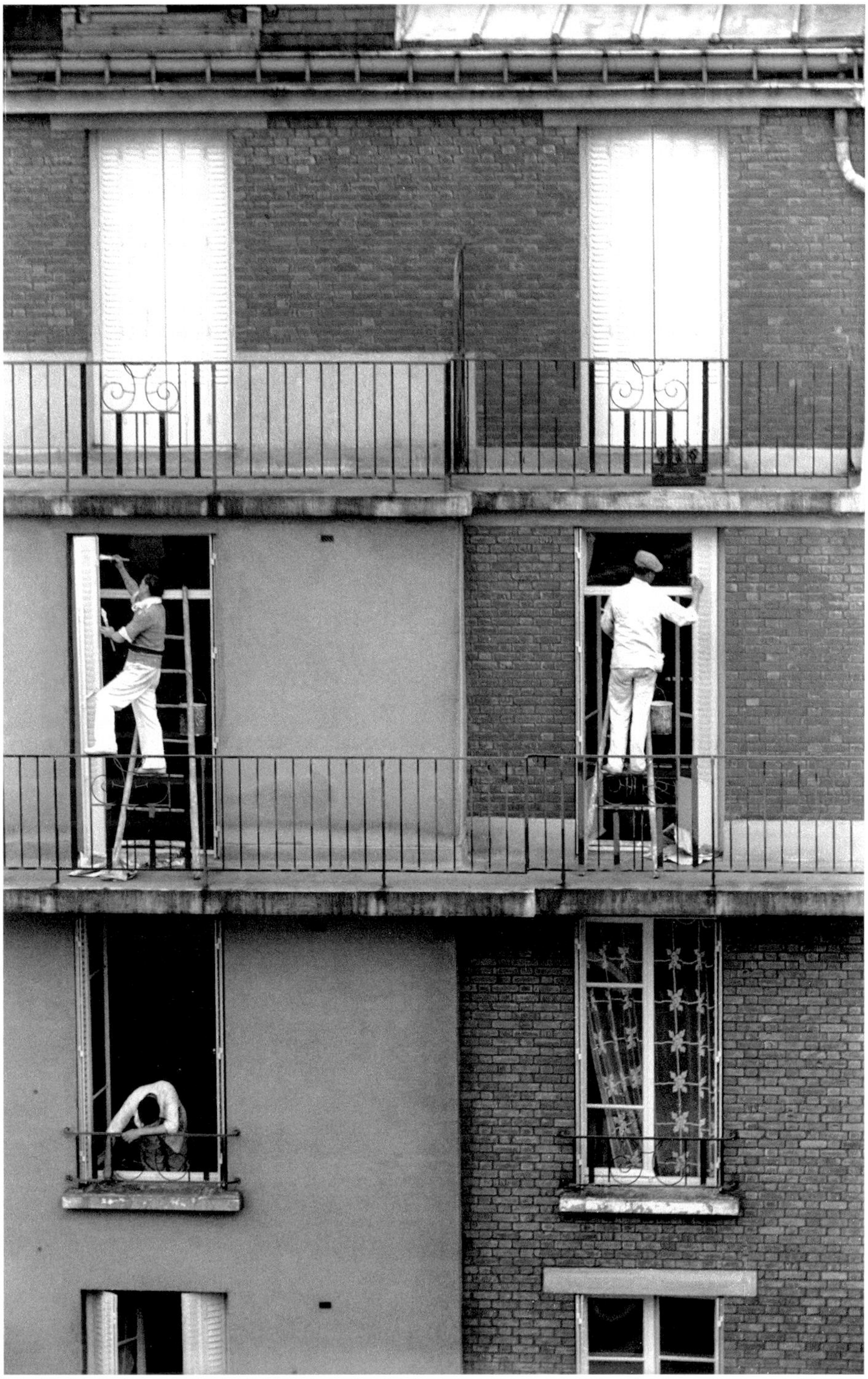

House Painters Maler · 1937

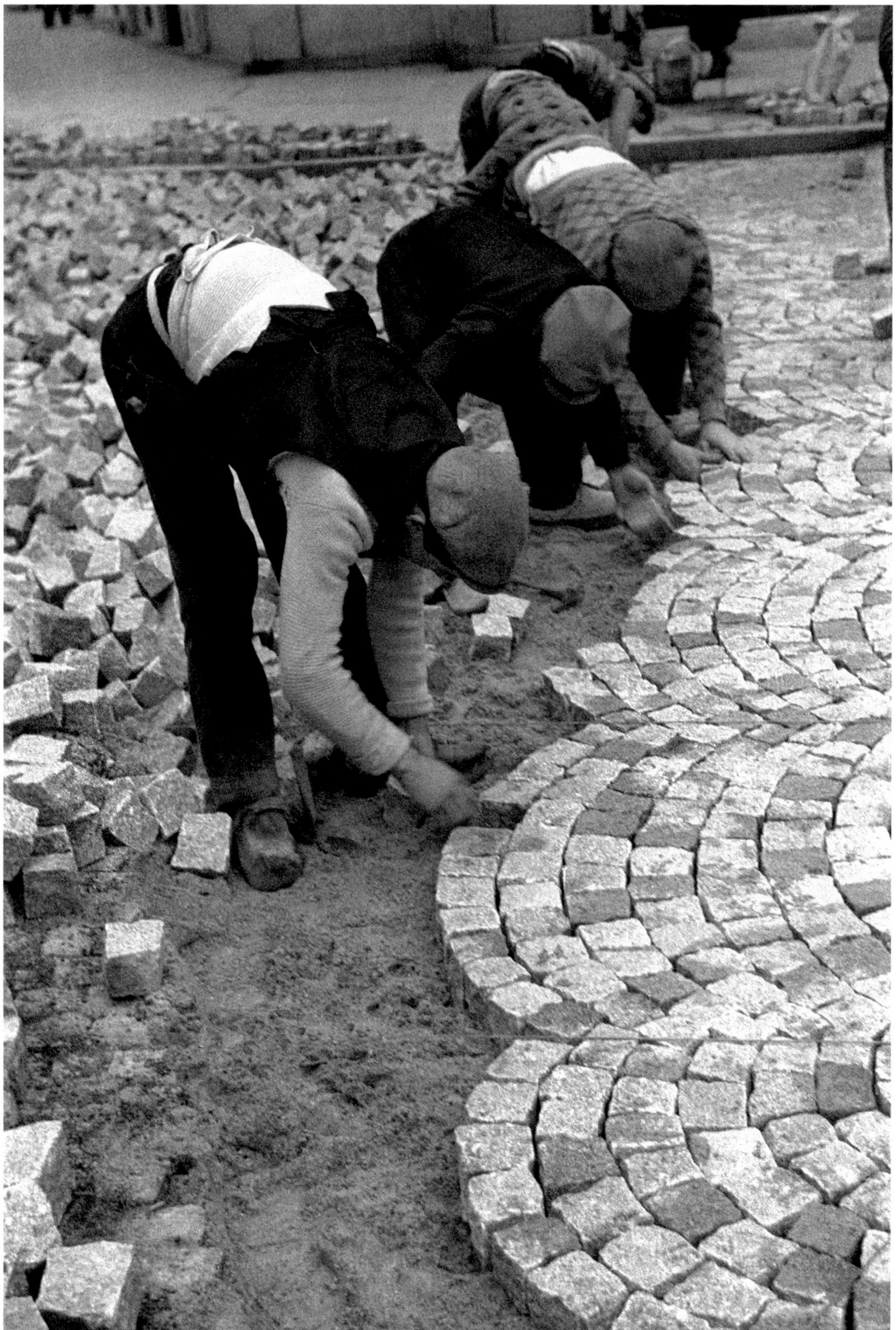

Cobblestones Pflastersteine · 1936

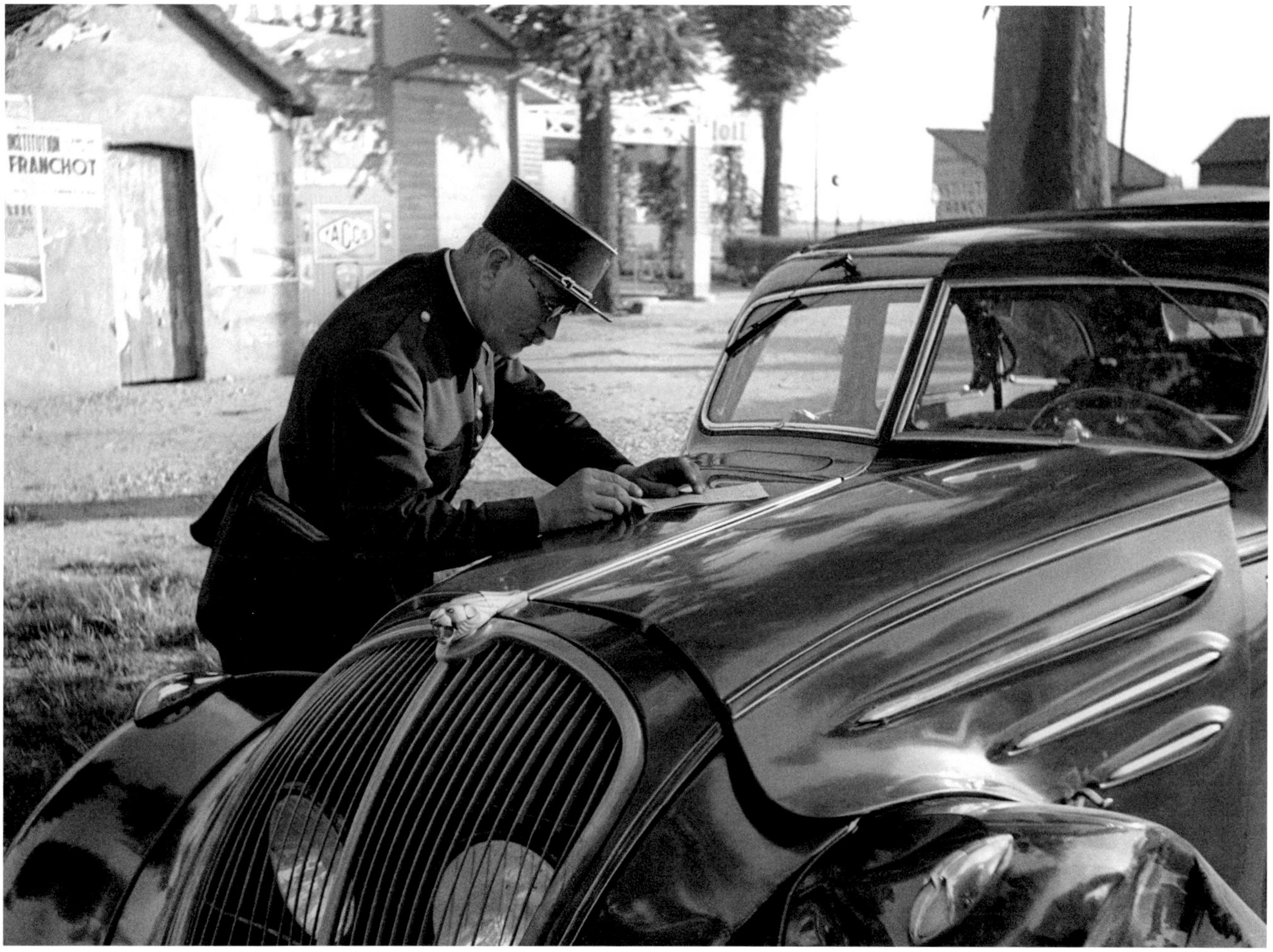

Le Flic Der Bulle · 1937 **Pole** Pfosten · 1934 ▶

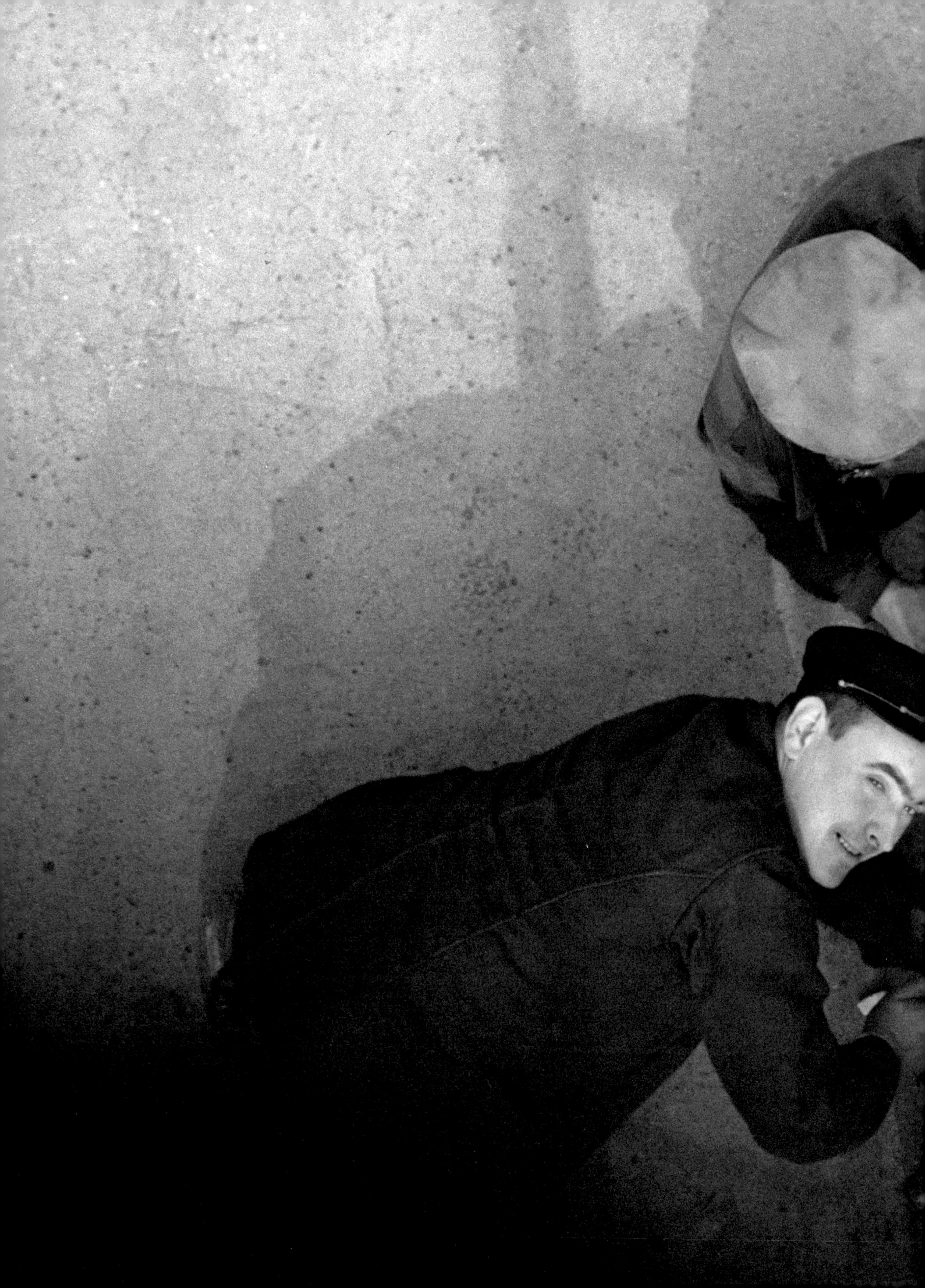

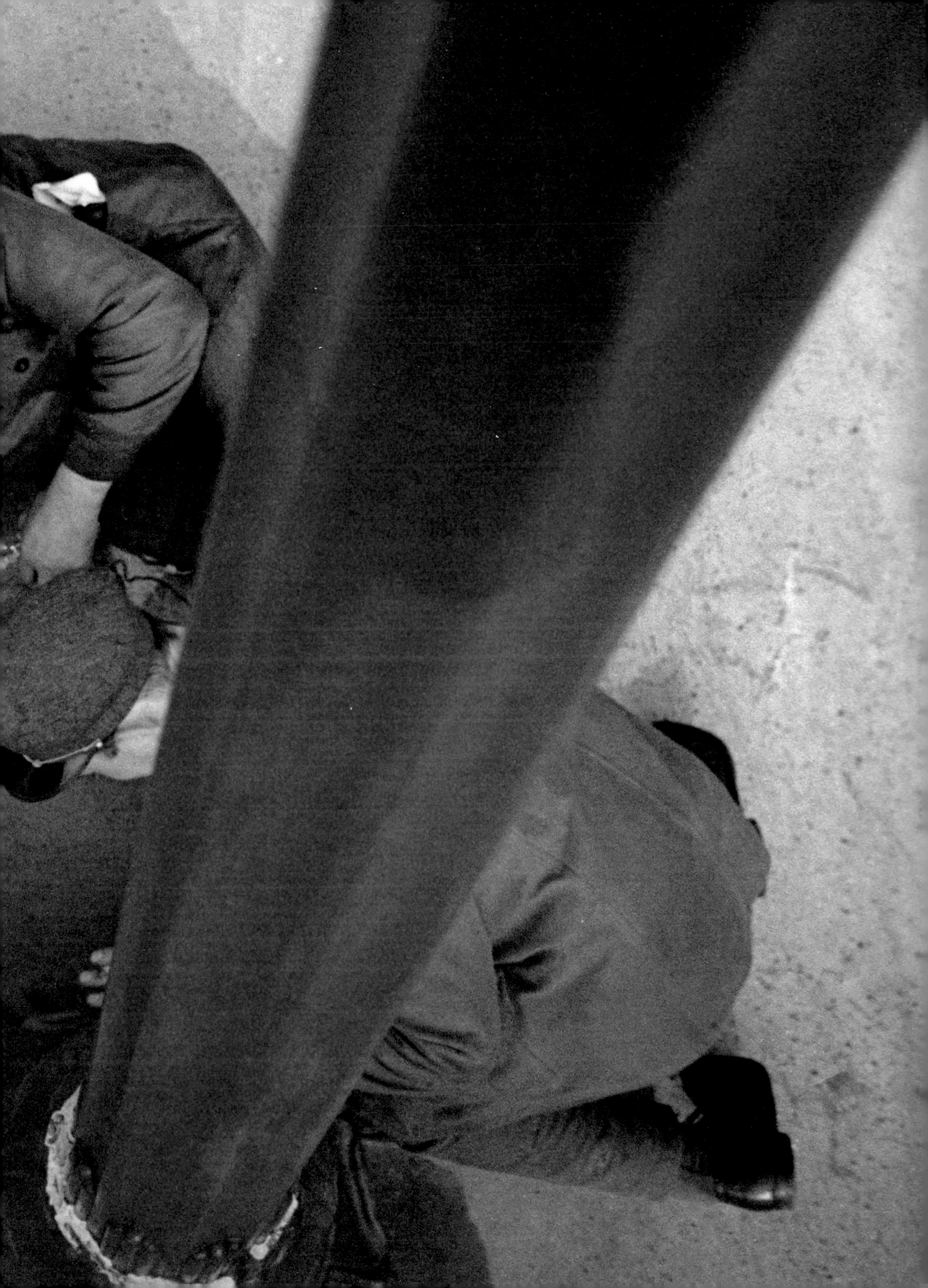

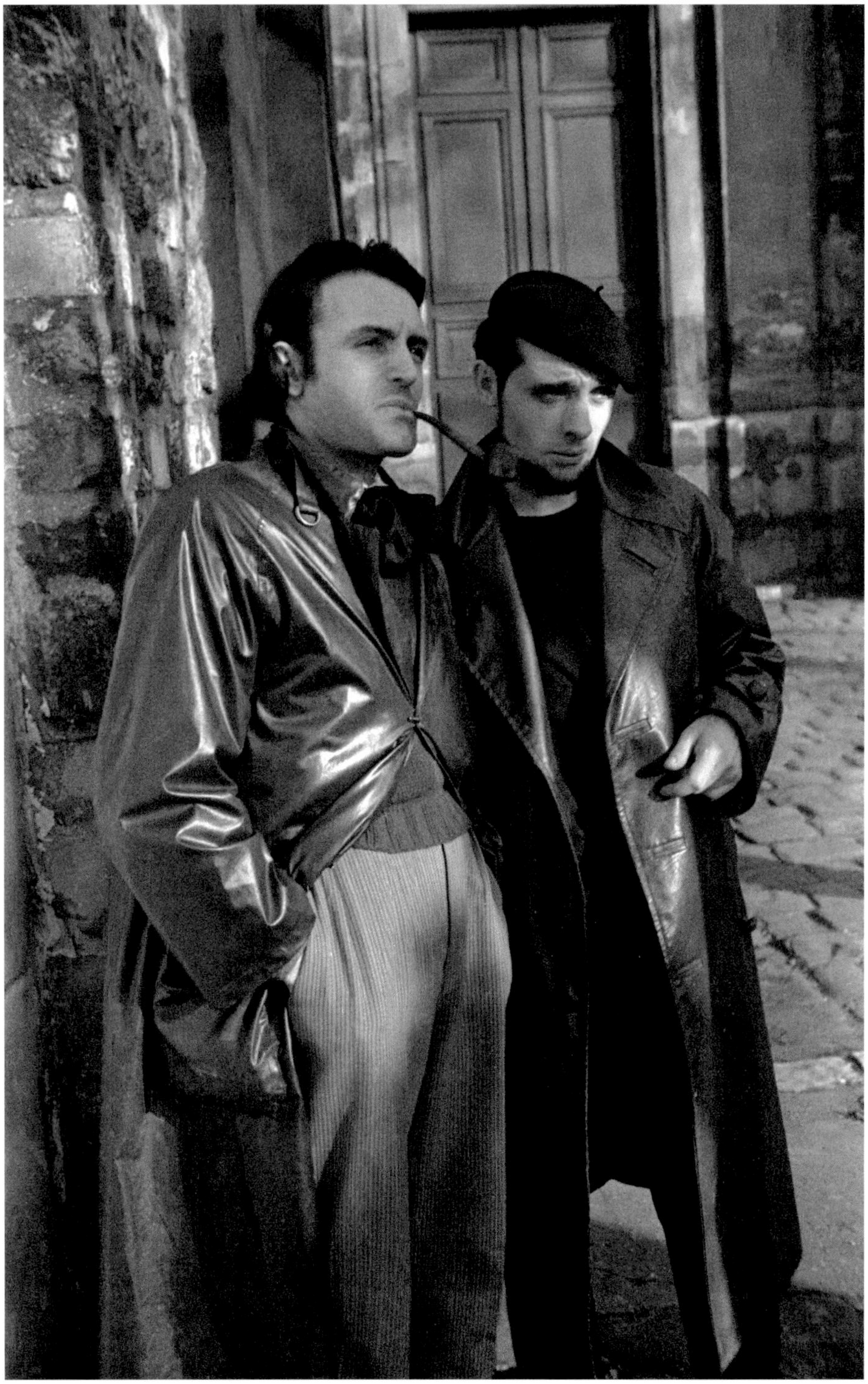

On the Boulevard Auf dem Boulevard · 1934

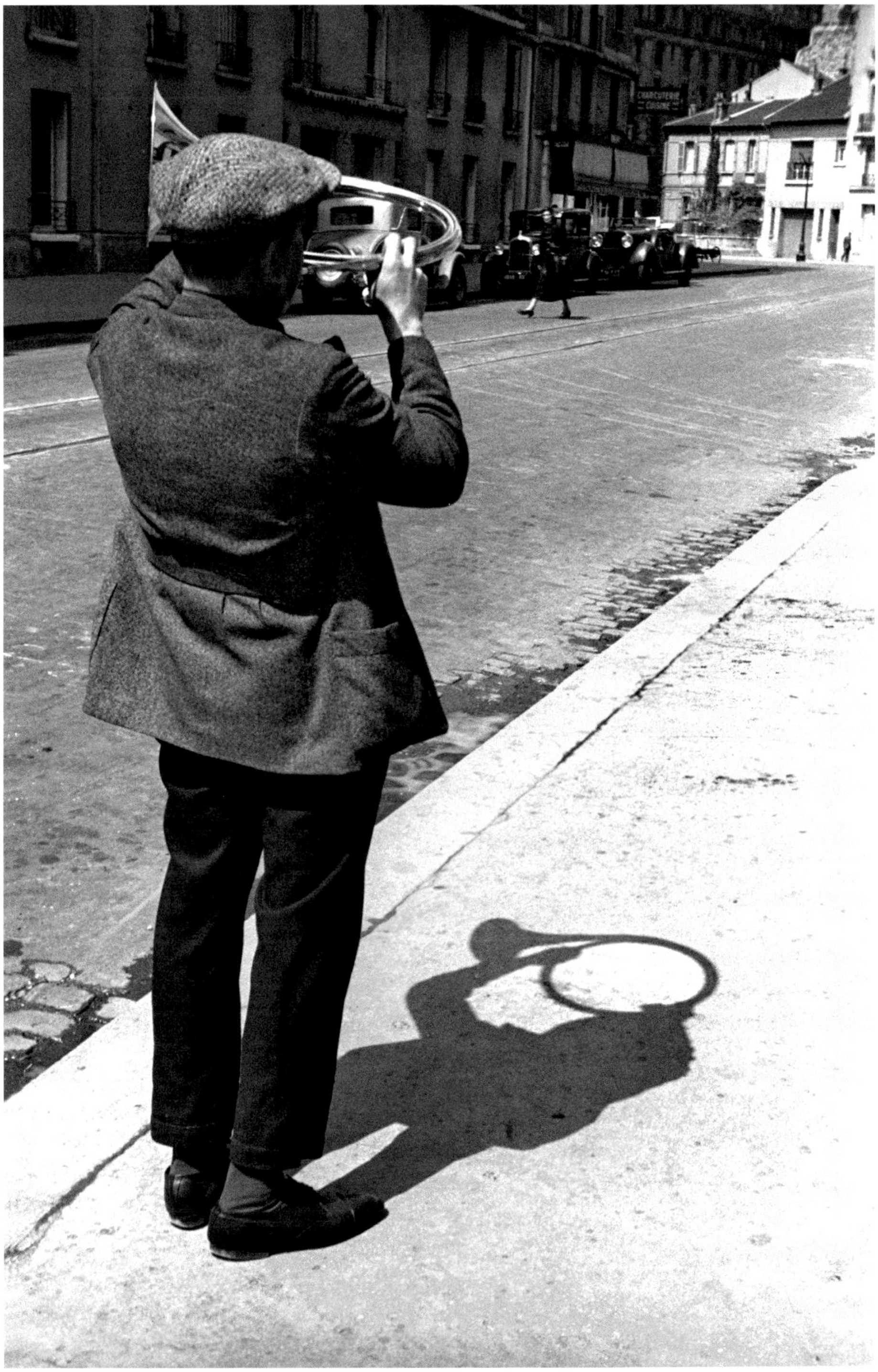

Horn Player Hornist · 1935

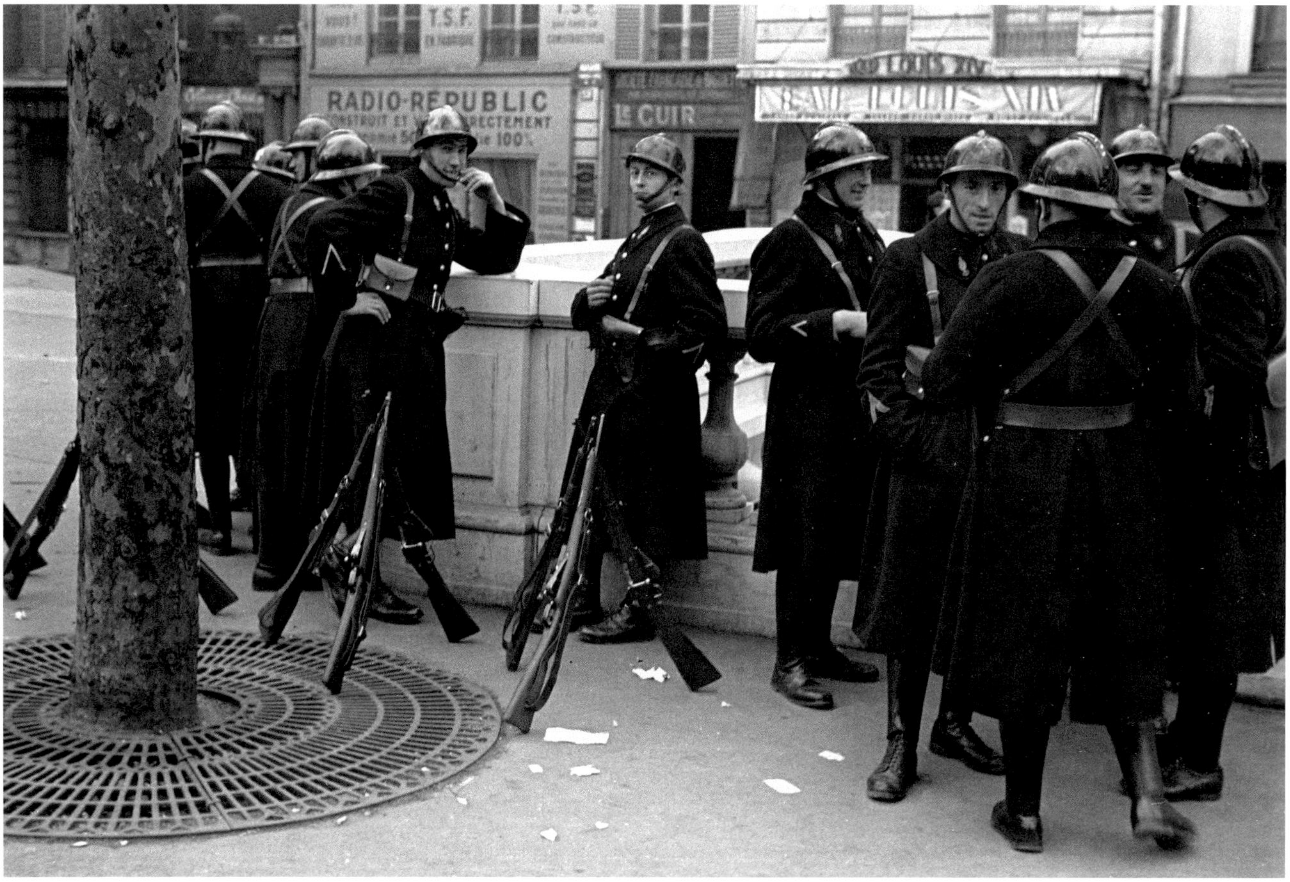

Soldiers Soldaten · 1938

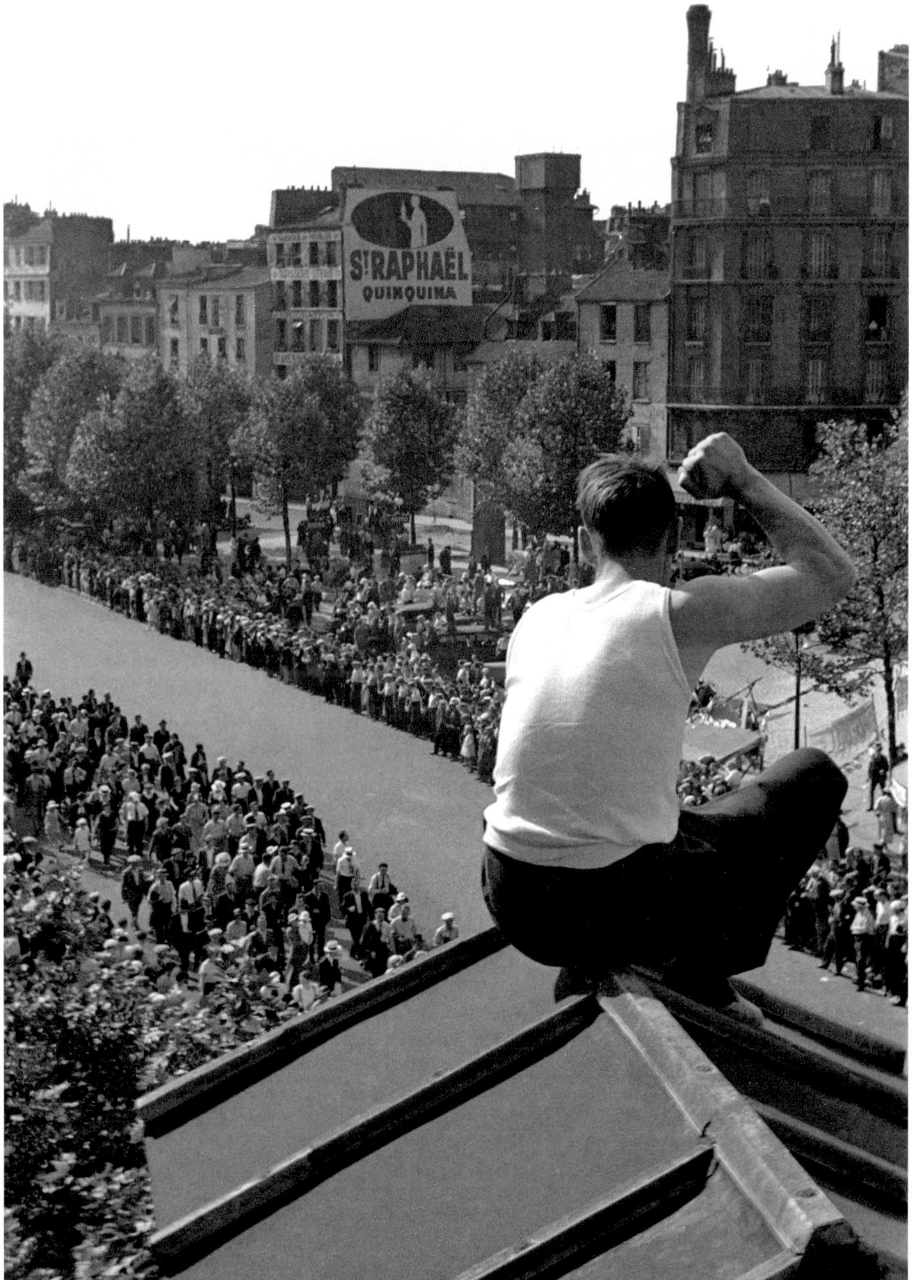

Popular Front Volksfront (Front Populaire) · 1936

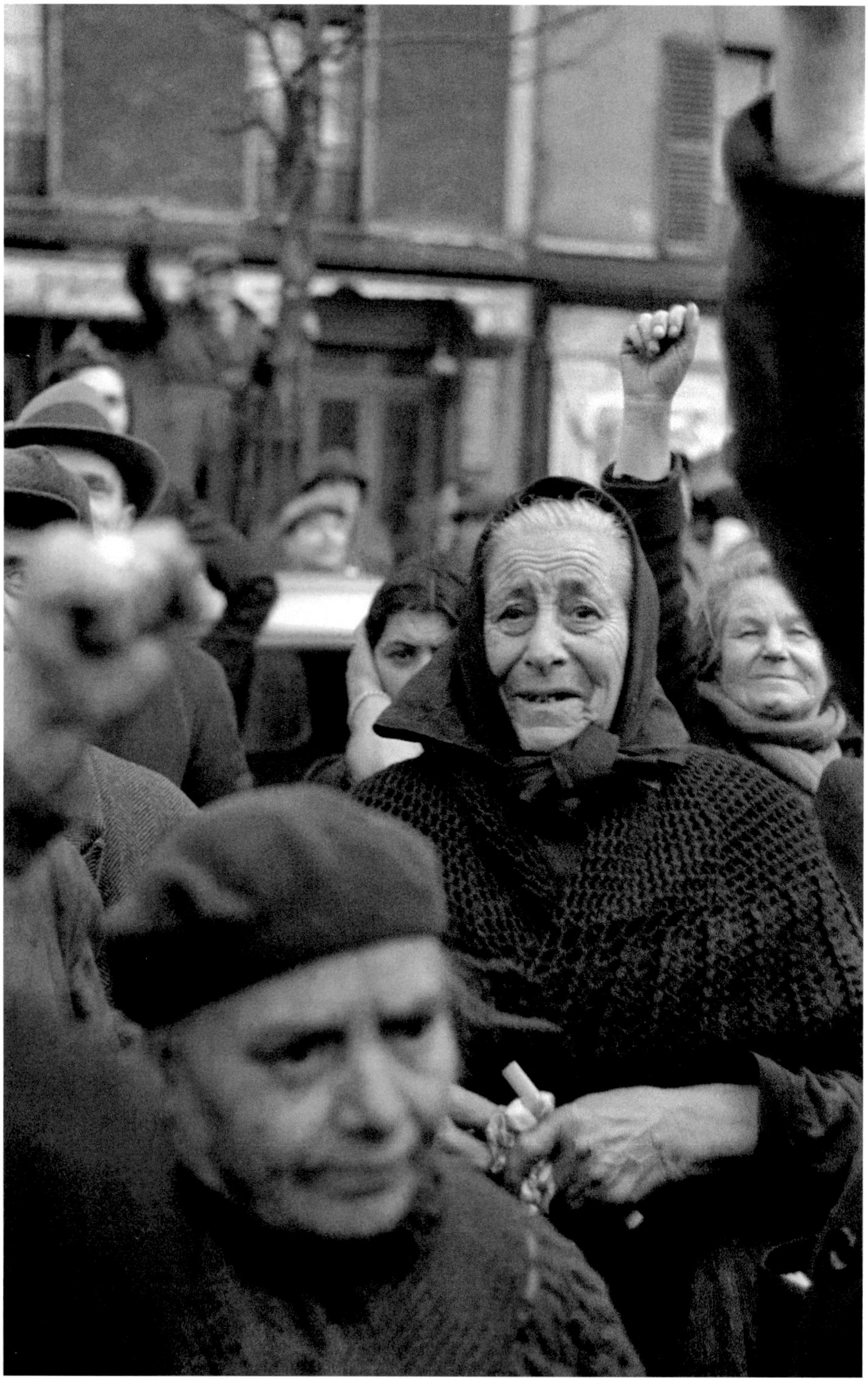

Demonstration · 1935

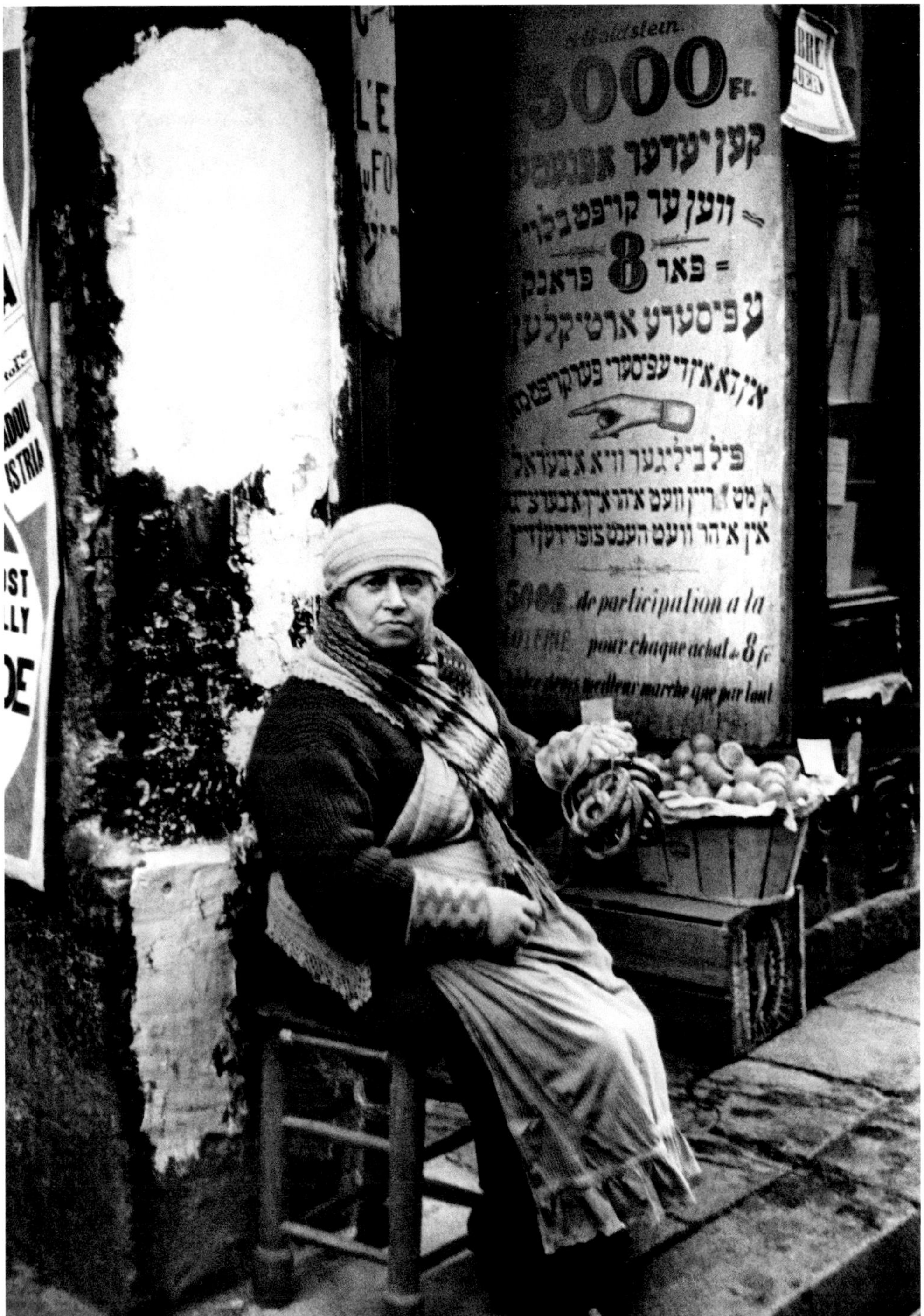

Vendor Verkäuferin · 1935

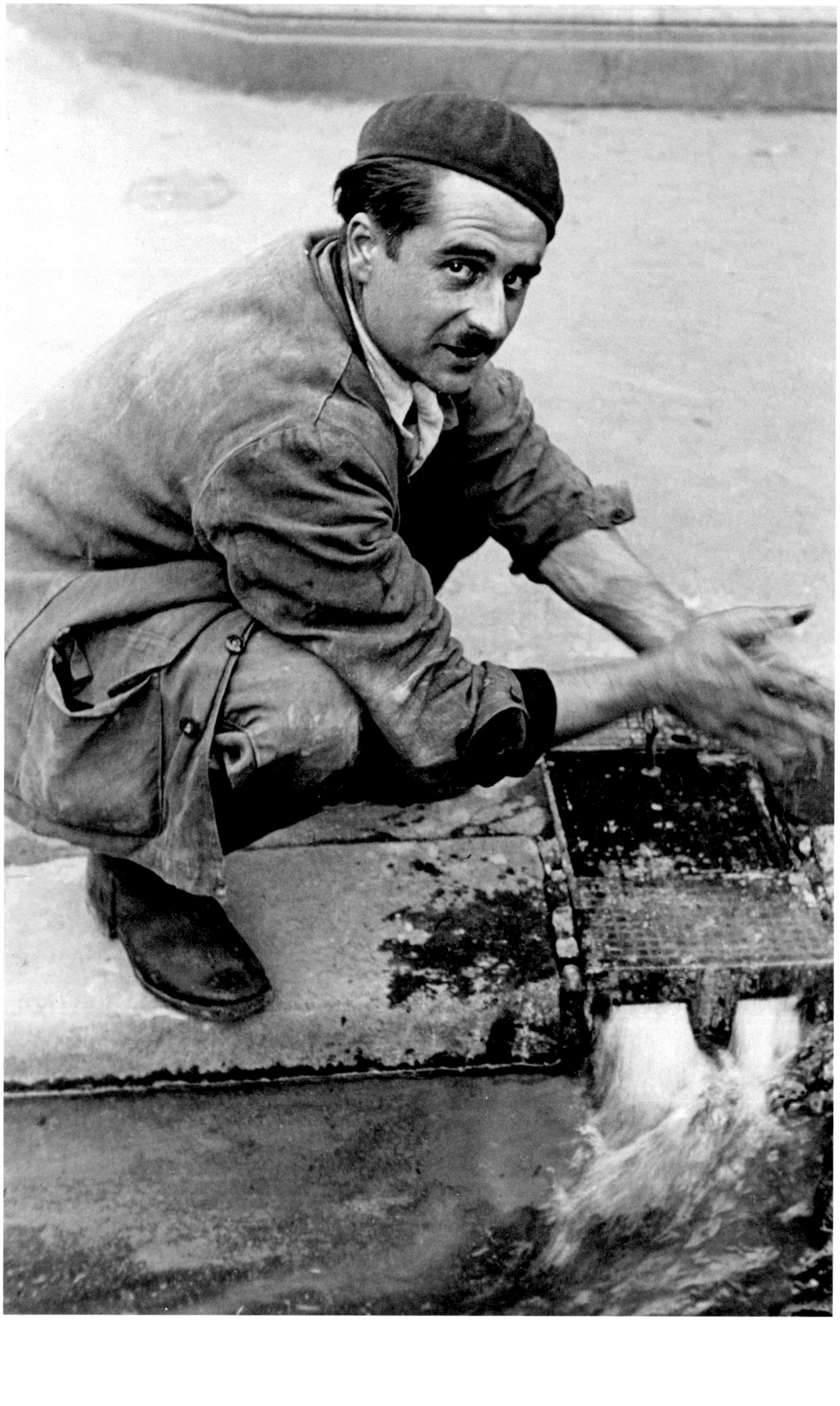

Washing Hands Händewaschen · 1937

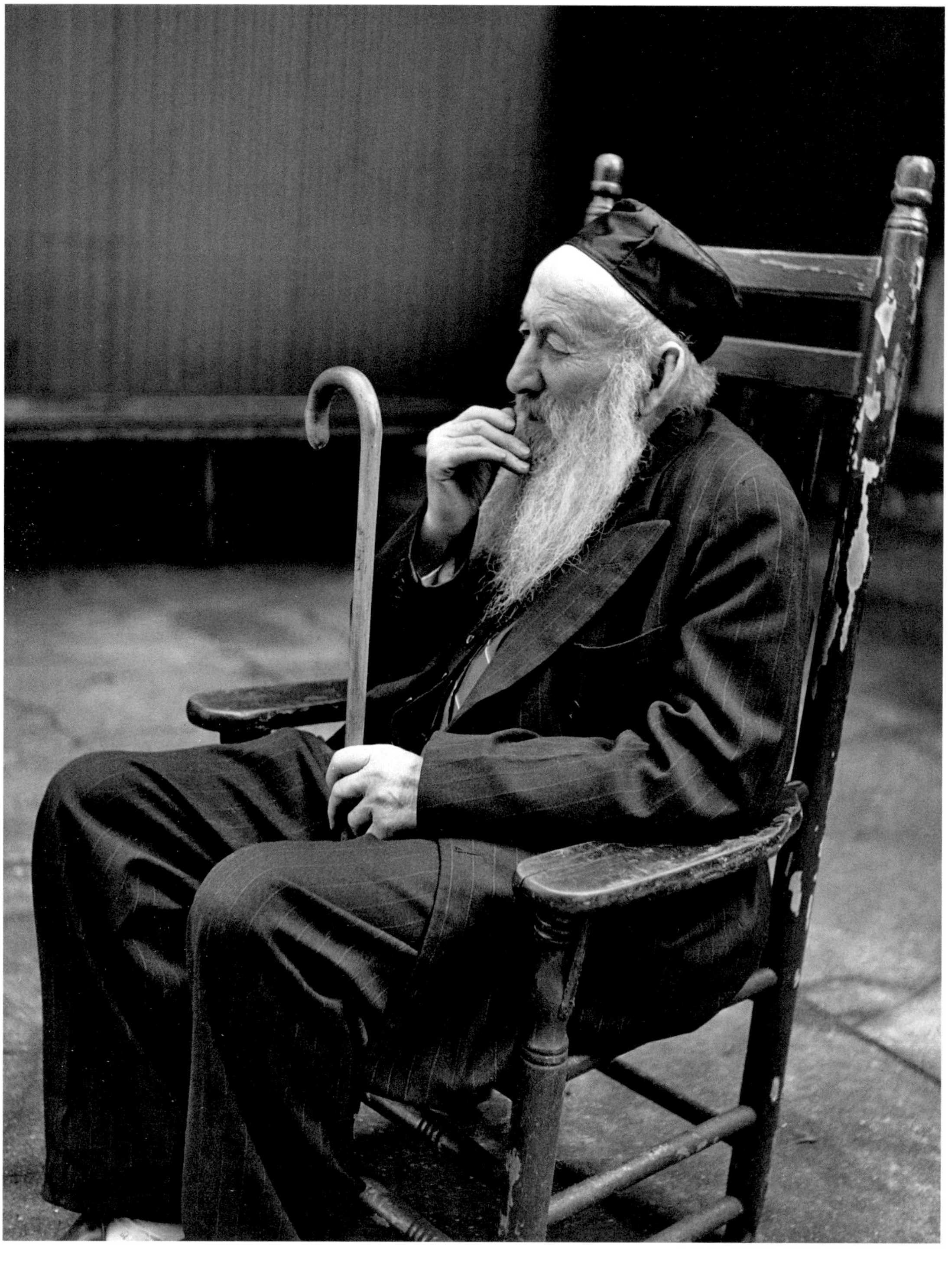

Rabbi with Cane Rabbi mit Gehstock · 1935

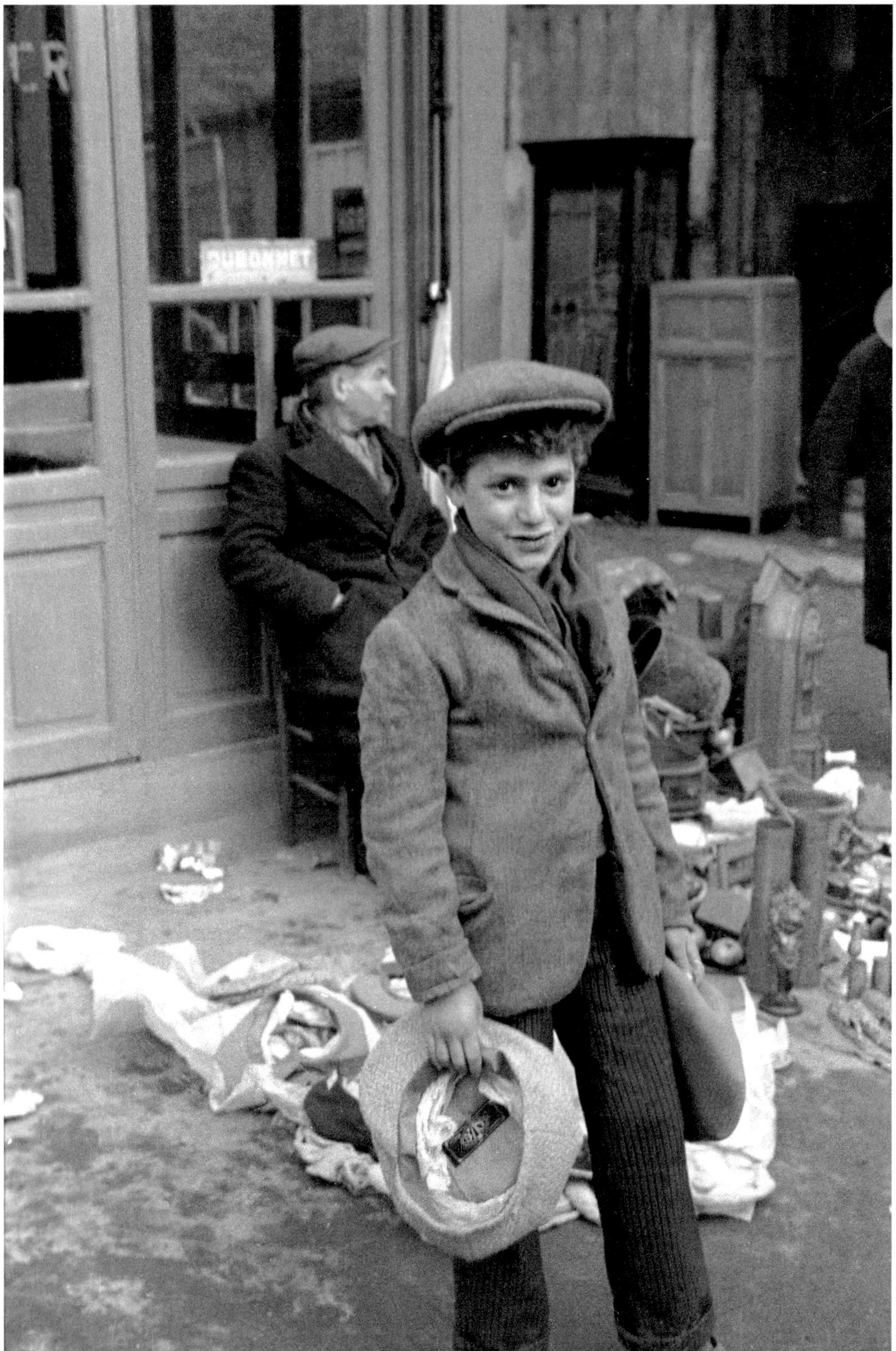

Boy with Hats in Hand Junge mit Mützen in der Hand · 1936

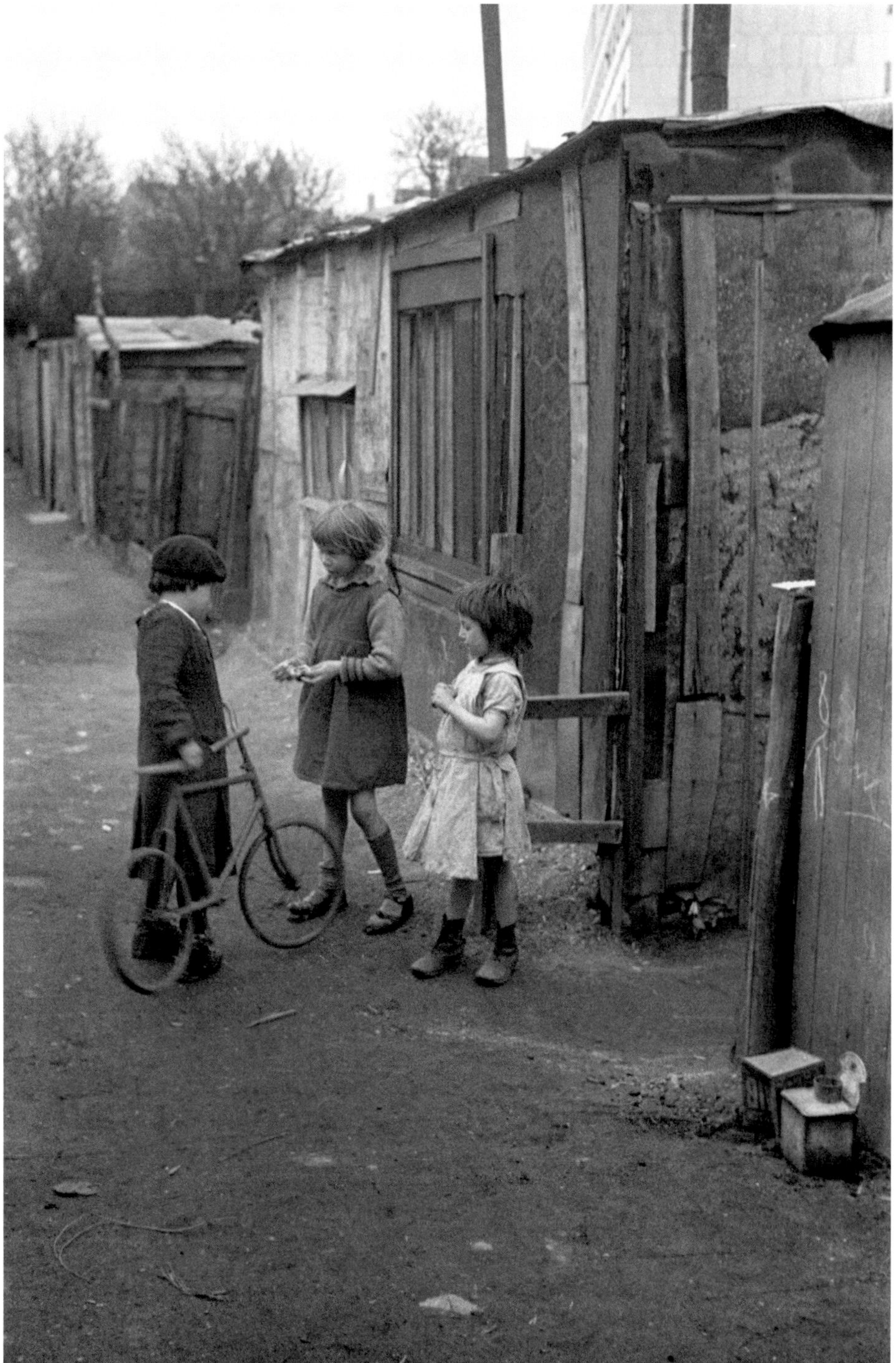

Slum Armensiedlung · 1935

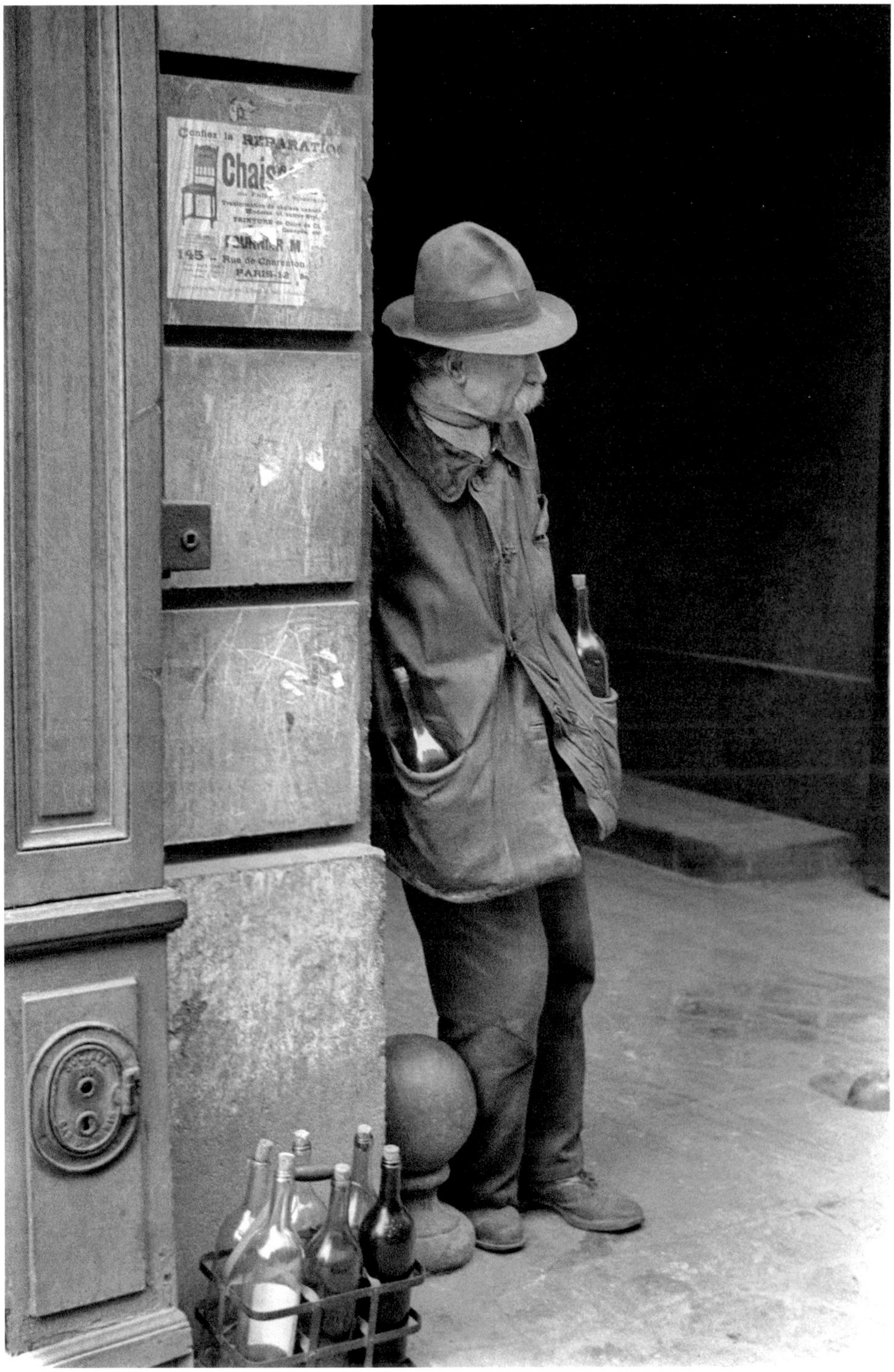

Man with Bottles Mann mit Flaschen · 1938

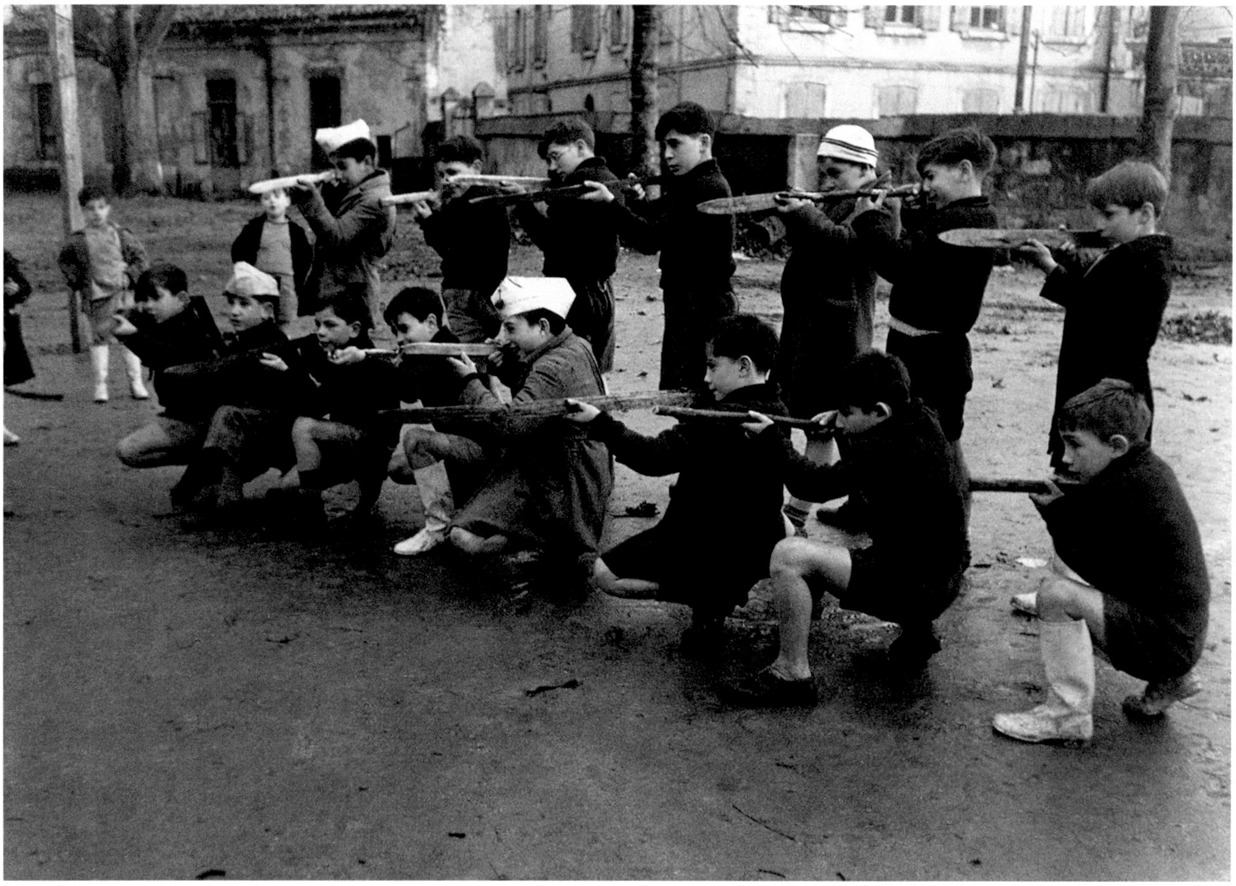

Shooting Formation Schützenformation · 1937

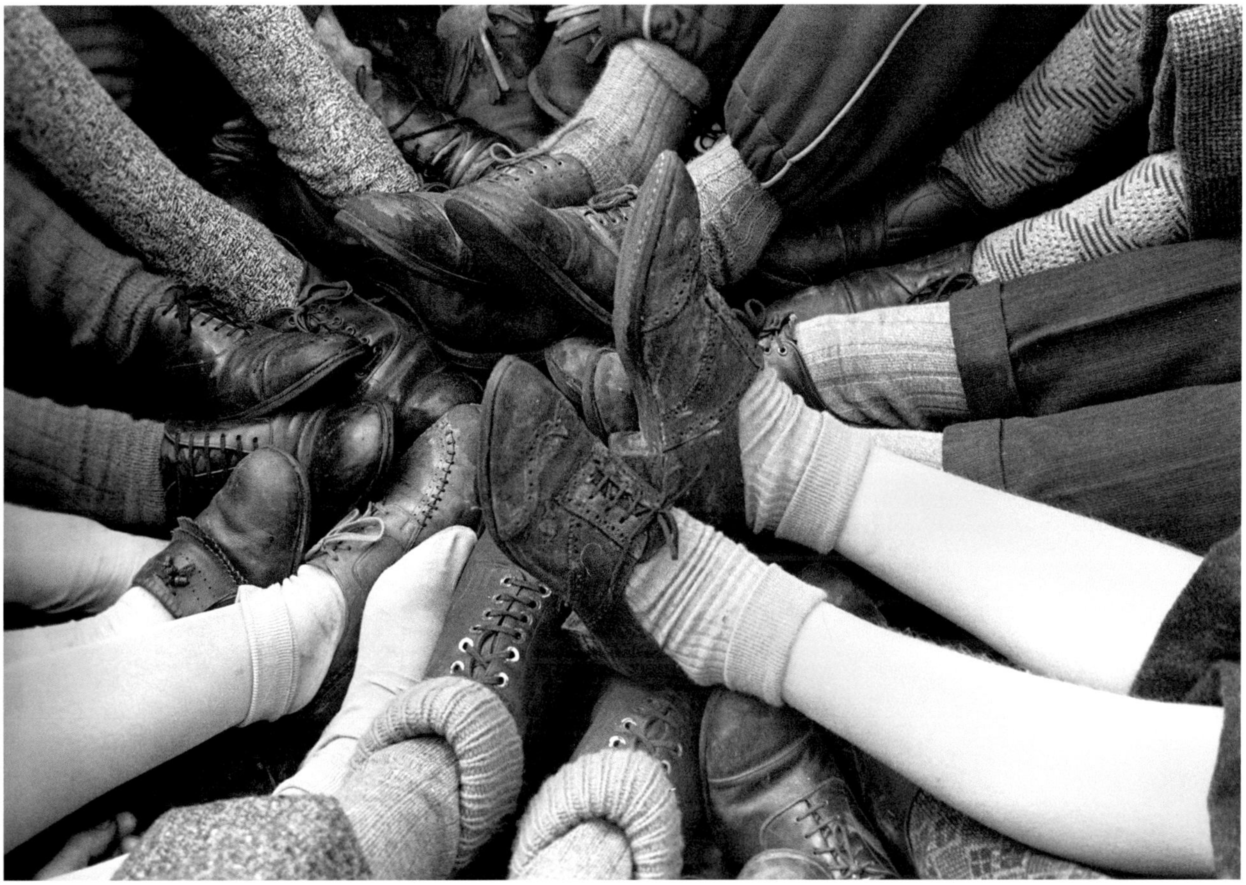

Feet Füße · 1938 **Dance Hall** Tanzhalle · 1934 ►

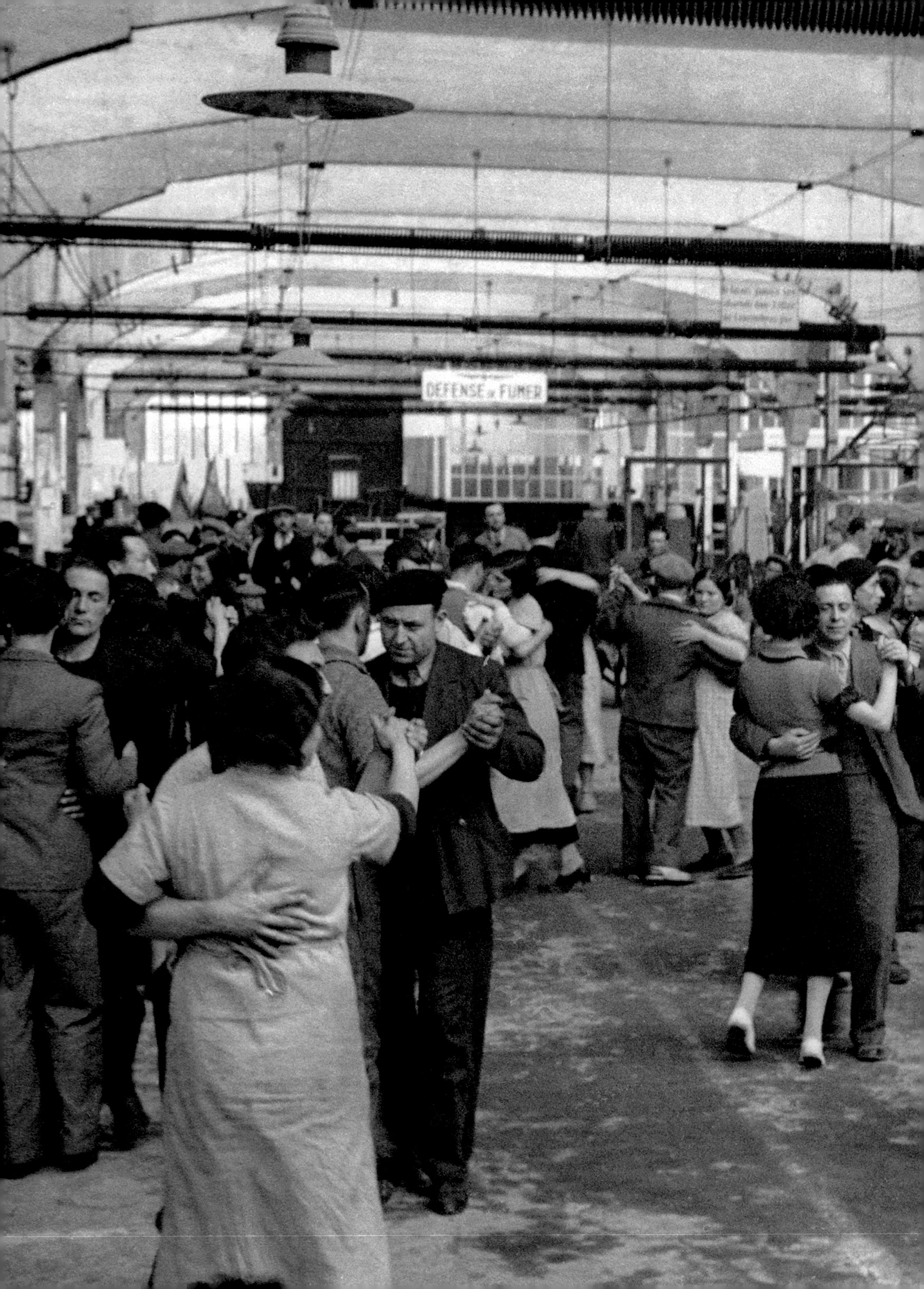
DEFENSE de FUMER

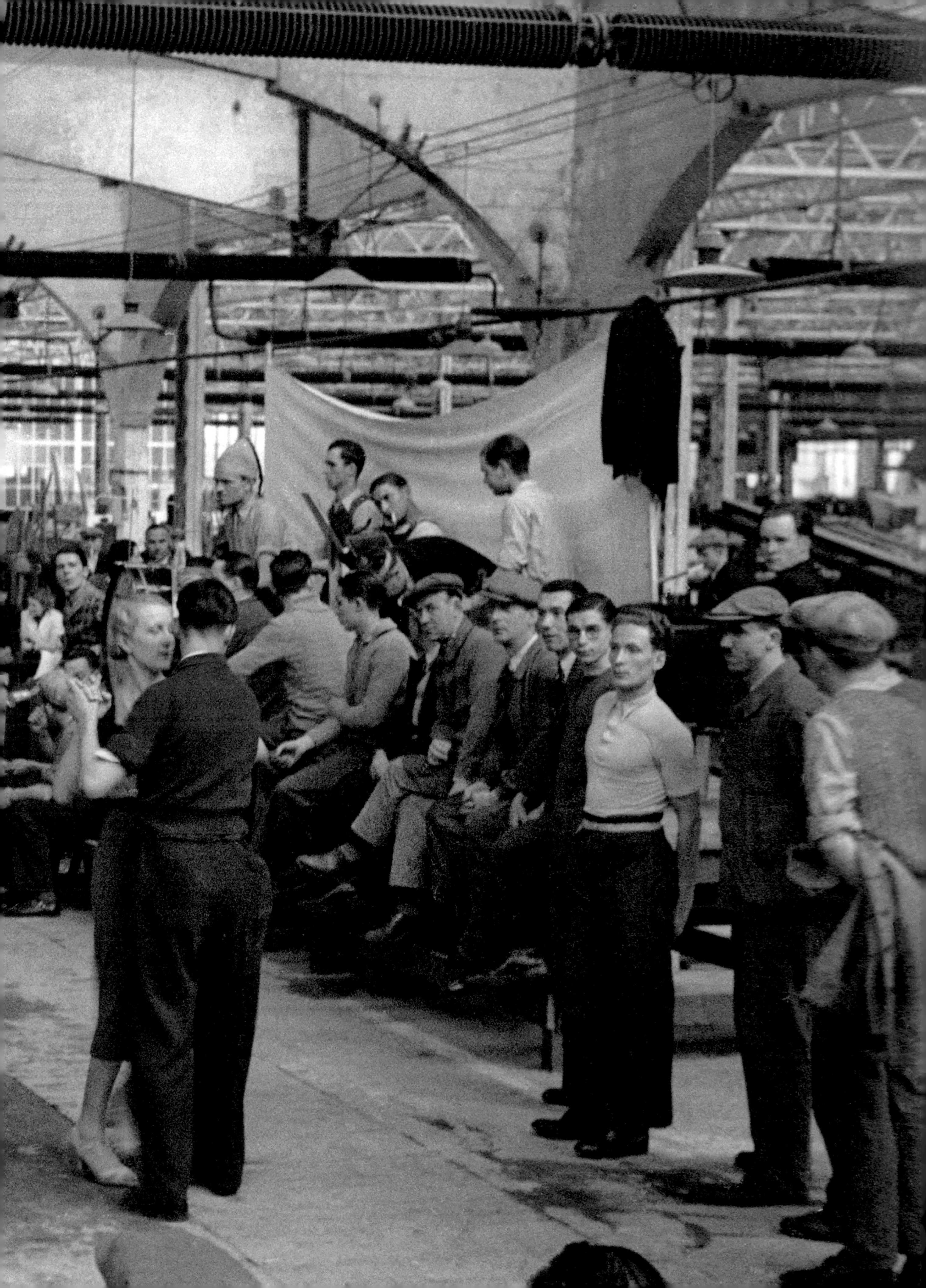

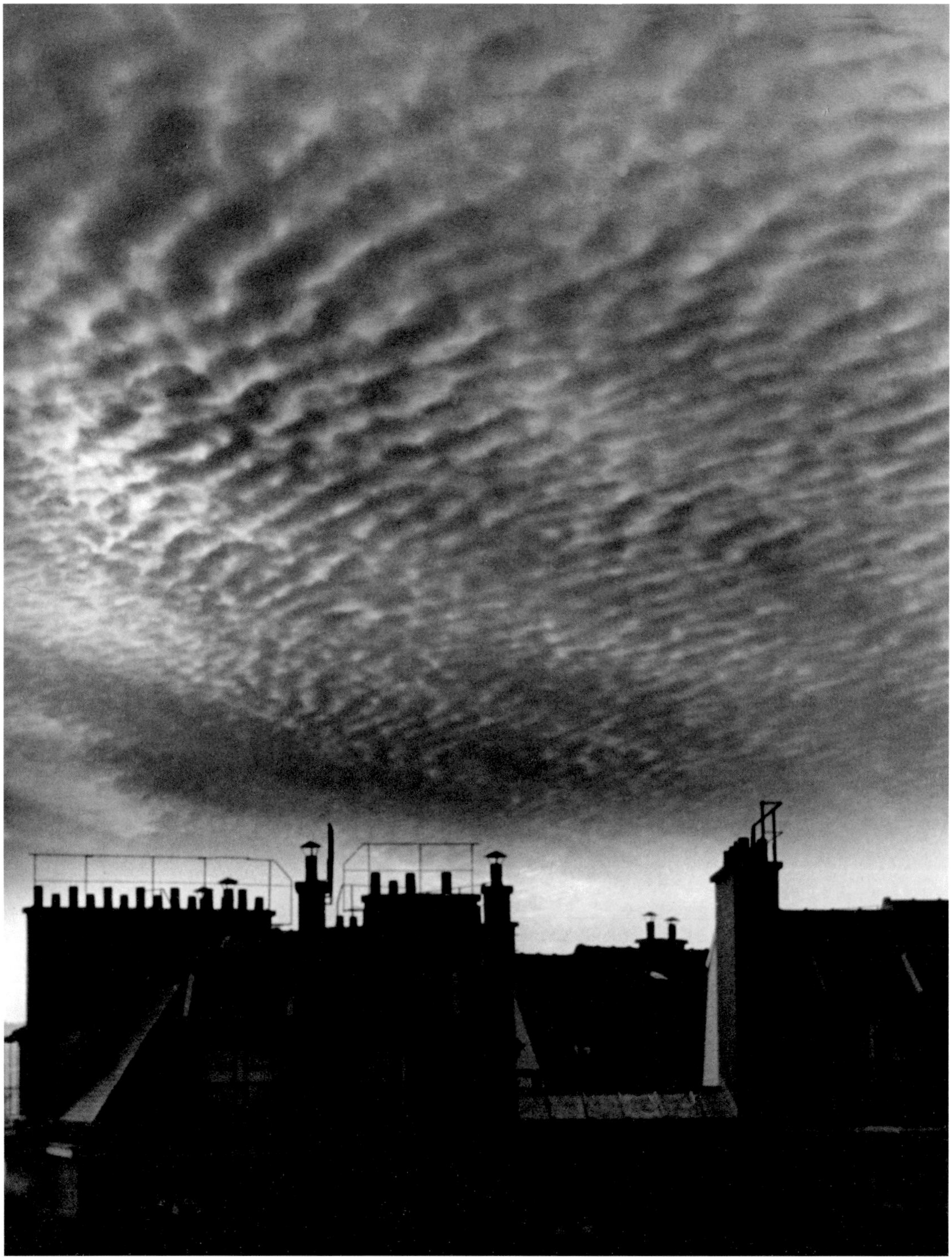

Sunset Sonnenuntergang · 1936

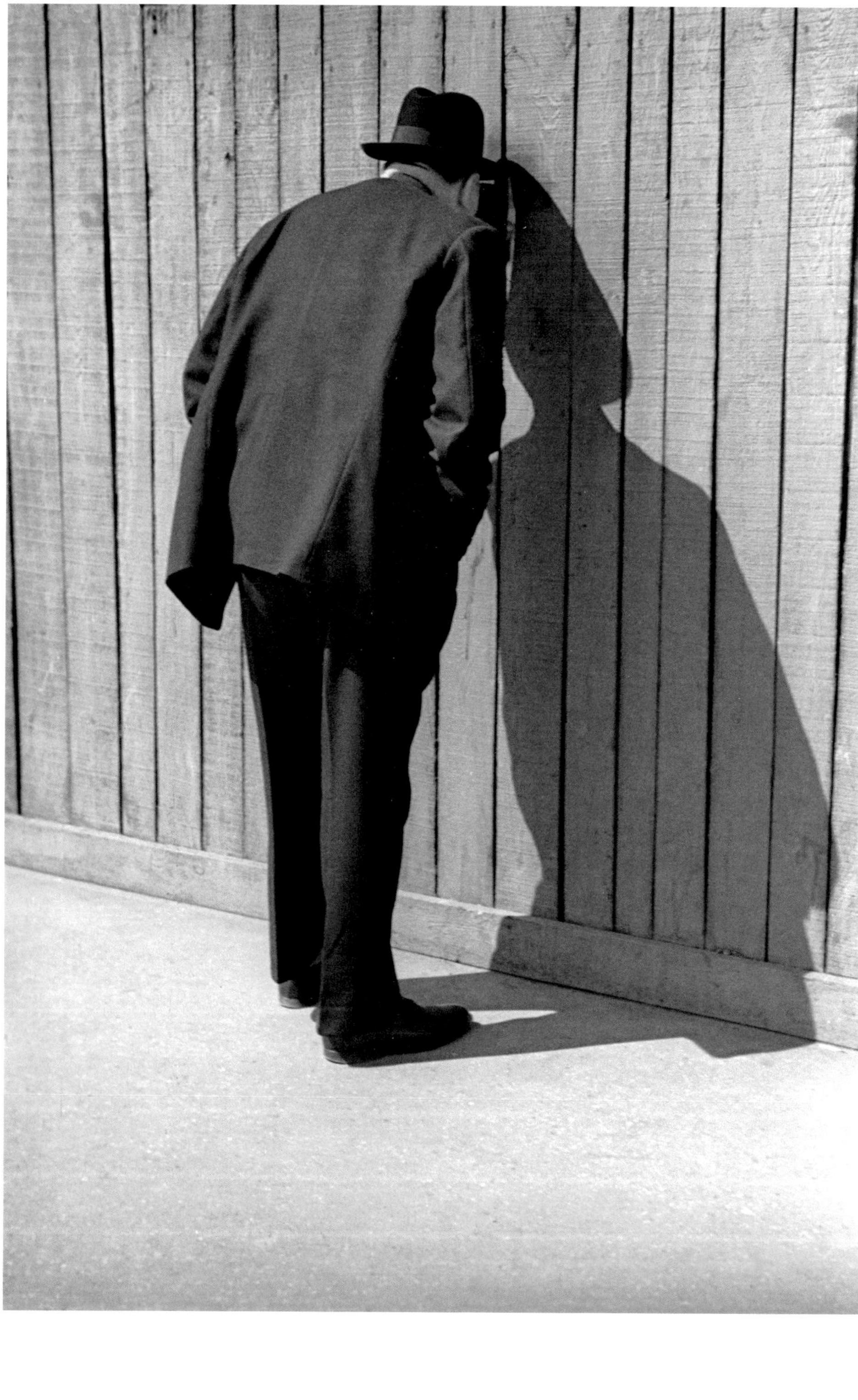

Hole in Fence Loch im Zaun · 1936

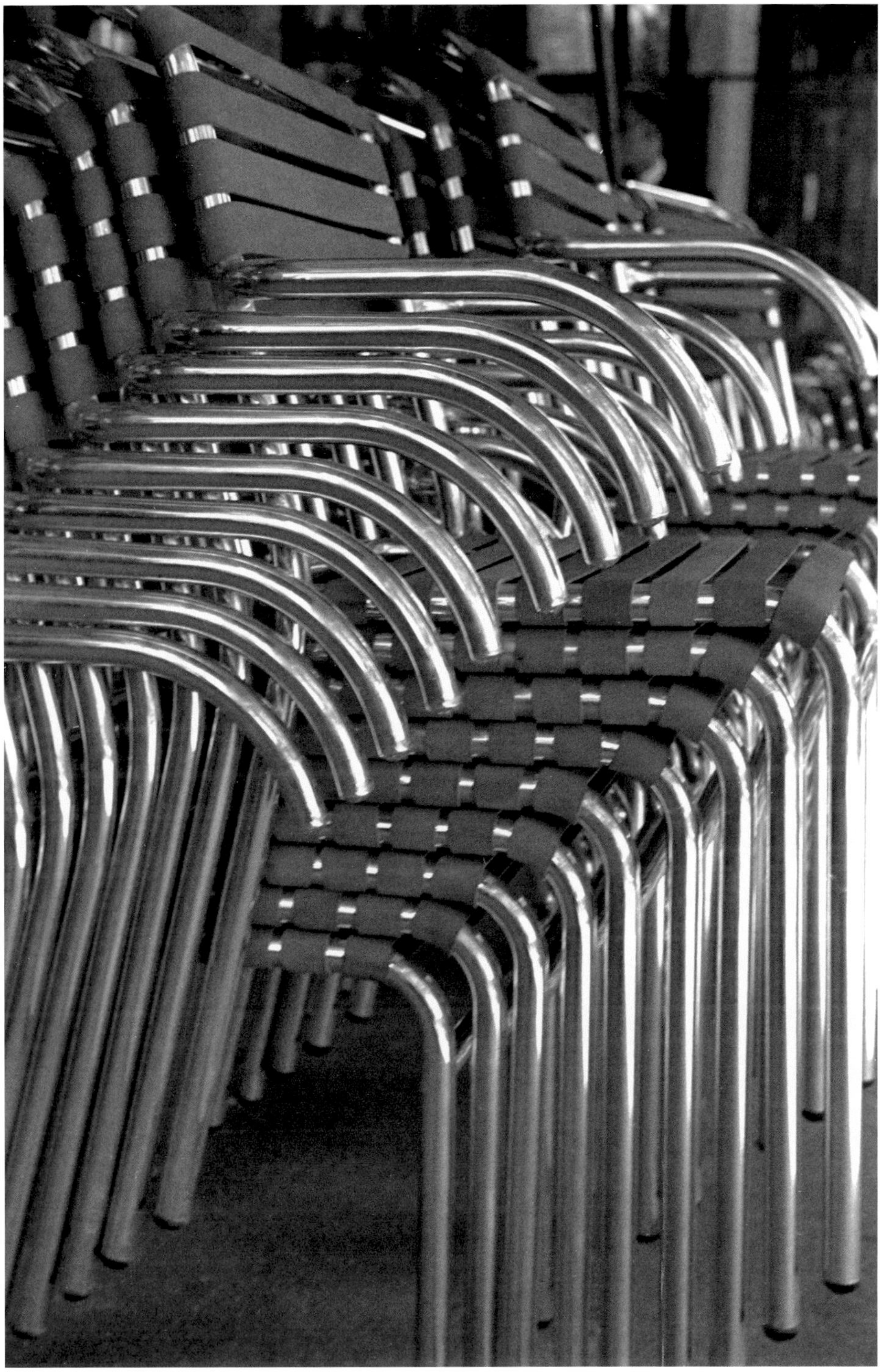

Aluminum Chairs Aluminiumstühle · 1936

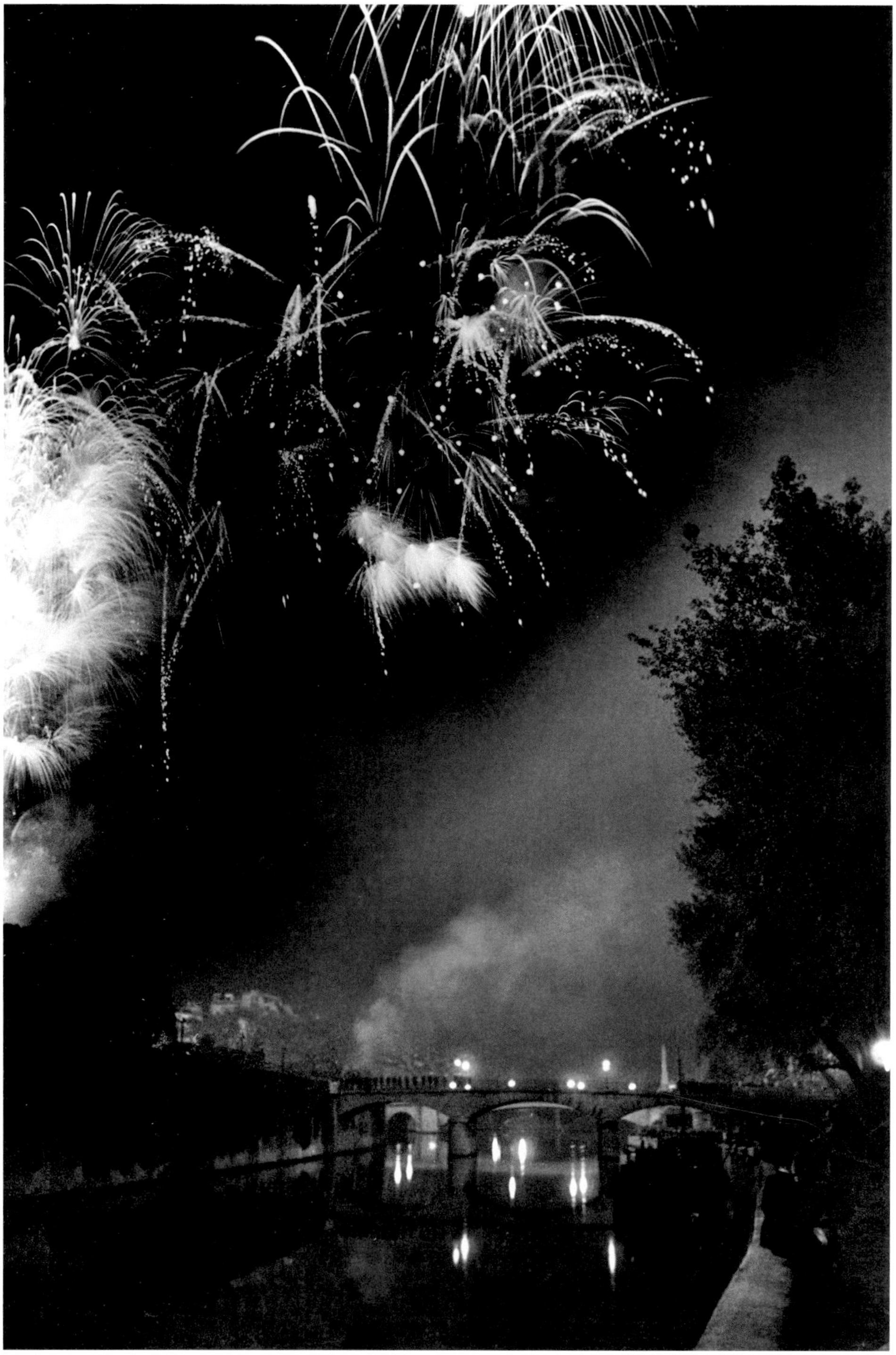

Bastille Day Nationalfeiertag · 1935

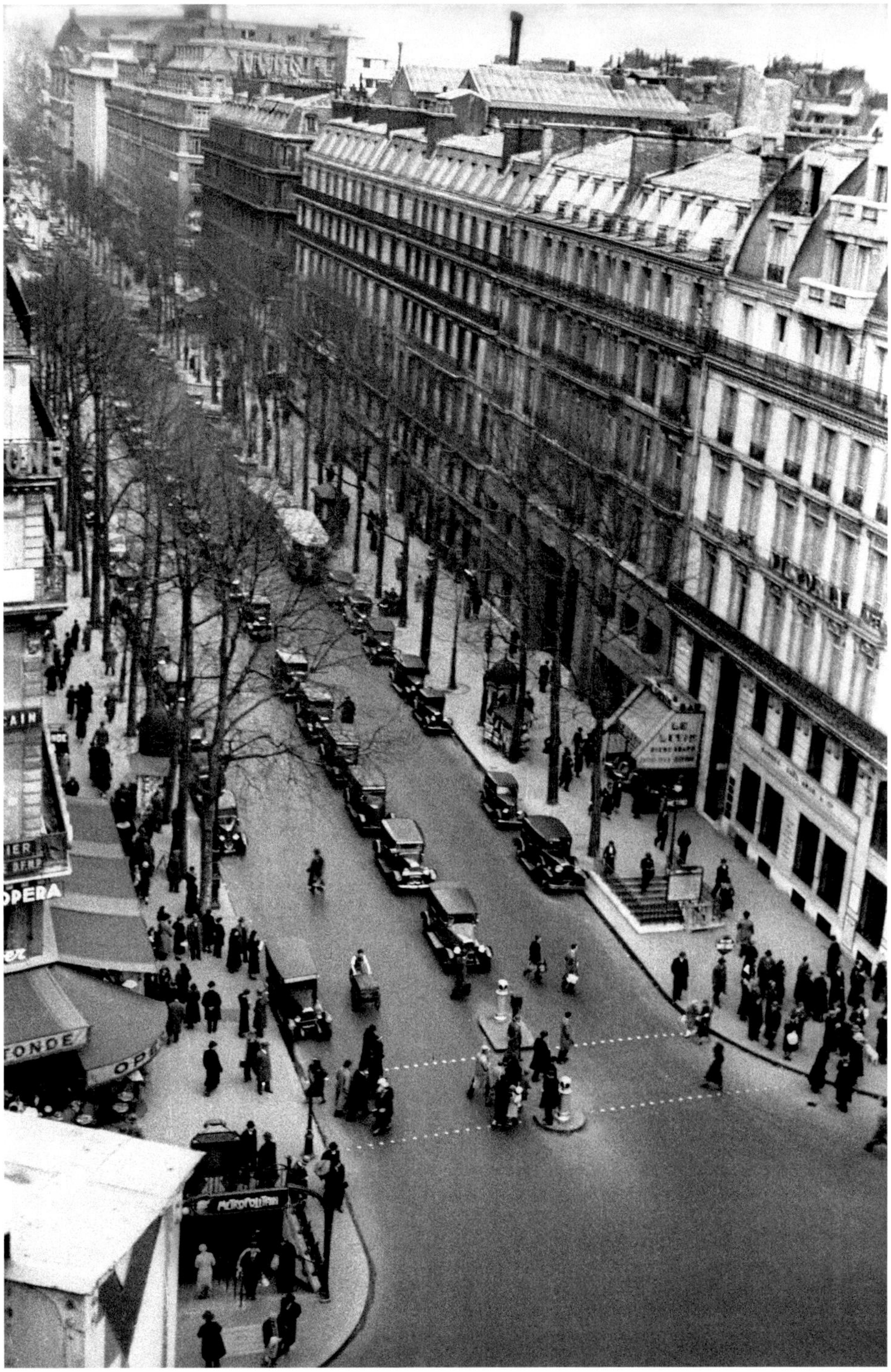

Grands Boulevards · 1937

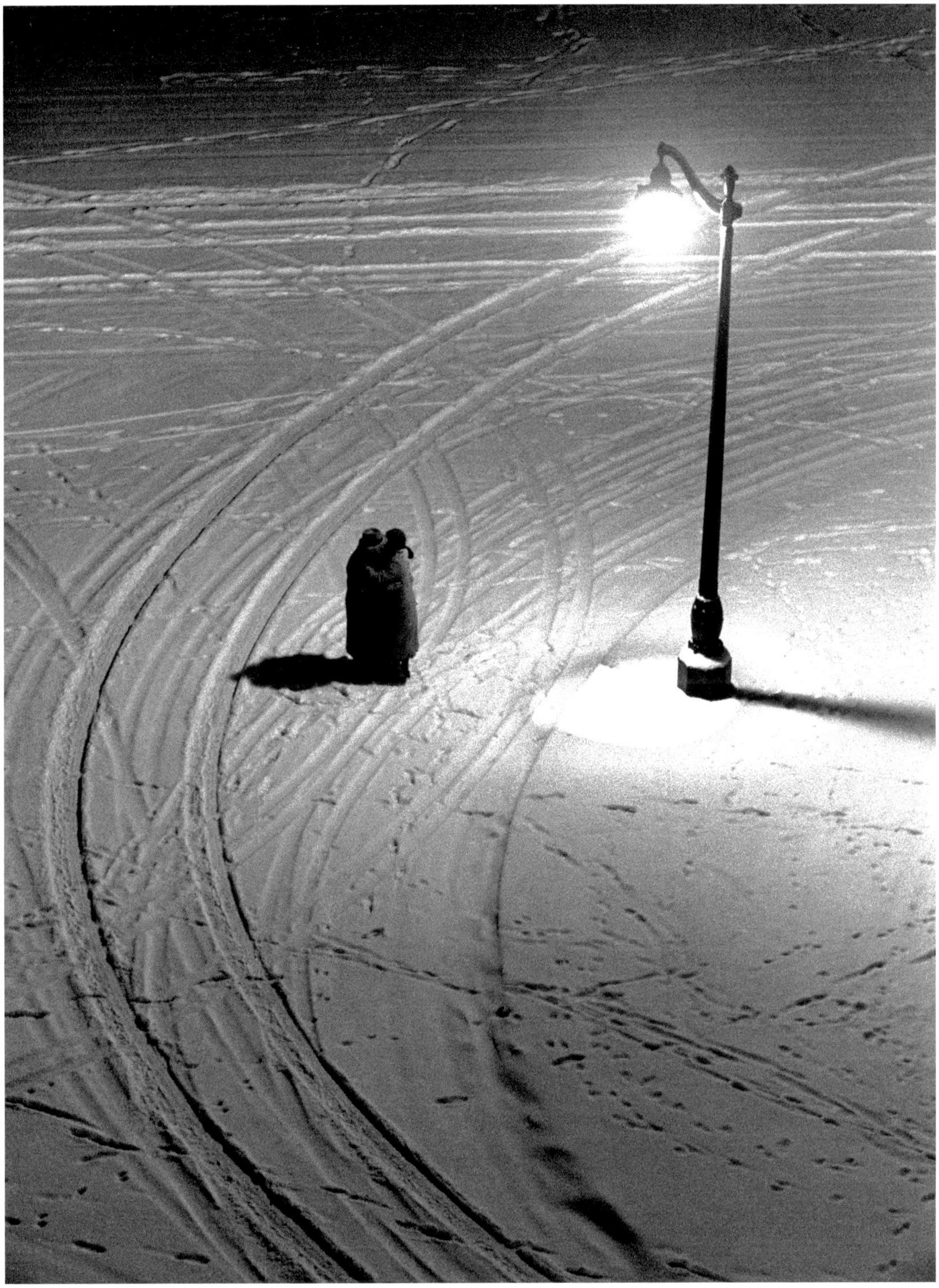

Embrace Umarmung · 1934

„Wie ein Jäger, der sein Ziel anvisiert,
suchst du nach dem einen Zeichen,
das aussagekräftiger als alle anderen ist.“

“Like a hunter in search of a target,
you look for the one sign that is
more characteristic than all the others.”

NEW YORK

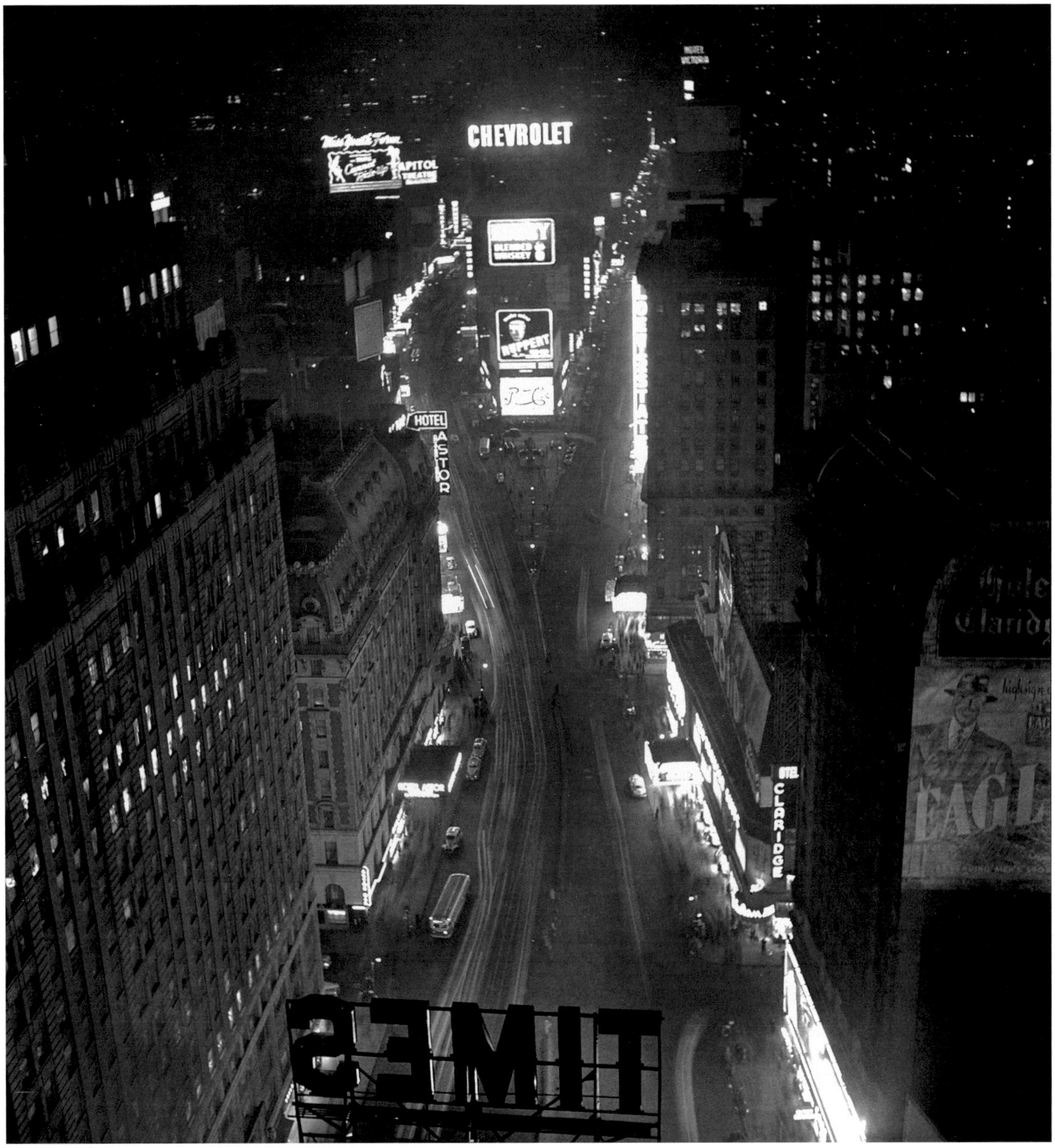

Times Square Night Times Square bei Nacht · 1947

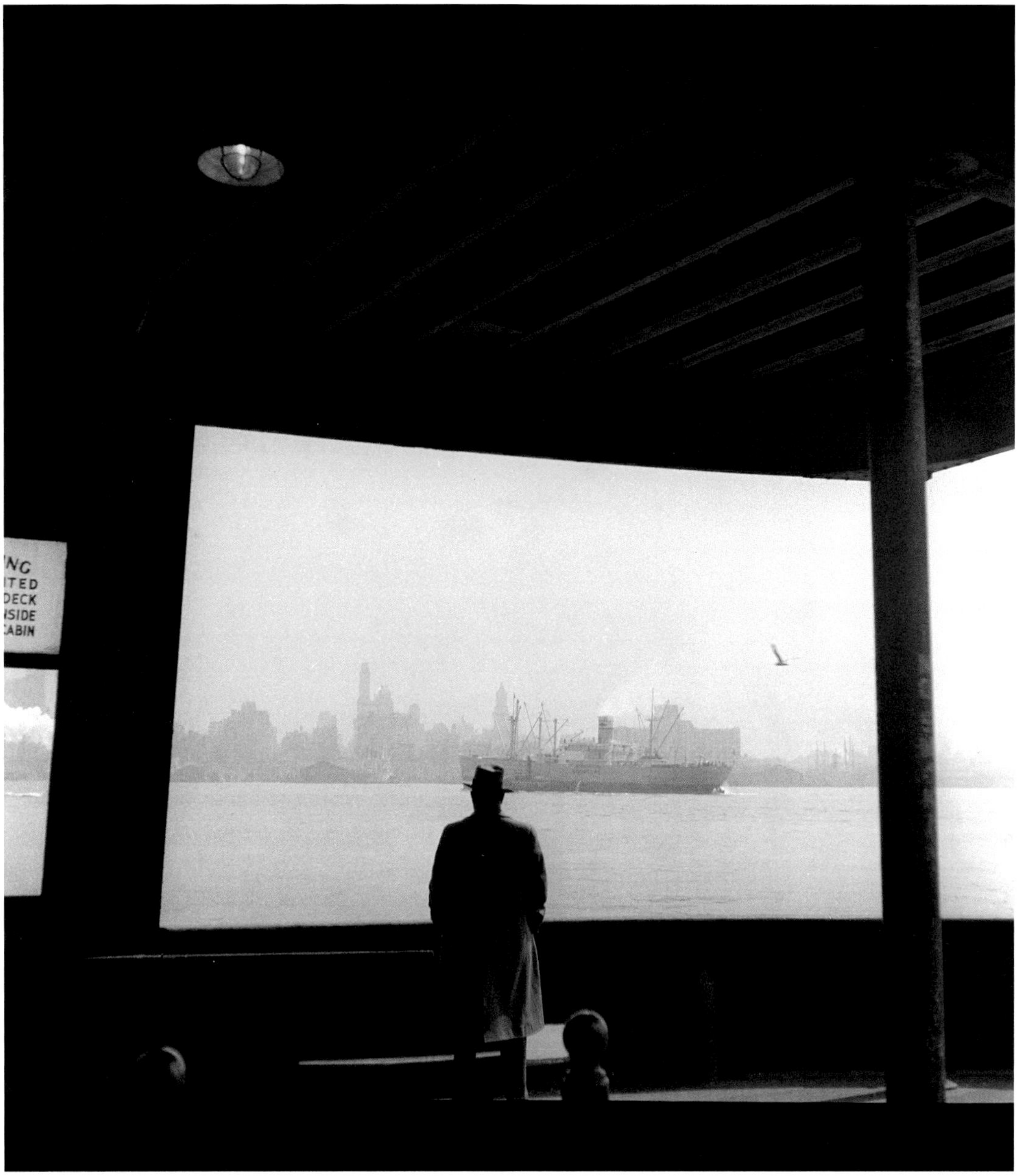

Man on Dock Mann an Deck · 1942

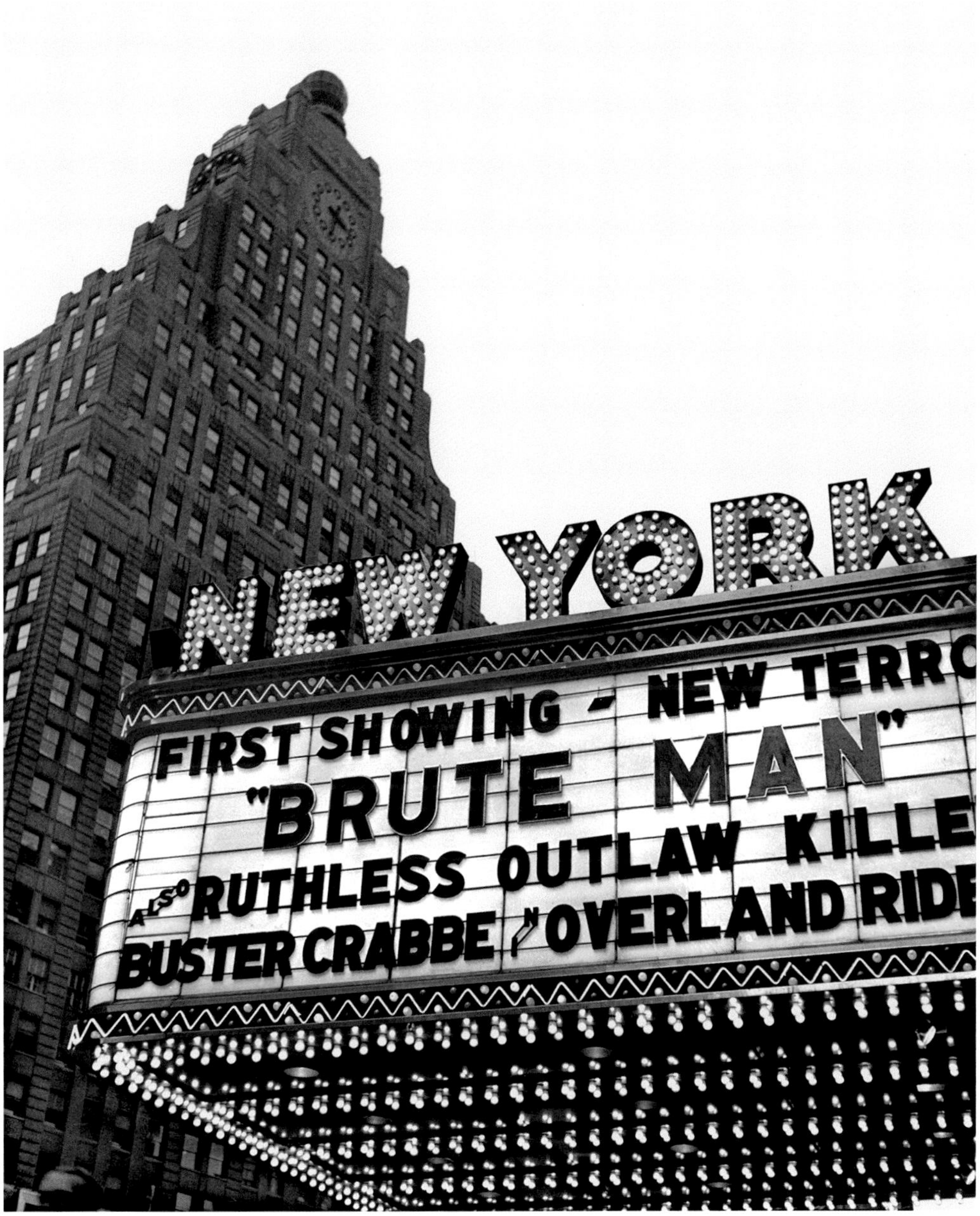

Brute Man · 1946

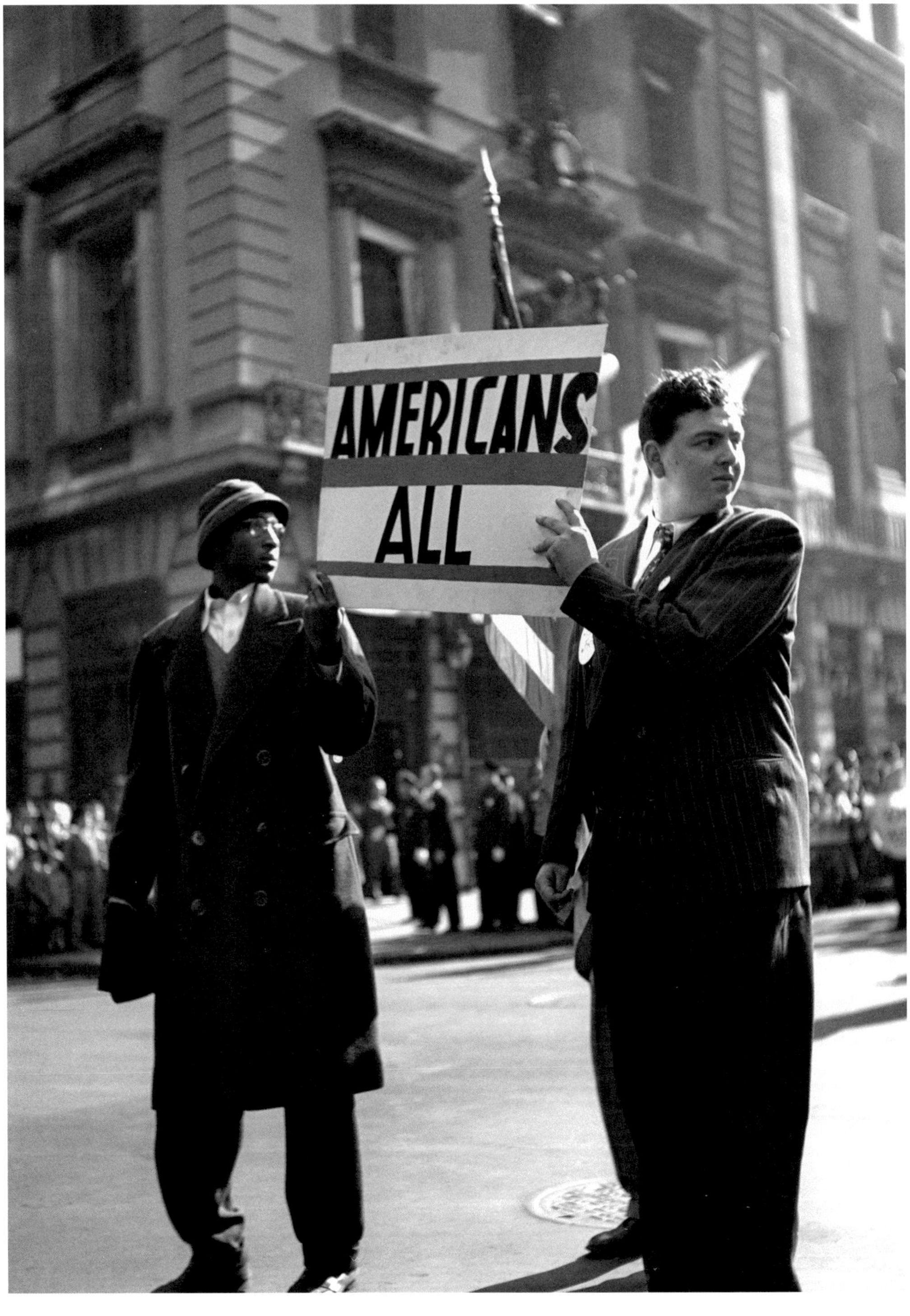

Americans All · 1943

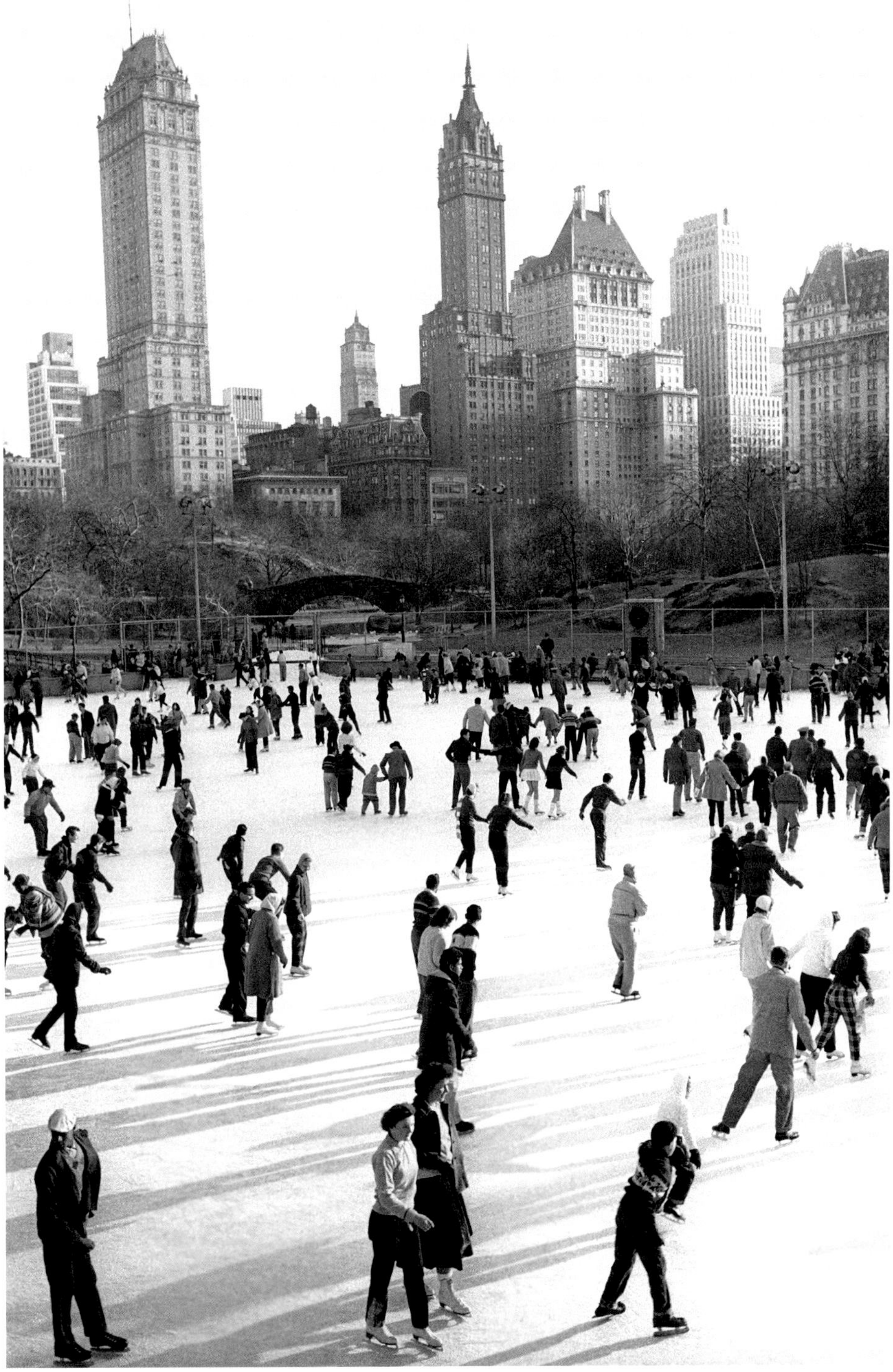

Wollman Rink · 1951

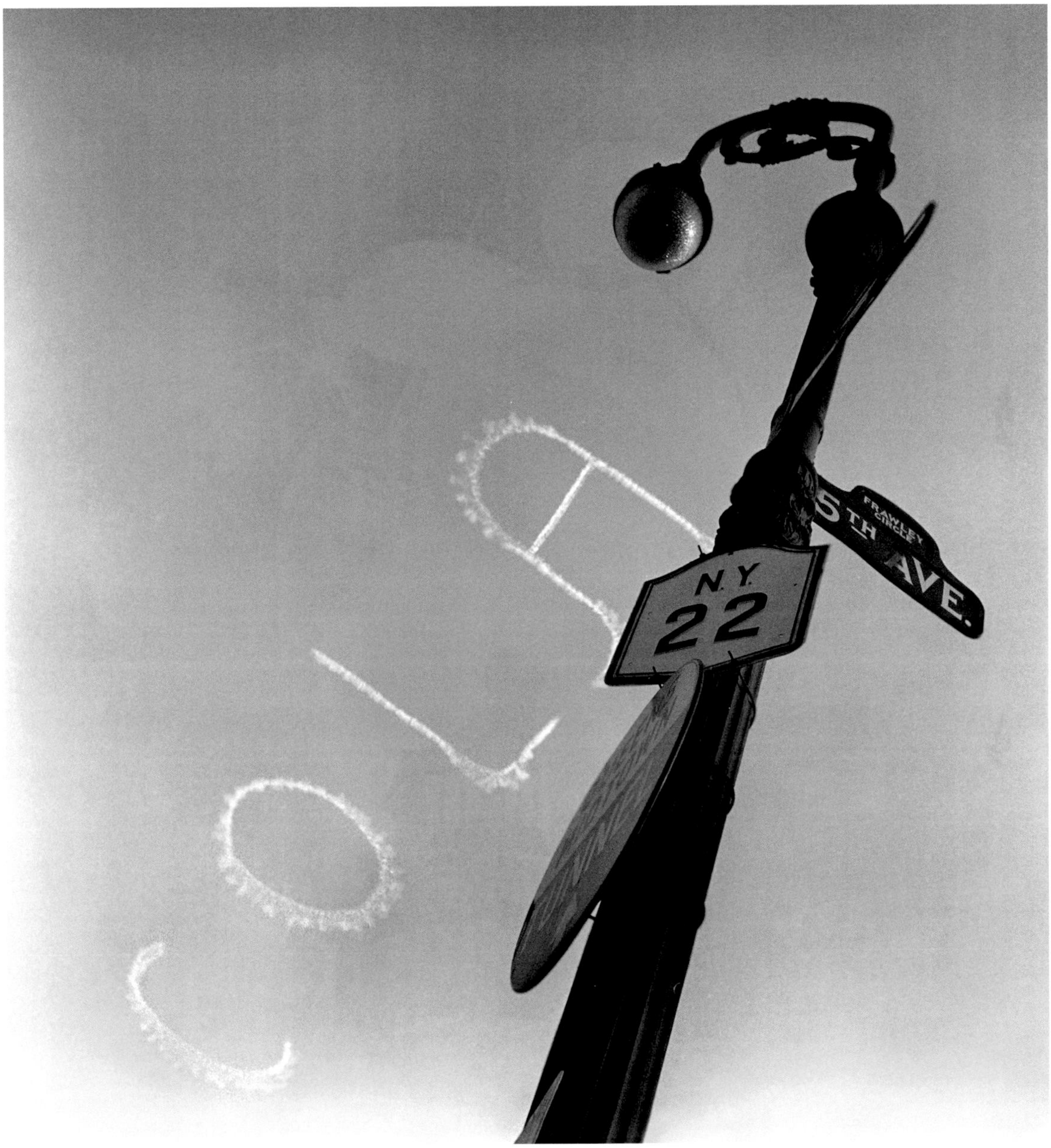

Cola · 1942

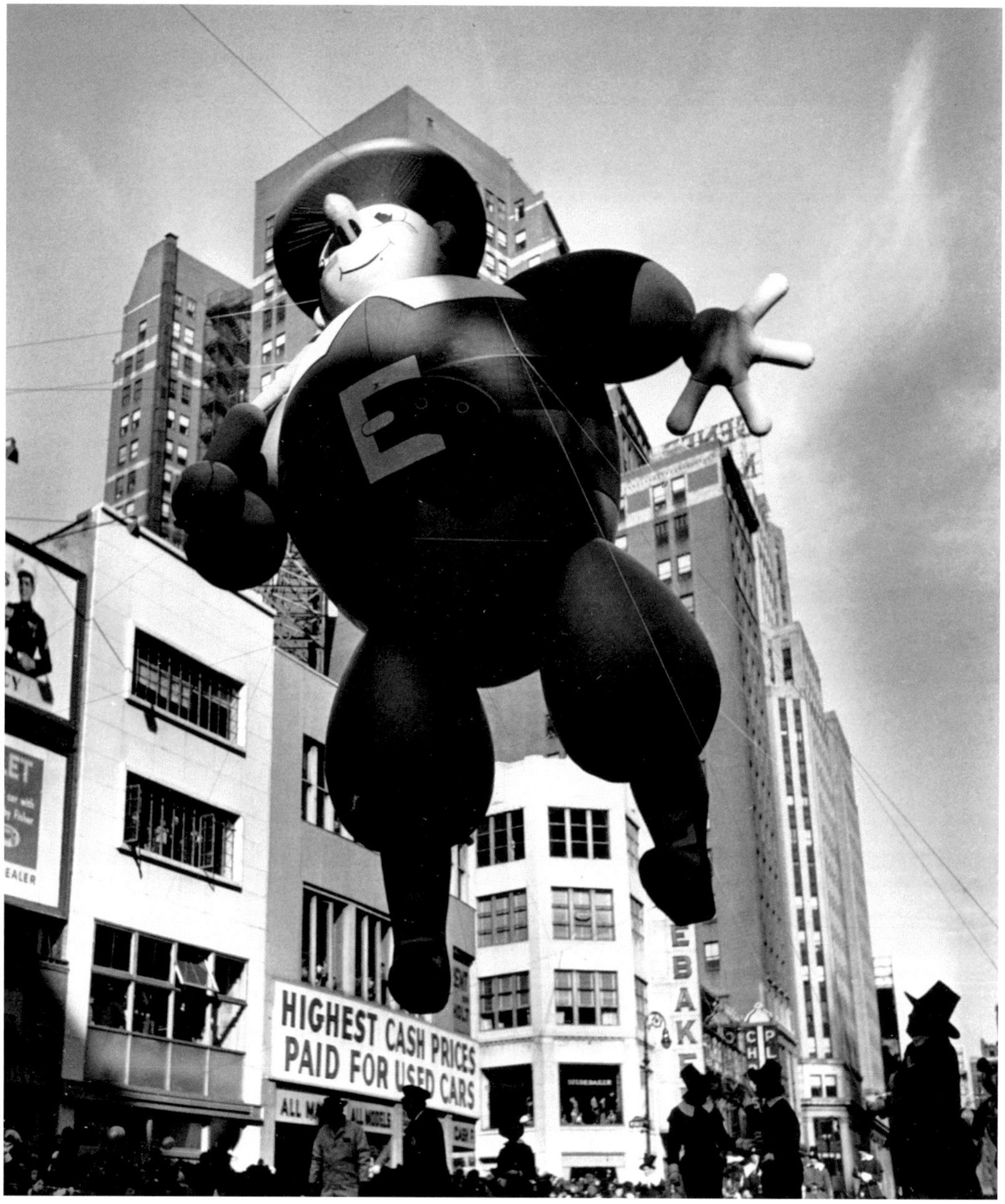

Balloon Ballon · 1946

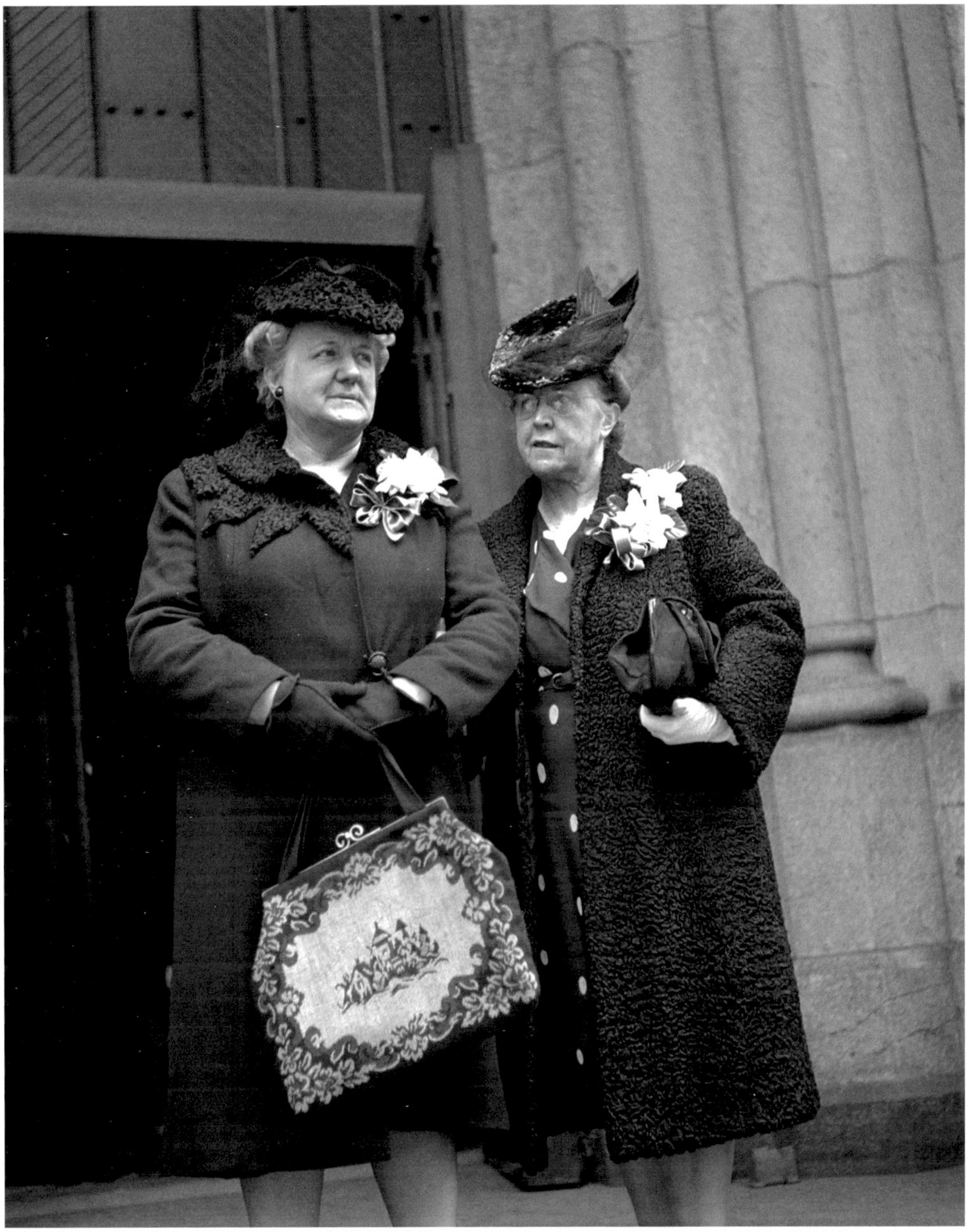

Two Matrons Zwei Matronen · 1948

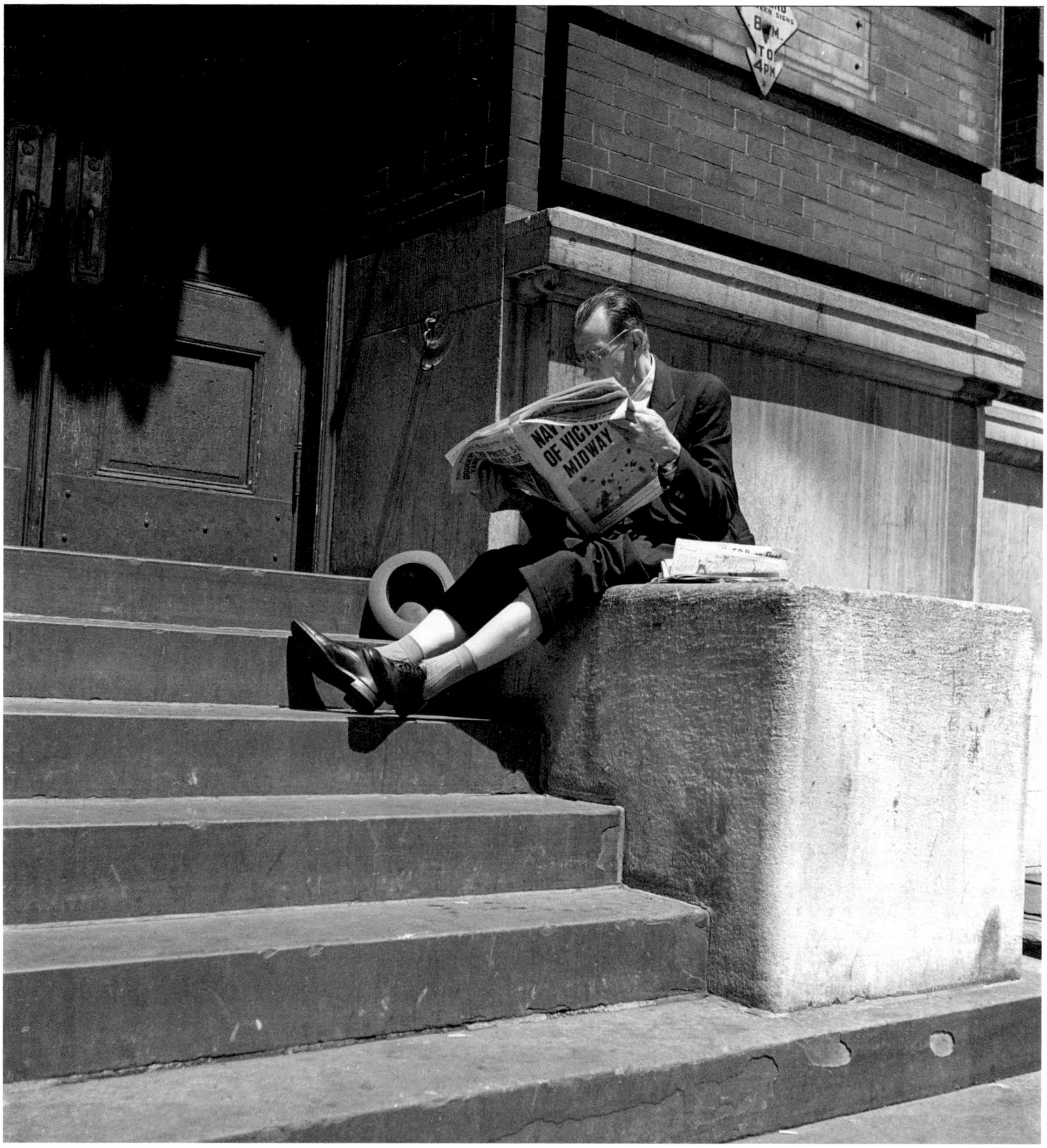

Victory at Midway Sieg in der Schlacht um Midway · 1942

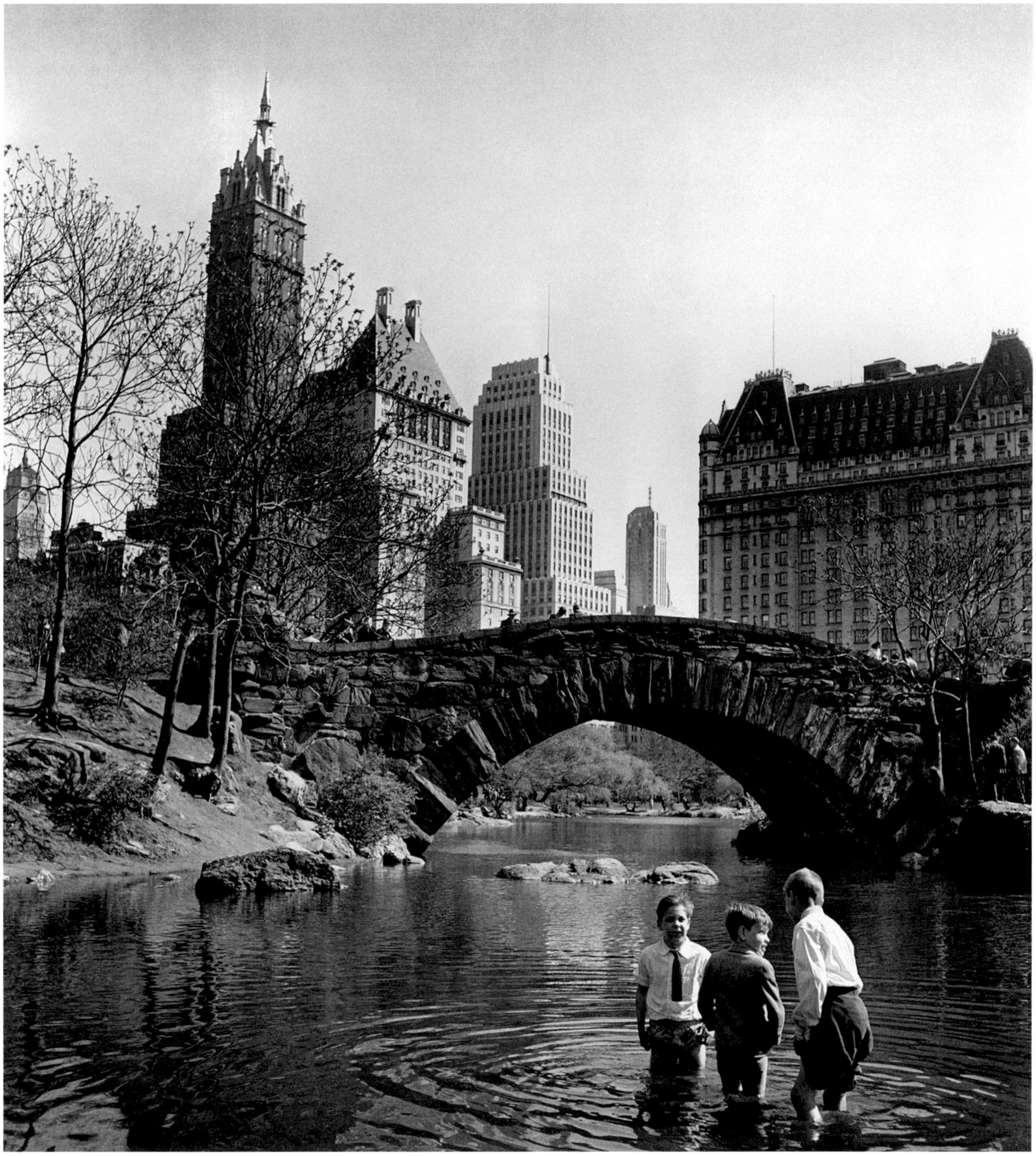

Schoolboys Schuljungen · 1944

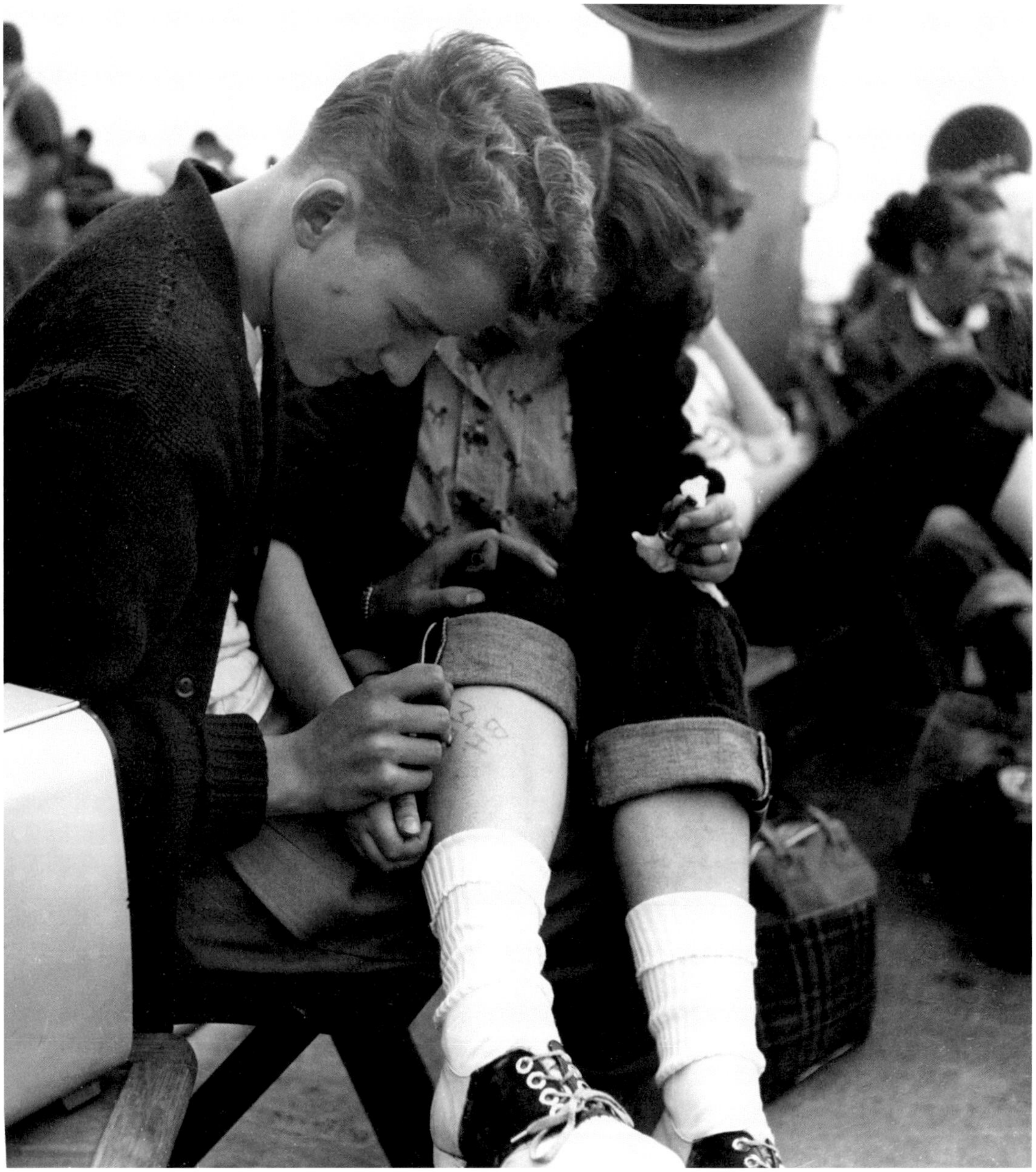

Writing on Leg Auf dem Bein schreiben · 1949

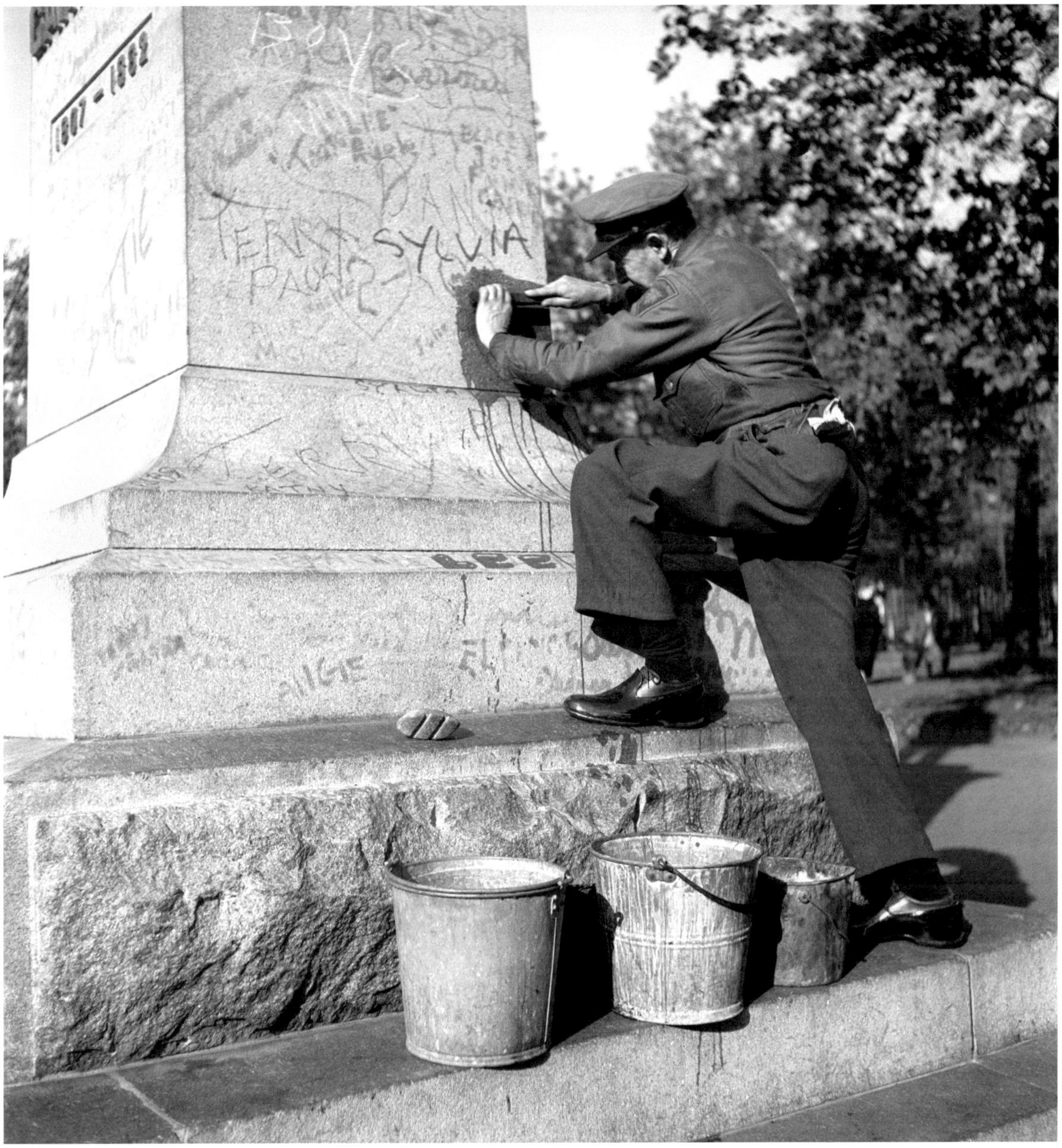

Cleaning Grafitti Graffiti entfernen · 1944

Couple Looking at Artist Paar blickt auf Künstler · 1948

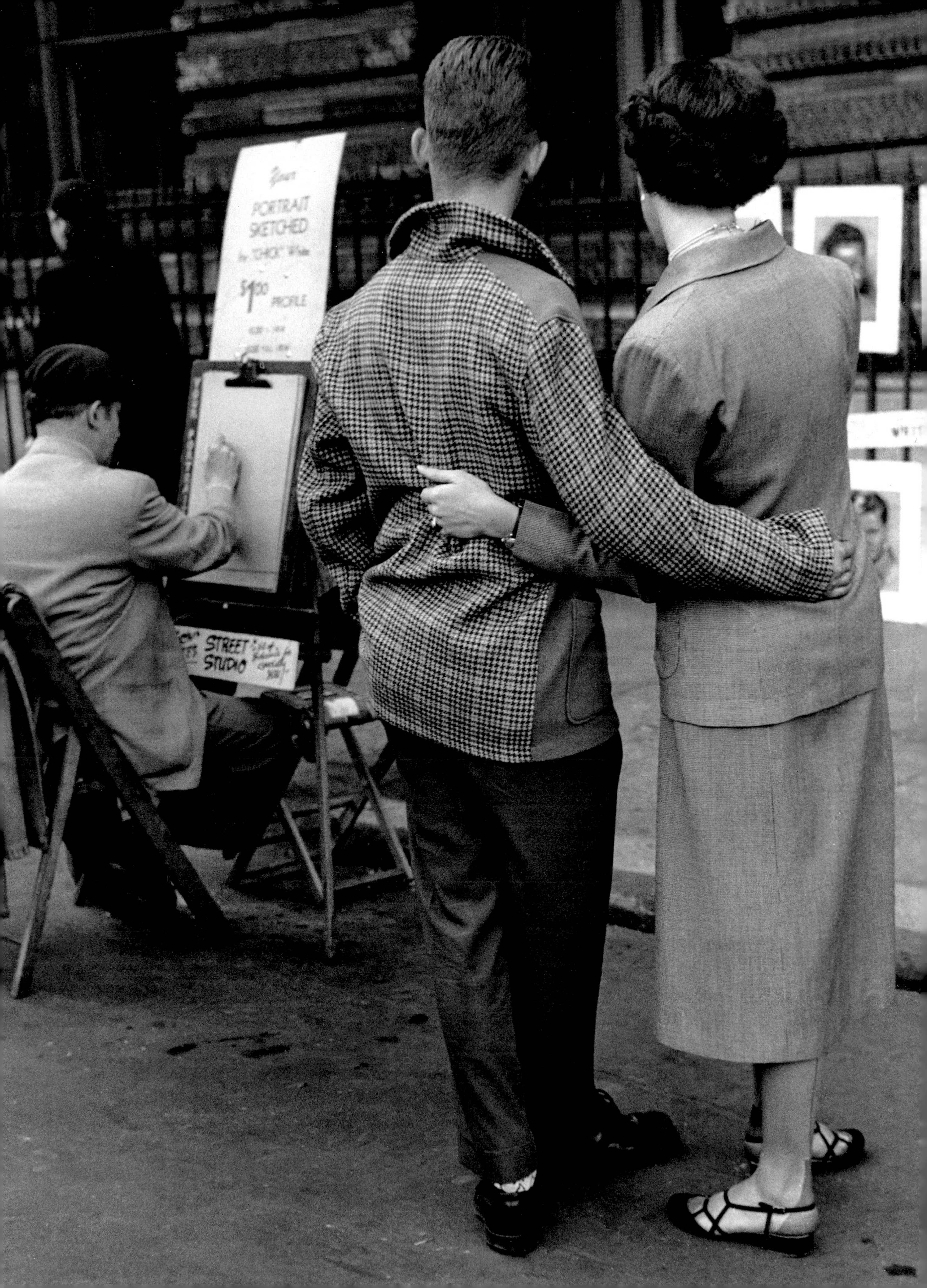
PORTRAIT
SKETCHED
$1.00 PROFILE
STREET
STUDIO

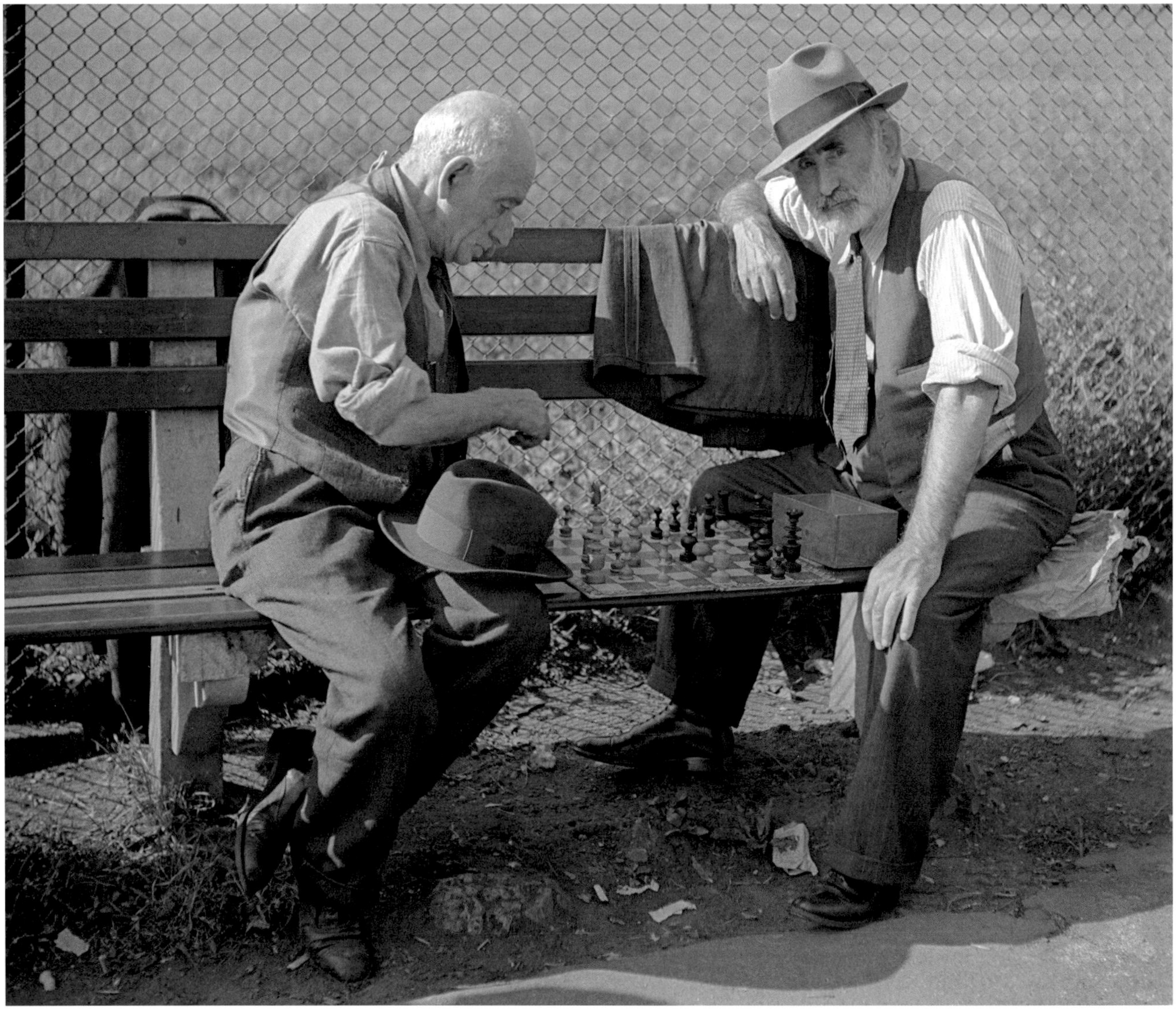

Chess Game Schachspiel · 1942

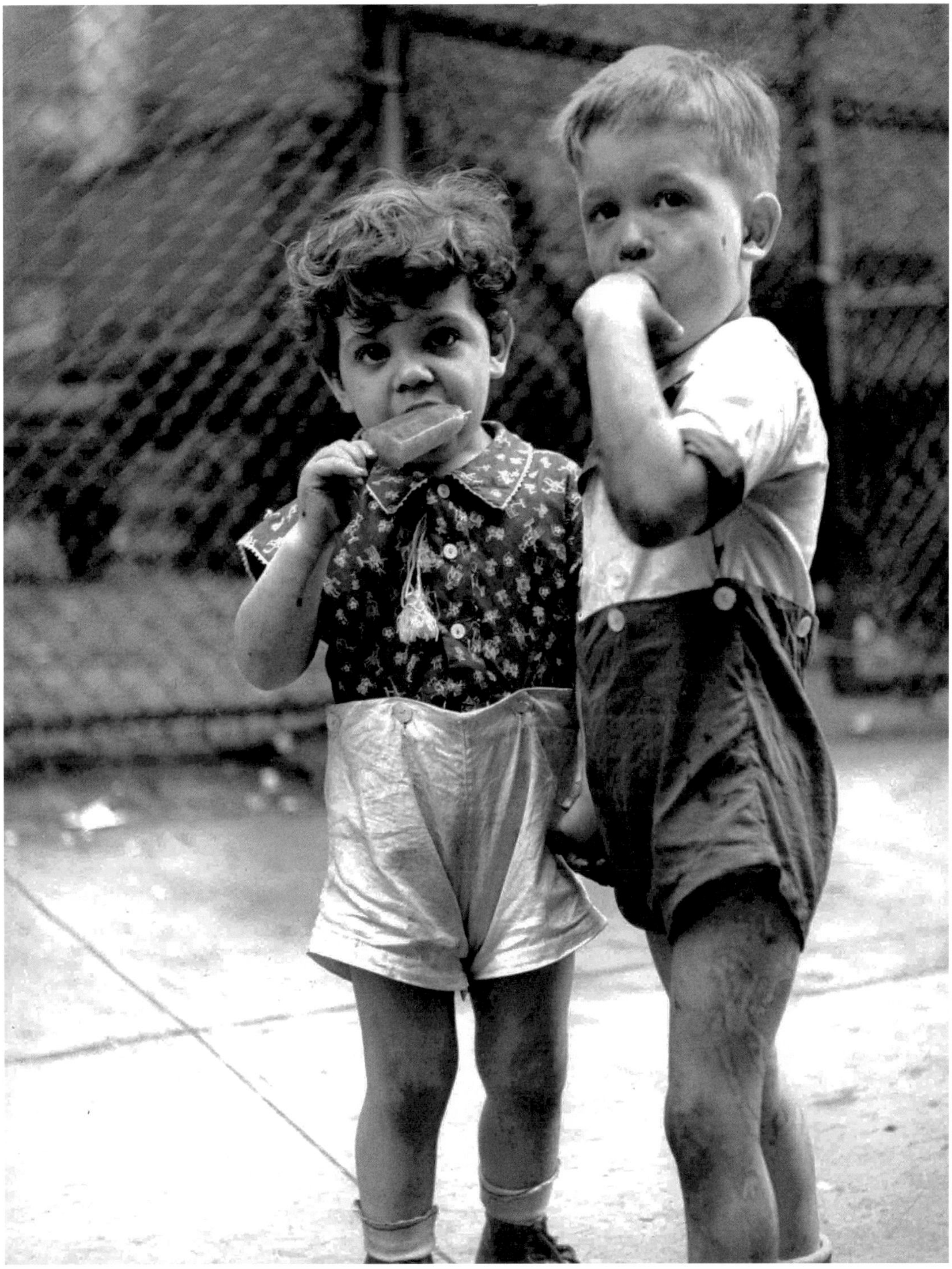

Friends Freunde · 1943

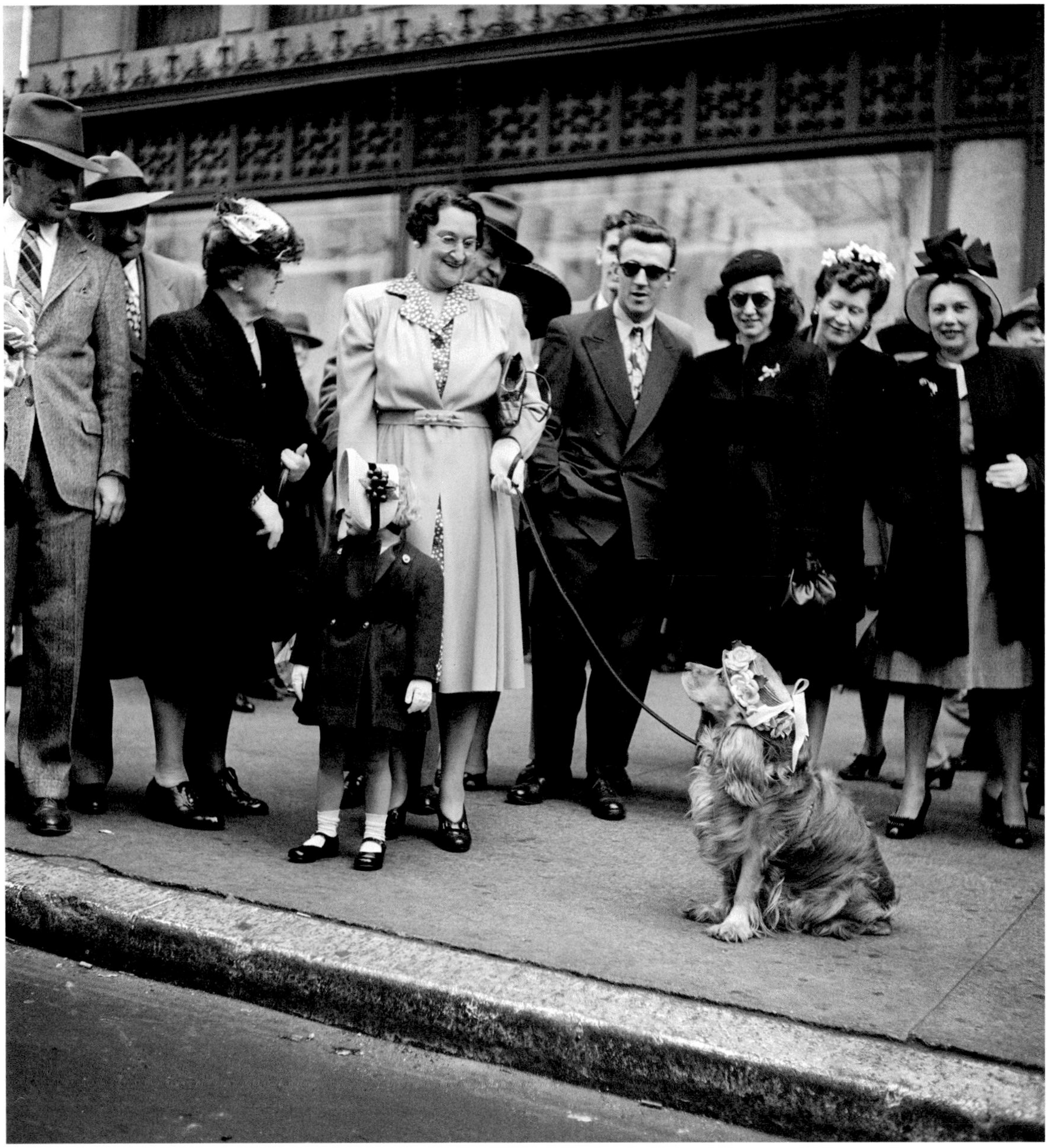

Dog with Bonnett Hund mit Mütze · 1942

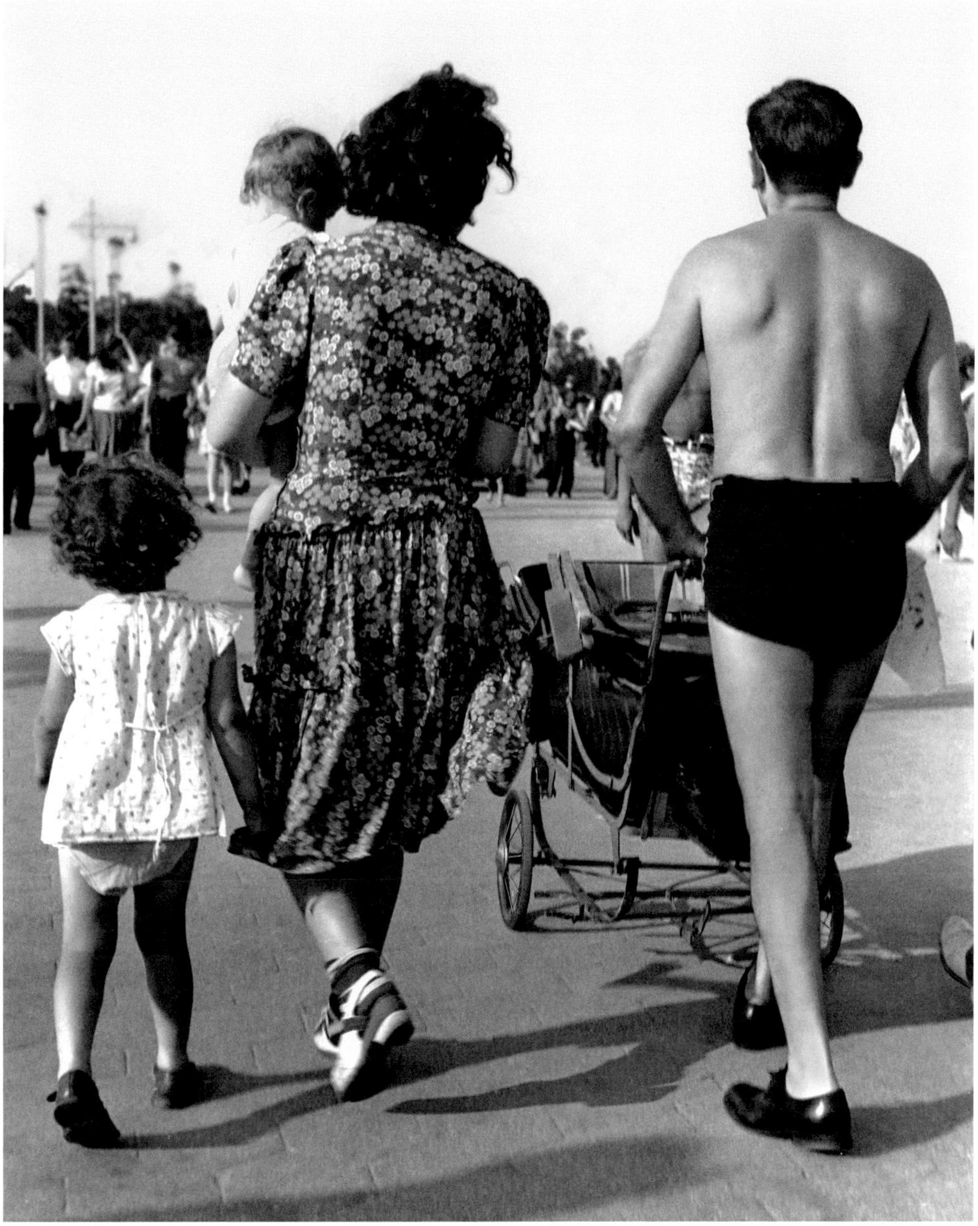

Family at the Coney Island Familie in Coney Island · 1946

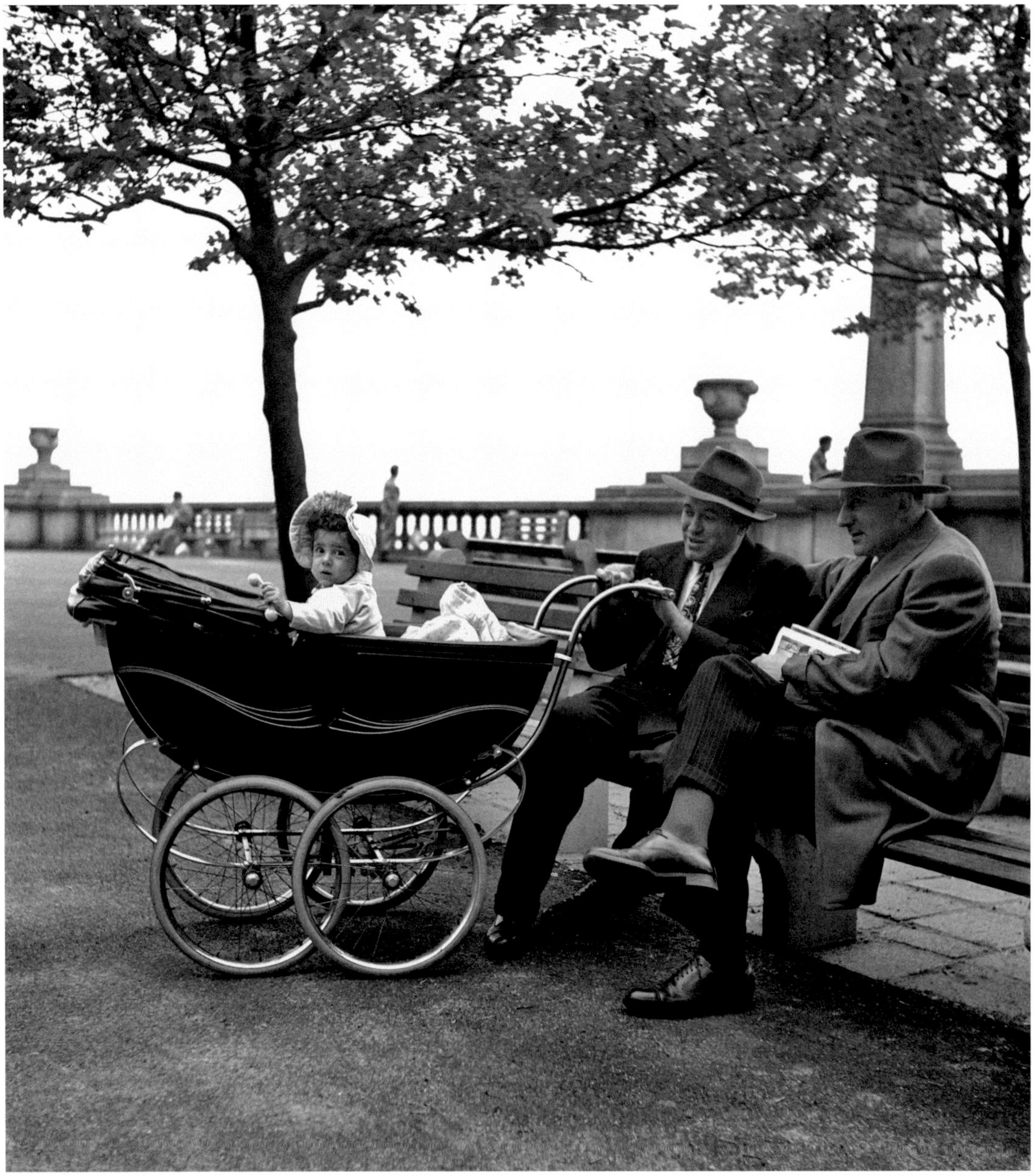

Two Men with Baby Carriage Zwei Männer mit Kinderwagen · 1942

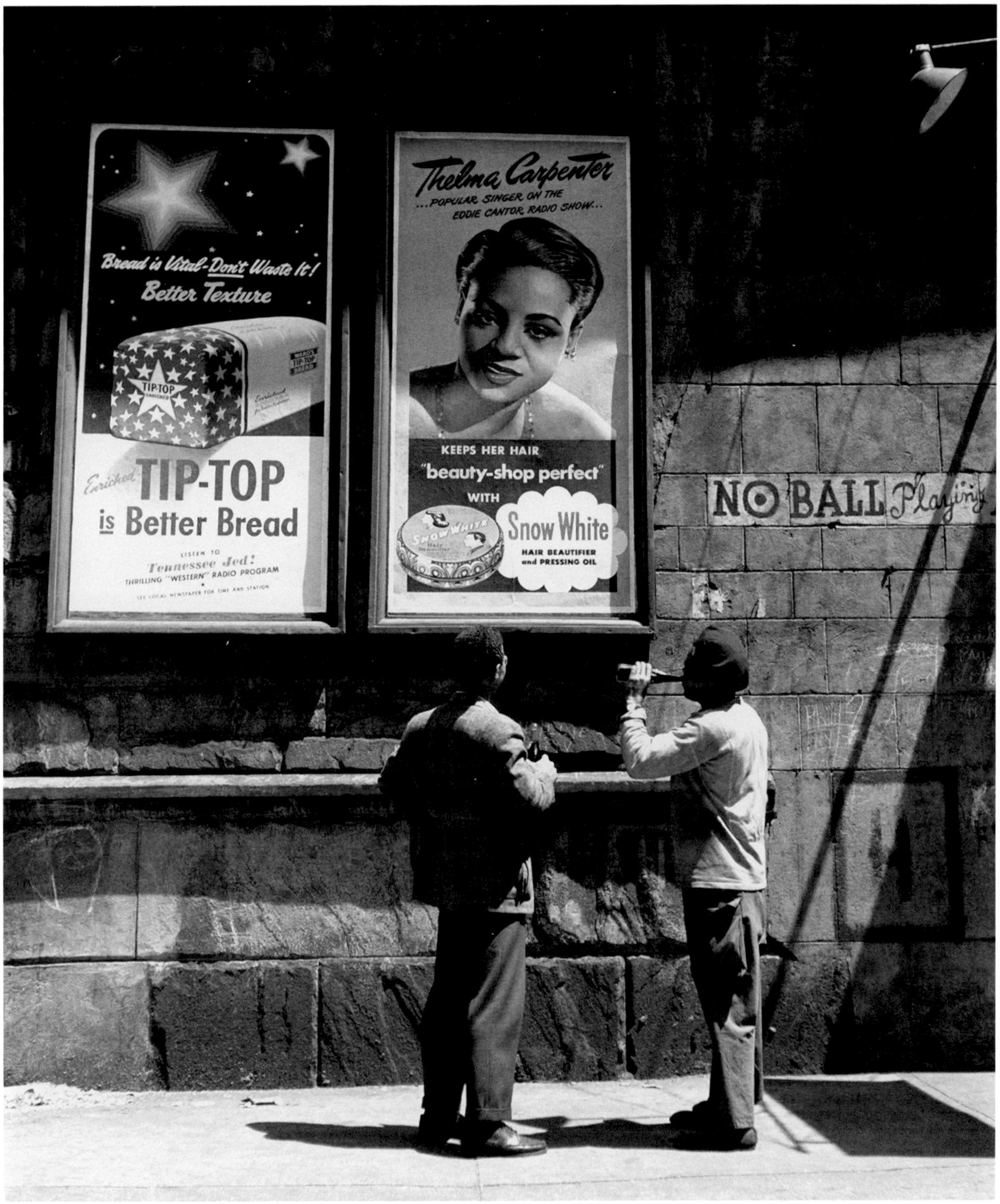

Snow White Schneeweiß · 1946

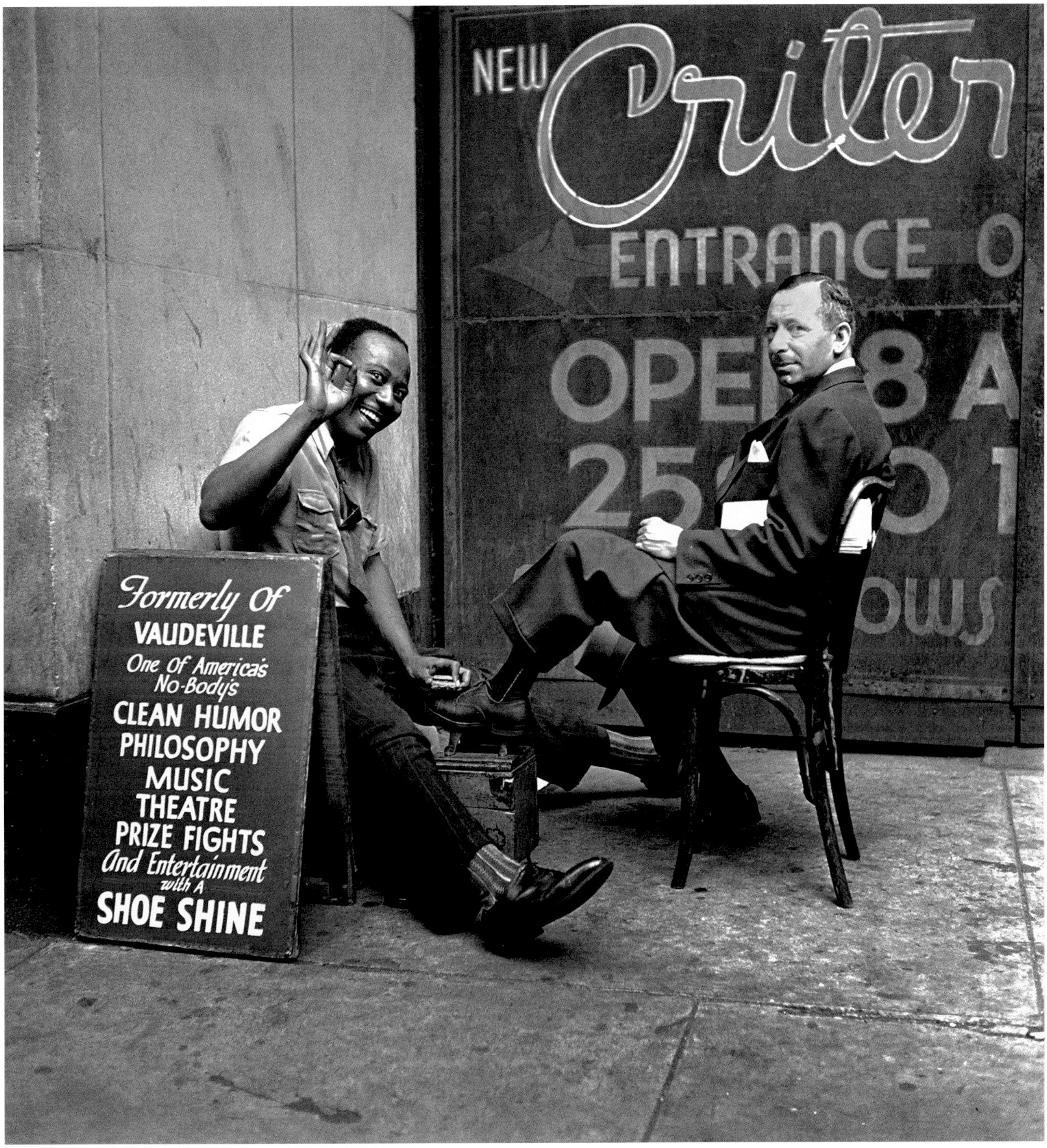

Vaudeville · 1946

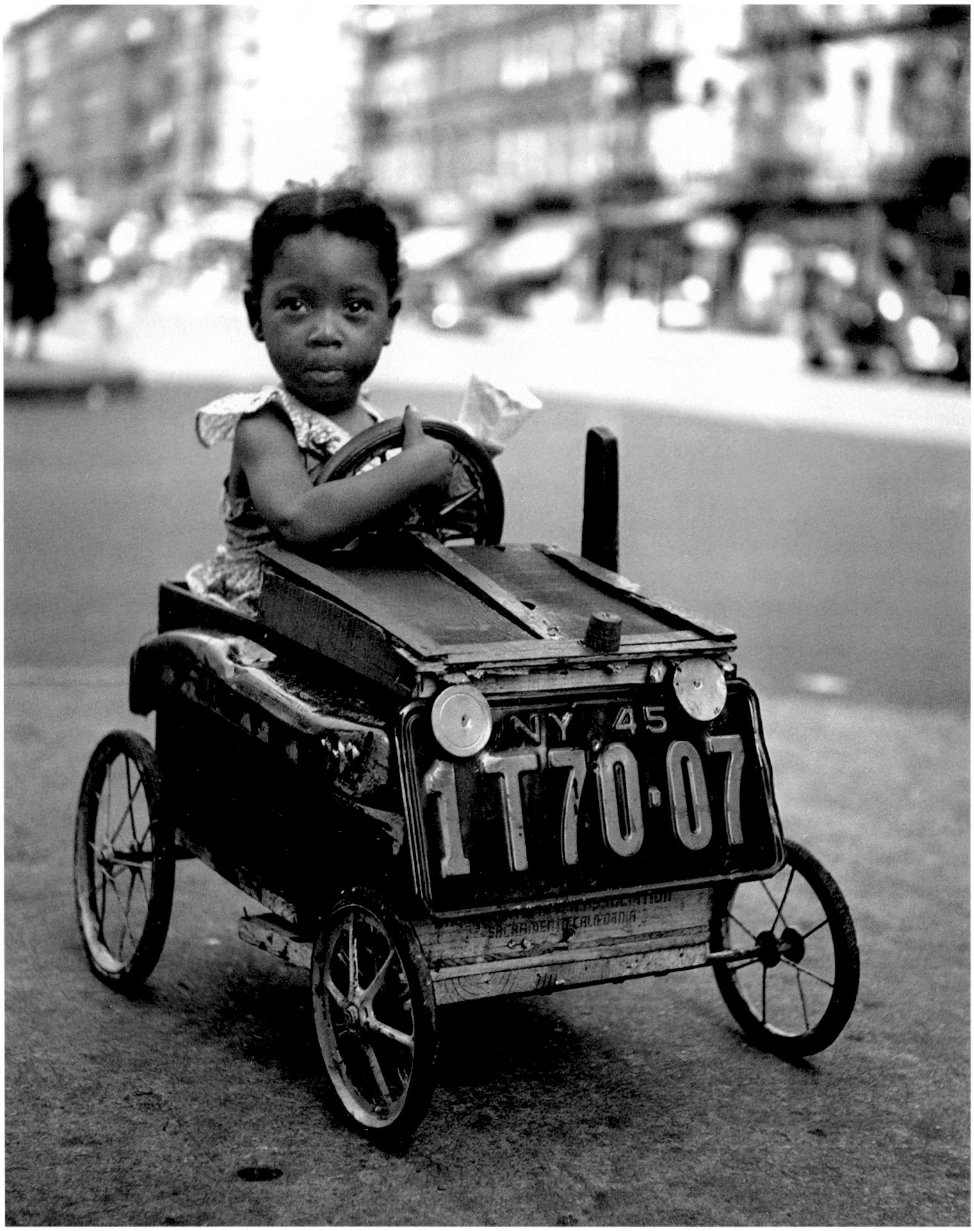

Girl in Car Mädchen in Auto · 1947

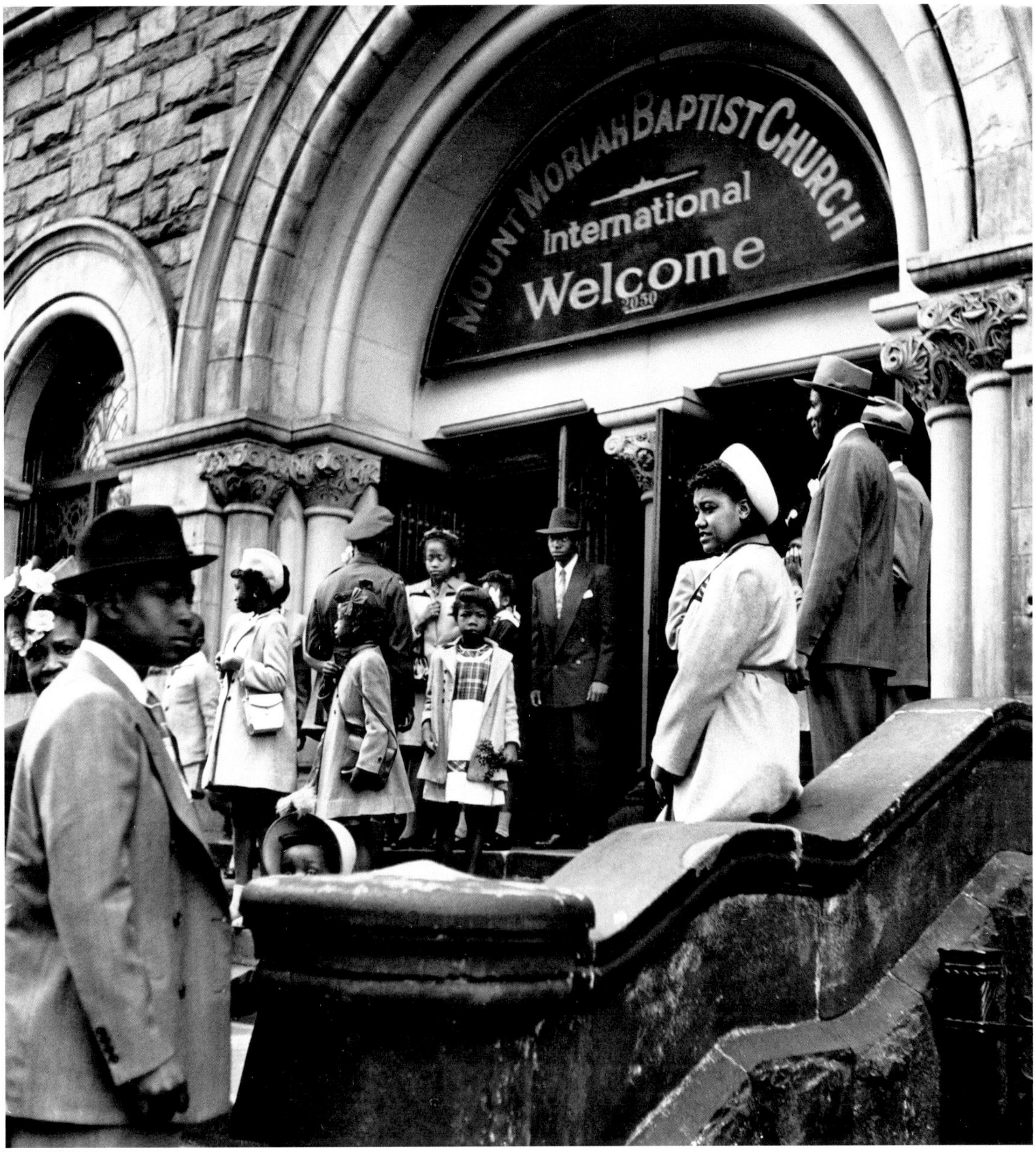

Mount Moriah Baptist Church Mount Moriah Baptistengemeinde · 1945

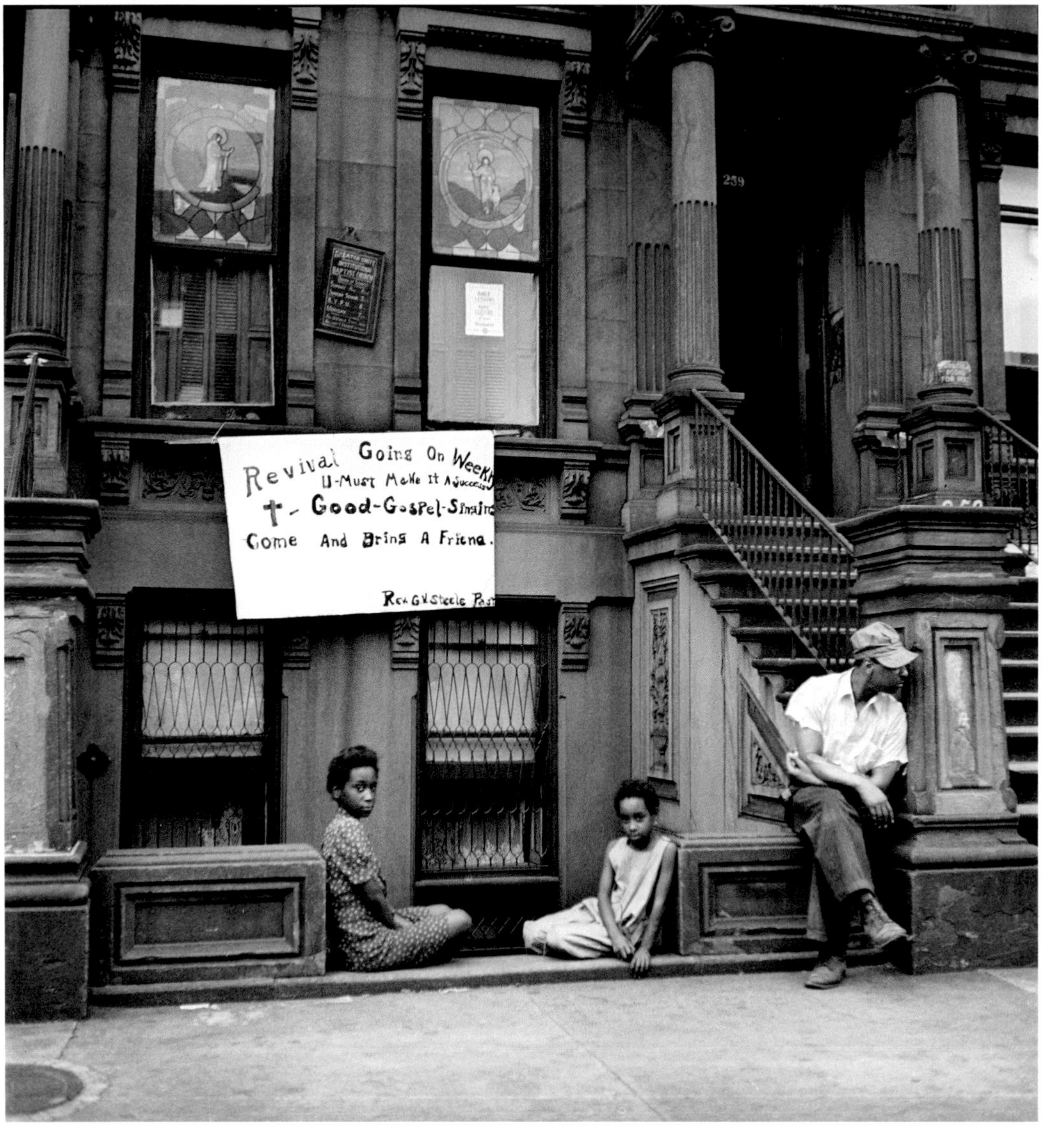

Revival Erweckung · 1946

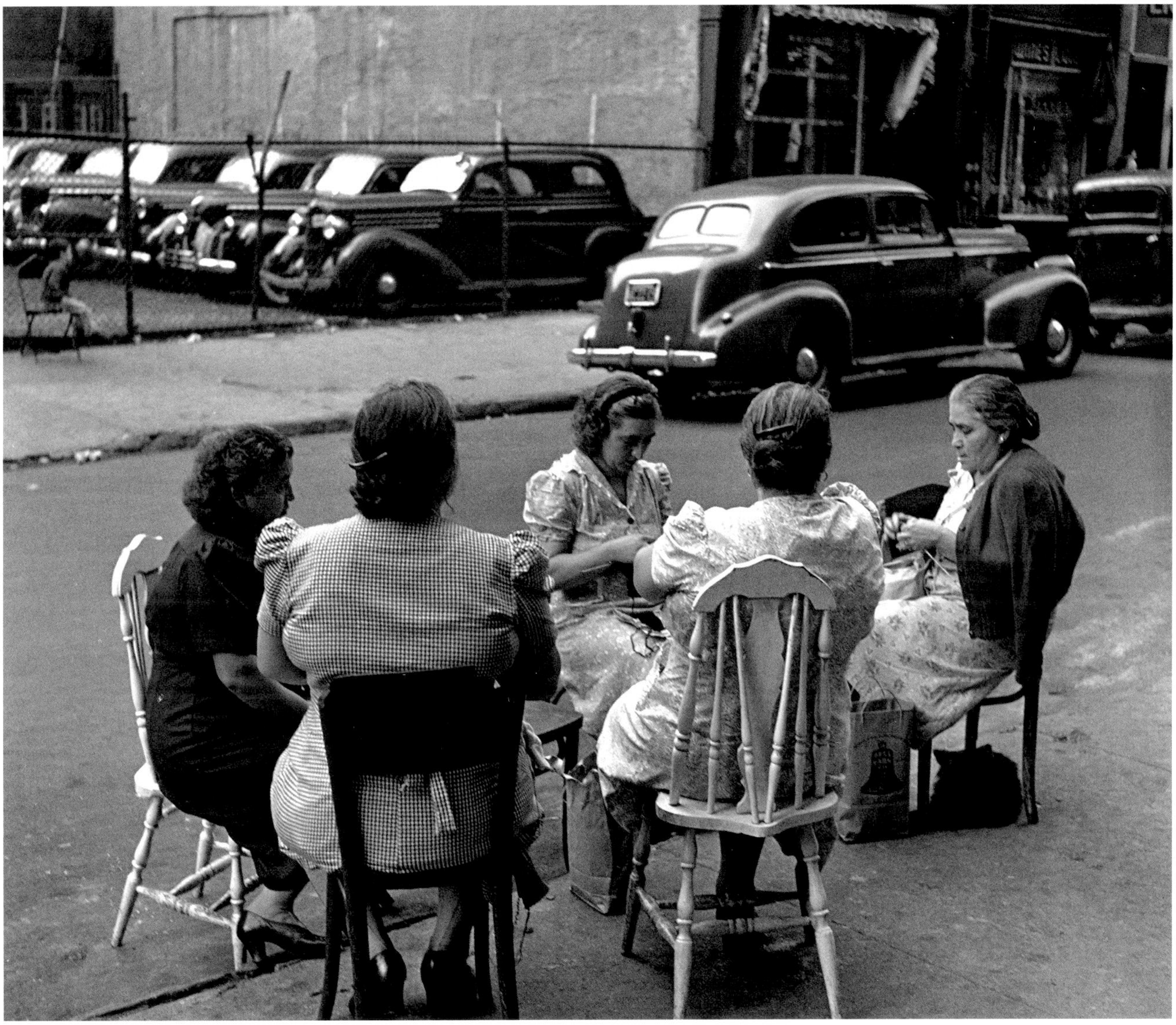

Knitting Circle Strickkreis · 1948

Children in Harlem Kinder in Harlem · 1947

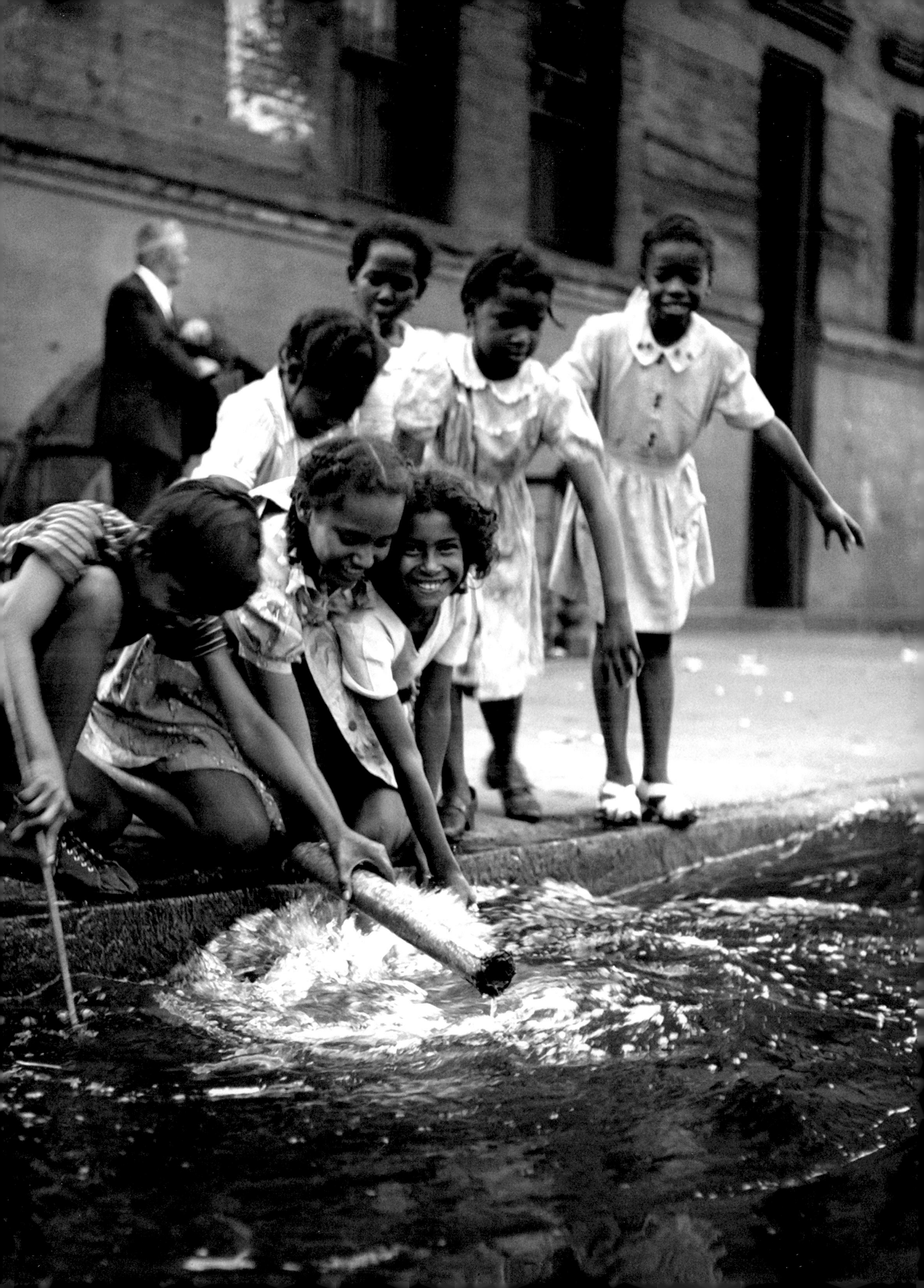

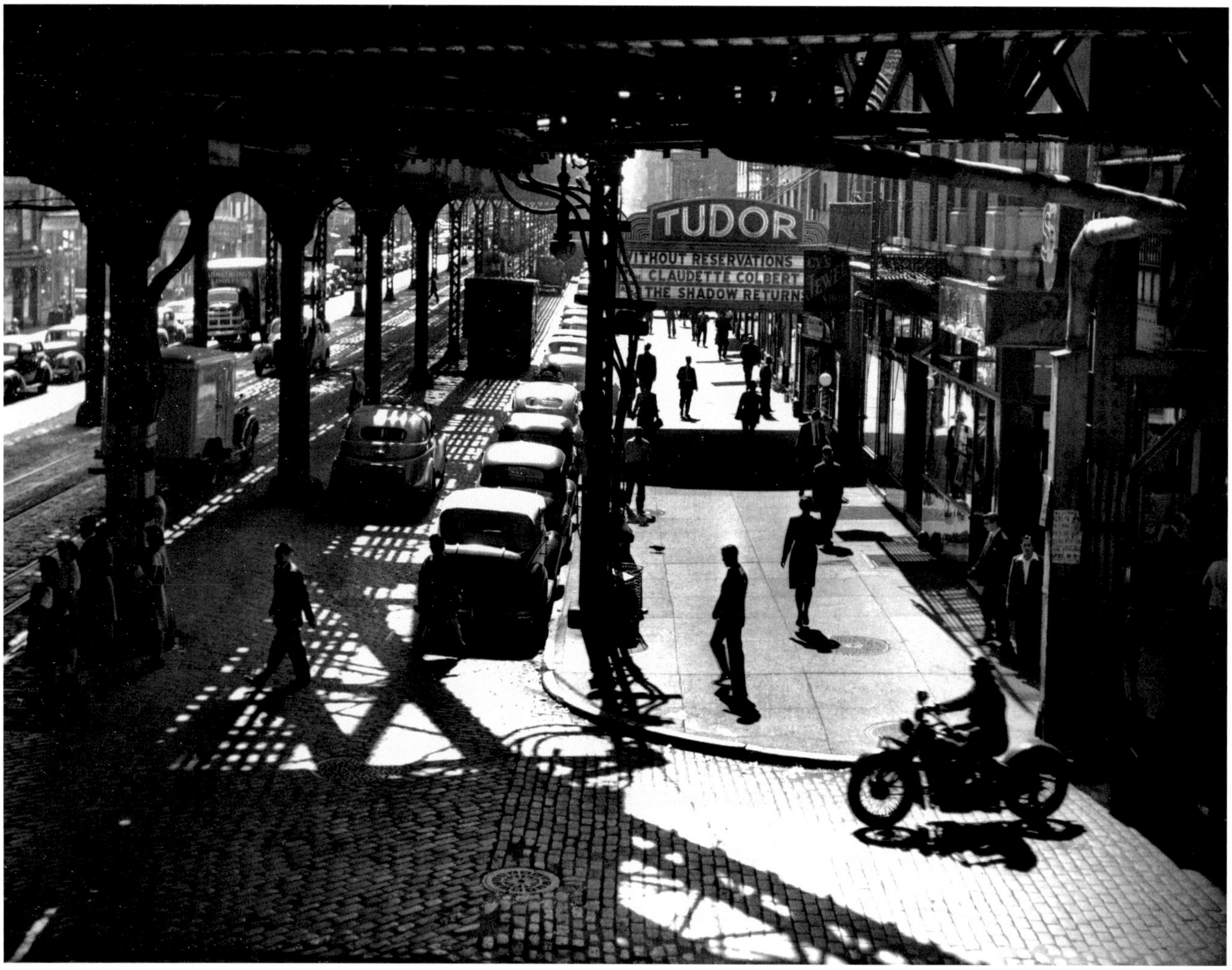

Tudor Theater · 1948

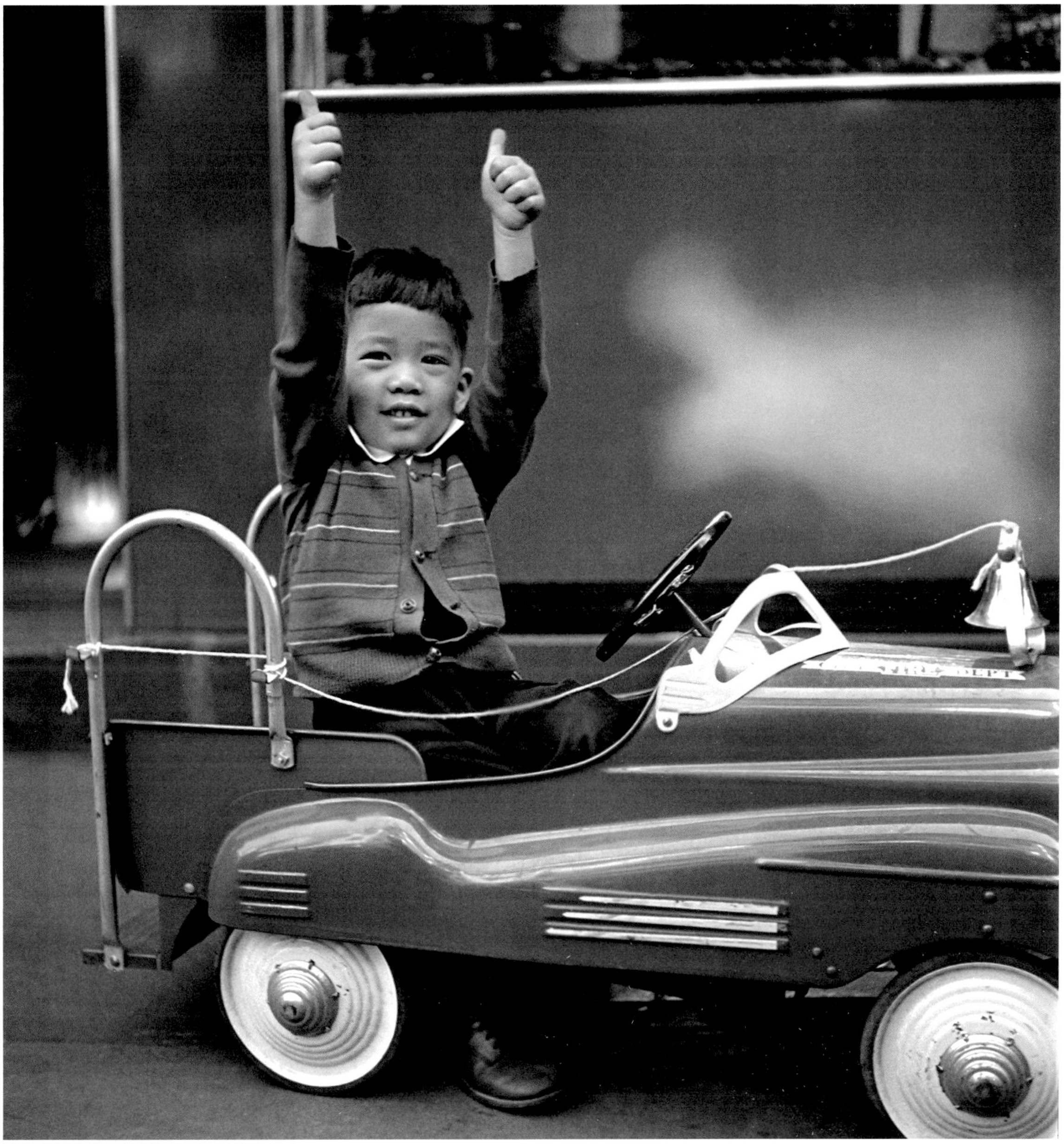

Thumbs Up Daumen hoch · 1944

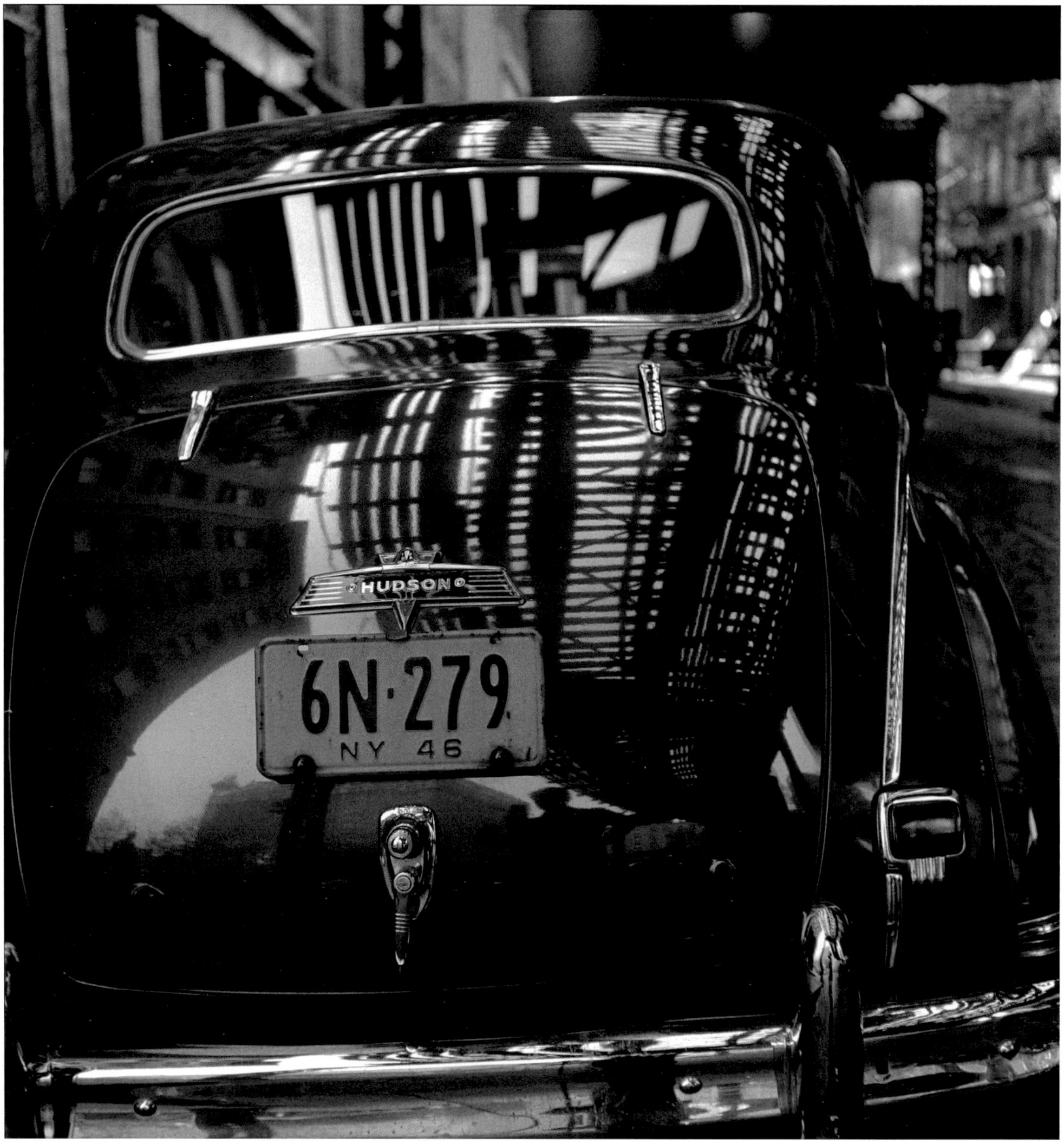

Reflections Spiegelungen · 1949

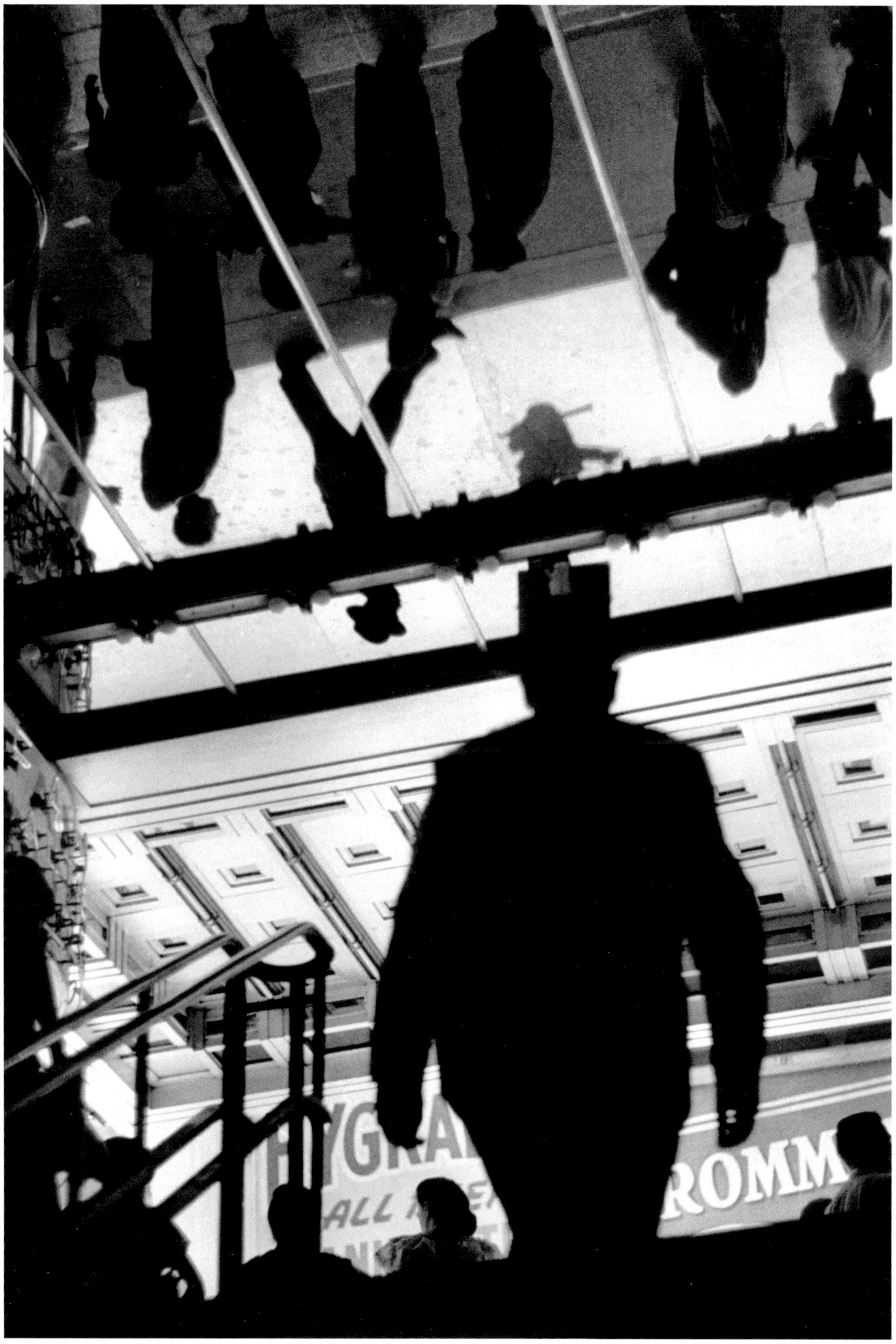

42nd St Subway Exit U-Bahn-Ausgang 42. Straße · 1945

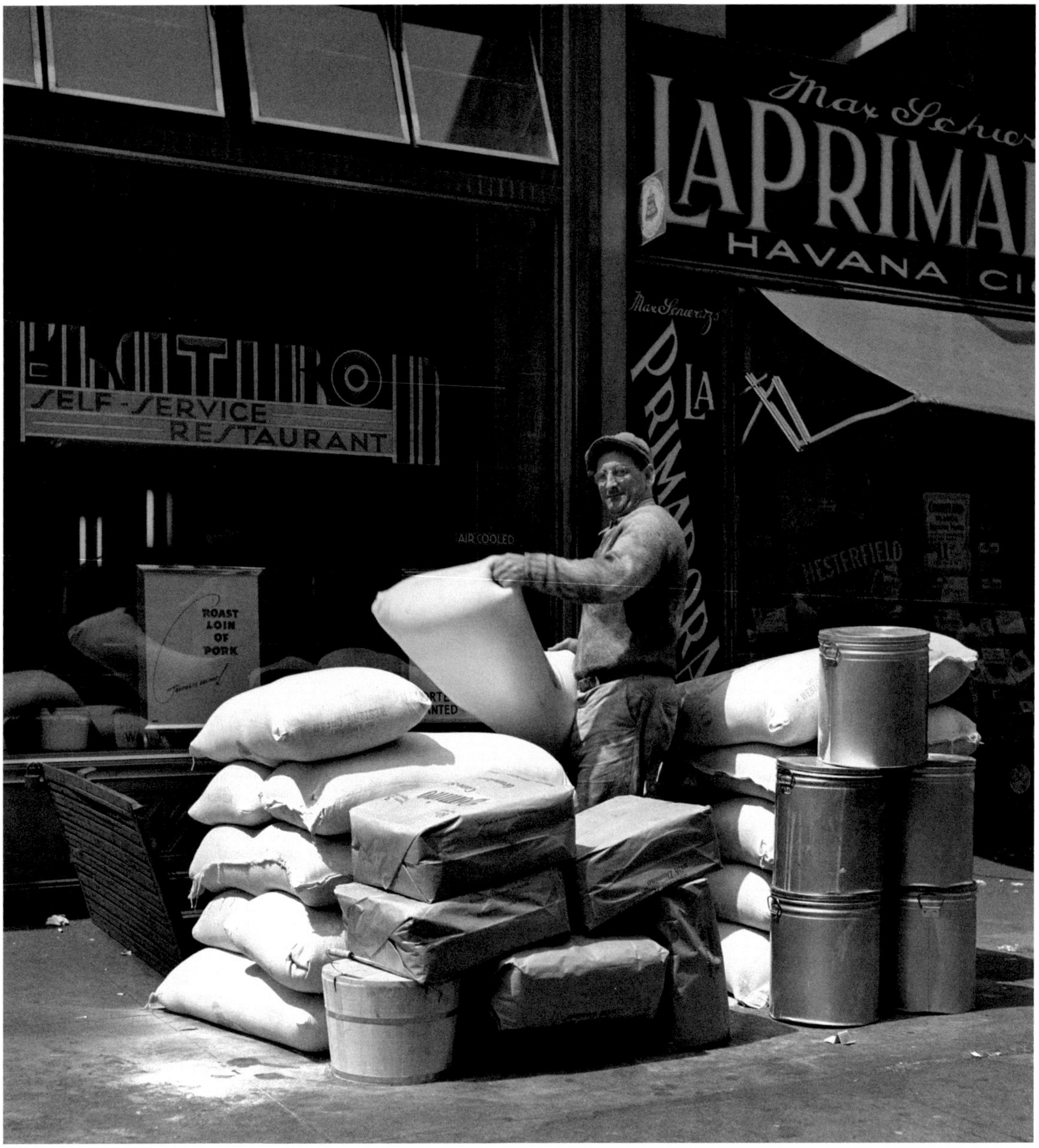

Flour Sacks Mehlsäcke · 1947

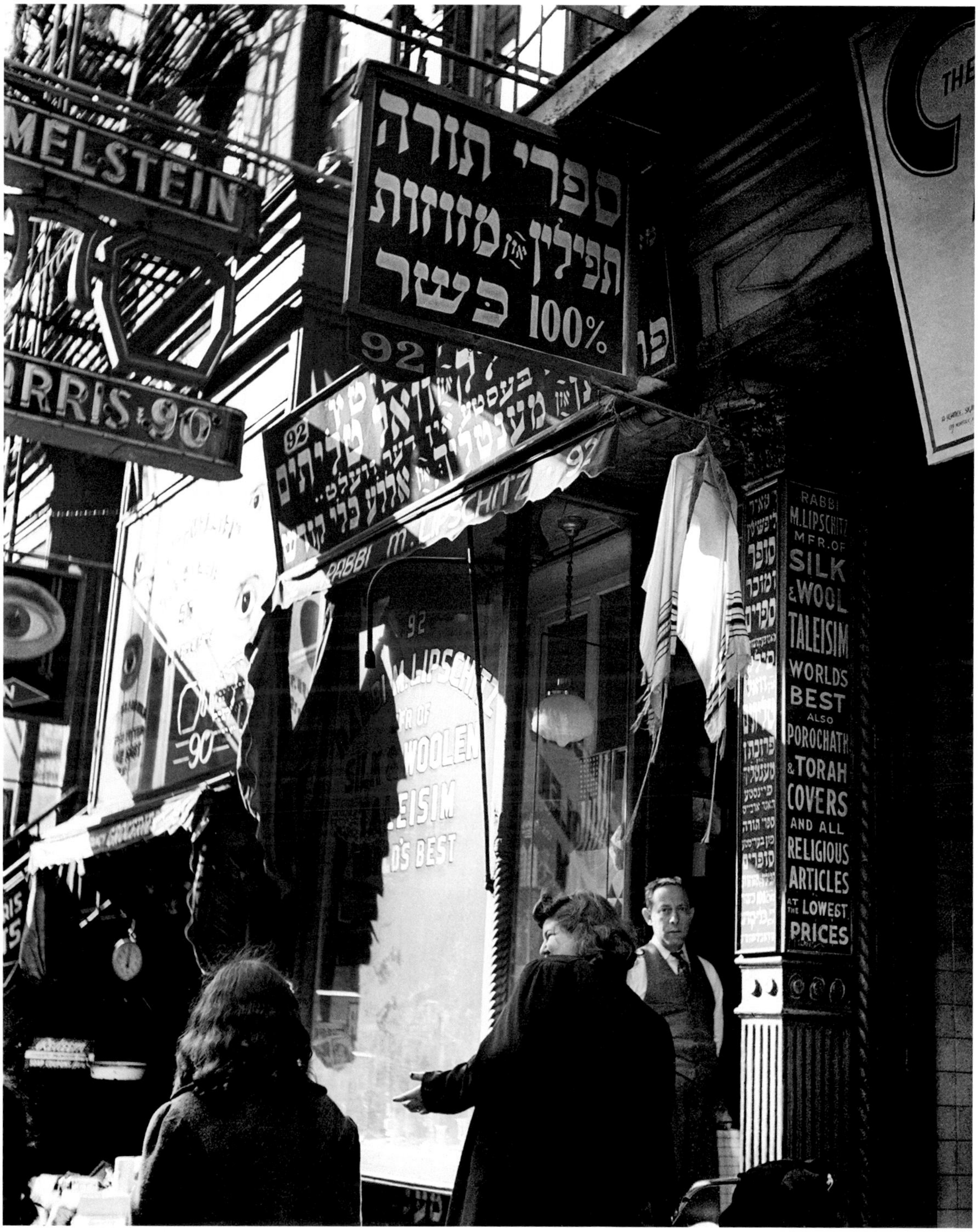

Shopkeeper Ladenbesitzer · 1946

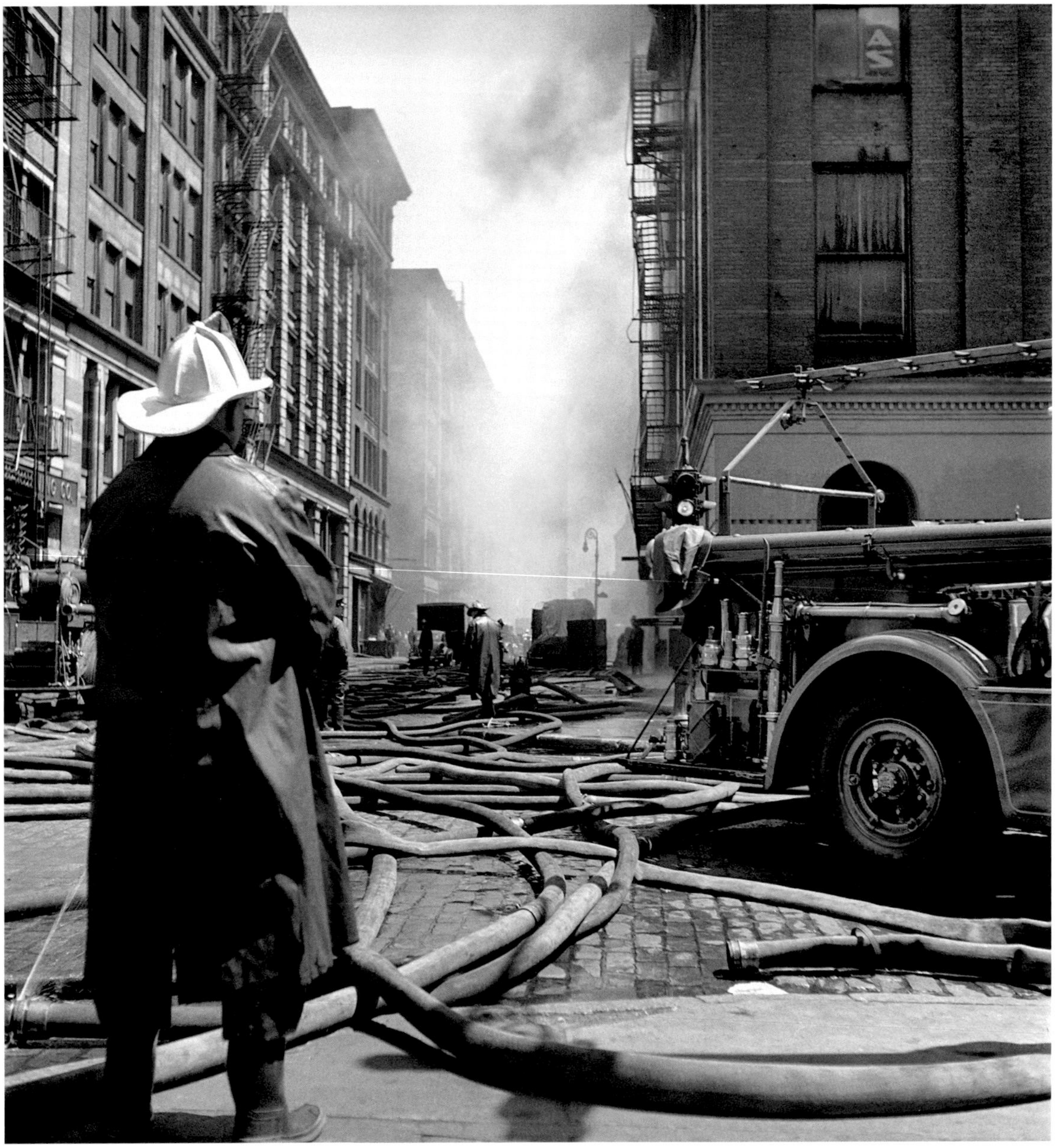

Firemen Feuerwehrmänner · 1945

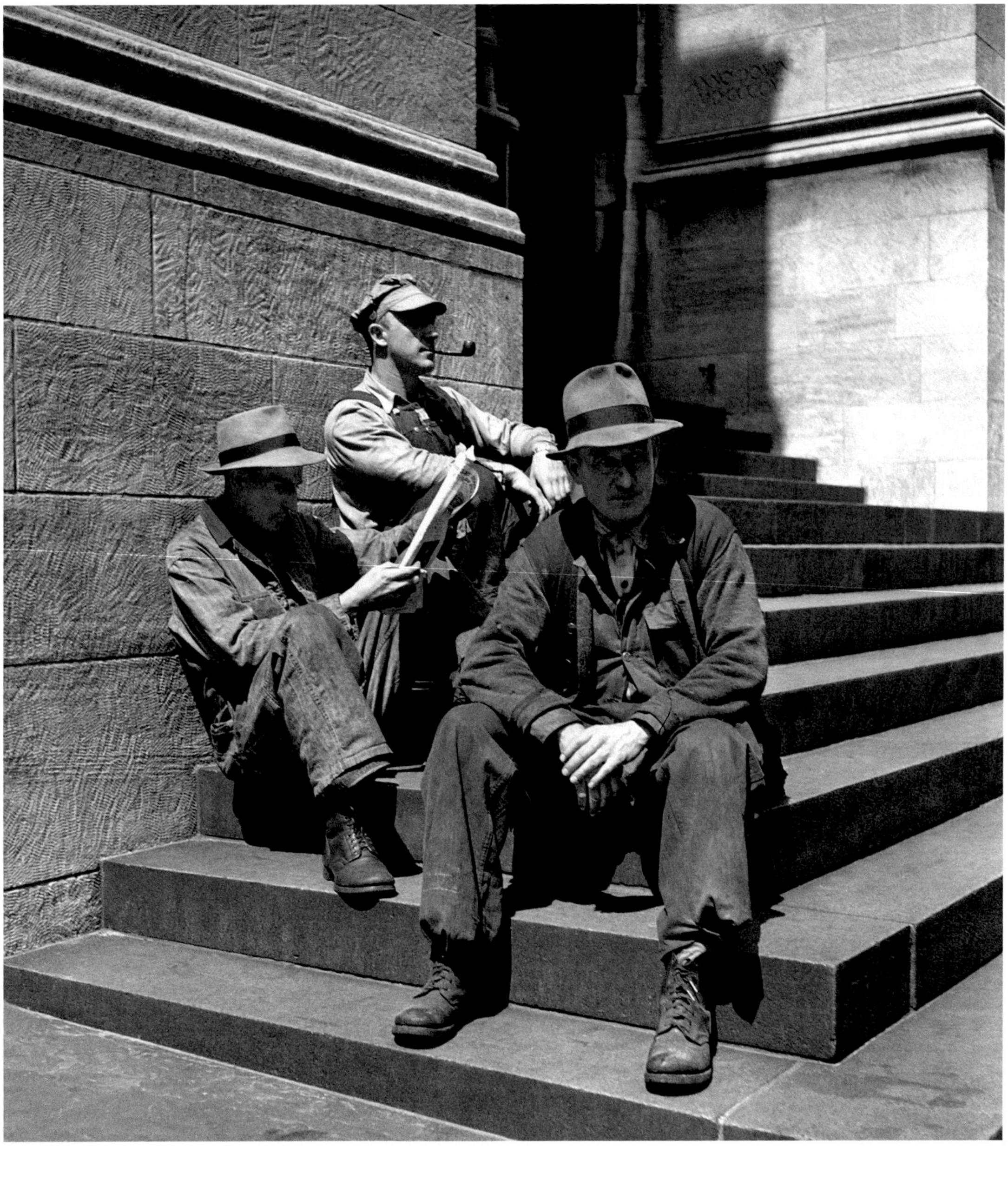

Men on Steps Männer auf Stufen · 1947

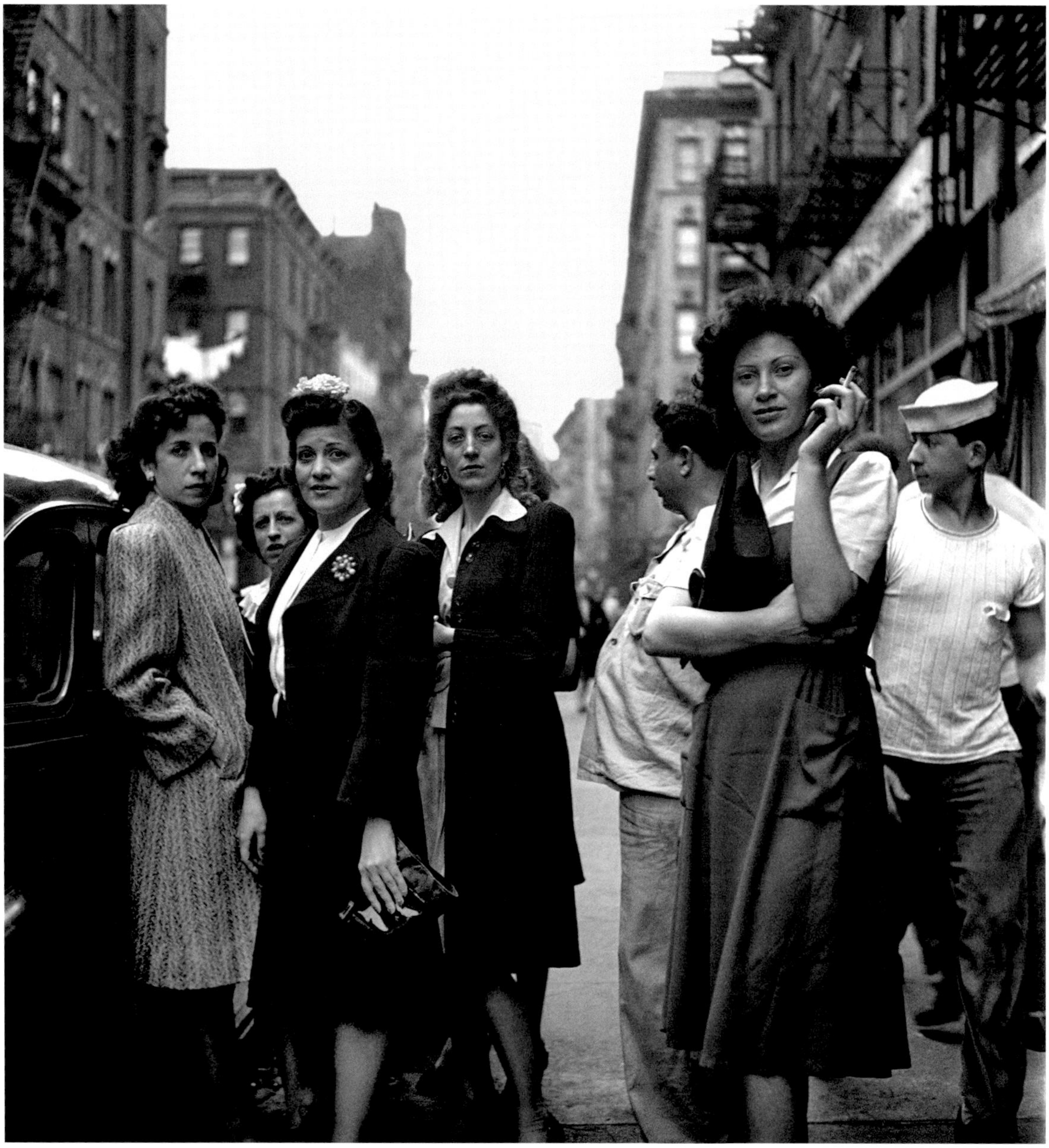

Little Italy · 1943

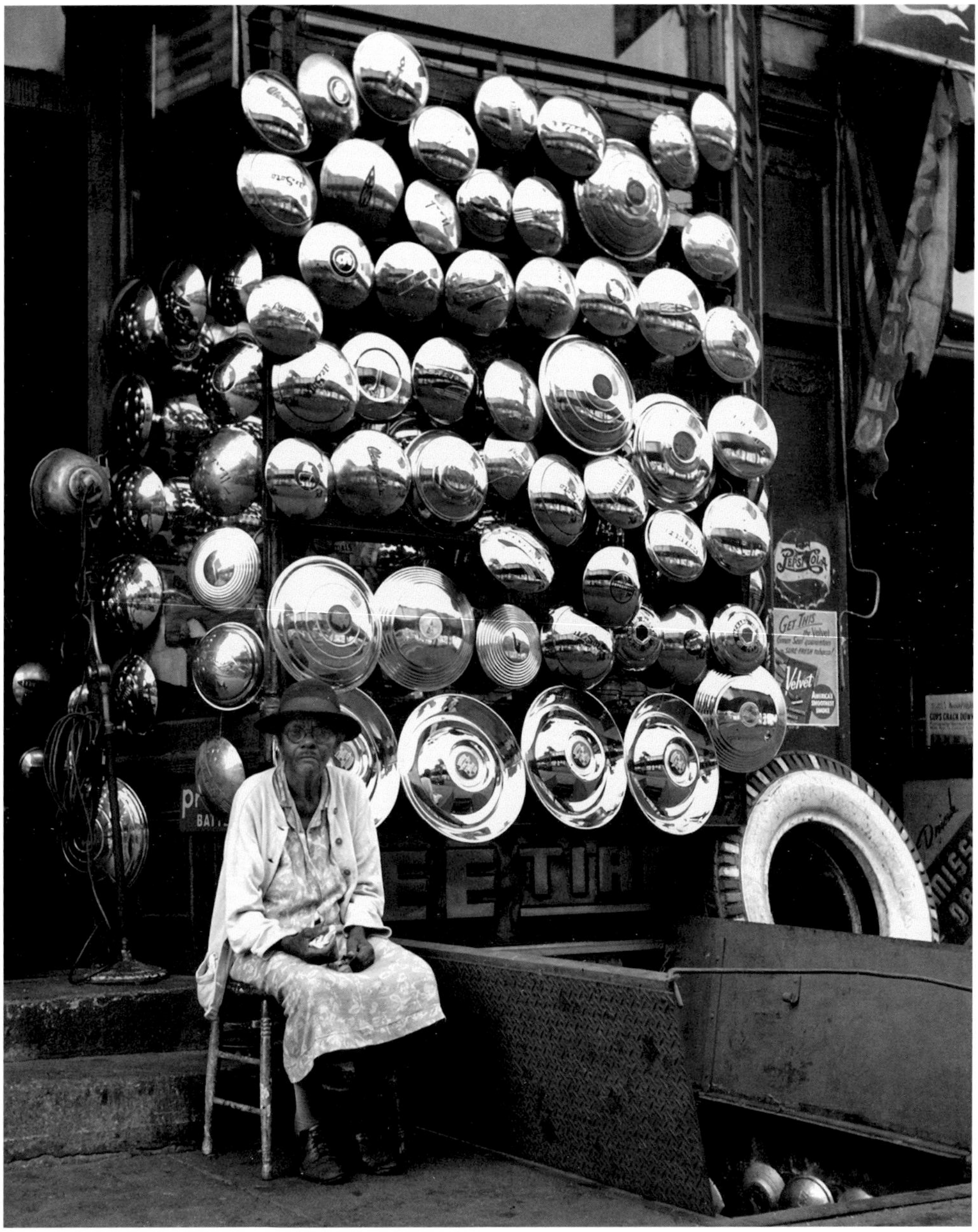

Woman with Hubcaps Frau mit Radkappen · 1944

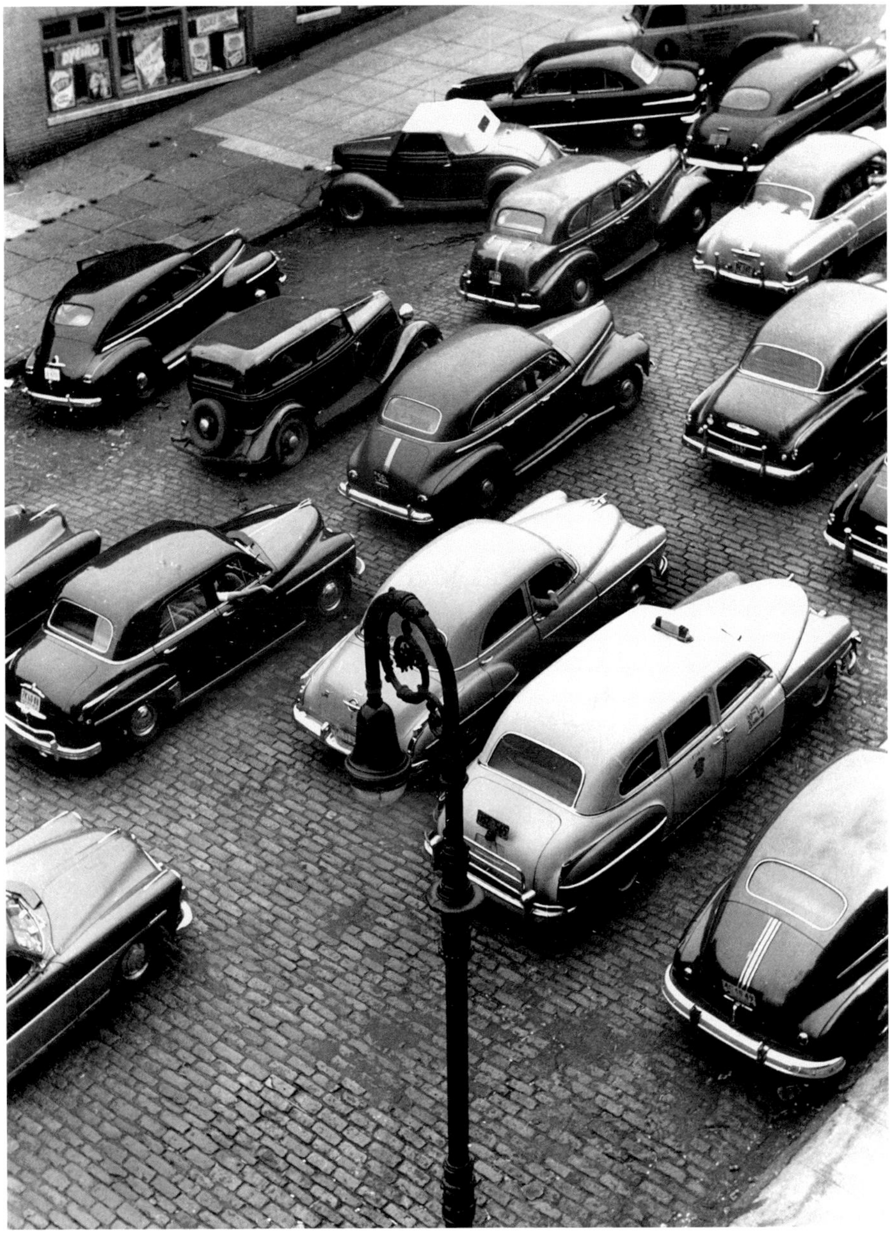

Traffic Verkehr · 1949

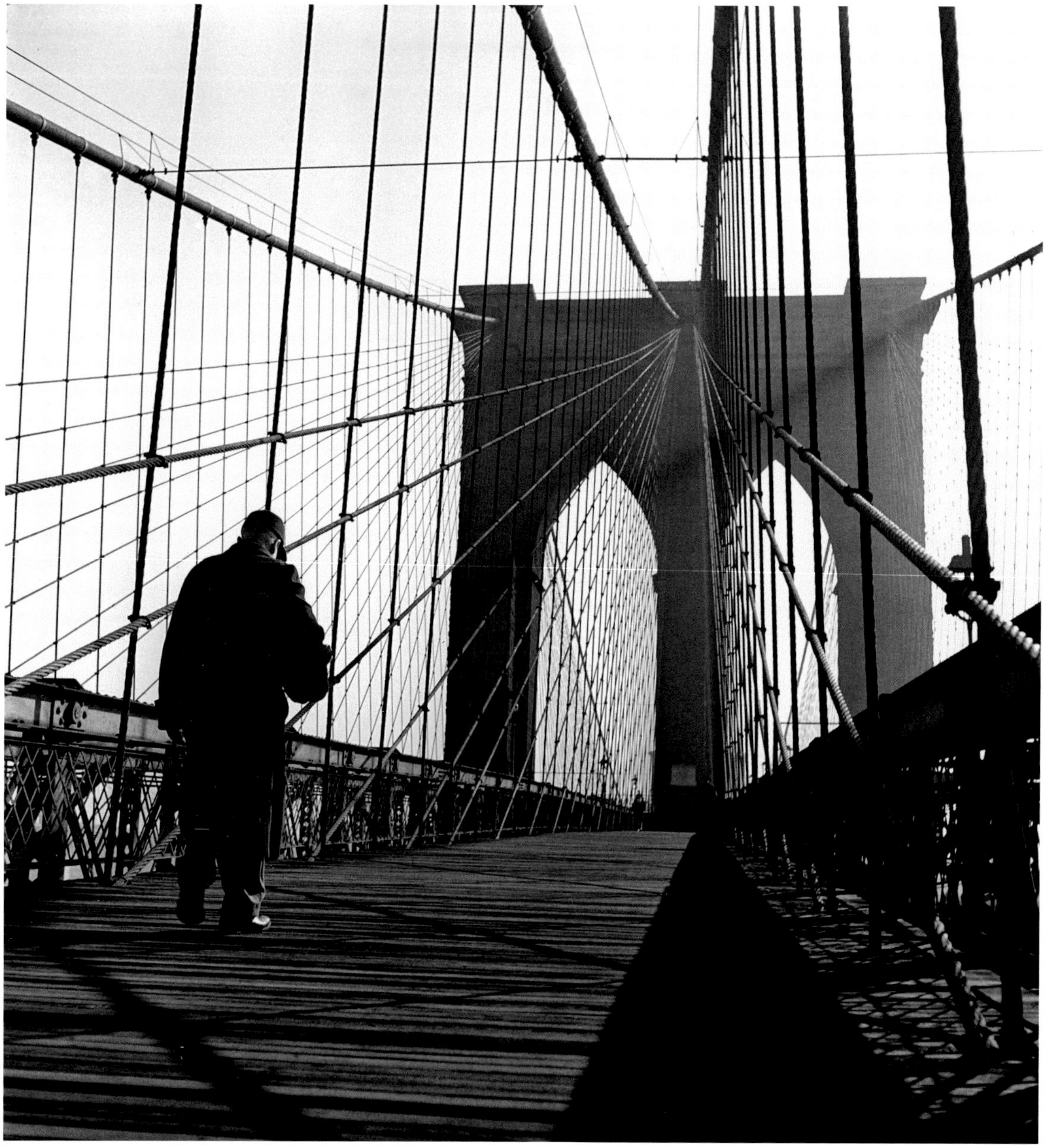

Brooklyn Bridge Walkway Fußgängerweg der Brooklyn Bridge · 1944

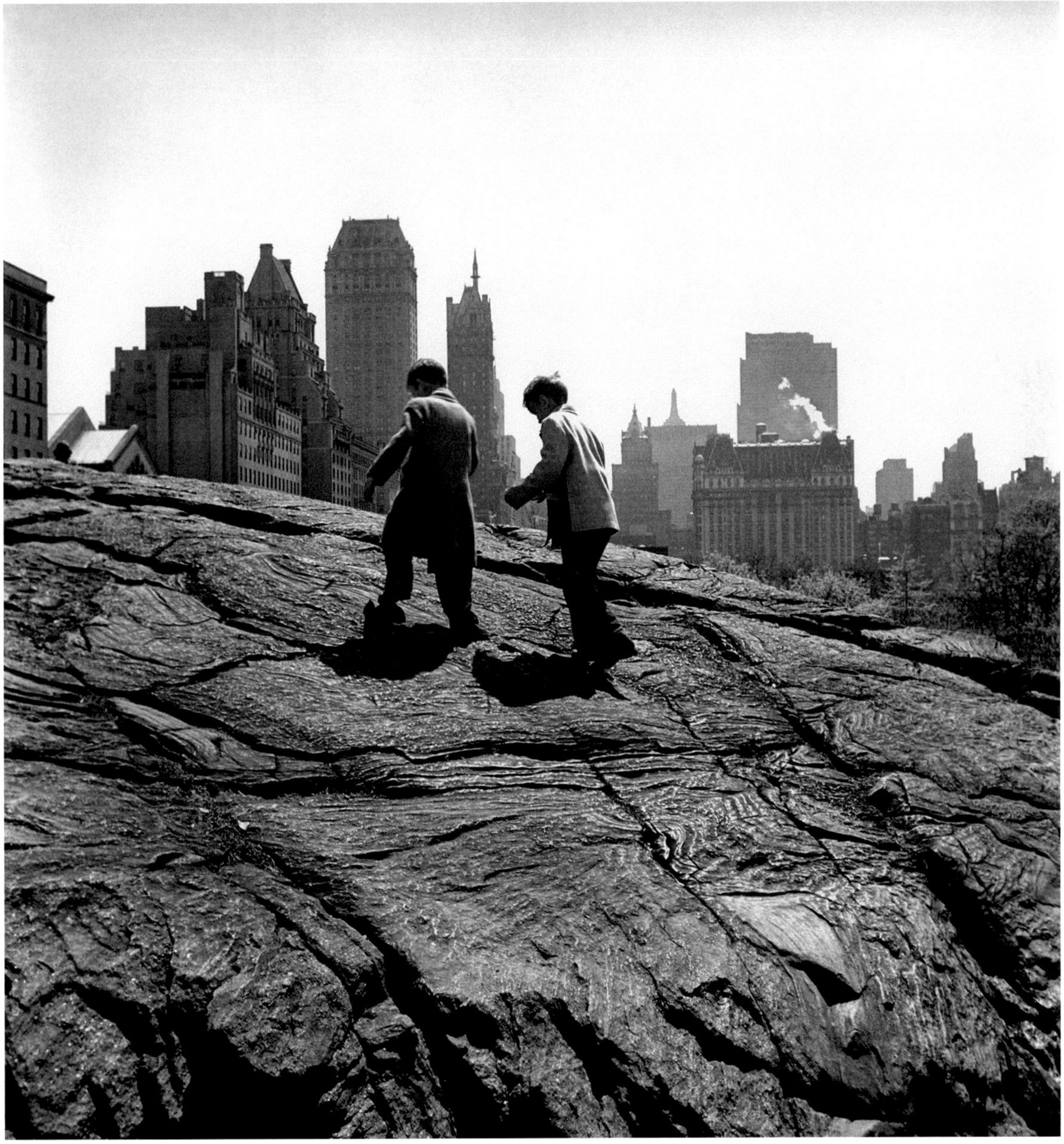

Climbing Rocks Felsenklettern · 1948

Skyline Horizont · 1947

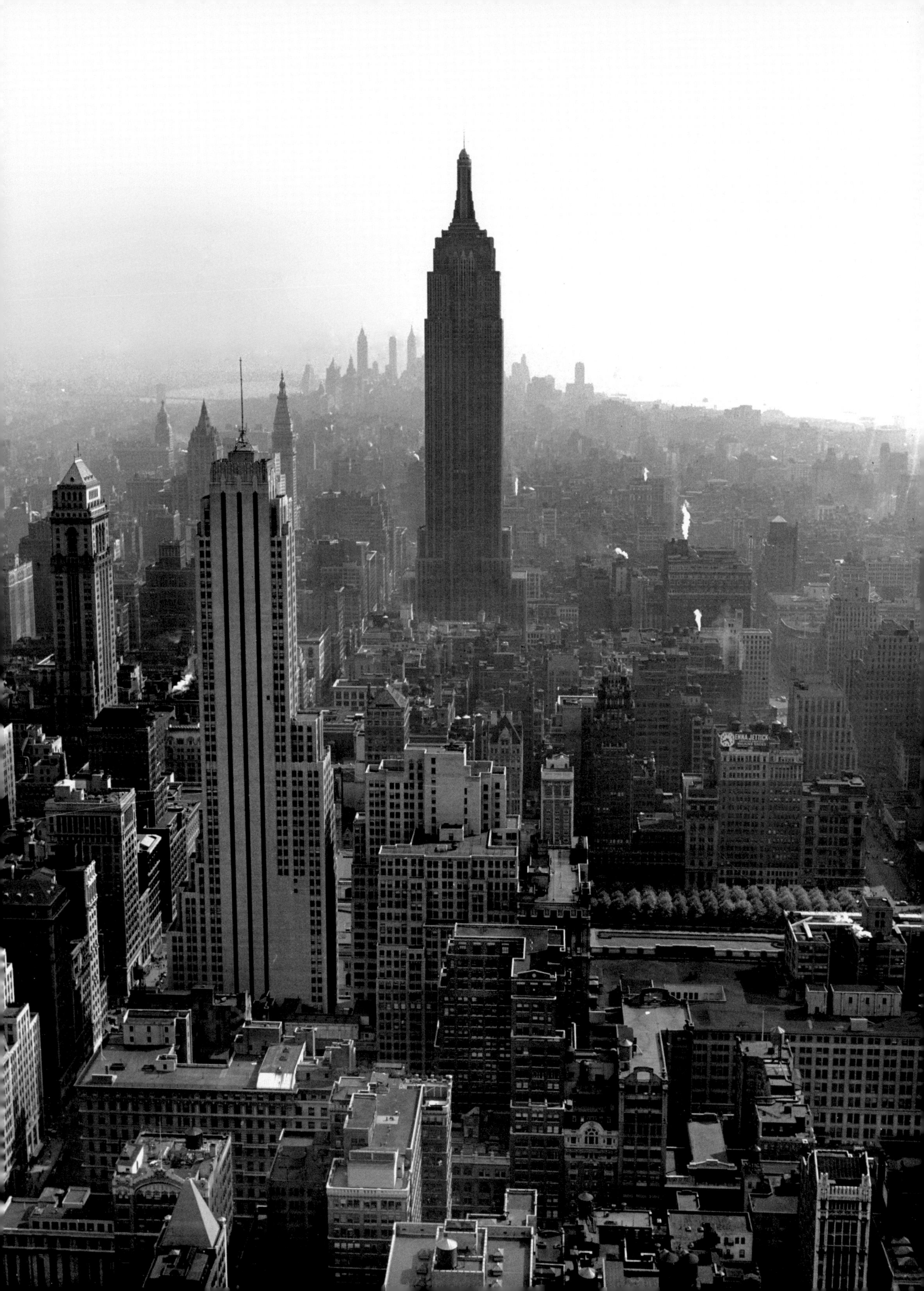
ENNA JETTICK
WALKING SHOES

„Die Kamera unterscheidet nicht zwischen Berühmtheiten
und einem Niemand, zwischen einem guten Freund und einem
völlig Fremden, wenn sich der Verschluss öffnet.“

“The camera makes no distinction between famous people
and a nobody, between a good friend and
a complete stranger, when the shutter opens.”

PORTRAITS

Hannah Arendt · New York · 1944

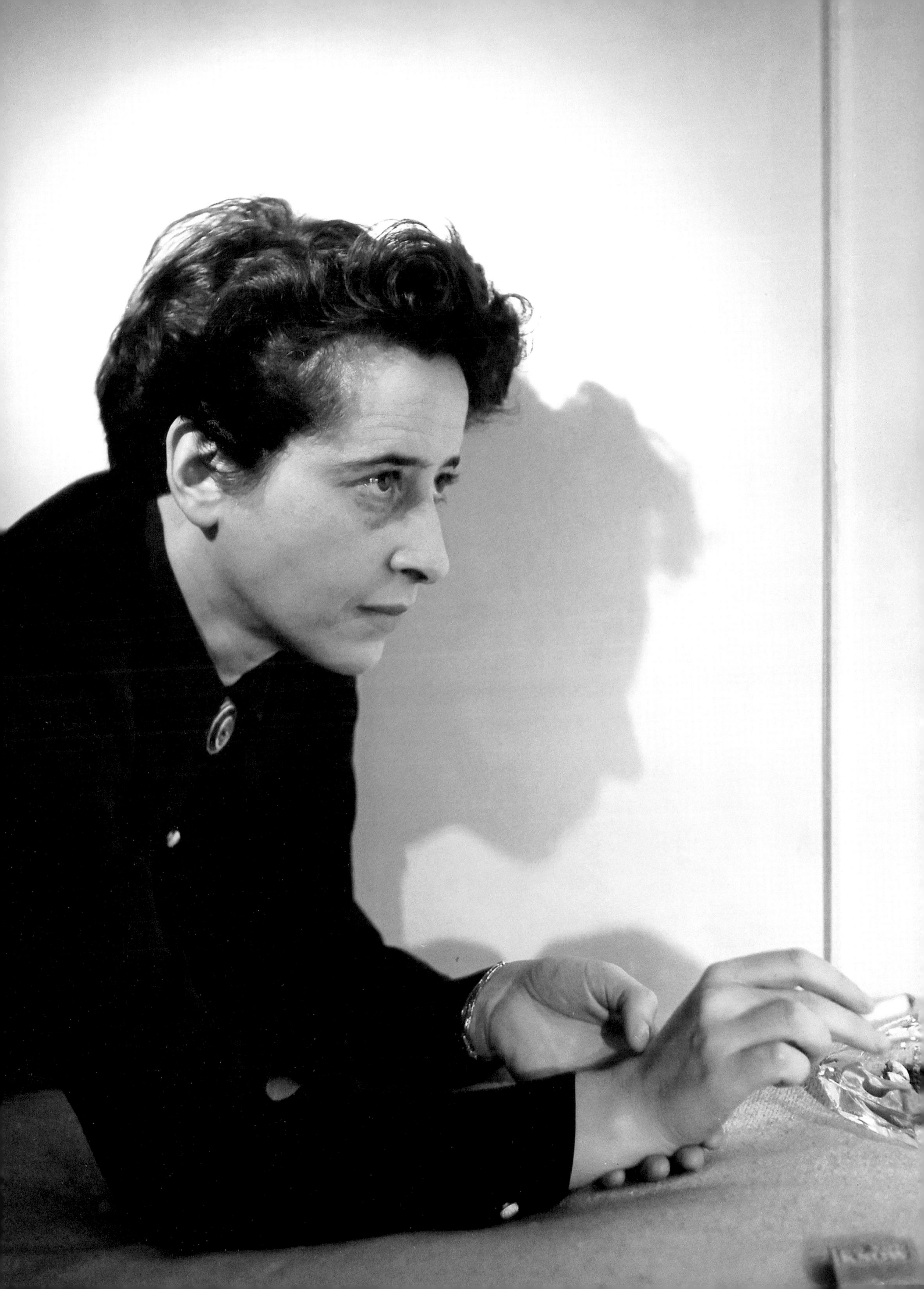

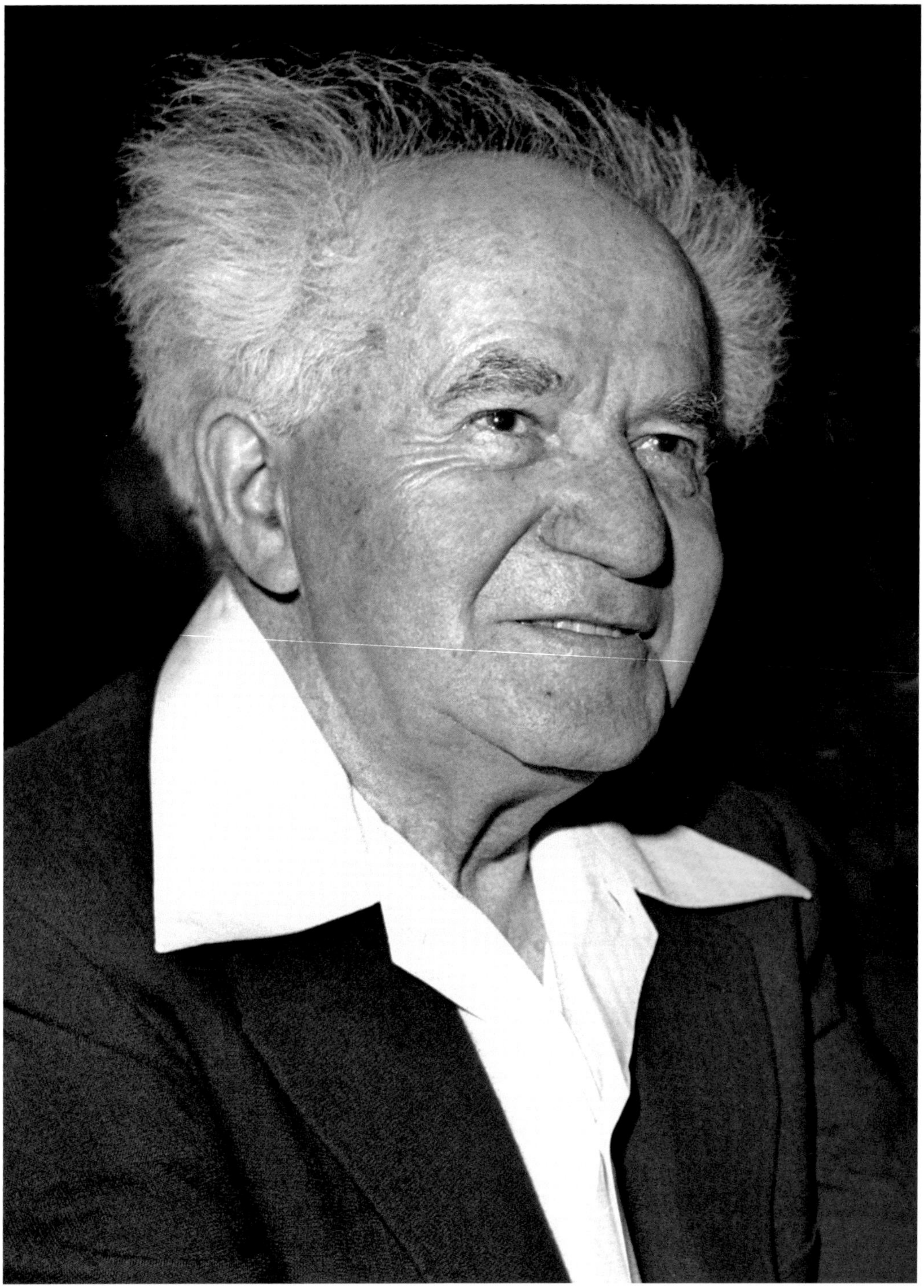

David Ben Gurion · New York · 1959

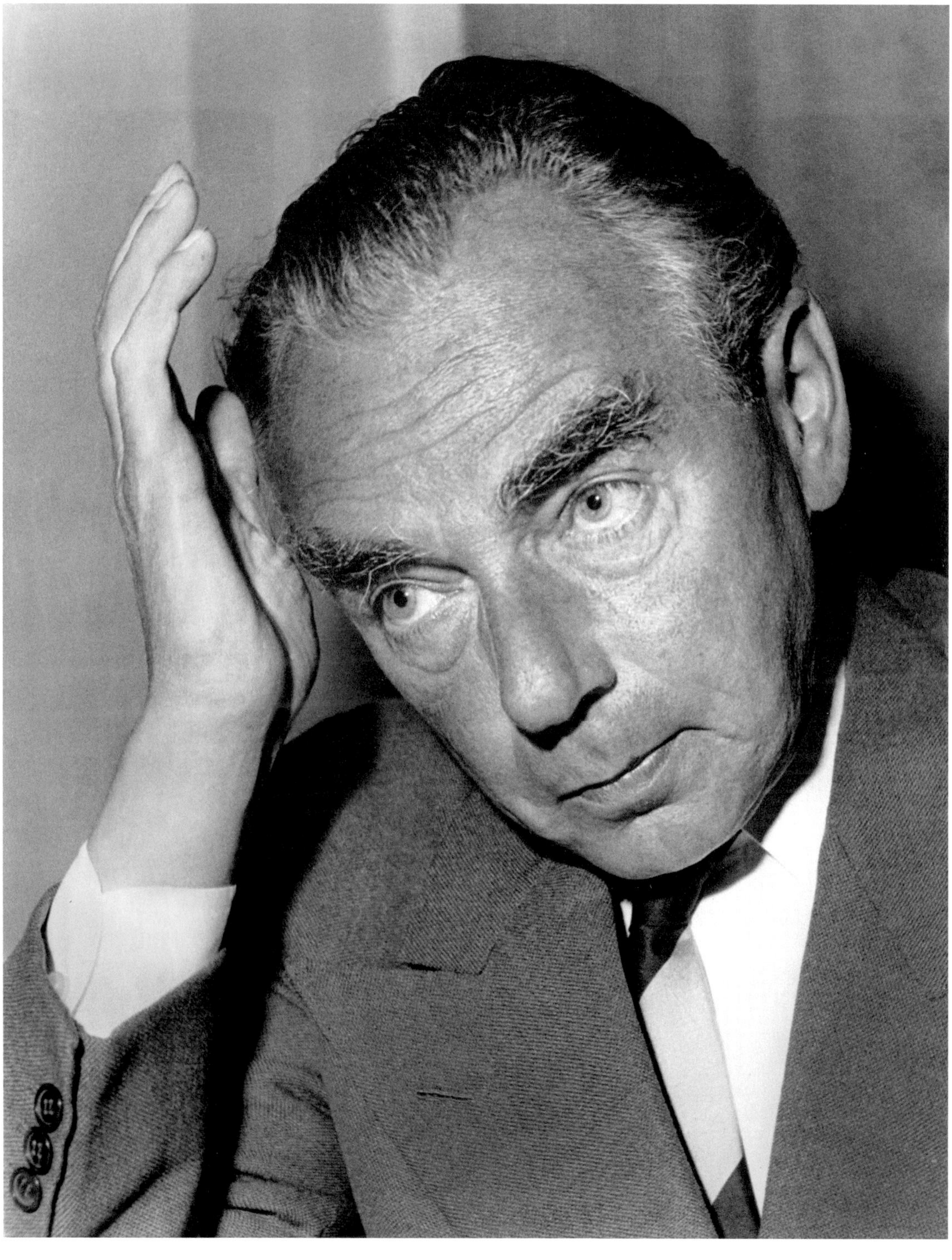

Erich Kästner · Deutschland · 1961

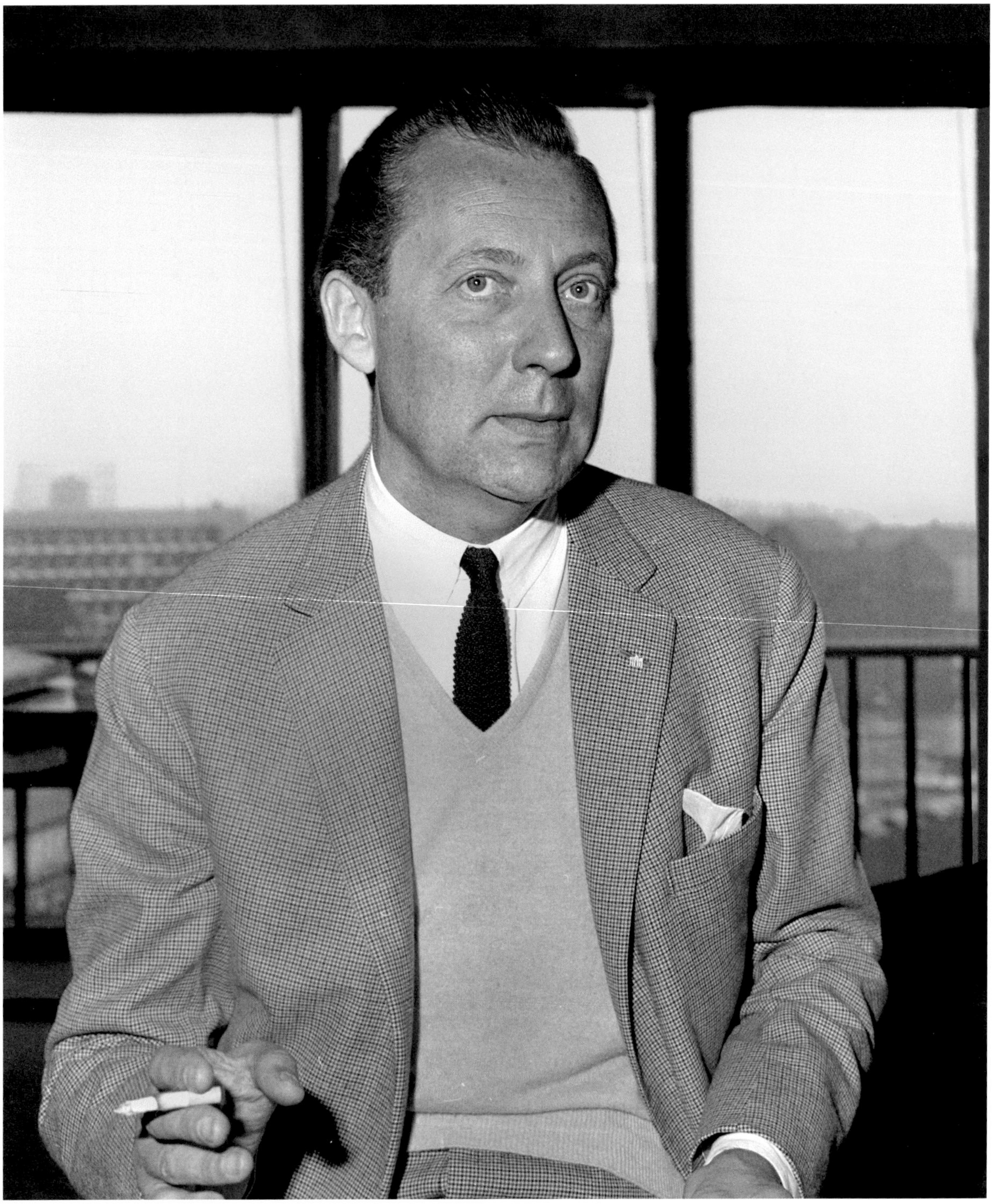

Axel Springer · Deutschland · 1961

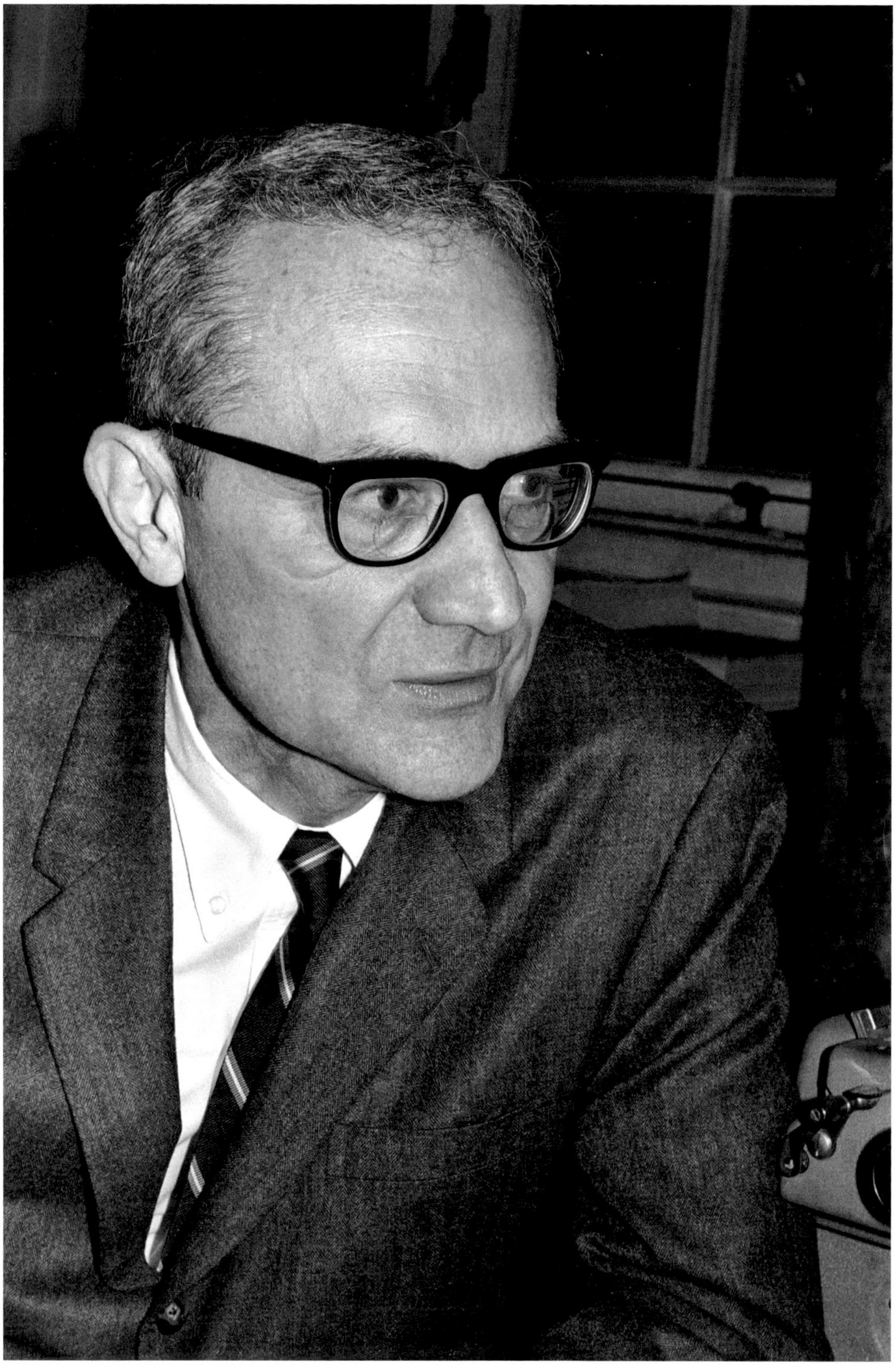

Varian Fry · New York · 1967

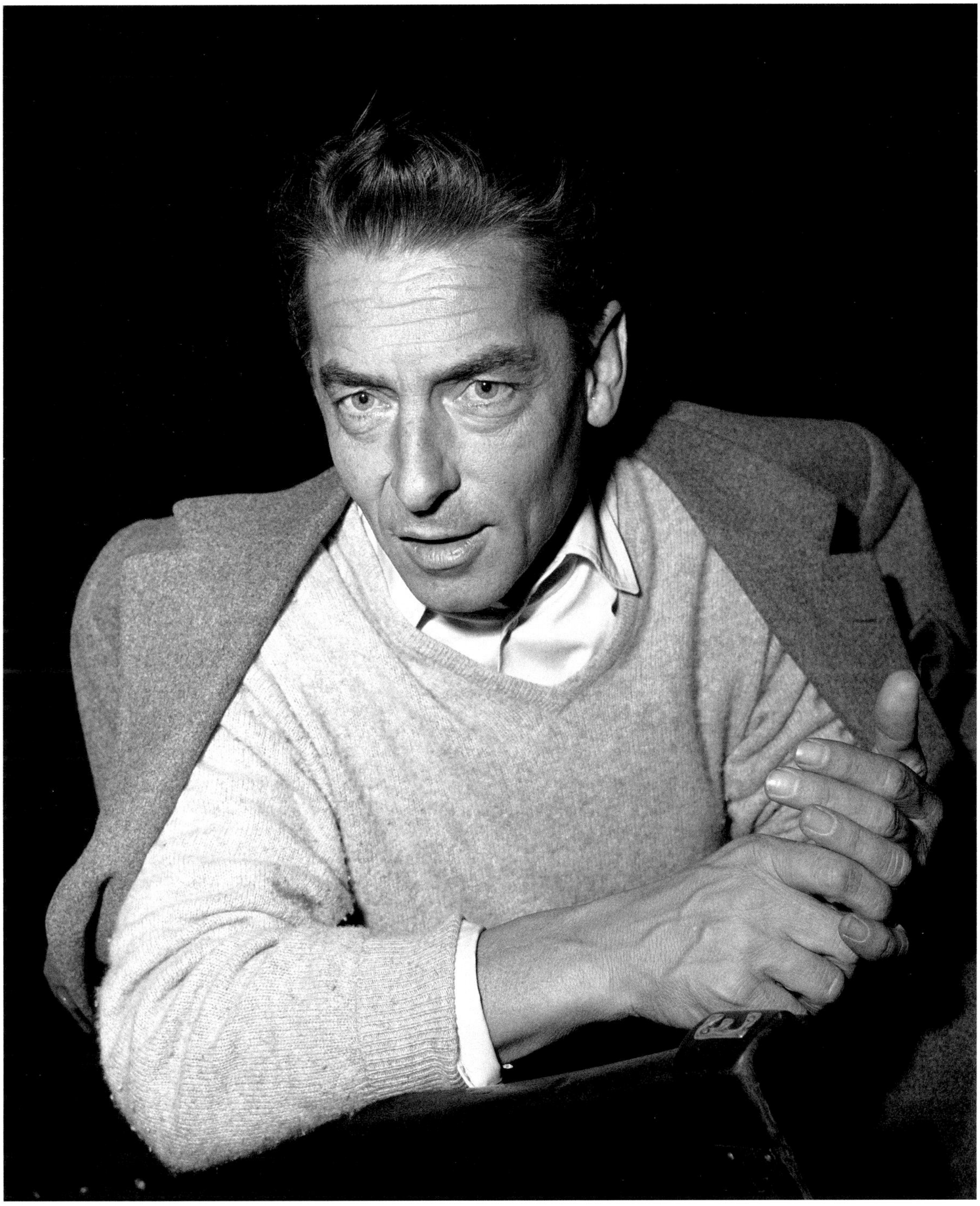

Herbert von Karajan · New York · 1955

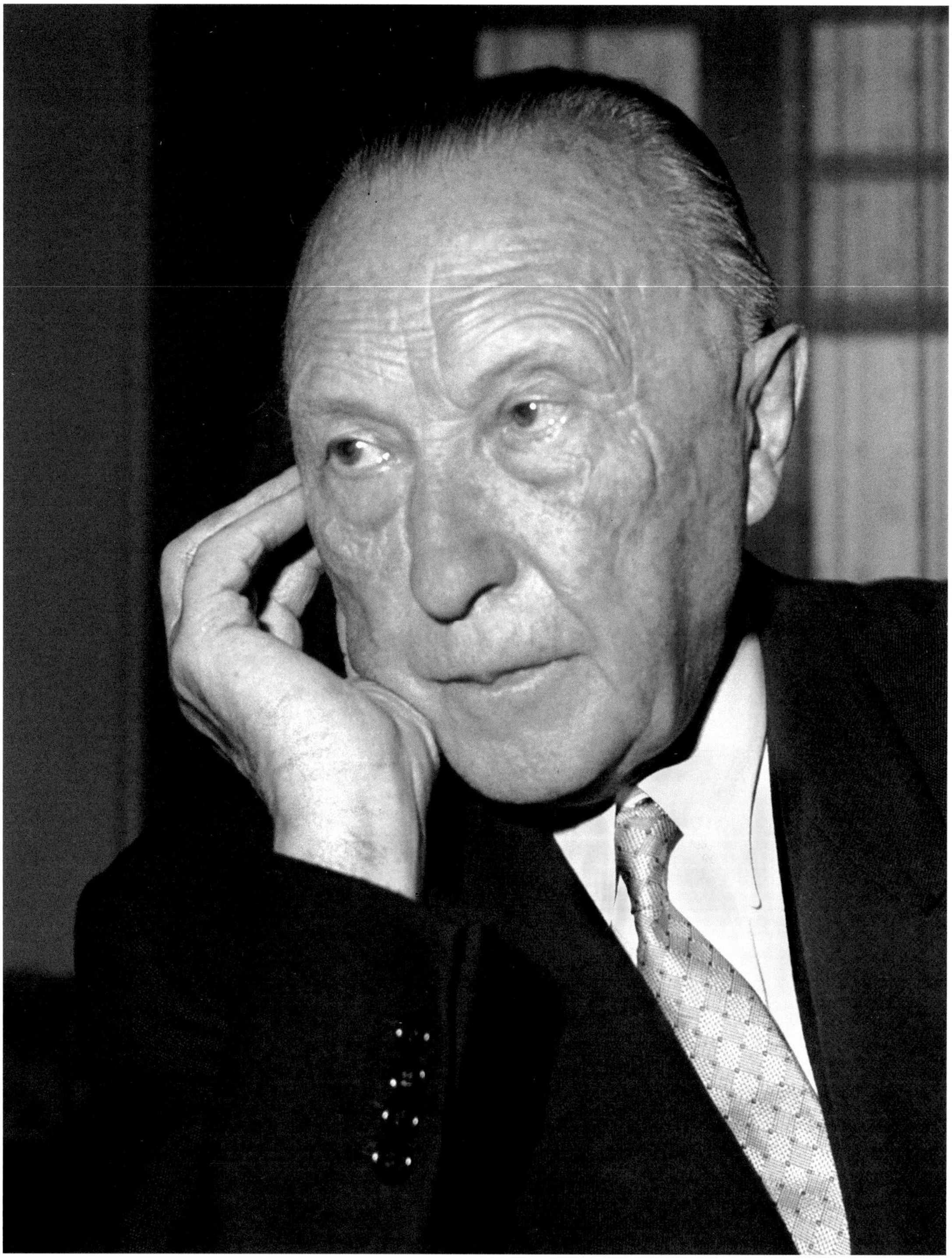

Konrad Adenauer · Deutschland · 1958

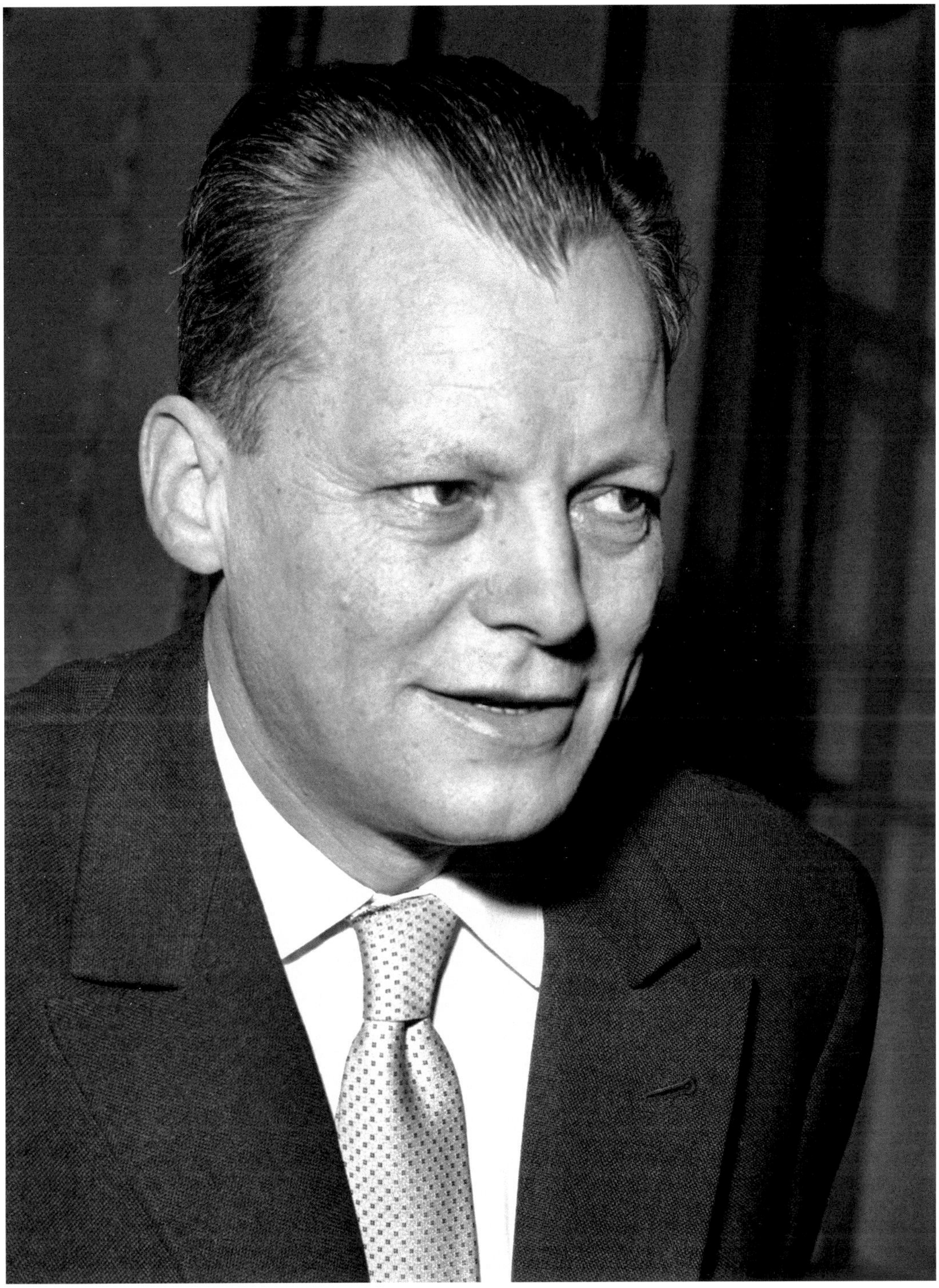

Willy Brandt · New York · 1957

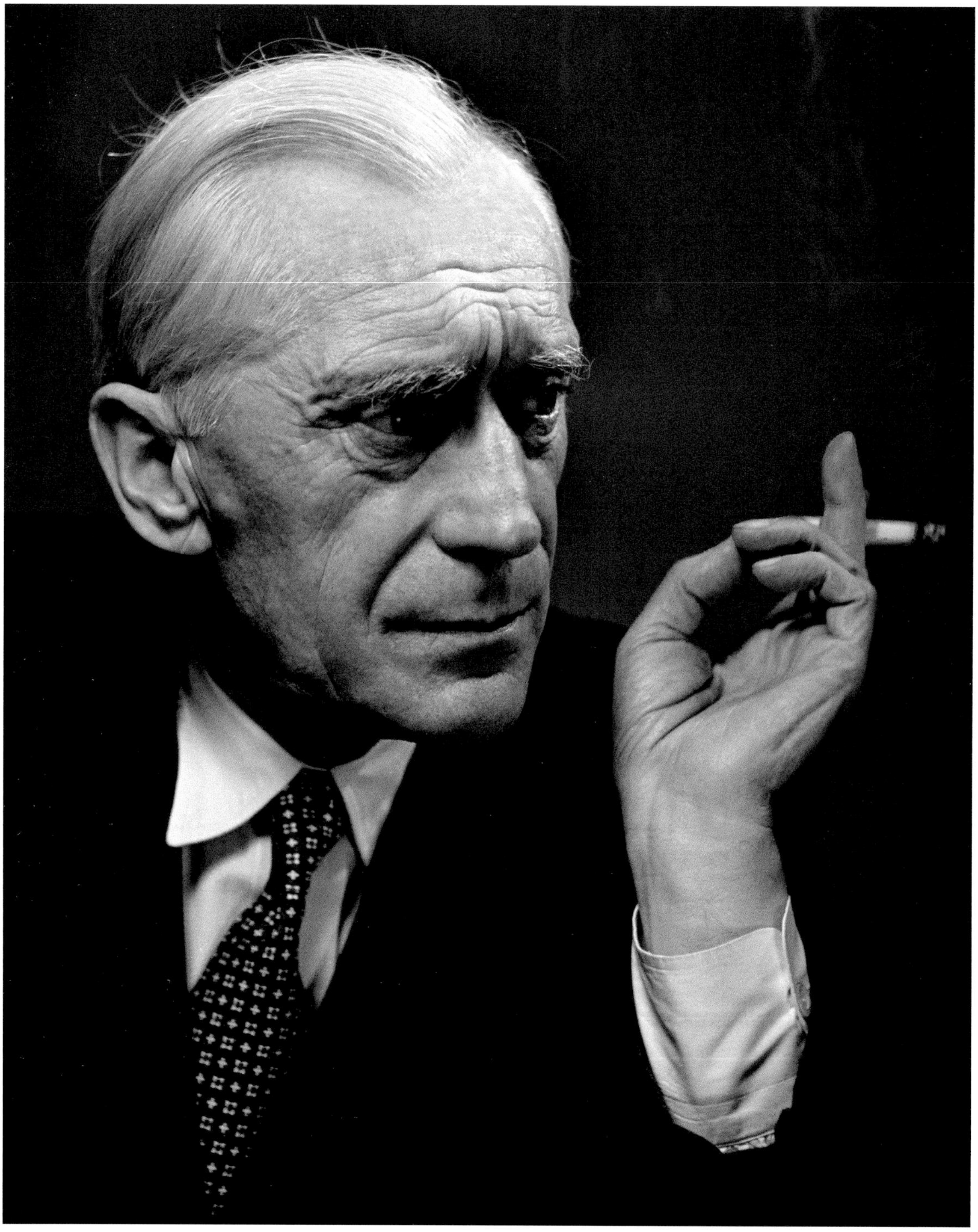

Leonhard Frank · New York · 1949

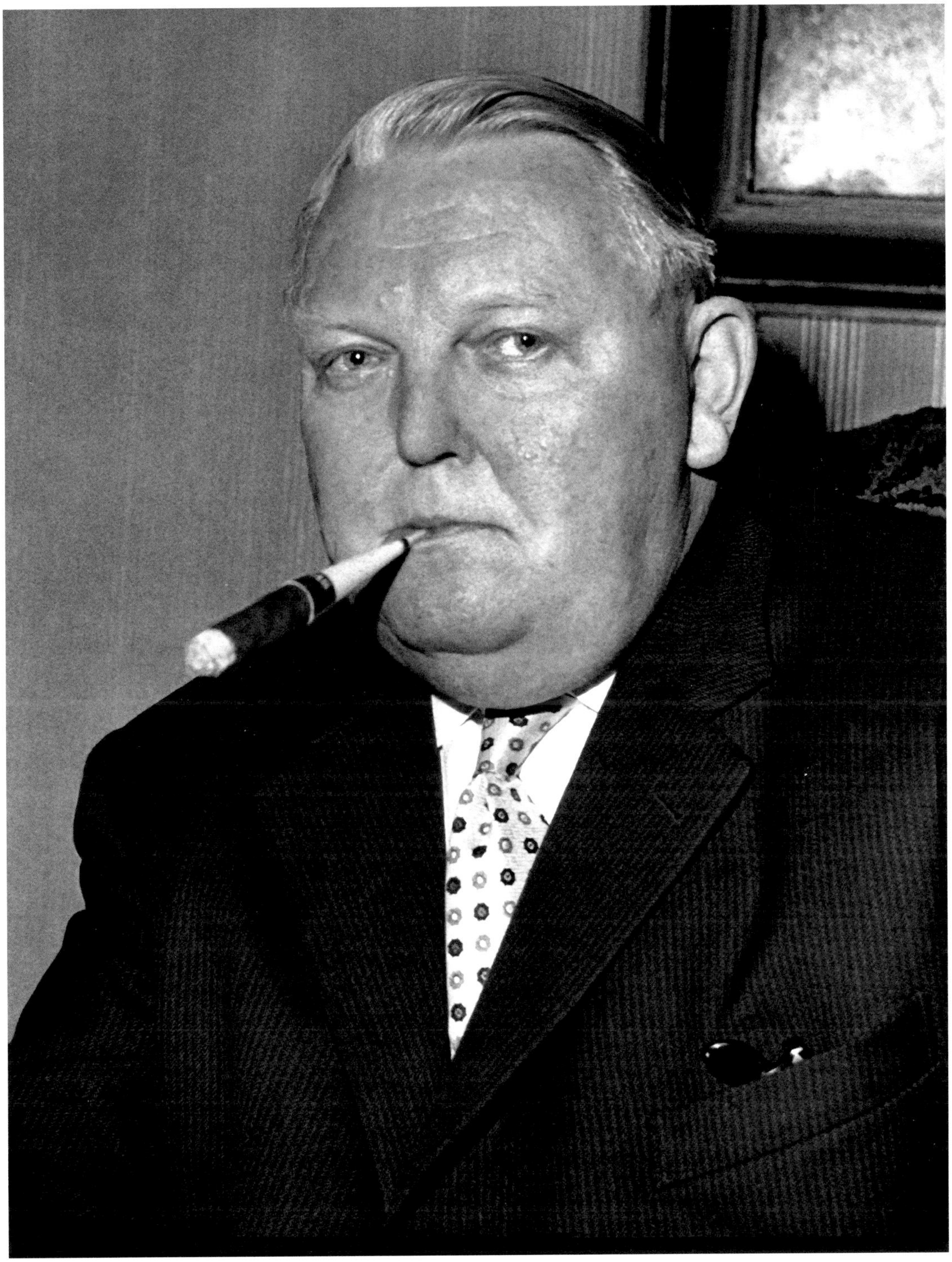

Ludwig Erhard · Deutschland · 1961

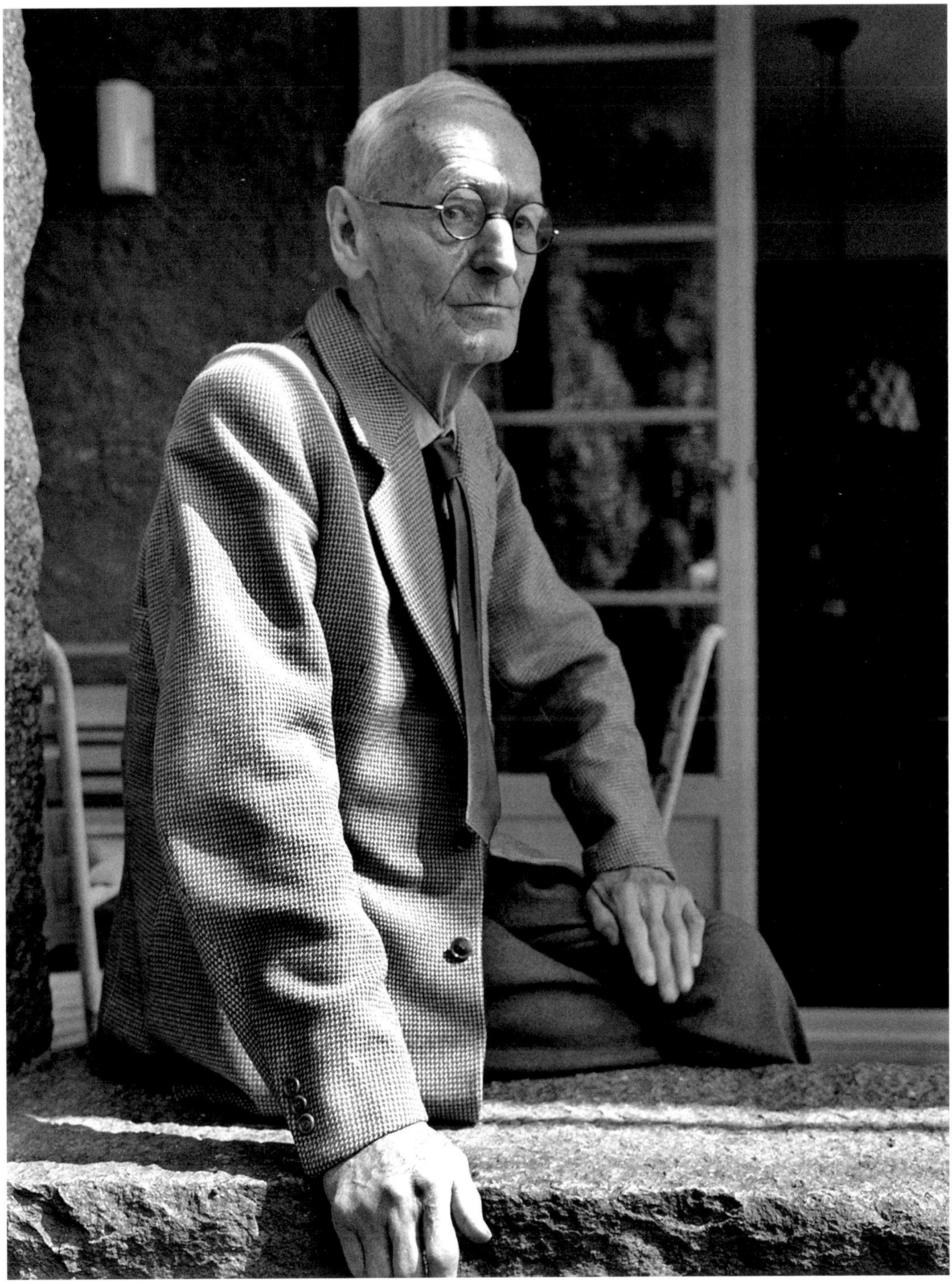

Hermann Hesse · Switzerland · Schweiz · 1961

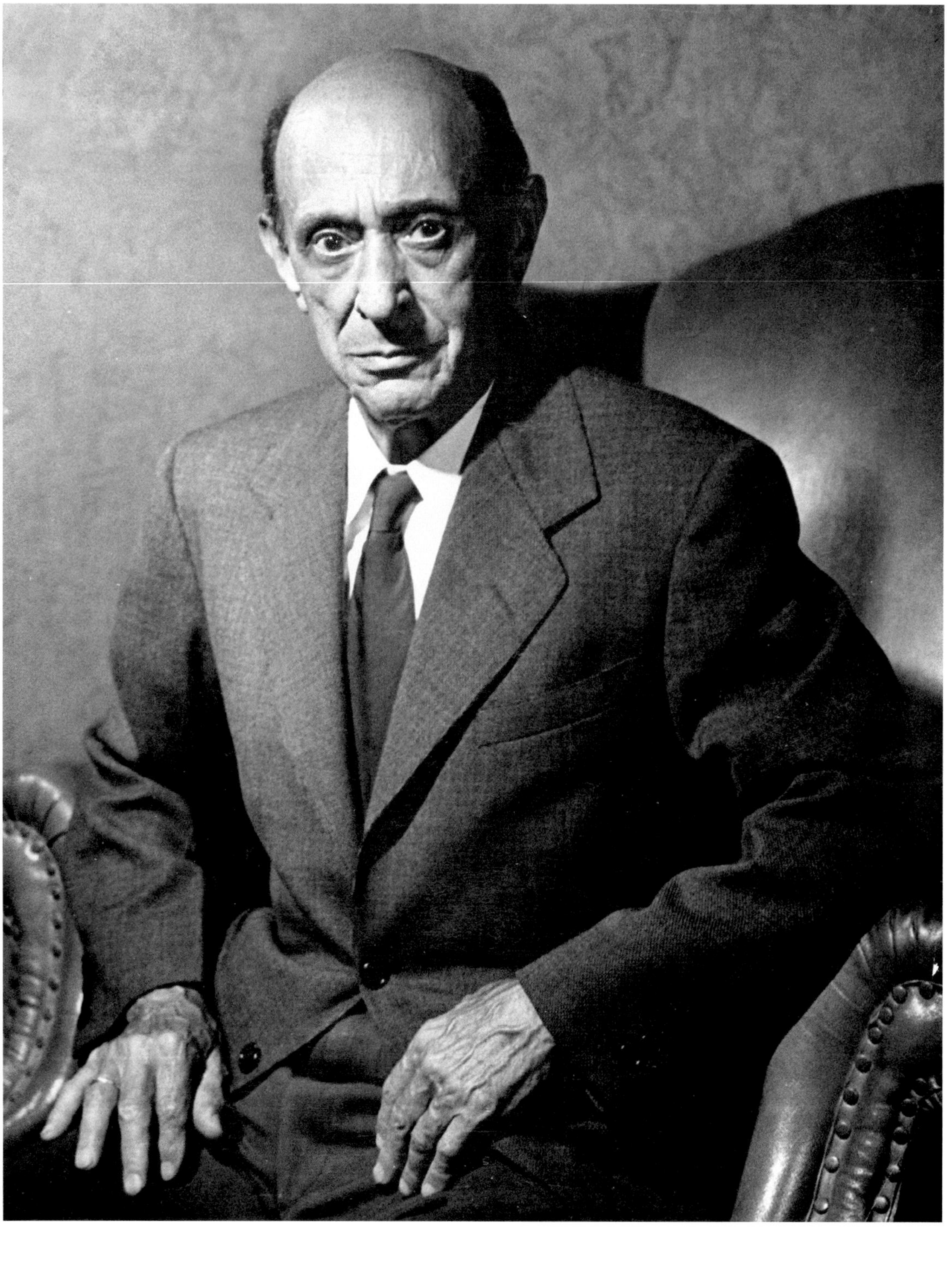

Arnold Schönberg · New York · 1949

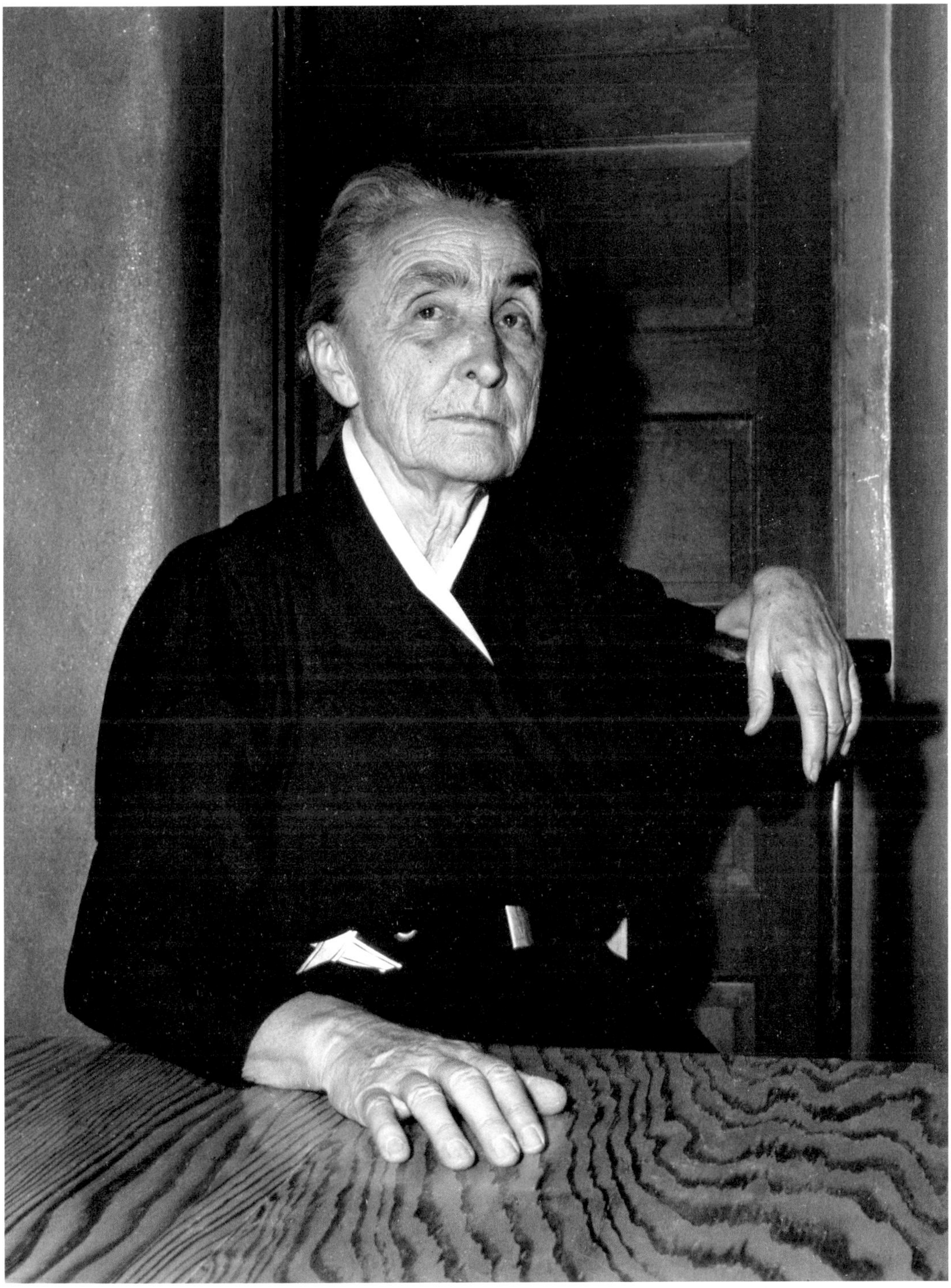

Georgia O'Keeffe · Abiquiú, New Mexico · 1961

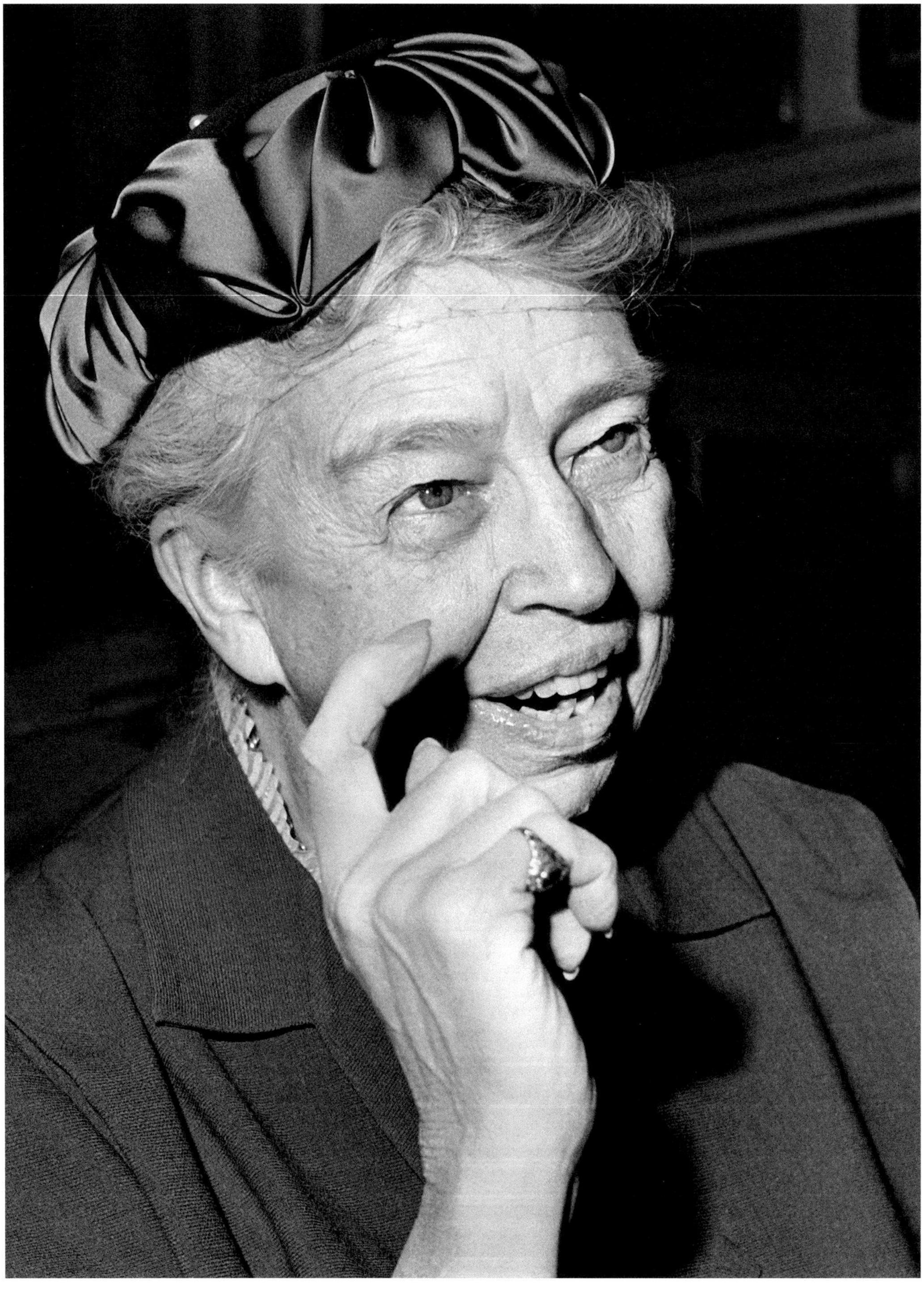

Eleanor Roosevelt · New York · 1958

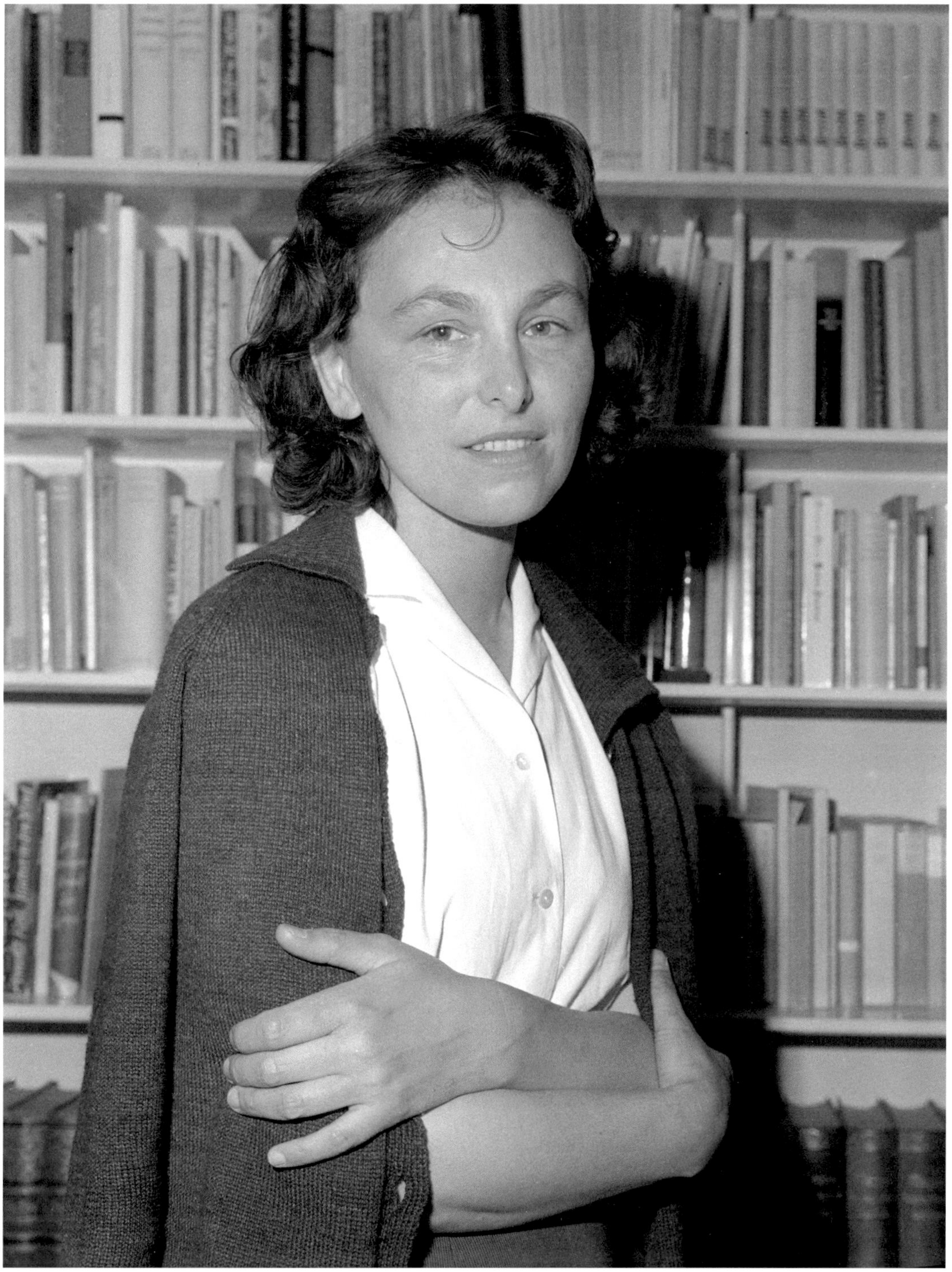

Ilse Aichinger · Deutschland · 1961

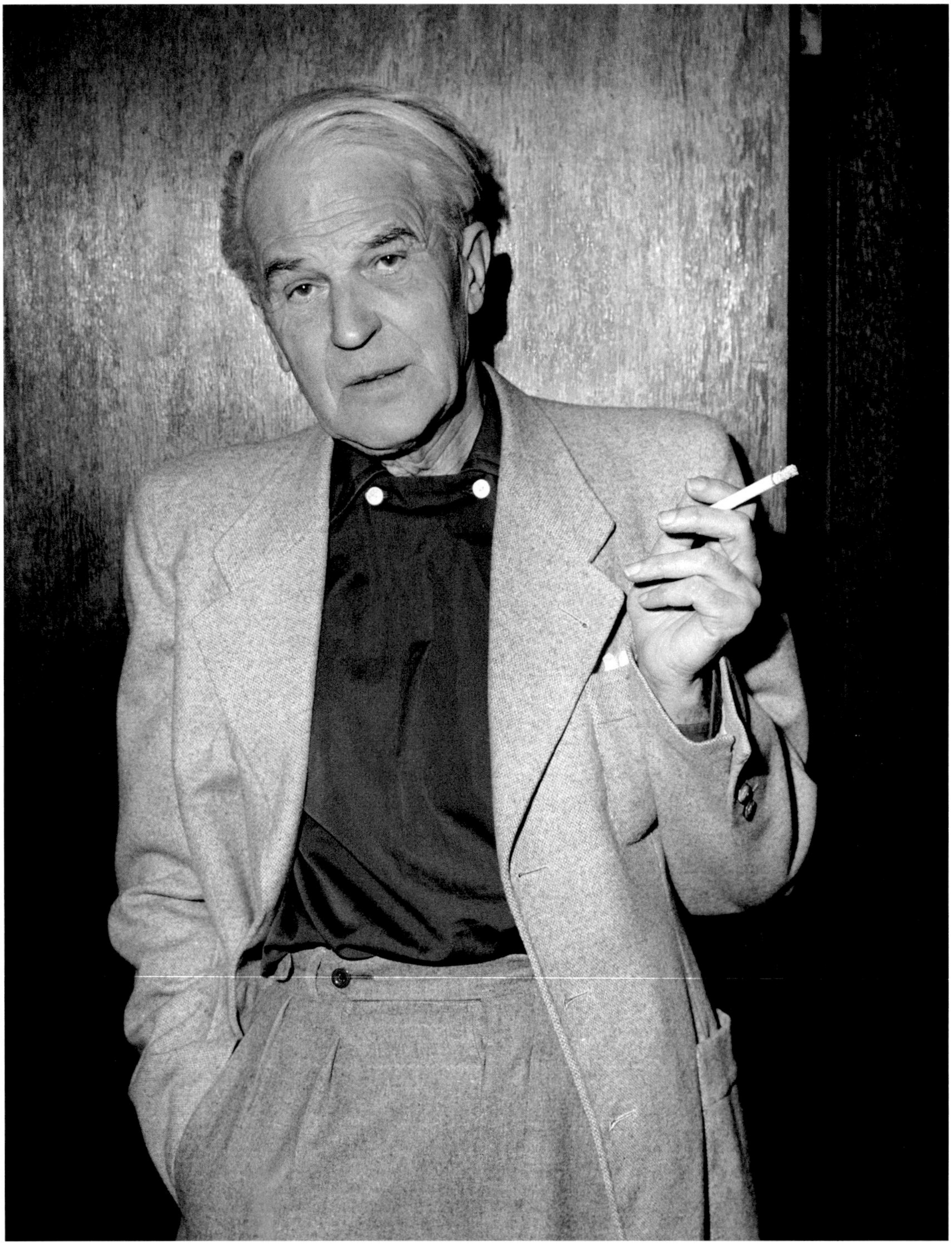

Will Grohmann · Deutschland · 1961

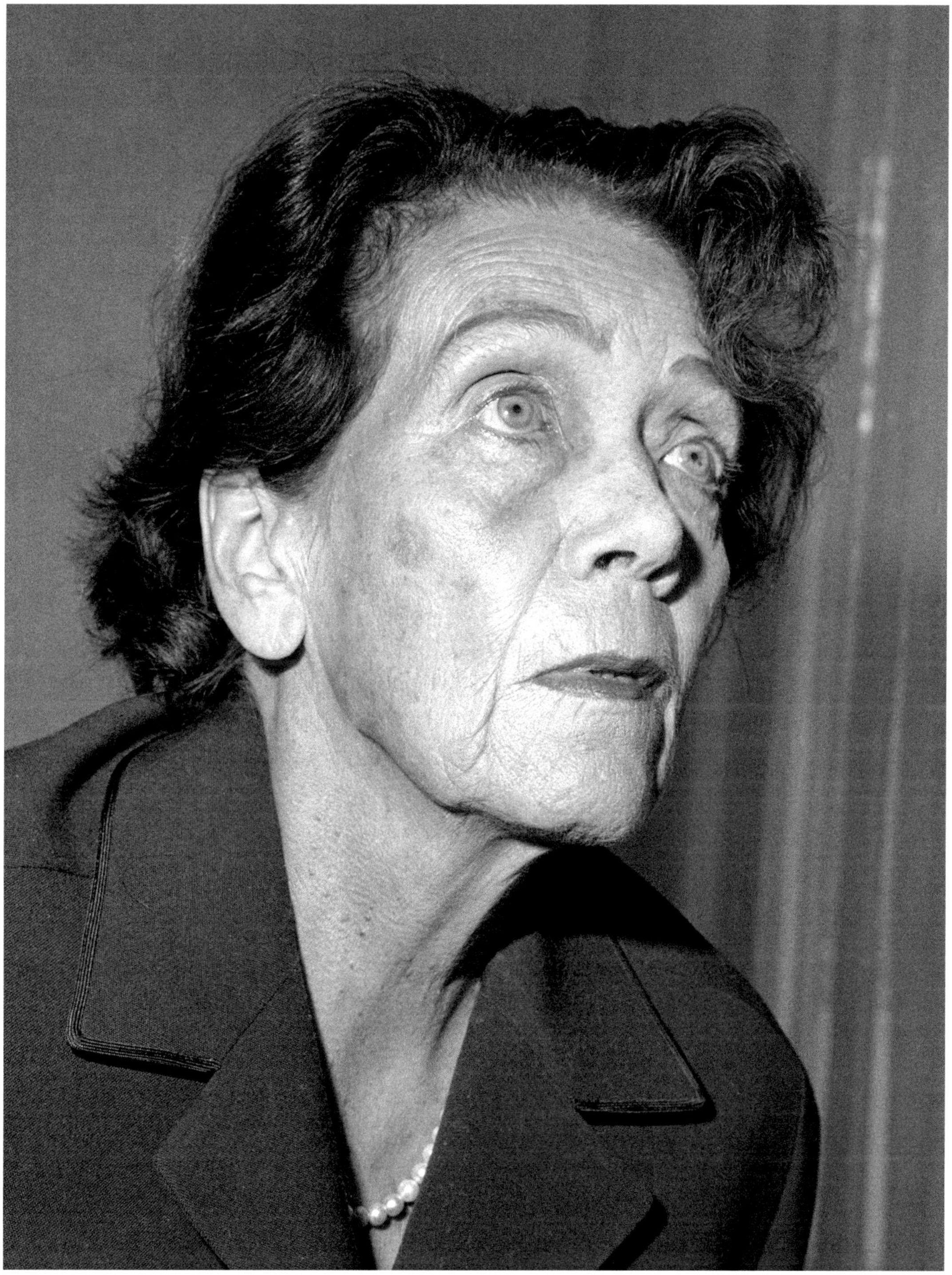

Mary Wigman · Deutschland · 1961

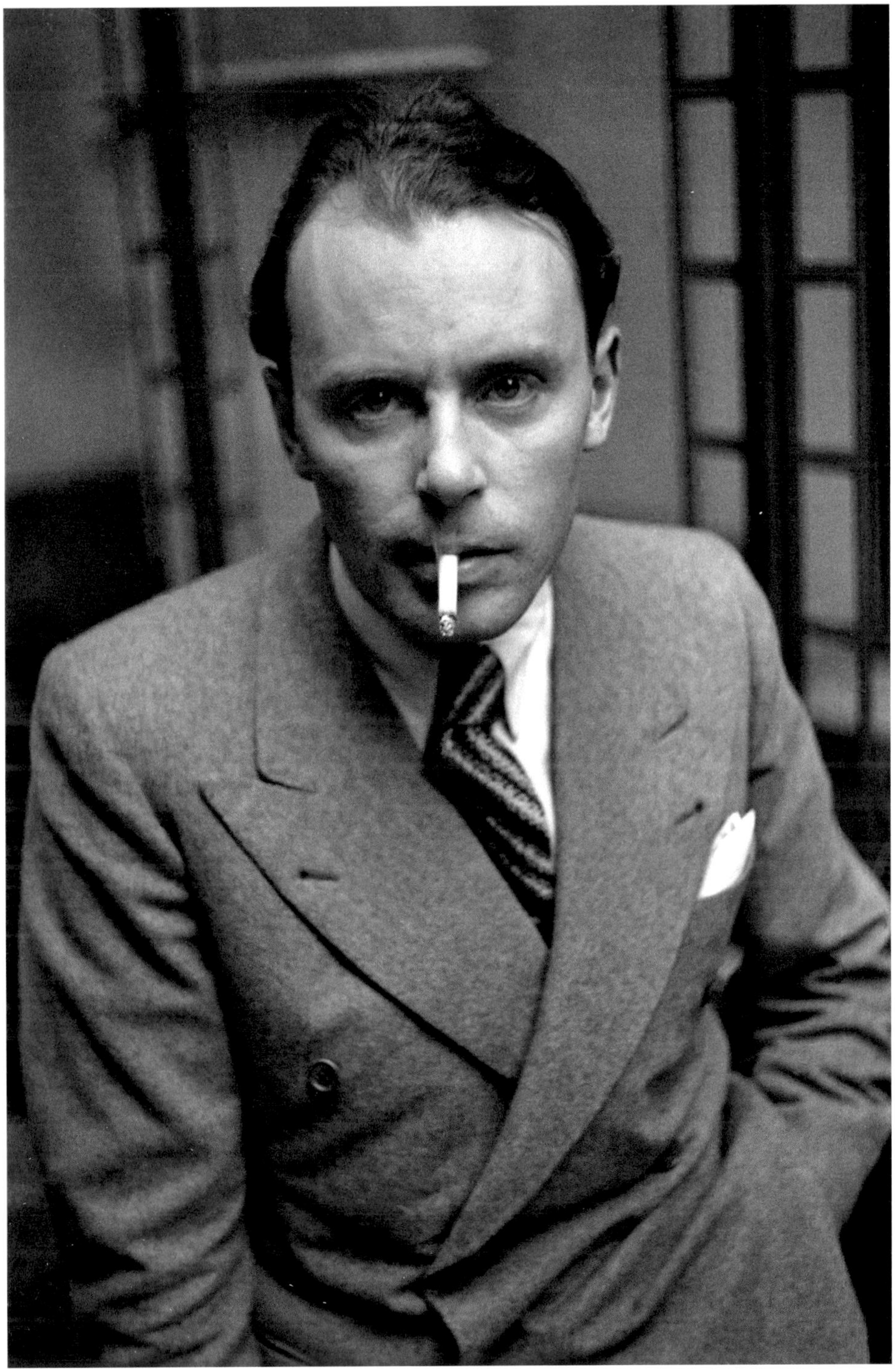

Klaus Mann · Paris · 1935

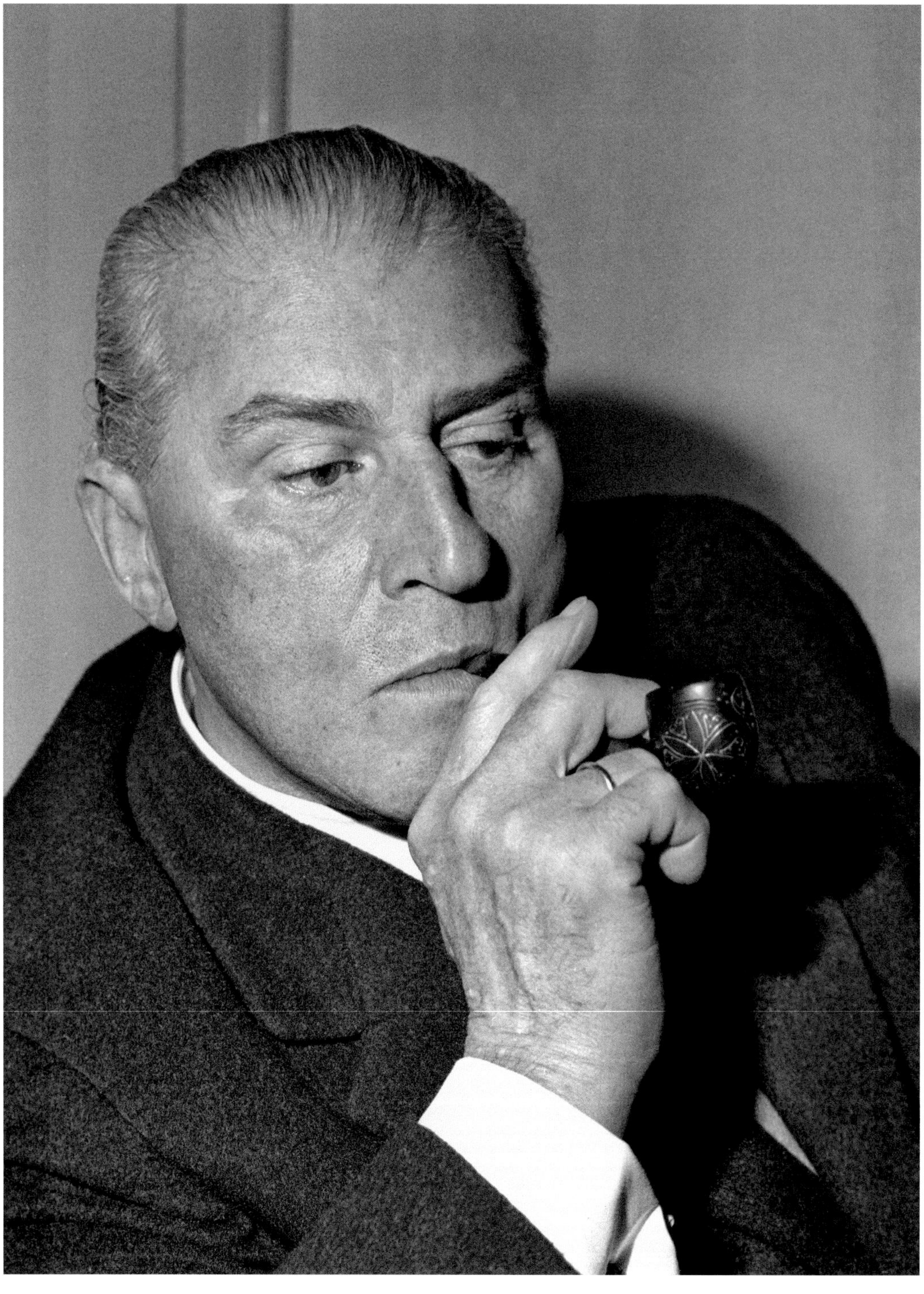

Carl Zuckmayer · Baden-Baden · 1961

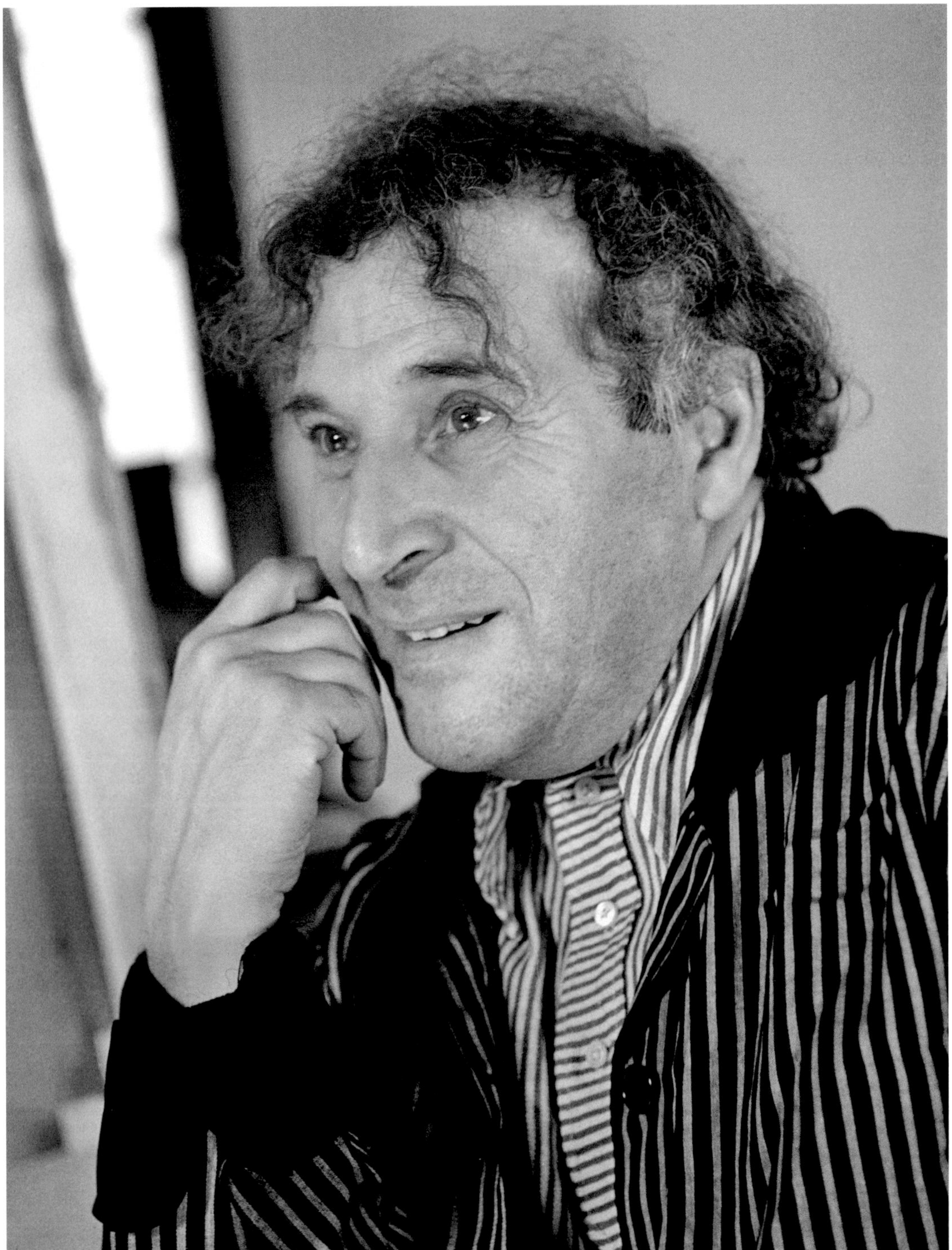

Marc Chagall · New York · 1945

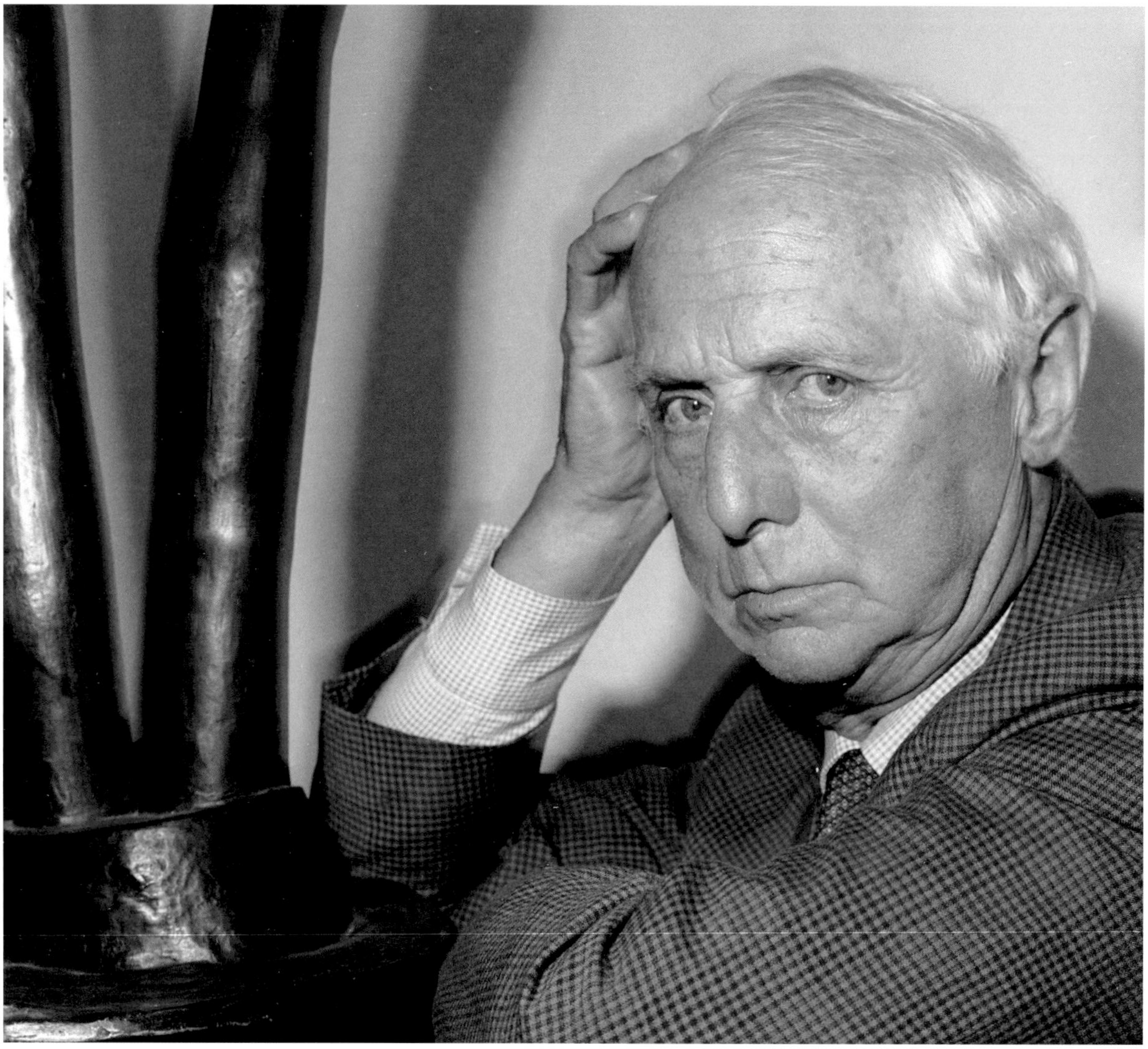

Max Ernst · New York · 1962

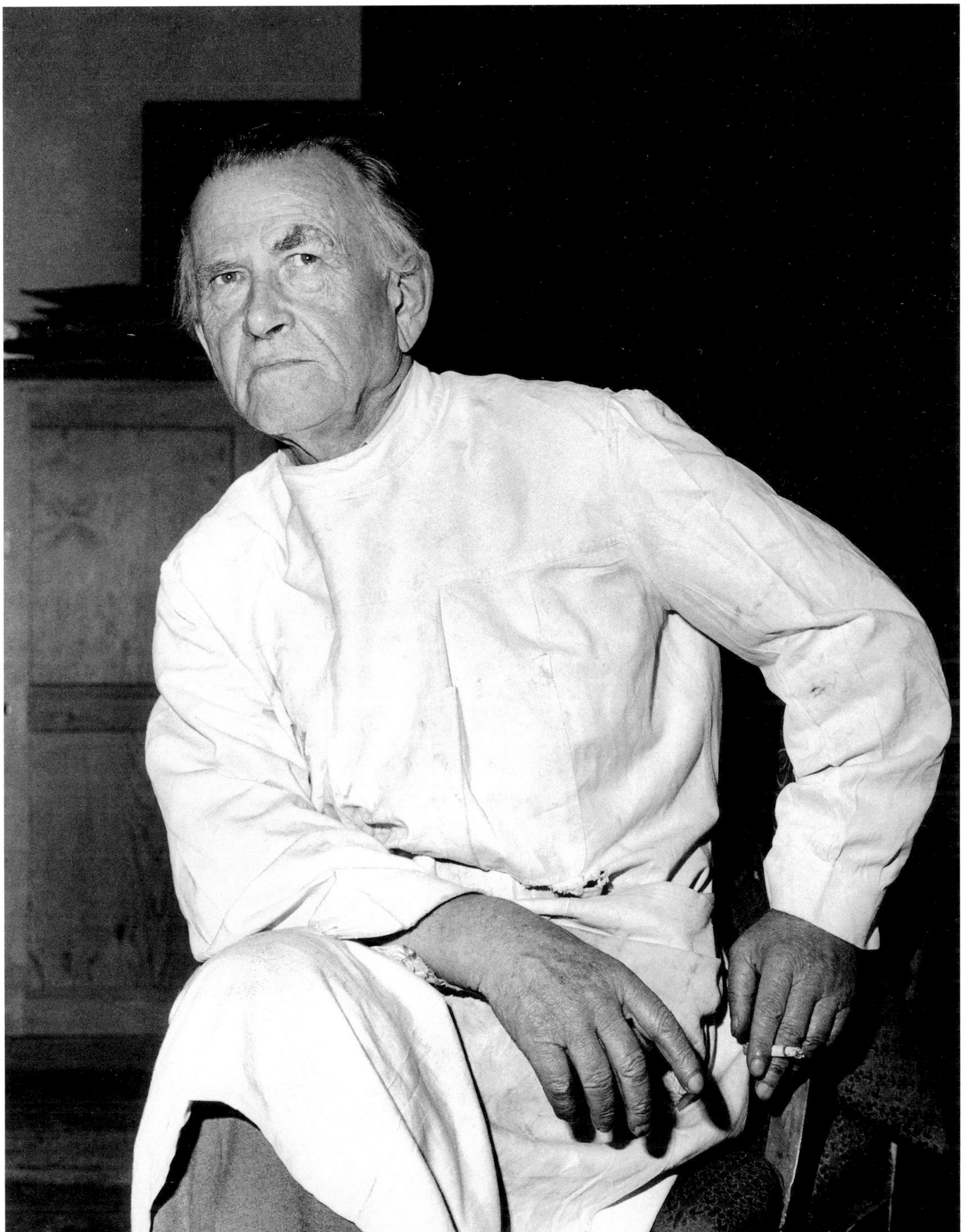

Otto Dix · Deutschland · 1961

Albert Einstein · Princeton · New Jersey · 1946

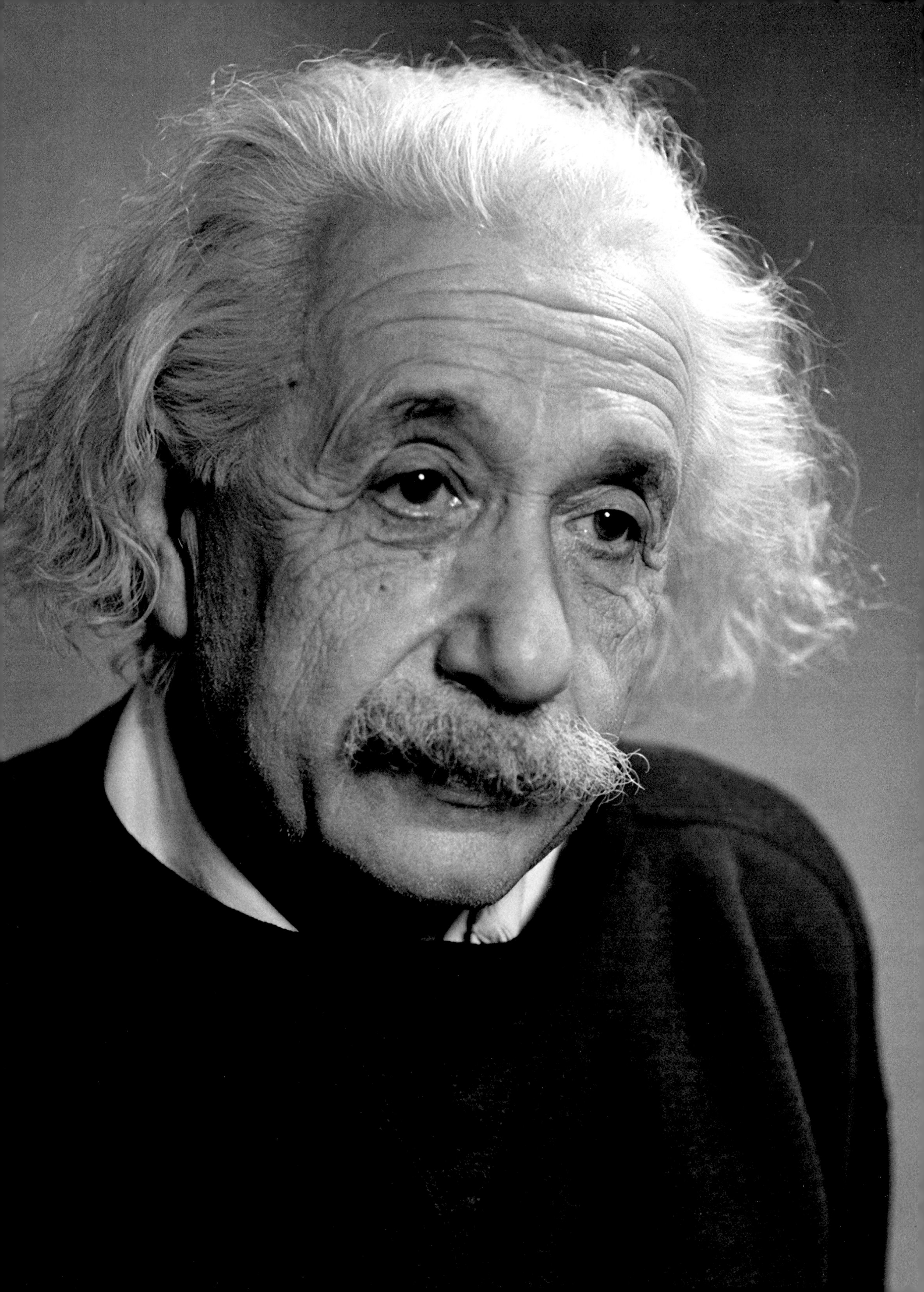

AUTOREN

DR. ERIKA ESCHEBACH ist seit 2010 Direktorin des Stadtmuseums Dresden. Ihre Forschungsschwerpunkte sind die Stadtgeschichte und Kulturgeschichte des 19. und 20. Jahrhunderts.

PETER STEIN ist Leiter des Fred-Stein-Archivs. Als Kameramann arbeitete er an über 50 Filmen verschiedener Genres mit und unterrichtete 13 Jahre lang als Hochschullehrer an der Graduate Film School der New Yorker Universität Kinematographie.

HELENA WEBER ist Fotohistorikerin und kuratierte im Rahmen eines Stipendiums der Alfried Krupp von Bohlen und Halbach-Stiftung die Ausstellung „Fred Stein. Dresden – Paris – New York" am Stadtmuseum Dresden. Sie ist spezialisiert auf die Theorie und Geschichte der Fotografie sowie Mediengeschichte.

DR.-ING. SABINE WENZEL arbeitet seit 1990 als freie Architektin in Dresden. Durch die Tätigkeit in der Altbauinstandsetzung entstand ihr Forschungsthema „Villen des jüdischen Bürgertums in Dresden".

THERESIA ZIEHE ist seit 2006 Kuratorin für Fotografie des Jüdischen Museums Berlin. Dort kuratierte sie unter anderem die Ausstellung „Im Augenblick. Fotografien von Fred Stein" (2013).

DR. BJÖRN EGGING ist Kunsthistoriker und seit 2016 Konservator für das 20. und 21. Jahrhundert am Kupferstich-Kabinett Dresden. Arbeitsschwerpunkte sind die klassische Moderne sowie die Kunst der 1960er Jahre und der Gegenwart.

DR. BERND HÜPPAUF, Professor emeritus, lehrte Deutsche Literatur und Literaturtheorie an den Universitäten Tübingen, Regensburg, NSW (Sydney, Australien), Berlin und an der New York University. Seine Arbeitsgebiete umfassen philosophische Anthropologie und die Kulturgeschichte des Krieges.

DR. ETIENNE FRANÇOIS ist Professor emeritus für Geschichte an der Universität Paris-I (Panthéon-Sorbonne) und an der Freien Universität Berlin. Sein Forschungsschwerpunkt ist die Geschichte der europäischen Erinnerungskulturen.

DR. BIRGIT SACK ist seit 1999 Leiterin der Gedenkstätte Münchner Platz Dresden/ Stiftung Sächsische Gedenkstätten. Ihre Forschungsschwerpunkte sind Frauen- und Geschlechtergeschichte, Geschichte des politischen Katholizismus und nationalsozialistische Strafjustiz.

AUTHORS

DR. ERIKA ESCHEBACH has been director of the City Museum Dresden since 2010. Her specialized field is city history and cultural history of the 19th and 20th Century.

PETER STEIN is the director of the Fred Stein Archive. As Director of Photography he photographed over 50 films of different genres and was Professor of Cinematography at New York University's Graduate Film School for 13 years.

HELENA WEBER is a photo historian and curated the exhibition "Fred Stein. Dresden – Paris – New York" at the City Museum Dresden through a fellowship from the Alfried Krupp von Bohlen and Halbach Foundation. She specializes in the theory and history of photography, and media history.

SABINE WENZEL, Doctor of Engineering, has worked as a freelance architect in Dresden since 1990. Her work in the field of the restoration of historical buildings led to her research thesis "Mansions of the Jewish Bourgeoisie in Dresden".

THERESIA ZIEHE has been curator of photography at the Jewish Museum Berlin since 2006. In 2013 she curated the exhibition "In an Instant. Photographs by Fred Stein".

DR. BJÖRN EGGING is an art historian and, since 2016, curator for the 20th and 21st Century at the Cabinet of Prints, Drawing and Photographs at the Dresden State Art Collections. He specializes in classic modern art, art of the 1960s and contemporary art.

DR. BERND HÜPPAUF is professor emeritus of German literature and literary theory at the Universities of Tübingen, Regensburg, NSW (Sydney, Australia), Berlin and New York University. His subjects are philosophical anthropology and the cultural history of war.

DR. ETIENNE FRANÇOIS is professor emeritus of history at the Universities Paris-I (Panthéon-Sorbonne) and at the Free University of Berlin. His field of specialty is the history of the European culture of remembrance.

DR. BIRGIT SACK has been head of the Münchner Platz Dresden Memorial/The Saxon Memorial Foundation since 1999. She specializes in women's and gender history, the history of political Catholicism and National Socialist criminal justice.

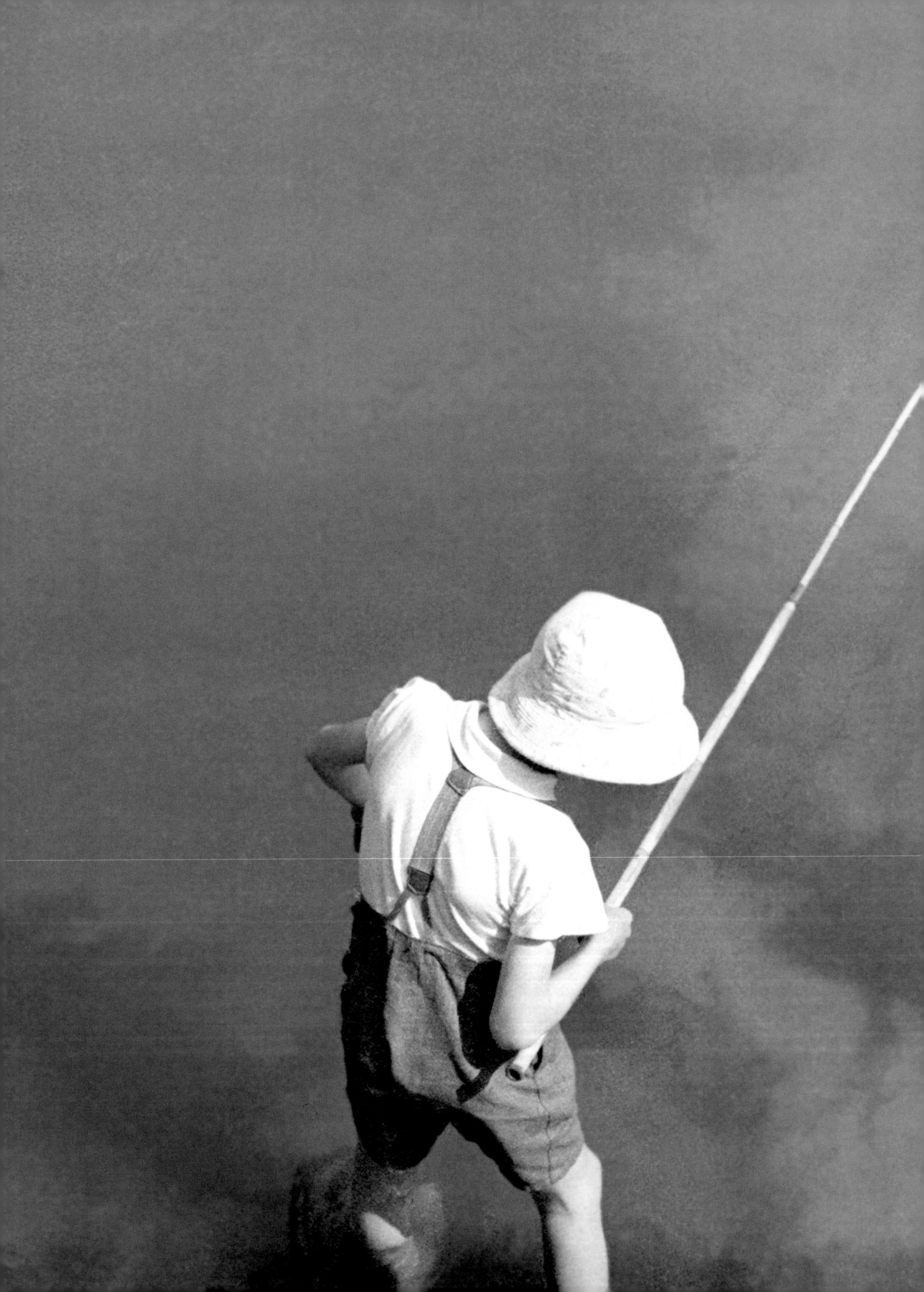

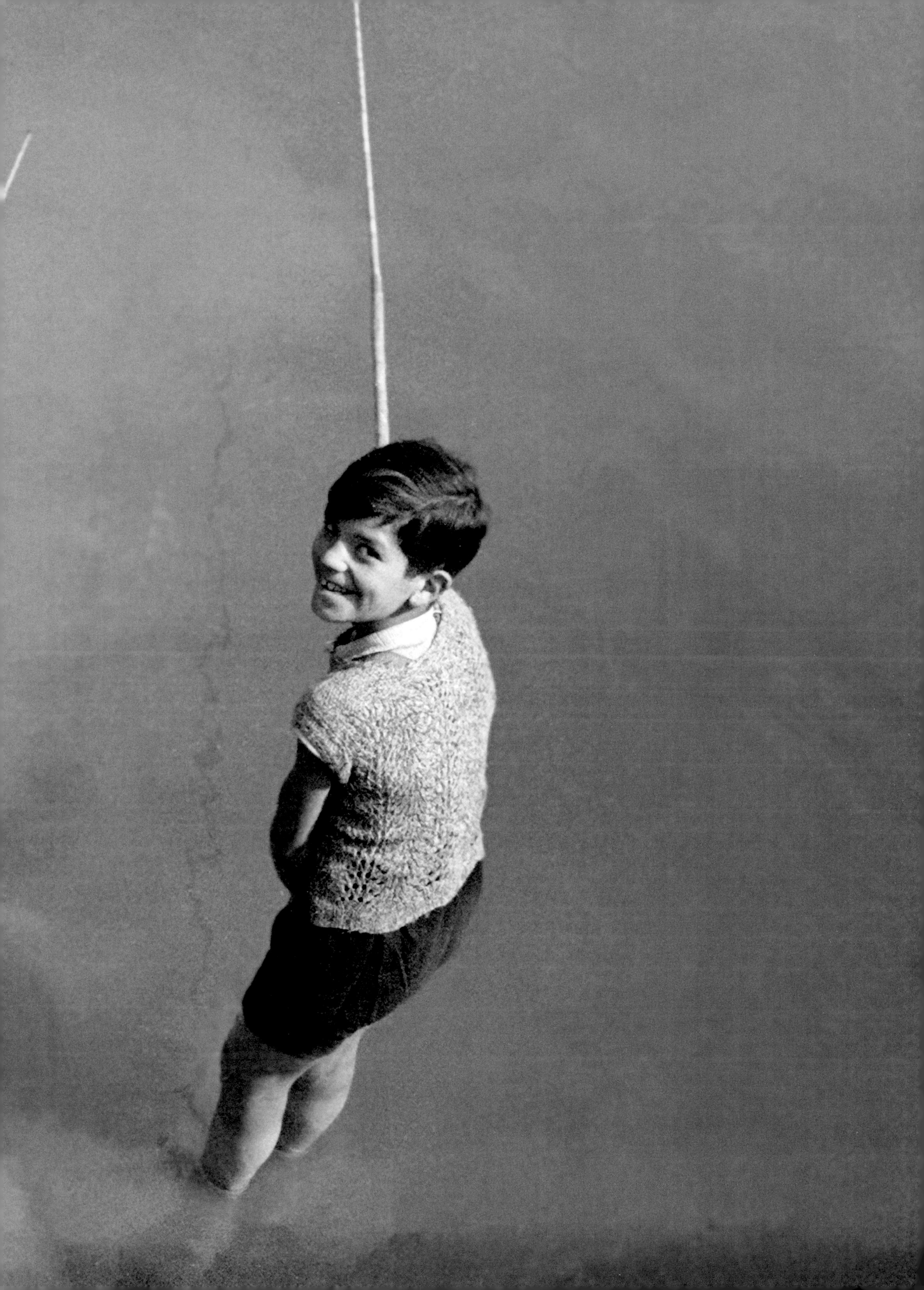

IMPRINT

Diese Publikation erscheint anlässlich der Ausstellung
This illustrated book will be published on the occasion of the exhibition

FRED STEIN
DRESDEN – PARIS – NEW YORK

28. April bis 7. Oktober 2018
April 28–October 7, 2018

Stadtmuseum Dresden

Redaktion | **Editor**
Helena Weber, Stadtmuseum Dresden

Lektorat | **Proof Reading**
Christine Jäger-Ulbricht, Sandstein Verlag (Deutsch / German)
Dawn Freer, Fred Stein Archive (Englisch / English)

Übersetzung | **Translation**
Büro Lance Anderson

Gestaltung | **Design**
Joachim Steuerer, Sandstein Verlag

Satz und Reprografie
Typesetting and Reprography
Christian Werner, Sandstein Verlag

Druck und Verarbeitung
Printing and Processing
Grafisches Centrum Cuno GmbH & Co. KG, Calbe

Umschlagabbildung | **Cover Illustration**
Subway Steps, New York 1943

Frontispiz | **Frontispiece**
After the Rain, Paris 1936

S. | **p. 12/13:** Little Italy, New York 1943
S. | **p. 22/23:** Fred Stein taking a picture, New York 1957
S. | **p. 72/73:** Typing in Central Park, New York 1942
S. | **p. 116/117:** Metro Train, Paris 1935
S. | **p. 238/239:** Boys Fishing, Paris 1936

Die Deutsche Nationalbibliothek verzeichnet diese Publikation in der Deutschen Nationalbibliografie; detaillierte bibliografische Daten sind im Internet über http://dnb.dnb.de abrufbar.

The Deutsche Nationalbibliothek holds a record of this publication in the Deutsche Nationalbibliografie; detailed bibliographical data can be found under: http://dnb.dnb.de.

ISBN 978-3-95498-365-0

www.sandstein-verlag.de